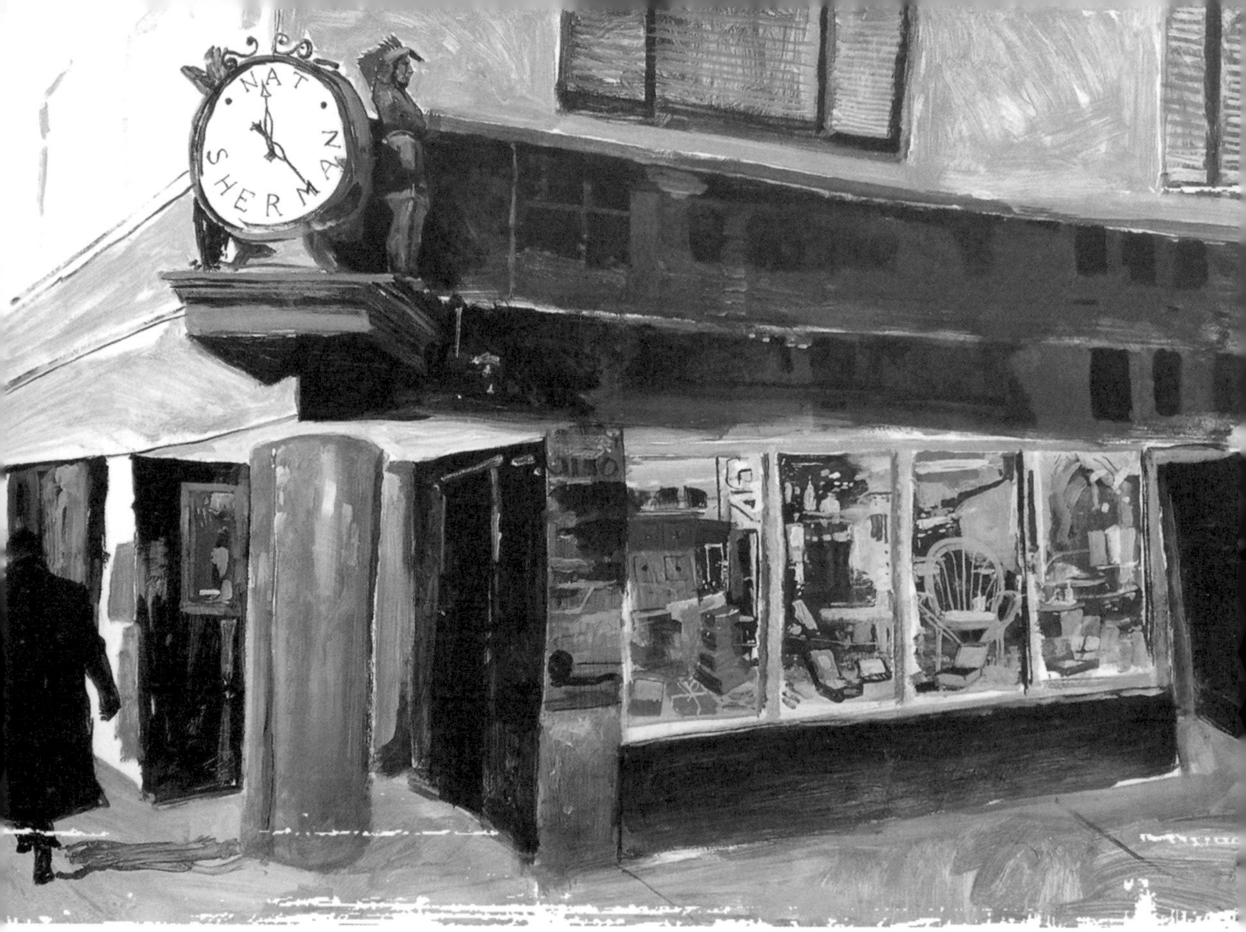

经济学原理

田艳芳 /编著

Principles of
Economics

图书在版编目(CIP)数据

经济学原理/田艳芳编著. —北京:北京大学出版社,2017.1
ISBN 978-7-301-27670-9

Ⅰ. ①经… Ⅱ. ①田… Ⅲ. ①经济学—高等学校—教材 Ⅳ. ①F0

中国版本图书馆 CIP 数据核字(2016)第 255597 号

书　　名	经济学原理 JINGJIXUE YUANLI
著作责任者	田艳芳　编著
责任编辑	朱梅全　姚文海
标准书号	ISBN 978-7-301-27670-9
出版发行	北京大学出版社
地　　址	北京市海淀区成府路 205 号　100871
网　　址	http://www.pup.cn
电子信箱	sdyy_2005@126.com
新浪微博	@北京大学出版社
电　　话	邮购部 62752015　发行部 62750672　编辑部 021-62071998
印 刷 者	三河市博文印刷有限公司
经 销 者	新华书店
	730 毫米×980 毫米　16 开本　19.5 印张　343 千字 2017 年 1 月第 1 版　2023 年 7 月第 3 次印刷
定　　价	49.00 元

未经许可,不得以任何方式复制或抄袭本书之部分或全部内容。
版权所有,侵权必究
举报电话: 010-62752024　电子信箱: fd@pup.pku.edu.cn
图书如有印装质量问题,请与出版部联系,电话: 010-62756370

自 序

自开始学习经济学到今天,从事经济学的教学和研究工作,不知不觉中已走过了十五六个春秋。侧身看去,研读过的各类中外经济学教材静静地立在书架上,竟积累了数十本之多。像蜜蜂采百花之蜜,从这些不同风格的教材中萃集的现代经济学菁华滋养了我的思想,让我迈入经济学的殿堂,学会经济学的思维方式。经济学曾被称为"沉闷的科学"。这些年来一直在承担着本科生经济学原理课程一线教学工作,为他们解疑释惑时,常使我想起自己最初学习经济学的经历,渐渐地萌生了为初学者写一本可读性强,富有启发性,接中国地气,清晰流畅,简约明白的经济学教材的想法。在学院领导和同仁鼓励下,积以锱铢,历两年方成。

没有按国内习惯取名为《西方经济学》,而冠之以《经济学原理》并非仅因其符合各国通例,而是基于本教材的内容和特色。作为一本以市场经济为分析背景的入门级教材,在谋篇布局上,除导论外,分为上篇微观经济学和下篇宏观经济学。在导论中通过基本经济问题引入经济学研究范畴和市场经济运行的基本条件。微观经济学部分以稀缺性和理性人这两个基本假设为起点,主要运用边际分析和均衡分析的方法来构筑完整的理论体系;把新制度经济学的产权和交易成本理论的一些基本知识,博弈论的分析方法有机地融入相应的内容中;通过一般均衡理论及其基本结论的简要介绍,阐明有效市场的条件和市场失灵的处置。宏观经济学部分则以总供给—总需求模型为基础,把经济增长模型,长期模型和短期模型统一起来,形成一个贯穿始终的清晰的基本框架,使读者把注意力集中于每个模型建立的前提条件、对应的现实经济状态和分析的基本方法,避免因各学派的聚讼纷纭使读者如坠五里云雾。

为更适合我国读者的阅读口味和思维习惯,清晰简约、接中国地气是拙著的重要追求。在对经济学内容的阐释时多处引证了中国古代伟大思想家重要观点和经典文学作品的内容,所举小例子也多源于中国当代经济生活,所用数据皆源于中国官方最新资料;对基本概念、定理和规律用醒目的加粗字体显示;要言不烦,分析论证尽力避免过长的英语句型,代之以符合汉语用语习惯的、口语化的、明快流畅的短句式;为把字数控制在 20 万以内,以达到简约的目的,在不损害内容完整的前提下,借鉴国画中的留白,不求面面俱到,力戒"知无不言、言无不尽",为读者留出运用所学分析方法进行模拟练习的空间。

虽说这是一部定位于入门级别的初级教科书，考量再三还是认为适当地使用一些数学工具，更有利于读者准确无误地把握经济学的分析方法。对于没有学习过微积分的读者来说，只要具有基本的初等函数知识，通过文中对所使用数学模型的文字解读，反而可以更好地理解这些数学模型所蕴含的经济学的意义。

披沙沥金，夜以继日，其中甘苦唯有自知，虽言敝帚自珍，但能否为读者认可，内心仍是惴惴，诚望拨冗赐教。谨以此书感谢徐鹰鹏老师，十五年前你的经济学课程，坚定了我学习经济学的决心。这十五年来你持续不断地鼓励、支持，坚定了我做一名教师的信心。感谢黄安余教授，没有你的鼓励和支持，积极帮助联系出版社和寻找经费资助，就没有这本书的问世，同时感谢上海市Ⅰ类高原学科公共管理学科资助。感谢北京大学出版社的编辑，本书图表、公式的校对工作非常烦琐，感谢你们耐心和细致的工作。

当然由于编者本身水平有限，本书在编写过程中难免有错误及疏漏之处，文责自负，恳请各位专家和读者不吝赐教，以期在未来能够更加完善。

田艳芳

2016 年 9 月

目 录

第一章 导论 ·· (1)
    第一节 经济学研究什么 ·· (1)
    第二节 市场经济 ·· (4)
    第三节 经济学理论的划分 ·· (7)

上篇 微观经济学

第二章 需求和供给原理 ··· (13)
    第一节 需求 ·· (13)
    第二节 供给 ·· (14)
    第三节 市场均衡 ·· (15)
    第四节 需求弹性和供给弹性 ·································· (18)
    第五节 蛛网模型 ·· (26)
    第六节 供求均衡原理的应用 ·································· (28)

第三章 消费者行为 ·· (34)
    第一节 基数效用理论 ·· (34)
    第二节 序数效用理论 ·· (38)
    第三节 预算线 ·· (42)
    第四节 消费者均衡 ··· (44)
    第五节 价格变动的替代效应和收入效应 ···················· (48)

第四章 生产与成本 ·· (52)
    第一节 生产函数 ·· (52)
    第二节 生产要素的最优组合 ·································· (57)
    第三节 成本函数 ·· (61)

第五章 厂商的市场行为分析 ······································· (75)
    第一节 完全竞争 ·· (76)
    第二节 垄断 ·· (86)
    第三节 垄断竞争 ·· (94)

第四节　寡头垄断 …………………………………………………（96）

第六章　要素市场和收入分配 ……………………………………（106）
　　第一节　生产要素的需求 …………………………………………（106）
　　第二节　生产要素的供给和要素价格的决定 ……………………（109）
　　第三节　收入分配 …………………………………………………（118）

第七章　一般均衡与市场效率 ……………………………………（123）
　　第一节　一般均衡分析 ……………………………………………（123）
　　第二节　经济效率 …………………………………………………（124）

第八章　市场失灵及矫正 …………………………………………（133）
　　第一节　外部效应 …………………………………………………（133）
　　第二节　共用物品与共有资源 ……………………………………（136）
　　第三节　信息不对称 ………………………………………………（139）

下篇　宏观经济学

第九章　宏观经济学概述 …………………………………………（147）
　　第一节　宏观经济学的研究对象 …………………………………（147）
　　第二节　宏观经济模型的特点 ……………………………………（150）
　　第三节　总产量的量度 ……………………………………………（153）
　　第四节　价格和失业的量度 ………………………………………（159）
　　第五节　宏观经济的均衡——AS-AD模型简介 …………………（164）

第十章　经济增长 …………………………………………………（171）
　　第一节　资本积累 …………………………………………………（171）
　　第二节　人口增长和技术进步 ……………………………………（176）
　　第三节　经济增长核算与新增长理论简介 ………………………（182）

第十一章　经济长期运行中的失业 ………………………………（188）
　　第一节　自然失业与凯恩斯失业 …………………………………（188）
　　第二节　岗位空缺与自然失业 ……………………………………（191）
　　第三节　实际工资刚性与失业 ……………………………………（193）

第十二章　经济长期运行中的通货膨胀 …………………………（198）
　　第一节　货币的概念 ………………………………………………（198）
　　第二节　货币数量论 ………………………………………………（201）

第三节　通货膨胀与利率 ……………………………………… (204)
　　第四节　通货膨胀的社会成本 ………………………………… (206)

第十三章　经济长期运行中经济政策的作用 ……………………… (210)
　　第一节　三部门经济的政策分析 ……………………………… (210)
　　第二节　国际收支账户和汇率 ………………………………… (216)
　　第三节　开放经济的长期模型 ………………………………… (221)
　　第四节　开放经济的政策分析 ………………………………… (224)

第十四章　封闭经济总需求分析 …………………………………… (232)
　　第一节　简单国民收入决定模型——收入—支出模型 ……… (233)
　　第二节　产品市场和金融市场的一般均衡模型
　　　　　　——IS—LM 模型 …………………………………… (240)
　　第三节　基于 IS—LM 模型的宏观经济政策分析 …………… (247)

第十五章　开放经济总需求分析——蒙代尔—弗莱明模型 ……… (257)
　　第一节　蒙代尔—弗莱明模型 ………………………………… (257)
　　第二节　开放经济的宏观经济政策 …………………………… (262)

第十六章　总供给理论 ……………………………………………… (275)
　　第一节　总供给模型 …………………………………………… (275)
　　第二节　菲利浦斯曲线 ………………………………………… (287)
　　第三节　稳定政策实施中的问题 ……………………………… (292)

参考文献 ……………………………………………………………… (298)

第一章 导　论

第一节　经济学研究什么

经济学是研究经济问题，解释经济现象的。经济问题形形色色，经济现象纷繁复杂，那么，什么是最基本的经济问题呢？

一、欲望与稀缺性

人皆有欲，而且人的欲望是多种多样的，既有物质方面的，也有精神方面的。随着社会的发展，人们在物质和精神方面的需要也在日益增加，欲望可谓无穷无尽，人生有涯，而欲无涯，欲壑难填。正像荀子说的："目好色、耳好声、口好味、心好利，骨体肌理好愉佚，是皆生于人之情性也。""凡人之性，尧禹之与桀、跖，其性一也；君子之与小人，其性一也。""夫薄愿厚、恶愿美、狭愿广、贫愿富、贱愿贵"，"然而穷年累世，不知足，是人之情也"。人为满足欲望，就需要利用资源生产和提供相应的各种物品①。

用来满足人们欲望的物品可分为两大类：一类是免费物品（free goods）；另一类是经济物品（economic goods）。免费物品是指不需要付出任何代价就可以获取的，需要多少就可以得到多少，如苏东坡在《前赤壁赋》中说的"耳得之而为声"的江上之清风，"目遇之而成色"的山间之明月，东坡先生和他的朋友一起享用的是"造物者之无尽藏也，取之无禁，用之不竭"。免费物品可谓少之又少，绝大多数物品都是需要付出一定的代价才可以享用的经济物品，也就是稀缺物品。"欲多物寡"，"非无足财也，我无足心也"，**相对于无限的欲望而言，用于满足欲望的资源总是不足的，这就是稀缺性**。不论个人或社会是多么的富有都存在稀缺性问题，**稀缺性是任何社会都要面对的基本经济问题，是经济学的一个基本假设**。正如弗里德曼在《价格理论》中所说："凡是要用不充足的手段去达到各种各样目标的时候，就存在着经济问题。如果手段是充足的，就什么问题

---

① "物品"是从英语"goods"这个字翻译过来的。因此，"物品"一词有很广泛的含义。它不仅可释义为产品（product）或商品（commodity），也包括服务（service）、友情、声望、空气、清洁、幽静、爱人、爱，等等。凡是有胜于无的东西，不管是有形或无形，都是"物品"——"有胜于无"是经济学上的"物品"定义。从个人的角度看，亲生的孩子、江上的清风、山间的明月，都是有胜于无；美丽的相貌、可信的声誉、动听的声音、温馨的回忆、思考的能力，等等，都是物品。参见张五常：《经济解释》，中信出版社2015年版。

都没有了,有的只是天堂。"

二、选择与理性人

稀缺的资源有多种用途,比如我们每个人的时间资源。有一首歌叫《时间都去哪儿了》。学习经济学需要时间,玩网络游戏需要时间,户外运动需要时间,打工挣钱需要时间,交友恋爱需要时间,吃喝拉撒睡需要时间……你是怎样支配你的时间资源的?面对着多种多样的选择,你作出了什么样的选择?个人的偏好不同作出的选择就会不同。不管你作出什么样的选择,我们都可以断定:你一定作出了你认为的最好的选择,也就是你认为能给你带来最大满足的选择,因为经济学假定你是理性的。

经济学上的**理性人**也曾被称为经济人,通俗地讲就是:**人是自私自利的,人的一切行为都是以自身的最大满足为目的的**。在通常的语境里,自私自利是贬义的,人间的罪恶无不因自私而起,所以我们向往一个人人都为他人着想的大公无私的社会,我们崇尚、赞美利他行为。经济学认为人是自私自利的,那么,又何以解释人们的大公无私行为呢?雷锋说我要把有限的生命投入到无限的为人民服务中去。那么,雷锋自己又得到了什么呢?雷锋是在追求自己的人生目标,因为雷锋还说过,为人民服务是我最大的幸福。所以,弗里德曼说:"必须给予'私利'这个概念以广泛含义。狭隘地专注于经济市场,导致了人们狭隘地解释私利,说私利就是目光短浅的自私自利,只关心直接的物质报酬。经济学受到斥责,说它只依靠与现实完全脱节的'经济人'来得出一般性经济结论,而这个经济人不过是一架计算机,只对金钱的刺激作出反应。这是巨大的误解。私利不是目光短浅的自私自利。只要是参与者所关心的、所珍视的、所追求的就都是私利。科学家设法开拓新的研究领域,传教士设法把非教徒变成教徒,慈善家设法救济穷人,都是在根据自己的看法,按照他们认定的价值追求自己的利益。"[①]为了避免歧义,我们可以给**理性人**下这样一个定义:**在约束条件下通过选择试图使其目标函数最大化的人**。稀缺性假设和理性人假设是经济学的两个基本假设,是研究一切经济问题的起点和构建经济学理论体系的基础。在起点问题上是不允许有争论存在的。

三、机会成本与生产的可能性曲线

面对具有多种用途的稀缺资源,"鱼与熊掌不可得兼",我们必须作出选择。天下没有免费的午餐,选择的同时也意味着放弃,也就是说任何选择都是要付

---

① 〔美〕米尔顿·弗里德曼:《自由选择》,张琦译,机械工业出版社2008年版。

出代价的,这代价就是成本。当你把这一小时用于学习经济学的时候,就不得不放弃把这一小时用于玩网游或其他的用途。当你用更多的时间去做兼职赚钱时,你会发现女友或男友提出要和你分手,因为你顾不上和她或他约会了……选择把这一小时用于学习经济学的代价即成本是什么呢?是不能把这一小时用于网游,还是梦游,还是兼职赚钱,还是约会恋爱?经济学上的成本叫做**机会成本**,**是一种选择成本,它是指当人们作出选择,把资源用于某种用途时,所放弃的把该资源用于其他用途能带来的最大收益或最大满足**。陶渊明选择"采菊东篱下,悠然见南山"的生活的机会成本是什么?下面我们借助生产的可能性曲线来直观地说明欲望、稀缺、理性人的选择与机会成本。

假定我们喜欢的物品分为 X 和 Y 两类,X 和 Y 当然是越多越好,可是现在能用于生产 X 和 Y 的资源是有限的,在图 1-1 中,坐标平面表示 X、Y 这两种物品的组合,曲线 PP' 叫**生产的可能性曲线,它表示现有资源都用于生产 X 和 Y 时,所能得到的这两种产品的各种可能组合**。生产的可能性曲线以外的点,如 D 点,是在现有资源条件下,不可能生产出的产品组合;生产的可能性曲线以内的点,如 C 点,意味着现有资源没有被充分利用;生产的可能性曲线是现有资源和技术条件形成的对人们选择的约束,它把人们的选择限制在以生产的可能性曲线为边界的区域以内。如果人是理性的,他就不会选择生产的可能性曲线以内的点,如 C 点,因为这将不能使稀缺的资源得到充分的利用,存在着资源的浪费,他将会根据其偏好在生产的可能性曲线上选择某一点,如 A 或 B,如果他选择了 A,意味着在他看来 A 是他能做的选择中最好的,能给他带来最大满足的,同时也意味着他放弃了选择 A 以外的所有点的机会。在他放弃的选择中能给他带来最大满足的那个点的价值,就是他选择 A 的机会成本。如果他放弃 A 而选择 B,他的 X 物品增加了 ΔX,Y 物品就不得不减少 ΔY,减少的 ΔY 的价值,就是增加的 ΔX 的机会成本。

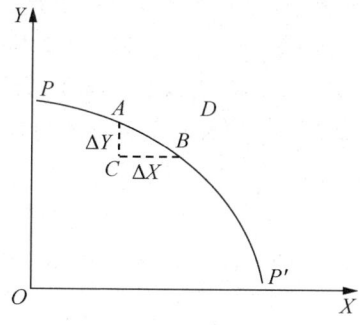

图 1-1 生产的可能性曲线

四、经济学的定义

根据前面的分析,我们可以给经济学下这样一个定义:**经济学是研究稀缺资源的利用和配置问题的社会科学,它研究理性人在具有多种用途的稀缺资源约束下,如何进行选择,这些选择将会导致什么样的结果并对这样的结果加以评价。**[①] 经济学家把人们面临的各种选择归结为四个关于经济如何运行的问题:

(1) 生产什么,生产多少。稀缺的资源具有多种用途,人们要决定用这些资源生产哪些产品,每一种产品应生产多少。

(2) 怎样生产。一种产品可以用多种不同的方法或技术来生产,人们要选择采取什么样的方法或技术。

(3) 为谁生产。生产出来的产品根据什么标准进行分配,由谁消费和使用这些产品。

(4) 谁作的选择,按照什么程序作出选择。以上三个方面的问题是由社会权威来决定,还是分散的个人作选择,他们是按照什么样的程序作出的选择。

第二节 市场经济

一、经济体制

谁来选择,依什么样的程序进行选择,是由经济体制决定的。**经济体制是指各种安排经济活动的组织与行为模式,也就是经济运作的方式。** 当一个社会生产什么,怎样生产,如何分配产品主要是由一只看得见的手来指挥——统一的权威部门来决定时,就被称为计划经济体制。与计划经济体制相对应的是市场经济体制,在市场经济体制中,生产什么,怎样生产,为谁生产的决定主要是由分散的不同的经济主体在一只看不见的手——价格机制引导下作出的。资本主义可以有计划,社会主义可以有市场,计划和市场都是配置资源的手段。世界上既不存在纯粹的计划经济,也不存在纯粹的市场经济。

二、市场与市场经济

孟子对市场的本质有精辟的见解:"古之为市也,以其所有易其所无者。"最

[①] 鉴于现代经济学研究已远远超出了传统的经济领域,我们也可以给经济学下一个更具一般性的定义:经济学是研究理性人在约束条件下选择行为的社会科学。

初的市场就是人们进行集中交易的场所,随着社会的发展,交易的形式和手段越来越多样化,交易也不再局限和集中于某些具体的场所,市场的本质是自愿的交易,所以,**市场是使经济物品的自愿交易得以进行的集合。**

市场经济是以市场活动为基础进行资源配置的经济组织方式,在这种方式下,生产什么,如何生产和为谁生产等问题,依靠价格机制和供求力量来解决。

诺贝尔奖得主哈耶克认为:市场经济所追求的一个目标是经济自由。让人们自由地去创业、竞争、冒险、成功以及失败。没有一项诱因比经济自由更能鼓舞企业家,也没有一项因素比它更容易在不知不觉中丧失。经济活动为我们的所有目标提供着物质手段。同时,我们大多数的个人努力,也是为了给别人的目标提供手段,以便让别人也为我们的目标提供手段。仅仅是因为我们能够自由地选择自己的手段,我们才能够自由地选择自己的目标。经济自由是一切其他自由不可缺少的条件,而自由企业制度既是个人自由的必要条件,也是这种自由的结果。自由是指不受他人任意干涉的状态。在这种状态下,人们受到的强制仅仅是普遍有效的、平等适用于一切人的法律所规定的强制,而绝不是专横的行政当局的决定所规定的强制。

三、市场经济的基本特征

市场经济就是一个社会把市场作为资源配置的基本手段,或者说,资源的配置主要依赖市场来进行。那么,市场经济有哪些基本特征,也就是市场经济运行的基本条件是什么?

1. 产权分立

明晰的产权分属不同的经济主体是市场交易的前提。

产权(property rights)就是法定的财产权利,是一组通过社会强制使人们普遍认同的、个人或团体所拥有的、排他性的对经济物品的多种用途进行选择的权利。它界定的是由经济物品存在所引起的人与人之间的关系。产权安排实际上规定的是人在与他人的相互交往中必须遵守的与物有关的行为规范,违背它就必须付出代价。完备的产权总是以复数名词出现,包括占有权、使用权、受益权、决策权、让渡权。

产权界定的重要性由诺奖得主罗纳德·科斯提出,受到现代社会的重视,但在两千多年以前我国古代的经典《吕氏春秋》中对此已作了明确的论述,《吕氏春秋·审分览第五》中引述春秋时慎子的产权理论:"今一兔走,百人逐之,非一兔足为百人分也,由未定。由未定,尧且屈力,而况众人乎?积兔满市,行者不顾,非不欲兔也,分已定矣。分已定,人虽鄙,不争。故治天下及国,在乎定分而已矣"。"今以众地者,公作则迟,有所匿其力也;分地则速,无所匿迟也。"

产权在不同的经济主体间的界定是交易的前提,你不可能用不属于你的东西和别人交换,因为没有人愿意和你做这样的交易,科斯明确地强调交易的本质是人们之间有关物的权利的交换。

2. 专业化分工

市场经济是专业化分工高度发展的经济,每个人都在为了自己的需要而生产满足别人需要的产品。

产权的界定规范了人们的行为,社会秩序得以建立,但是如果没有分工,人们生产的产品都是相同的,也就没有必要交易,你不会用你的东西去和别人交换相同的东西,在这种情况下,人们过着老子所期望的"邻国相望,鸡犬之声相闻,民至老死,不相往来"的自给自足生活。

初民社会,最早的分工是基于自然资源禀赋不同的分工,分工使人们从事不同的生产活动,分工的出现和发展不仅使产品的生产越来越多样化,更重要的是,专业化分工极大地提高了劳动生产力。孟子曰:"人有不为也,而后可以有为也。……仲尼不为已甚者。"对孟子这句话,程子是这样解释的:"有不为,知所择也。唯能有不为,是可以有为。无所不为者,安能有所为邪?"亚当·斯密说:"劳动生产力上的增进,以及运用劳动时所表现的更大的熟练、技巧和判断力,似乎都是分工的结果。"专业化分工给人们带来了直接经济利益,当代经济学家盛洪在其博士论文中作了以下归纳:第一,分工使得生产者活动越来越集中在较少的操作上,较快地提高了生产的熟练程度;第二,使劳动者节约了经常变换工作或不同操作的时间;第三,使得生产者节约了生产时所使用的物质生产资料;第四,使人们的工作变得更为简单;第五,降低了管理的复杂程度,提高了管理的效率。与以前相比,分工不仅使整个社会生产的各种产品的产量极大地提高了,还使产品的种类越来越丰富了,而人们又喜欢多样化的消费,这样就有了通过相互交换产品使每个人都获得更大的满足的可能。

3. 货币的使用

货币的发明大大降低了交易成本,扩展了市场交易的空间广度和时间跨度,促进了专业化分工的发展。

分工使人们分别生产不同的物品,要满足多样化消费的需要,就必须相互交换产品。初民社会出现的交换是以物易物的直接交易,直接交易的实现要求交换的双方"欲望的双重叠合"(double coincidence of wants),也就是"抱丝贸布"人要找到"抱布贸丝"人才行。为了交易相互寻找,耗时费力,这就产生了交易成本。集市的出现使想进行交易的人能定期地聚集在一起,这样就降低了交易成本,有助于交易的实现。但是在集市朝来夕去的人海中,"欲望的双重叠合"的双方相遇,都找到心仪的那个他,仍然不是一件容易的事情,这样很高的交易成本就限制了分工和市场的扩展。直到作为交易媒介的货币被人们发明，才使得交易成本极大地降低。

货币是一种被普遍接受的交换媒介，并具有计价单位和价值贮藏功能。任何一种物品，只要每个人都认为其他所有的人都承认它有价值，需要它，那么这种物品就可以成为货币。货币的发明使人们之间的交易由直接交易转变为间接交易，这样反而大大降低了交易成本，扩展了市场交易的空间广度和时间跨度，促进了专业化分工的发展。货币被认为是人类历史上最伟大的发明。

我们都知道，理性人为了自己的利益是会去做损人的坏事的，而亚当·斯密在《国富论》中却向世人阐明了，在自愿交易的市场中，自私的人在一只看不见的手引导下为了自己的利益，千方百计地为他人提供产品和服务，人们各自谋求自身利益，却能使每一个人都得益。亚当·斯密认为，经济秩序可以作为许多各自谋求自身利益的人的行动的非有意识的结果而产生。正像他的好友、同是苏格兰启蒙思想家的大卫·休谟所说："为别人提供服务，这无须他怀有真诚的善意。"而两千多年以前司马迁就在《史记·货殖列传》中阐明了同样的思想："天下熙熙，皆为利来；天下攘攘，皆为利往"，在市场中"人各任其能，竭其力，以得所欲。故物贱之徵贵，贵之徵贱，各劝其业，乐其事，若水之趋下，日夜无休时，不召而自来，不求而民出之。岂非道之所符，而自然之验邪"？这也就是墨子所谓的"交相利"吧。

第三节 经济学理论的划分

经济学是研究人的选择行为的社会科学，内容非常丰富，涉及的领域日益扩展，可以说是一个还在不停添丁增口的大家族。根据需要可按不同的标准，对这个大家族进行划分。本教材阐述的是基于市场经济背景的经济学理论。

一、微观经济学和宏观经济学

根据研究层面的不同，经济学理论被分为微观经济学和宏观经济学两个部分。

微观经济学研究单个经济单位（任何参与经济运行的个人或实体）的行为，阐述这些经济单位为什么和怎样作出经济决策，他们的决策怎样相互作用从而形成更大的经济单位——市场和行业；揭示市场和行业是怎样运作和演变的，怎样受到政府政策影响，所有市场之间相互联系、相互作用所形成的结局如何，并对这个结局从社会的角度进行效率评价。

宏观经济学以一个国家的经济整体运行为研究对象，研究反映一个国家经济整体运行状态的经济总量,包括这些总量的决定、变动,各经济总量之间的关系,以及政府影响整体经济运行的政策是怎样发挥作用的。所以,宏观经济学关注的主要问题是一国经济总量的决定、经济增长、经济波动、失业和通货膨胀,以及政府政策对这些方面的问题可以有多大的作为。

一般来讲,微观经济学的研究以演绎为主,偏重逻辑推演,对经济个体的行为作一些公理性的假设,然后通过严密的逻辑推导,揭示经济个体的行为规律。宏观经济学的研究方法基本上是归纳法,在解释经济现象,揭示经济规律时,主要依赖于可观测的经济变量之间的关系。虽然二者的研究角度和方法有所不同,但我们却不能将它们截然分开。因为任何宏观经济行为都是构筑在微观经济行为的基础上的。近年来,两者的界限越来越模糊了,宏观经济学家越来越关注总体经济现象的微观经济基础,况且,宏观经济学的许多内容其实也是微观经济分析的延伸。有人把微观经济学和宏观经济学的关系比喻为树木和森林的关系。对一棵树木进行研究不能忽略它的生长环境,对一片森林的研究当然也不能脱离构成森林的每一棵树木,两者是相辅相成的。

二、实证经济学和规范经济学

根据事实陈述和价值评判的区别,经济学可以划分为实证经济学和规范经济学。

实证经济学也叫实证分析,是通过建立经济理论(假说)对客观的经济现象进行解释。在实证分析中,经济学家只是在问在什么条件下,什么事情会发生,回答"是什么""为什么"的问题。在这个分析过程中,经济学家一般用所谓思想实验的方法,对人的欲求等看不见的因素作一些假定,然后用严格的逻辑推理将这些假定与看得见的人的行为(例如购买量)或现象(例如价格)联系起来,证明如果某种假定为真实,某种相应的看得见的现象就会发生。这种理论(假说)是否正确,是可以用能观察到的数据和现象来证明其真伪的。

规范经济学也叫规范分析,是基于伦理观和价值观确立一定的标准,对经济现象、经济运行的结果进行判断,评价"好与坏""对与错",提出"应该怎么做",才可以得到"好的结果"。规范分析一定要先基于实证分析,在进行了实证分析之后,再进行价值判断。

在实证分析中经济学家所做的和自然科学家一样,是在对客观现象进行科学分析,科学是求真,对于实证分析中的争论可以通过事实验证来解决。经济学家和自然科学家不同的是,自然科学家研究的对象是自然界,经济学家研究的对象是社会和人,而经济学家本身也是人。和任何人一样,每个经济学家都秉持一定的伦理观、价值观,经济学家往往还试图"经邦济世",因此在经济学研究中很难像自然科学研究那样不进行规范分析。规范分析是求善,求好,而什么是善和什么是好,是基于人们的主观价值作出的判断。《庄子·齐物论》言:"孰知正处,孰知正味,孰知天下之正色哉?自我观之,仁义之端,是非之途,樊然淆乱,吾恶能知其辩"。人们的价值观、伦理观不同,给出的善恶、好坏标准也就不同,所以对规范分析中的争论,是不可能通过事实验证来解决的。即使人们的价值观、伦理观都相同,在规范分析中能达成一致,规范分析也不属于科学研究,是不可能被证伪的。

经济研究中要不要进行规范研究不是问题的所在,问题所在是要分清哪些属于实证研究,哪些属于规范研究。前些年,中国发生了一场关于经济学是否应该讲道德的辩论,就是混淆了实证研究和规范研究,实证研究无关乎道德问题,规范研究不可能回避道德问题。作为科学的经济学——实证性经济学是不讲道德的,而作为经济学家又不能不讲道德,就如怎样可以克隆人这是一个生命科学问题,是否应该克隆人是一个生命伦理问题,要不要对克隆人的理论进行验证,是生命科学家无法回避的伦理问题。

复习思考题

1. 最基本的经济问题是什么?它是如何产生的?
2. 你是怎样理解理性人的?请解释理性人的利他行为。
3. 在经济学中成本的含义是什么?试举出生活中的几个成本的例子。
4. 市场经济有哪些基本特征?
5. 划分微观经济学与宏观经济学的基本依据是什么?
6. 经济学的实证分析和规范分析的根本区别是什么?

上 篇
微观经济学

在第一章导论中,我们谈到微观经济学研究的对象是单个经济单位(任何参与经济运行的个人或实体)的行为,阐述这些经济单位为什么和怎样作出经济决策;他们的决策怎样相互作用从而形成更大的经济单位——市场和行业,揭示市场和行业是怎样运作和演变的,怎样受到政府政策影响;所有市场之间的相互联系,相互作用所形成的结局,并对这个结局从社会的角度进行效率评价。对于微观经济学要研究的问题,我们可以利用下面的图形给予概括性的说明。

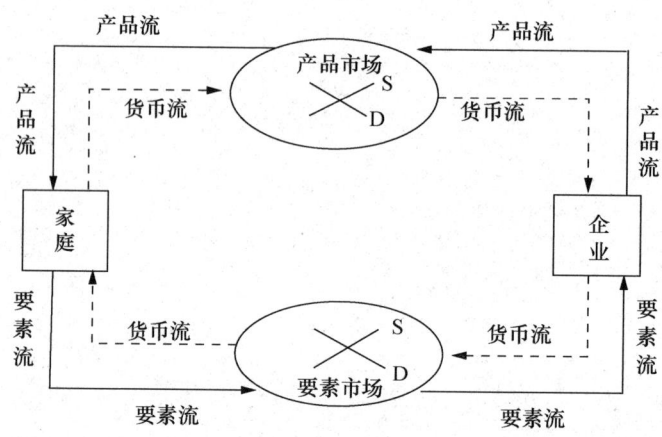

微观经济学鸟瞰图

在微观经济学中,我们把市场分为产品市场和要素市场,把参与市场交易的经济单位分为家庭和企业。我们首先考察产品市场中经济单位的行为,接着考察他们在要素市场中的行为;然后我们把所有的市场联系起来讨论市场运作的结果,并对这个结果用效率的标准进行评价;最后我们讨论市场经济的缺陷和微观经济政策问题。

第二章 需求和供给原理

"需求"和"供给"无论在日常生活中,还是经济学著作中都是使用频率很高的词语。"你甚至于可以使鹦鹉成为一个博学的经济学者——它必须学的就是'供给'与'需求'这两个名词。"这句话是19世纪英国作家、历史学家托马斯·卡莱尔(Thomas Carlyle)挖苦经济学家时说的,现在却成了常被经济学家用来强调需求和供给是最基本概念的名言。人们在日常生活中使用"需求"和"供给"这两个词语时可能是比较随意的,但在经济学中就必须给予明确的界定,因为概念是思维的基础,科学的概念必须是明确定义的,否则就会造成思维的逻辑混乱。

第一节 需 求

对产品的需求来自消费者,通常其基本决策单位是家庭。消费者在一定时期内对一种商品购买多少的意愿受多种因素的影响,比如偏好、收入、该商品的价格、相关商品的价格、对未来收入和价格的预期等等。为了弄清楚一种商品的价格对消费者购买该商品的数量的影响,**给定其他因素不变,我们把在一定时期内,每一价格水平上消费者愿意购买的商品数量称为需求**。在经济学中需求和需要是有区别的,需要是消费者欲望的反映,需求反映的是在所确定的时间单位里,一种商品的需求量和这种商品的价格之间的对应关系,这种关系可以用需求函数和需求曲线来表示。$Q_D^X = \alpha - \beta P_X (\alpha 、\beta > 0; Q_D^X 、P_X \geqslant 0)$ 是一个需求函数,Q_D^X 是商品 X 的需求量,P_X 是商品 X 的价格。图 2-1 中的曲线 D 就是商品 X 的需求曲线,每一个价格都对应着一个需求量,价格不同,需求量也就不同。需求量是指给定其他因素不变,在一定时期内,某一价格水平上消费者愿意购买的该商品的最大数量。需求价格是指消费者为购买既定数量的该商品愿意支付的最高价格。给定其他因素不变,价格越低,需求量越大,需求曲线向右下方倾斜,这就是需求规律。需求曲线为什么是向右下方倾斜的,我们将在第三章研究消费者行为时给出解释。

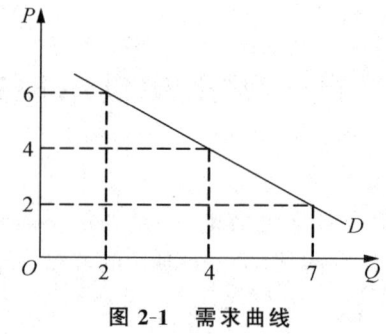

图 2-1 需求曲线

为了区分一种商品价格变动与价格以外的其他因素的变动对消费者愿意购买的该商品数量的影响,我们把**价格变动引起的消费者愿意购买的该商品数量的变动称为需求量的变动**,这种变动是需求曲线上对应的点沿着需求曲线的移动;把**价格以外的其他因素的变动引起的消费者愿意购买的该商品数量的变动称为需求的变动**。需求变动意味着需求函数中的参数 α 或(和) β 的值变了,需求曲线的位置变了。需求增加曲线向右移动,在图 2-2 中需求曲线由 D 移动到 D_1;需求减少需求曲线向左移动,需求曲线由 D 移动到 D_2。

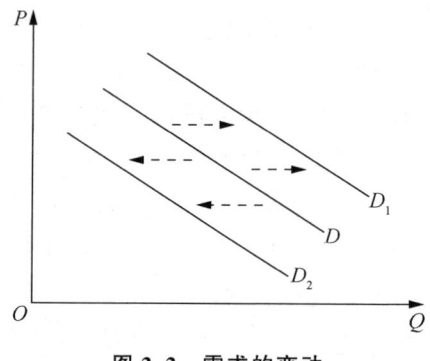

图 2-2 需求的变动

第二节 供 给

对产品的供给来自厂商。厂商在一定时期内对一种商品提供多少的意愿受多种因素影响,比如投入品的价格、技术水平、管理水平、该商品的价格、相关商品的价格、对未来的预期等等。为了弄清楚一种商品的价格对厂商愿意提供该商品的数量的影响,**假定其他因素不变,我们把在一定时期内,每一价格水平厂商愿意销售的该商品的数量称为供给**。供给反映的是在所确定的时间单位内,一种商品的供给量和这种商品的价格之间的对应关系,这种关系可以用供给函数和供给曲线来表示。$Q_S^X = -\theta + \gamma P_X (\theta、\gamma > 0; Q_S^X、P_X \geqslant 0)$是一个供给函数,$Q_S^X$是商品 X 的供给量,P_X 是商品 X 的价格。图 2-3 中的曲线 S 就是商品 X 的供给曲线,每一个价格都对应着一个供给量,价格不同,供给量也就不同。**供给量是指给定其他因素不变,在一定时期内,某一价格水平上厂商愿意销售的该商品的最大数量。供给价格是指厂商为销售既定数量的该商品愿意接受的最低价格。**给定其他因素不变,价格越高,供给量越大,供给曲线向右上方倾斜,这就是供给规律。供给曲线为什么向右上方倾斜,我们将在后面对厂商的行为分析时给予说明。

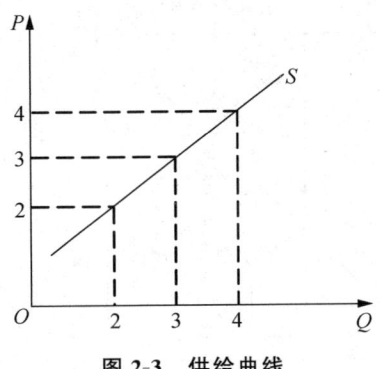

图 2-3 供给曲线

为了区分一种商品的价格变动与价格以外的其他因素的变动对厂商愿意销售的该商品数量的影响,我们把**价格变动引起的厂商愿意销售的该商品数量的变动称为供给量的变动**,这种变动是供给曲线上对应的点沿着供给曲线的移动。把价格以外的其他因素的变动引起的厂商愿意销售的该商品数量的变动,**称为供给的变动**。供给变动意味着供给函数中的 θ 或(和)γ 变了,供给曲线的位置变了。供给增加,供给曲线向右移动,在图 2-4 中,供给曲线由 S 移动到 S_1;供给减少,供给曲线向左移动,供给曲线由 S 移动到 S_2。

第三节 市 场 均 衡

需求曲线向右下方倾斜,价格越低,需求量越大,供给曲线向右上方倾斜,价格越低,供给量却越小,消费者的愿望和厂商的愿望是相反的。市场是怎样协调二者的行为,使他们的愿望同时都得到满足的呢?在图 2-5 中,我们把需求和供给结合在一起,对这个问题进行分析。

当市场价格为 P_1 时,需求量是 Q_1,供给量是 Q_4,供给量大于需求量,出现

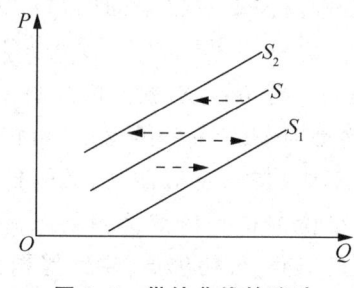

图 2-4 供给曲线的移动

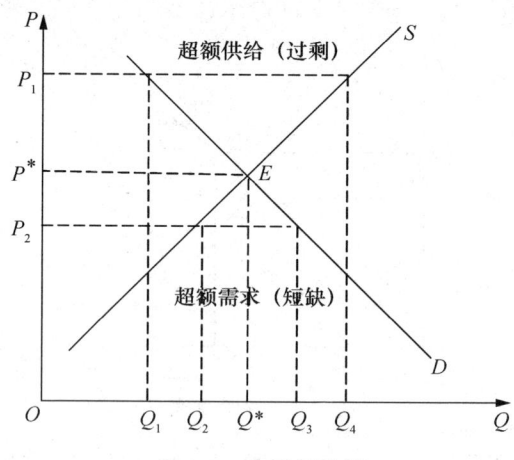

图 2-5 市场的均衡

超额供给,过剩导致厂商间的竞卖,价格下跌,需求量增加,供给量减少,直到价格降至 P^* 时,需求量等于供给量;当市场价格为 P_2 时,需求量是 Q_3,供给量是 Q_2,供给量小于需求量,出现超额需求,短缺导致消费者间的竞买;价格上涨,需求量减少,供给量增加,直到价格升至 P^* 时,需求量等于供给量,市场达到均衡状态。**当一种价格使市场上的需求量(消费者愿意购买的数量)等于供给量(厂商愿意出售的数量)时,我们说市场处于均衡状态(市场出清)。这时的价格就是均衡价格,这时的数量就是均衡的数量。**在均衡状态下,消费者的愿望和厂商的愿望同时都得到了满足,没有人愿意改变行为,这种状态就会持续下去,均衡就是稳定。

需求的变动和供给的变动会给均衡带来什么影响?下面我们利用图形分析来解答这个问题。

一、需求变动对均衡的影响

为弄清楚需求的变动对均衡的影响,我们假定供给不变。在图 2-6 中,需求增加,需求曲线由 D 向右移动到 D_1,均衡点由 E_0 改变为 E_1,均衡的价格由 P_0 上升到 P_1,均衡的数量由 Q_0 增加到 Q_1;需求减少,需求曲线由 D 向左移动到 D_2,均衡点由 E_0 改变为 E_2,均衡的价格由 P_0 下降到 P_2,均衡的数量由 Q_0 减少到 Q_2。于是,我们可以得出结论:需求变动,均衡的价格和均衡的数量与需求同方向变动。

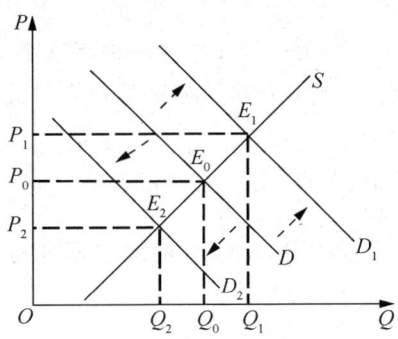

图 2-6　需求变动对均衡的影响

二、供给变动对均衡的影响

为弄清楚供给的变动对均衡的影响,我们假定需求不变。在图 2-7 中,供给增加,供给曲线由 S 向右移动到 S_1,均衡点由 E_0 改变为 E_1,均衡的价格由 P_0 下降到 P_1,均衡的数量由 Q_0 增加到 Q_1;供给减少,供给曲线由 S 向左移动到 S_2,均衡点由 E_0 改变为 E_2,均衡的价格由 P_0 上升到 P_2,均衡的数量由 Q_0 减少到 Q_2。于是,我们可以得出结论:供给变动,均衡的价格和供给反方向变动,均衡的数量和供给同方向变动。

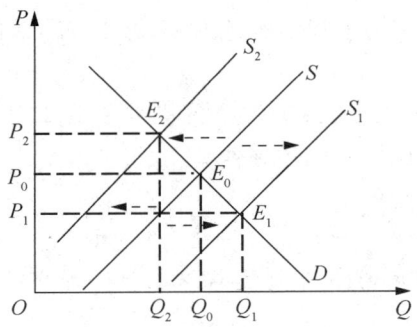

图 2-7　供给变动对均衡的影响

对以上分析进行总结,可以得出**供求定理**:需求变动,均衡的价格和均衡的数量和需求同方向变动;供给变动,均衡的价格和供给反方向变动,均衡的数量和供给同方向变动。

第四节 需求弹性和供给弹性

为了研究和测定一个经济变量的变动对另一个经济变量的影响程度,经济学家引入了弹性的概念。在经济学中,**弹性是指因变量对自变量变动的反应的敏感程度**。弹性的大小用因变量变动的相对量比自变量变动的相对量来表示,称为弹性系数。

$$e = \frac{\Delta Y/Y}{\Delta X/X}, \quad 可以写成 \quad e = \frac{\Delta Y}{\Delta X} \cdot \frac{X}{Y} \qquad (2.1)$$

e 表示弹性系数,Y 是因变量,ΔY 表示因变量的改变量,X 是自变量,ΔX 表示自变量的改变量。

一、需求的价格弹性

需求的价格弹性(简称"需求弹性"),是指需求量对价格变动反应的敏感程度。

(一) 需求的弧弹性

需求的弧弹性是反映需求曲线上两个点之间的弹性,需求的弧弹性公式为:

$$e_d = -\frac{\Delta Q}{\Delta P} \cdot \frac{P}{Q} \qquad (2.2)$$

P 为产品的价格,Q 为产品的需求量,ΔP、ΔQ 分别为价格的变动量和需求量的变动量,e_d 为需求的弹性系数。由于需求量的变动总是和价格的变动方向相反,我们说需求的弹性大小指的是绝对值,故在需求的弹性公式的等号右边加上了负号。

需求弹性计算示例:在图 2-8 中,当价格由 8 下降到 7 时,需求量由 4 增加到 8,需求曲线上 A、B 两点之间的弹性为:

$$e_d = -\frac{\Delta Q}{\Delta P} \cdot \frac{P}{Q} = -\frac{8-4}{7-8} \cdot \frac{8}{4} = -\frac{4}{-1} \cdot \frac{8}{4} = 8$$

如果价格由 7 上升到 8,需求量由 8 减少到 4,需求曲线上 A、B 两点之间的弹性为:

$$e_d = -\frac{\Delta Q}{\Delta P} \cdot \frac{P}{Q} = -\frac{4-8}{8-7} \cdot \frac{7}{8} = -\frac{-4}{1} \cdot \frac{7}{8} = 4 \cdot \frac{7}{8} = 3.5$$

从上面的例子我们可以看出,在计算弧弹性时,由于计算的起点不同,P 和

Q 的取值不同,造成了不同的计算结果,为了避免这种情况出现,计算弧弹性一般采用下面的公式:

$$e_d = -\frac{\Delta Q}{\Delta P} \cdot \frac{(P_2 + P_1)/2}{(Q_2 + Q_1)/2} \quad \text{或} \quad e_d = -\frac{Q_2 - Q_1}{P_2 - P_1} \cdot \frac{P_2 + P_1}{Q_2 + Q_1} \quad (2.3)$$

按照公式(2.3)计算 A、B 两点间的需求弹性值则为:

$$e_d = -\frac{Q_2 - Q_1}{P_2 - P_1} \cdot \frac{P_2 + P_1}{Q_2 + Q_1} = -\frac{8-4}{7-8} \cdot \frac{7+8}{8+4} = -\frac{4}{-1} \cdot \frac{15}{12} = \frac{15}{3} = 5$$

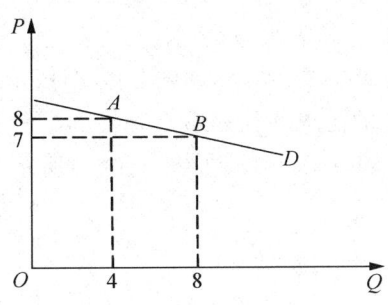

图 2-8 需求的弧弹性

(二)需求的点弹性

需求的点弹性是指需求曲线上某一点的弹性,其计算公式是:

$$e_d = -\frac{\mathrm{d}Q}{\mathrm{d}P} \cdot \frac{P}{Q} \quad (2.4)$$

从等号的右边看,它是在需求曲线上某一点对 Q 求 P 的导数,再乘以该点的价格与需求量的比值 $\frac{P}{Q}$,并取其绝对值。

在图 2-8 中,在需求曲线上,当点 B 无限地趋近于点 A 时, $\Delta P \to 0$,如果极限存在,则:

$$\lim_{\Delta P \to 0} \frac{\Delta Q}{\Delta P} = \frac{\mathrm{d}Q}{\mathrm{d}P}$$

我们可得到点 A 的需求弹性:

$$e_d = -\frac{\mathrm{d}Q}{\mathrm{d}P} \cdot \frac{P}{Q}$$

需要注意的是,点 A 的需求弹性不是该点的斜率 $\frac{\mathrm{d}P}{\mathrm{d}Q}$,而是该点的斜率的倒数 $\frac{\mathrm{d}Q}{\mathrm{d}P}$ 与该点的价格与需求量之比 $\frac{P}{Q}$ 的乘积的绝对值。

(三)需求弹性的分类

根据需求弹性值的大小不同,需求弹性可分五类:

(1) 需求有无限弹性,即 $e_d=\infty$,如图 2-9(a)所示。这样的商品市场上很罕见,比如在国家以规定的价格敞开收购某种商品时,该商品的需求曲线是水平的,在给定的价格上,需求量是任意多的。

(2) 需求无弹性,即 $e_d=0$,如图 2-9(b)所示。这样的商品也很罕见,通常认为人们殡葬火化服务的需求是无弹性的,且当其他殡葬形式被禁止时,其需求曲线是垂直的,无论价格怎么变,需求量都不变。

(3) 需求有单位弹性,即 $e_d=1$,如图 2-9(c)所示。其需求曲线是在第一象限的双曲线,价格每下降1%,需求量会增加1%。

(4) 需求富有弹性,即 $1<e_d<\infty$,如图 2-9(d)所示。如果一种商品有高度相似的替代品,那么对它的需求往往是富有弹性的。

(5) 需求缺乏弹性,即 $0<e_d<1$,如图 2-9(e)所示。缺乏替代品的生活必需品通常是缺乏弹性的。

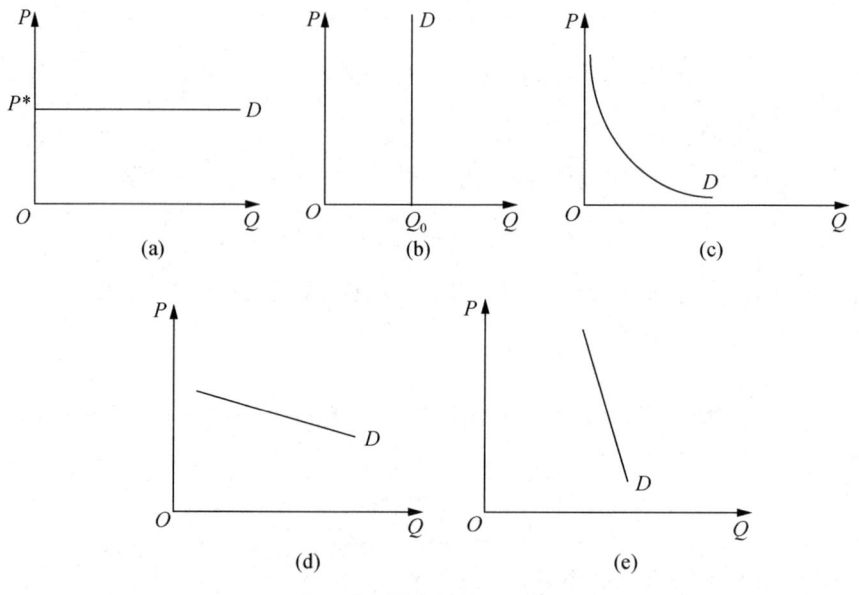

图 2-9　需求弹性的分类

(四) 影响需求弹性大小的主要因素

(1) 在生活中的重要性。一种商品在生活中越是重要,其需求越是缺乏弹性。

(2) 用途的广泛性。一种商品的用途越是广泛,其需求弹性往往会越大。

(3) 可替代性。一种商品的替代品越多,替代品与其相似程度越高,其需求弹性就越大。

(4) 在支出中占的比重。一种商品在消费者支出中如果只占很小的比重,消费者对其价格的变动往往不敏感,需求弹性也就越小。

(5) 观察期的长短。需求弹性往往还受观察期长短的影响,一些消耗性的商品往往短期弹性较小,长期弹性较大,比如汽油;而一些耐用性商品则相反,比如汽车。

(五) 线性需求曲线弹性的几何分析

在图 2-10 中的需求曲线上任取一点 E,根据需求的点弹性公式 $e_d = -\dfrac{dQ}{dP} \cdot \dfrac{P}{Q}$,点 E 的需求弹性 $e_d = -\dfrac{dQ}{dP} \cdot \dfrac{P_1}{Q_1}$,其中的 $\dfrac{dQ}{dP}$ 是需求曲线与坐标横轴的夹角的余切值,即线段 Q_1Q_2 与线段 Q_1E 之比 $\dfrac{Q_1Q_2}{Q_1E}$,而 $Q_1E = OP_1$,所以 $\dfrac{dQ}{dP} = \dfrac{Q_1Q_2}{Q_1E} = \dfrac{Q_1Q_2}{OP_1}$。价格 P_1 和需求量 Q_1 可以分别用线段 OP_1 和 OQ_1 表示,所以点 E 的需求弹性:

$$e_d = -\dfrac{dQ}{dP} \cdot \dfrac{P_1}{Q_1} = -\dfrac{Q_1Q_2}{Q_1E} \cdot \dfrac{OP_1}{OQ_1} = -\dfrac{Q_1Q_2}{OP_1} \cdot \dfrac{OP_1}{OQ_1} = -\dfrac{Q_1Q_2}{OQ_1} = -\dfrac{Q_1Q_2}{P_1E}$$

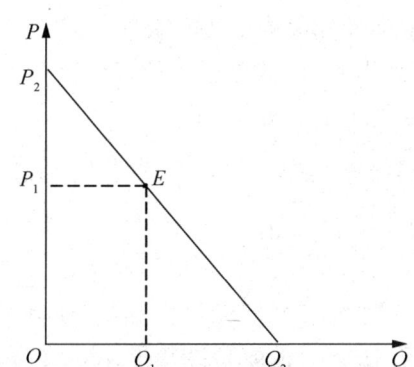

图 2-10 线性需求曲线的需求点弹性分析

$\dfrac{Q_1Q_2}{P_1E}$ 是相似三角形 $\triangle Q_1Q_2E$ 与 $\triangle P_1EP_2$ 的两条对应的直角边之比。根据相似三角形对应边之比相等,所以 $e_d = -\dfrac{Q_1Q_2}{P_1E} = -\dfrac{Q_2E}{EP_2}$。这样我们就把线性需求曲线上任意一点的需求弹性,表示成了需求曲线该点以下部分与该点以上部分的两条线段之比。同时,对线性需求曲线可以得出以下结论:中点的需求弹性 = 1,需求有单位弹性;与横轴相交那一点的需求弹性 = 0,需求无弹性;与纵轴相交那一点的需求弹性 = ∞,需求弹性无穷大;中点以上部分需求弹性 > 1,需求富有弹性;中点以下部分需求弹性 < 1,需求缺乏弹性,如图 2-11 所示:

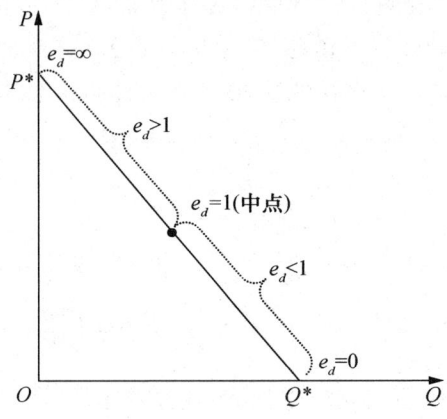

图 2-11 线性需求曲线的需求弹性

（六）需求弹性与销售收入

"薄利多销"是人们从商业销售活动总结出的规律，意思是说降价可以增加销售。这里的销售指的是销售量还是销售额呢？如果是销售量，"薄利多销"就是我们所说的需求规律，这当然是正确的。如果是销售额，那么"薄利多销"就未必了，我们可以用需求弹性知识对此进行分析。

消费者购买一种商品的支出，就是厂商销售该商品的收入。设 R 为销售收入，$R=P \cdot Q$，销售收入的变动的微分形式：

$$\mathrm{d}R = Q \cdot \mathrm{d}P + P \cdot \mathrm{d}Q = \left[1 + \frac{\mathrm{d}Q}{\mathrm{d}P} \cdot \frac{P}{Q}\right] Q \cdot \mathrm{d}P$$
$$= [1 - e_d] Q \cdot \mathrm{d}P \tag{2.5}$$

讨论：

当需求富有弹性，$e_d > 1$ 时，$[1-e_d] < 0$，如果 $\mathrm{d}P < 0$，也就是说降价，$\mathrm{d}R > 0$，即销售收入增加；如果 $\mathrm{d}P > 0$，也就是说涨价，$\mathrm{d}R < 0$，即销售收入减少。

当需求缺乏弹性，$e_d < 1$ 时，$[1-e_d] > 0$，如果 $\mathrm{d}P > 0$，也就是说涨价，$\mathrm{d}R > 0$，即销售收入增加；如果 $\mathrm{d}P < 0$，也就是说降价，$\mathrm{d}R < 0$，即销售收入减少；

当需求有单位弹性，$e_d = 1$ 时，则 $[1-e_d] = 0$，$\mathrm{d}R = 0$，价格变动对销售收入没有影响，此时销售收入达到最大值。

在图 2-12(a)图中，在需求曲线的点 A，需求富有弹性，价格为 P_1，需求量为 Q_1，销售收入 $R = P_1 \cdot Q_1$，可用图中矩形 OP_1AQ_1 的面积表示。当价格降为 P_2 时，需求量为 Q_2，销售收入 $R = P_2 \cdot Q_2$，可用图中矩形 OP_2BQ_2 的面积表示。图中靠上方的阴影面积，是因价格下降而减少的销售收入，相当于公式 (2.5) 中的 $Q \cdot \mathrm{d}P$。靠右侧的阴影面积，是因降价后销售量增加而增加的销售收入，相当于公式 (2.5) 中的 $P \cdot \mathrm{d}Q$，显然，靠右侧的阴影面积＞靠上方的阴影

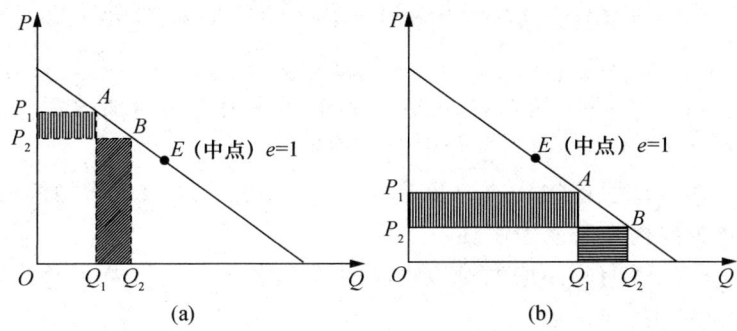

图 2-12 需求弹性与销售收入的关系

面积,所以需求富有弹性时,降价可以增加销售收入,而涨价会减少销售收入。

在图 2-12(b)图中,在需求曲线的点 A 需求缺乏弹性,价格为 P_1,需求量为 Q_1,销售收入 $R = P_1 \cdot Q_1$,可用图中矩形 OP_1AQ_1 的面积表示。当价格降为 P_2 时,需求量为 Q_2,销售收入 $R = P_2 \cdot Q_2$,可用图中矩形 OP_2BQ_2 的面积表示。(b)图中靠上方的阴影面积是因价格下降而减少的销售收入,相当于公式(2.5)中的 $Q \cdot dP$;靠右侧的阴影面积是因降价后销售量增加而增加的销售收入,相当于公式(2.5)中的 $P \cdot dQ$,显然,靠右侧的阴影面积<靠上方的阴影面积,所以需求缺乏弹性时,降价会减少销售收入,而涨价可以增加销售收入。

图 2-12 中,E 是需求曲线的中点,由 E 向两个坐标轴所作的垂线与坐标轴围成的矩形,由几何学定理我们知道,该矩形是需求曲线和坐标轴所围成的直角三角形的最大内接四边形,所以,此时销售收入达到最大值。

二、需求的其他弹性和供给弹性

(一)需求的收入弹性

需求的收入弹性是消费量对收入变动反应的敏感程度,可用公式表示为:

$$e_I = \frac{\Delta Q}{\Delta I} \cdot \frac{I}{Q} \tag{2.6}$$

I 表示收入,Q 表示消费量,ΔI 和 ΔQ 分别表示收入的变动量和消费量的变动量。

需求的收入的点弹性计算公式:

$$e_I = \frac{dQ}{dI} \cdot \frac{I}{Q} \tag{2.7}$$

需求的收入的弧弹性计算公式:

$$e_I = \frac{Q_2 - Q_1}{I_2 - I_1} \cdot \frac{I_2 + I_1}{Q_2 + Q_1} \tag{2.8}$$

如果 $e_I>0$,说明收入增加对该物品的消费量会增加,这样的物品称为正常物品;

如果 $0<e_I<1$,说明随着收入的增加,该物品消费量增加的百分比小于收入增加的百分比,这样的商品称为生活必需品;

如果 $e_I>1$,说明该物品的消费量增加的百分比大于收入增加的百分比,这样的物品称为高档物品或奢侈品;

如果 $e_I<0$,说明收入增加对该物品的消费量会减少,这样的物品称为低档物品,或谓之贫穷物品。

(二)需求的交叉弹性

需求的交叉弹性是指一种物品的消费量对另一种物品价格变动反应的敏感程度,可表示为:

$$e_{X,Y} = \frac{\Delta Q_X}{\Delta P_Y} \cdot \frac{P_Y}{Q_X} \qquad (2.9)$$

$e_{X,Y}$ 表示 X 物品的消费量对 Y 物品价格变动的交叉弹性系数,P_Y 表示 Y 物品的价格,Q_X 表示 X 物品的消费量,ΔP_Y 和 ΔQ_X 分别表示 Y 物品价格的变动量和 X 物品的消费量变动量。

需求交叉弹性的弧弹性计算公式:

$$e_{X,Y} = \frac{Q_X^2 - Q_X^1}{P_Y^2 - P_Y^1} \cdot \frac{P_Y^2 + P_Y^1}{Q_X^2 + Q_X^1} \qquad (2.10)$$

需求交叉弹性的点弹性计算公式:

$$e_{X,Y} = \frac{\mathrm{d}Q_X}{\mathrm{d}P_Y} \cdot \frac{P_Y}{Q_X} \qquad (2.11)$$

如果 $e_{X,Y}>0$,说明 Y 物品的价格上升,X 物品的消费量增加,那么,X 物品和 Y 物品是替代关系;

如果 $e_{X,Y}<0$,说明 Y 物品的价格上升,X 物品的消费量减少,那么,X 物品和 Y 物品是互补关系;

$e_{X,Y}=0$,说明 Y 物品的价格变动,对 X 物品的消费量没有影响,那么,X 物品和 Y 物品不相关。

(三)供给的价格弹性

简称为"供给弹性",是指一种物品的供给量对其价格变动反应的敏感程度,可用公式表示为:

$$e_S = \frac{\Delta Q}{\Delta P} \cdot \frac{P}{Q} \qquad (2.12)$$

e_S 为供给弹性系数,P 为供给价格,Q 为供给量,ΔP 和 ΔQ 分别为供给价格的变动量和供给量的变动量。

供给的弧弹性计算公式：

$$e_S = \frac{Q_2 - Q_1}{P_2 - P_1} \cdot \frac{P_2 + P_1}{Q_2 + Q_1} \tag{2.13}$$

供给的点弹性公式：

$$e_S = \frac{\mathrm{d}Q}{\mathrm{d}P} \cdot \frac{P}{Q} \tag{2.14}$$

供给弹性也可分为五类：
1. 供给有无限弹性，即 $e_s = \infty$，如图 2-13(a)所示；
2. 供给无弹性，即 $e_s = 0$，如图 2-13(b)所示；
3. 供给有单位弹性，即 $e_s = 1$，如图 2-13(c)所示；
4. 供给富有弹性，即 $1 < e_d < \infty$，如图 2-13(d)所示；
5. 供给缺乏弹性，即 $0 < e_d < 1$，如图 2-13(e)所示。

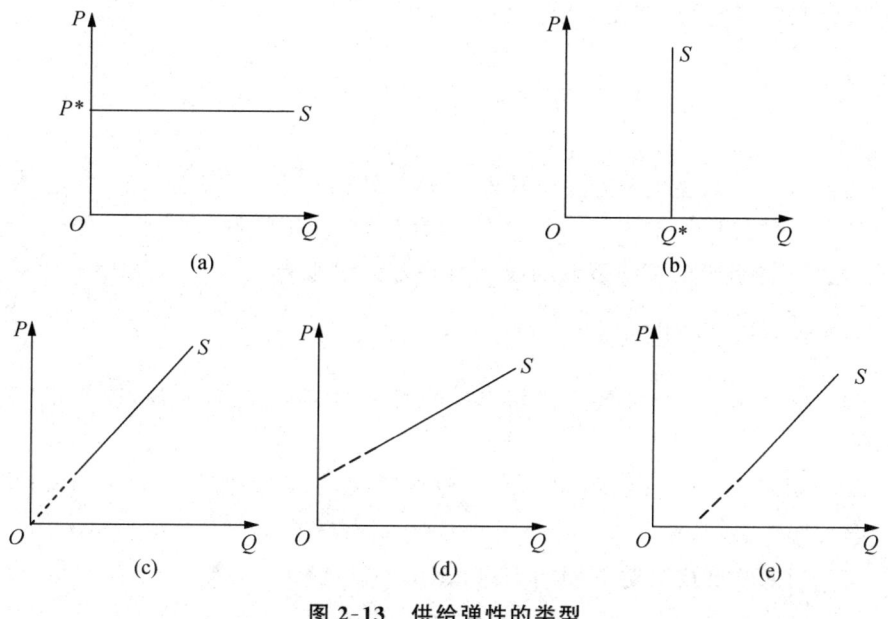

图 2-13 供给弹性的类型

在图 2-14 中，实线为供给曲线，虚线是其延长线。在供给曲线上任取一点 E，点 E 的供给弹性为：

$$e_S = \frac{\mathrm{d}Q}{\mathrm{d}P} \cdot \frac{P}{Q} = \frac{Q_2 Q_1}{Q_1 E} \cdot \frac{OP_1}{OQ_1} = \frac{Q_2 Q_1}{OP_1} \cdot \frac{OP_1}{OQ_1} = \frac{Q_2 Q_1}{OQ_1}$$

由于 $Q_2 Q_1 > OQ_1$，故点 E 的供给弹性 $e_S > 1$。

概而言之：如果线性的供给曲线（或其延长线）与横轴相交于原点 O 的左侧，则其供给弹性值 $e_S > 1$；如果线性的供给曲线（或其延长线）与横轴相交于原

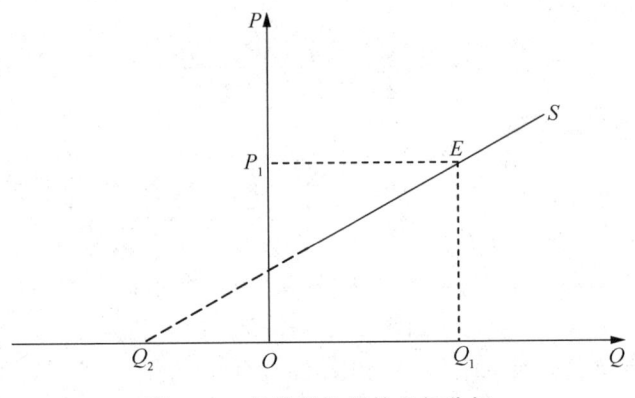

图 2-14 供给弹性值的几何分析

点 O 的右侧,则其供给弹性值 $e_S<1$;如果线性的供给曲线(或其延长线)与原点 O 相交,则其供给弹性值 $e_S=1$。

第五节 蛛网模型

为了解释在一些行业里,经常出现的产量和价格波动现象,20 世纪 30 年代,经济学家提出了一个动态模型——蛛网模型。用蛛网模型解释种植业、养殖业等生产周期比较长的行业的波动有很好的说服力。

一、蛛网模型的假定

(1) 从投入到产出需要一段相当长的时间,在此期间生产规模(产量)无法改变;

(2) 市场在当期出清,即:$Q_t^S = Q_t^d$,当期的产量决定当期的价格,即:$P_t = P(Q_t^S)$;

(3) 当期的价格决定下期的产量,$Q_{t+1}^S = Q(P_t)$。

二、蛛网模型的三种类型

蛛网理论依需求弹性和供给弹性的不同关系,分三种类型来研究波动情形:

(一) 收敛型蛛网——供给弹性小于需求弹性

在图 2-15 中,均衡点是 (Q^*, P^*),由于供给弹性小于需求弹性,如果产量受某种因素影响在第一期增加到 Q_1,市场在当期出清,即:$Q_S = Q_d = Q_1$,当期的产量决定当期的价格,即 $P_1 = P(Q_1)$;当期的价格决定下期的产量,$Q_2 =$

$Q(P_1)$,第一期的低价使第二期产量下降到 Q_2,价格上涨到 P_2;第二期的价格上涨使第三期的产量增加到 Q_3,而价格却因产量的提高下降到 P_3……我们把产量和价格变动的过程和方向依次用带箭头的线画出,形成了一幅波动幅度越来越小的像蛛网一样的图形。这样我们可以得出一个结论:如果一种产品的供给弹性小于需求弹性,无论什么原因造成产量和价格的波动,随着时间的推移,波动的幅度都会越来越小,终将会回归到均衡点。

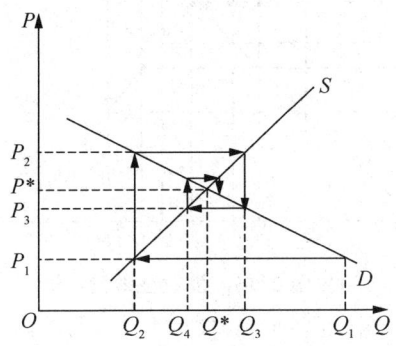

图 2-15 收敛型蛛网

(二)发散型蛛网——供给弹性大于需求弹性

在图 2-16 中,均衡点是 (Q^*, P^*),由于供给弹性大于需求弹性,如果产量受某种因素影响在第一期增加到 Q_1,市场在当期出清,即:$Q_S = Q_d = Q_1$,当期的产量决定当期的价格,$P_1 = P(Q_1)$;当期的价格决定下期的产量,$Q_2^S = Q(P_1)$,第一期的低价使第二期产量下降到 Q_2,价格上涨到 P_2;第二期的价格上涨使第三期的产量增加到 Q_3,而价格却因产量的提高下降到 P_3……我们把产量和价格变动的过程和方向依次用带箭头的线画出,形成了一幅波动幅度越来越大的像蛛网一样的图形。这样我们可以得出一个结论:如果一种产品的供给弹性大于需求弹性,无论什么原因造成产量和价格的微小波动,随着时间的推移,波动的幅度都会越来越大。

(三)封闭型蛛网——供给弹性等于需求弹性

在图 2-17 中,均衡点是 (Q^*, P^*),由于供给弹性等于需求弹性,如果产量受某种因素影响在第一期下降到 Q_1,请读者依据图形,叙述价格和产量的波动情形。

面对复杂的经济现象,利用经济模型,对其分析解释,使我们能化繁为简,思维严谨,思路清晰。好的模型能帮助我们理解可观察到的现实经济生活,但我们也不能对模型作教条主义的僵硬理解,更不能试图让活生生的现实来适应抽象的理论。蛛网模型能帮助我们理解种植业、养殖业经常出现的波动,这些

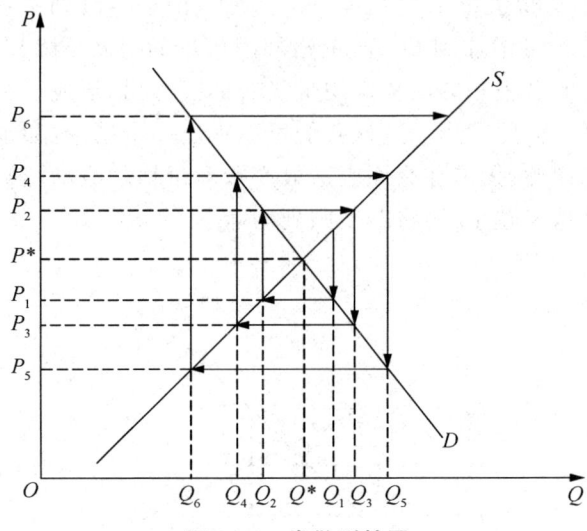

图 2-16　发散型蛛网

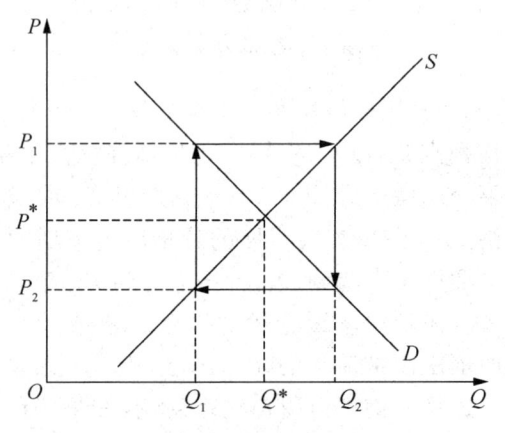

图 2-17　封闭型蛛网

行业的产品需求通常较为稳定,而产品的生产周期比较长,资源在不同的时期可以用来生产不同的产品,众多的生产者会根据以往的经验各自决定生产哪种产品和生产规模,而整个行业的规模事先谁也不能确知,所以其产量和价格就会发生经常性的波动,画出的蛛网图形象生动地展现了波动的过程,但我们不能认为真实的波动情形就像画出的某幅图形那样规整。

第六节　供求均衡原理的应用

本章我们学习了一些市场经济的简单原理,下面我们利用这些原理来作一些应用分析。

一、价格控制

政府常常对一些商品的市场价格进行控制,有些实行最低限价,有些实行最高限价,当商品的市场价格受到控制后对市场的运行会有什么影响?

(一)最低限价

最低限价也叫支持价格,就是规定商品的最低交易价格。一般认为最低限价是为了保护生产者的利益,鼓励某种商品的生产。对商品实行最低限价后会出现什么现象呢?我们利用图 2-18 来分析一下。点 E 是未实施价格控制前的均衡点,P_0、Q_0 分别是均衡的价格和均衡的数量。最低限价只有在高于 P_0 时,才会对人们的行为产生影响,如果最低限价为 P_1,高于 P_0,这时需求量为 Q_1,供给量为 Q_2,供给量大于需求量,市场就会出现超额供给,也就是过剩,过剩的数量为 Q_2-Q_1。我们知道,当出现过剩时生产者的竞卖,将导致价格下降。为维持最低限价 P_1,政府就必须采取一些措施。如果政府出钱收购过剩的产品,为此所产生的支出为 $P_1(Q_2-Q_1)$。然后,可能还要设立专门的机构储藏每期收购的产品,长此以往政府的财政将不堪重负。也可以通过补贴鼓励生产者限产,补贴金额为不能少于因减少产量给生产者带来的净损失,相当于图 2-19 中阴影的面积。

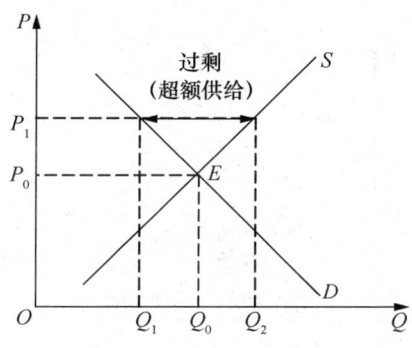

图 2-18 最低限价

(二)最高限价

最高限价也叫限制价格,也就是规定商品销售的最高价,凡高于此价销售皆为非法。最高限价通常是为了保护买方利益的。我们利用图 2-20 对此予以分析。点 E 是未实施价格控制前的均衡点,P_0、Q_0 分别是均衡的价格和均衡的数量。最高限价只有在低于 P_0 时,才会对人们的行为产生影响。如果最高限价为 P_1,低于 P_0,这时供给量为 Q_1,需求量为 Q_2,供给量小于需求量,市场就会

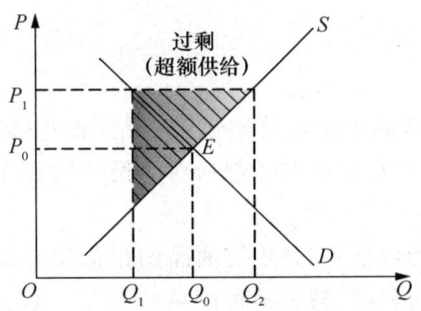

图 2-19 最低限价时的限产补贴

出现超额需求,也就是短缺,其数量为 Q_2-Q_1。当出现短缺时消费者之间的竞买,使人们不得不把时间用于抢购、排队,这时只有时间充裕的人可以买到足够的商品,为了"公平",政府可能会采取限购措施,比如发放票证限量购买。短缺将导致黑市交易的出现,黑市价格不仅高于最高限价,也可能远远高于 P_0。改革开放前,几乎所有的生活必需品都是凭票证供应的,尽管这些票证上都印着"无价票证,严禁买卖",但在黑市上都有通行的价格。比如面粉,一斤面粉的价格 0.14 元,但买面粉不仅要付钱,还必须付粮票,粮票是"无价票证,严禁买卖"的,但几乎所有的人都知道地方粮票的黑市价格通常是 0.20 元或 0.25 元,全国范围使用的粮票有时高达 0.40 元。

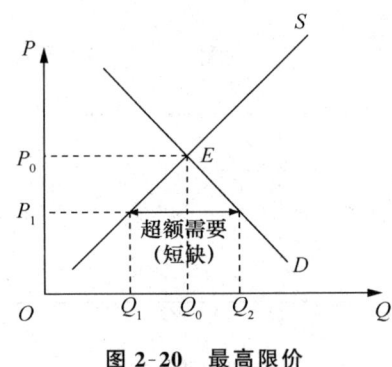

图 2-20 最高限价

二、税收和补贴

政府通常要对商品征税,有时也会对一些商品进行补贴。税收是由谁负担的,而谁又享受了这些补贴呢?有一种说法是,向谁征税谁就负担了税收,给谁补贴谁就享受了补贴。还有另一种说法,羊毛出在羊身上,税收最终都会转嫁给购买者。这些说法正确吗?我们需要作些经济学分析。

(一) 税收的负担

在图 2-21 中,无税收时,均衡的价格为 P_1,均衡的数量为 Q_1,$Q_D(P_1)=Q_S(P_1)$ 消费者支付的价格就是生产者得到的价格。如果对每单位商品征收 t 元的税,这种情况下,消费者支付的价格为 P_D,生产者得到的价格为 P_S,那么,$Q_D=Q_D(P_D)$,$Q_S=Q_S(P_S)$,市场均衡时,$Q_D=Q_S=Q_2$,$P_D-P_S=t$。和无税收时相比,每单位商品买者多付 P_D-P_1,卖者少得 P_1-P_S。

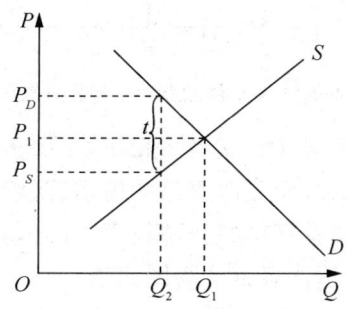

图 2-21 税收的负担

各方税收负担的多少,和税收是向谁直接征收无关,而是由商品的需求弹性和供给弹性决定的。如果需求弹性小于供给弹性,买者负担的税收较多,如图 2-22 所示;反之,如果需求弹性大于供给弹性,卖者负担的税收较多,如图 2-23 所示。

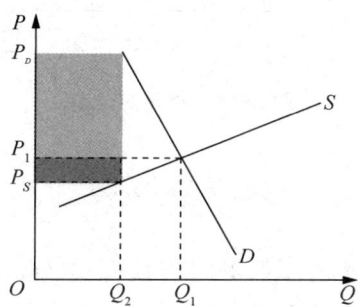

图 2-22 需求弹性小于供给弹性,买者负担了较多的税收

(二) 补贴

在图 2-24 中,无补贴时,均衡的价格为 P_1,均衡的数量为 Q_1,$Q_D(P_1)=Q_S(P_1)$,买者支付的价格就是卖者得到的价格。如果对每单位商品补贴 s 元,这种情况下,买者支付的价格为 P_D,卖者得到的价格为 P_S,那么,$Q_D=Q_D(P_D)$,$Q_S=Q_S(P_S)$,均衡时,$Q_D=Q_S=Q_2$,$P_S-P_D=s$。和补贴前相

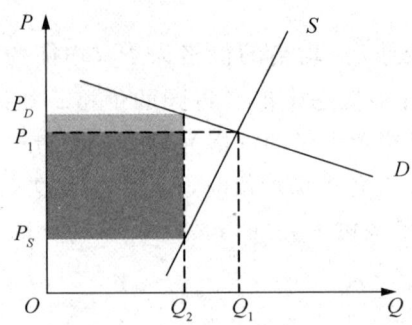

图 2-23　需求弹性大于供给弹性,卖者负担了较多的税收

比,每单位商品买者少付 P_1-P_D,卖者多得 P_S-P_1。各方获得补贴的多少,和补贴是向谁直接发放的无关,而是由商品的需求弹性和供给弹性决定的。如果需求弹性大于供给弹性,卖者获得的补贴较多;反之,如果需求弹性小于供给弹性,买者获得的补贴较多,请读者自己画图比较。

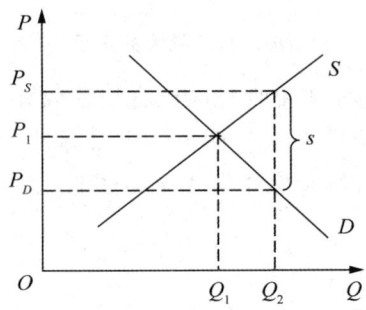

图 2-24　补贴的分享

复习思考题

1. 已知某一时期内某商品的需求函数为 $Q^d=50-5P$,供给函数为 $Q^s=-10+5P$。

(1) 求均衡价格 P_e 和均衡数量 Q_e,并作出几何图形。

(2) 假定供给函数不变,由于消费者收入水平提高,使需求函数变为 $Q^d=60-5P$。求出相应的均衡价格 P_e 和均衡数量 Q_e,并作出几何图形。

(3) 假定需求函数不变,由于生产技术水平提高,使供给函数变为 $Q^s=-5+5P$。求出相应的均衡价格 P_e 和均衡数量 Q_e,并作出几何图形。

2. 假定下表是需求函数 $Q_d=500-100P$ 在一定价格范围内的需求表:

某商品的需求表

价格(元)	1	2	3	4	5
需求量	400	300	200	100	0

(1) 求出价格 2 元和 4 元之间的需求的价格弧弹性。

(2) 根据给出的需求函数,求 $P=2$ 时的需求的价格点弹性。

3. 假定下表是供给函数 $Q_s = -2 + 2P$ 在一定价格范围内的供给表。

某商品的供给表

价格(元)	2	3	4	5	6
供给量	2	4	6	8	10

(1) 求出价格 3 元和 5 元之间的供给的价格弧弹性。

(2) 根据给出的供给函数,求 $P=3$ 时的供给的价格点弹性。

4. 假定某消费者的需求的价格弹性 $E_d = 1.3$,需求的收入弹性 $E_m = 2.2$。求:

(1) 在其他条件不变的情况下,商品价格下降 2% 对需求数量的影响。

(2) 在其他条件不变的情况下,消费者收入提高 5% 对需求数量的影响。

5. 假定某市场上 A、B 两厂商是生产同种有差异的产品的竞争者;该市场对 A 厂商的需求曲线为 $P_A = 200 - Q_A$,对 B 厂商的需求曲线为 $P_B = 300 - 0.5 \times Q_B$;两厂商目前的销售情况分别为 $Q_A = 50, Q_B = 100$。求:

(1) A、B 两厂商的需求的价格弹性分别为多少?

(2) 如果 B 厂商降价后,使得 B 厂商的需求量增加为 $Q_B = 160$,同时使竞争对手 A 厂商的需求量减少为 $Q_A = 40$。那么,A 厂商的需求的交叉价格弹性 E_{AB} 是多少?

(3) 如果 B 厂商追求销售收入最大化,那么,你认为 B 厂商的降价是一个正确的行为选择吗?

6. 假定某商品的需求价格弹性为 1.6,现售价格为 $P=4$。那么,该商品降价多少,才能使得销售量增加 10%?

第三章 消费者行为

在第二章我们给出了需求规律:价格越低,需求量越大,需求曲线向右下方倾斜。对商品的需求来自消费者,需求曲线为什么是向右下方倾斜,是由消费者的行为决定的,本章将通过对消费者行为的分析揭示隐藏在需求曲线背后的秘密。在约束条件下,作为理性的消费者通过选择使自己获得最大限度的满足——效用最大化。消费者通过对各种物品进行比较来决定选择消费什么物品,各种物品消费多少。这意味着,不同的物品有共同的特性,因而使它们相互之间的比较成为可能。这一共同的特性通常被称作效用。**效用刻画的是消费者消费一定数量的物品所获得的满足程度。**

第一节 基数效用理论

基数是用来表示事物大小、多少的数。在早期,一些经济学家认为消费一定数量的物品所获得的满足是可以像量度长度、体积、重量一样,用统一的客观的单位进行量度的,这个量度的单位叫作"效用单位"。用统一的客观的单位对人们的满足程度进行量度,这意味着,对不同的人的满足、快乐、幸福等这些个人的纯粹主观的感受,可以用效用量的多少进行比较,还可以对全社会的效用进行加总。

一、效用和边际效用

我们用 X、Y、Z……代表不同物品的数量,U 表示效用。那么,这些物品就有某种共同的特性,而这种特性即效用的大小依赖于不同物品的数量,可以用将效用描述为 X、Y、Z……的函数方法来表示,$U=U(X,Y,Z……)$。效用(U)是指一定时期内消费者从一定数量的各种物品 X,Y,Z……的消费中所得到的效用量的总和。一个更重要的概念是"边际效用",其定义是,一定时期内在其他物品的消费量保持不变时,某种物品的消费量增加一单位,其效用的增加量。X 商品的边际效用函数:$MU_X=\Delta U/\Delta X$,或用导数表示:$MU_X=\partial U/\partial X$。

19世纪中期,经济学家发现在任何物品的消费过程中都存在着一个规律——**边际效用递减规律:在一定时间内,给定其他物品的消费量不变,随着消费某一物品数量的增加,该物品的边际效用会发生递减。**让我们利用表 3-1 和

图 3-1 来理解这些概念及其相互关系。

表 3-1 效用、边际效用和边际效用递减规律

X	U	MU_X
0	0	—
1	20	20
2	35	15
3	45	10
4	50	5
5	50	0
6	45	−5

为了简化分析,我们假定该消费者仅消费 X 这一种物品,表中的第一列是物品 X 的消费量,第二列是效用 U,第三列是物品 X 的边际效用 MU_X。从表中可以看到,当对物品 X 的消费没有餍足时,U 是随着 X 的消费量增加而增加的。当 $X=5$ 时,$U=50$,达到最大值,对 X 的消费饱和了,如果再增加 X 的消费,U 就会下降。除非受到强迫,消费者对 X 的消费不会超过 5 单位,即使 X 不要钱。U 增加时 $MU_X>0$,U 最大时 $MU_X=0$,U 下降时 $MU_X<0$。MU_X 随着消费 X 数量的增加是不断下降的,即边际效用是递减的。我们每个人都可以通过对任何物品做内省的实验来验证边际效用递减规律。你能找到一种边际效用不递减的物品吗?

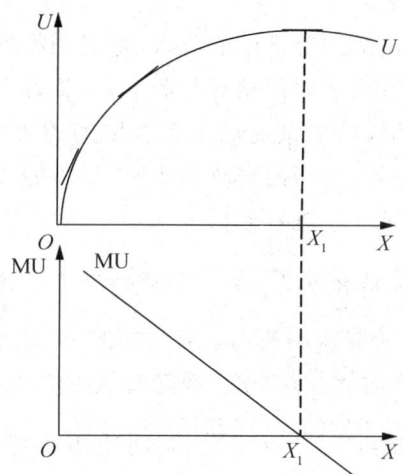

图 3-1 效用、边际效用和边际效用递减规律

在图 3-1 中我们画出了 X 的效用函数 U 和边际效用函数 MU_X 曲线。从图中我们也可以看到,当消费量 $X<X_1$ 时,随着消费 X 的增加 U 是增加的,这时 $MU_X>0$,但增加的速率即 U 的斜率是下降的,也就是说 MU_X 是递减的;当 $X=X_1$ 时,U 取最大值,这时 $MU_X=0$;如果 $X>X_1$,U 下降,$MU_X<0$。

二、消费者均衡的条件

消费者均衡的条件也就是消费者实现最优选择——效用最大化的条件。商品有价,消费者收入有限,所以通常情况下消费者的选择要受到收入的约束,他只能根据其有限的收入,通过选择来获得最大限度的满足——效用的最大化。

为了简化分析,我们在这里不研究跨时期选择问题,假定消费者仅生活在现在,这样他不可能借到钱,也不会去储蓄。限制他选择的约束条件是:

$$P_X X + P_Y Y + P_Z Z + \cdots \leqslant I$$

X、Y、Z…分别表示消费者购买的各种商品的数量,P_X、P_Y、P_Z…分别表示各种商品的价格,I 表示消费者的收入。约束条件表明其购买各种商品的支出不能大于其收入。那么,为了实现效用最大化——消费者均衡,必须同时满足以下两个条件:

条件 1. $$P_X X + P_Y Y + P_Z Z + \cdots = I \tag{3.1}$$

条件 2. $$\frac{MU_X}{P_X} = \frac{MU_Y}{P_Y} = \frac{MU_Z}{P_Z} = \cdots = \lambda \tag{3.2}$$

条件 1 要求他的支出必须等于他的收入,他必须把钱花完。条件 2 要求各种商品的边际效用与其价格之比都相等并等于 λ。商品的边际效用与其价格之比的含义是,每增加一元钱购买某商品消费者增加的效用。λ 是货币的边际效用,也就是一元钱的边际效用,当给定收入 I 时,货币的边际效用可以看成是不变的常数。下面我们对条件 2 进行分析。

无论怎么花钱,只要钱花完了,条件 1 就满足了。这时若 $\frac{MU_X}{P_X} > \frac{MU_Y}{P_Y}$,则意味着减少一元钱的 Y 所减少的效用,小于增加一元钱的 X 所增加的效用,效用因此就会增加,故应增加 X,减少 Y。而随着 X 的增加,Y 的减少,MU_X 将会下降,MU_Y 将会上升,直到 $\frac{MU_X}{P_X} = \frac{MU_Y}{P_Y}$,这时效用达到最大,不再有可能通过改变选择增加效用了。反之,若 $\frac{MU_X}{P_X} < \frac{MU_Y}{P_Y}$,则意味着减少一元钱的 X 所减少的效用,小于增加一元钱的 Y 所增加的效用,故应增加 Y,减少 X,以增加效

用。随着 Y 的增加，X 的减少，MU_Y 下降，MU_X 上升，直到 $\frac{MU_X}{P_X}=\frac{MU_Y}{P_Y}$，这时效用达到最大，不再有可能通过改变选择增加效用了。若 $\frac{MU_X}{P_X}>\lambda$，意味着增加一元钱的 X 所增加的效用，大于失去一元钱所减少的效用，即所得大于所失，故应购买更多的 X，直到 $\frac{MU_X}{P_X}=\lambda$；反之，则相反。消费者均衡的条件，意味着花完所有的钱时，为购买的每一种东西所花掉的最后一元钱，给其增加的效用都是一样多的，都等于一元钱的边际效用。消费者均衡的条件是等边际原理在分析消费者行为时的运用。

三、需求曲线的推导

我们在表 3-1 的基础上再加上三列得到表 3-2。从表 3-2 中可以看出，当价格 $P_X>10$，比如为 11 时，若购买 1 单位的 X，$MU_X/P_X\approx 1.8<\lambda=2$，所失大于所得，所以消费者不会购买。如果 $P_X=10$，购买 1 单位的 X，$MU_X/P_X=\lambda$，所得等于所失，这时消费者才愿意最多购买 1 单位的 X，价格 $P_X=10$ 是消费者购买第一单位的 X 愿意支付的最高价格。如果 $P_X=7.5$，消费者最多愿意购买 2 单位的 X，因为边际效用递减，第二单位 X 的 $MU_X=15$，$MU_X/P_X=\lambda$，所得等于所失，价格 $P_X=7.5$ 是消费者购买第二单位的 X 愿意支付的最高价格……根据表 3-2 的第一列 X 和第四列 P_X，我们可以画出图 3-2 中的该消费者的需求曲线。

表 3-2 需求曲线的推导

X	U	MU_X	P_X	MU_X/P_X	λ
0	0	—	11	—	2
1	20	20	10	2	2
2	35	15	7.5	2	2
3	45	10	5	2	2
4	50	5	2.5	2	2
5	50	0	0	0	2
6	45	−5	−2.5	2	2

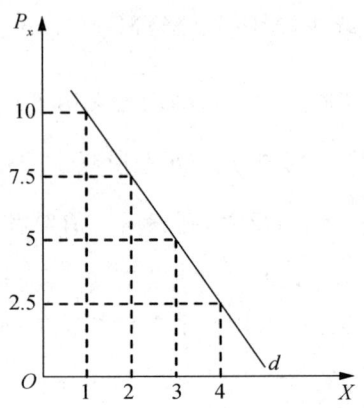

图 3-2　单个消费者的需求曲线

利用边际效用递减规律和消费者均衡的条件,我们推导出了向右下方倾斜的需求曲线。需求曲线上的每一个点,都是给定条件下,消费者的均衡点;每一价格都是为购买既定数量的商品,消费者愿意支付的最高价格;每一数量都是给定价格时,消费者愿意购买的最大数量。

四、消费者剩余

效用是无法观察到的,可观察到的是消费者的行为。由于边际效用是递减的,消费者为每一单位商品愿意支付的最高价格也是不同的,每多购买一单位的商品,消费者愿意支付的价格就越低。为购买 4 单位的 X 商品,消费者为每单位商品愿意支付的最高价格分别是 10、7.5、5、2.5,总共愿意支付 $10+7.5+5+2.5=25$,假定 X 商品的市场价格是 2.5,消费者实际支付是 $2.5 \times 4 = 10$,要比他愿意支付的少 15,15 这个差额就是他在购买商品 X 所得到的净福利,称之为消费者剩余。所以**消费者剩余是指为购买一定量的商品,消费者愿意支付的最高价格与实际支付的价格之间的差额**,是消费者在交易中所得到的净福利。对于如图 3-3 中连续的需求曲线,消费者剩余的计算公式为:

$$CS = \int_0^{Q_0} f(Q) \mathrm{d}Q - P_0 Q_0 \qquad (3.3)$$

其中 CS 为消费者剩余,$f(Q)$ 为反需求函数,P_0 为商品的市场价格,Q_0 为该消费者的需求量。

第二节　序数效用理论

"子非鱼,安知鱼之乐?"基数效用理论创立后,一直争议不断。争议主要源

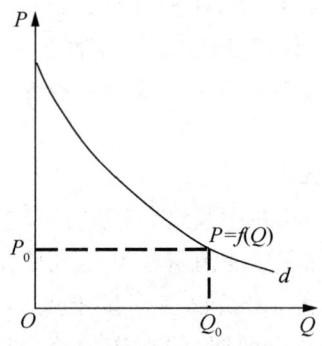

图 3-3 消费者剩余

于两个方面:第一是效用的量度单位问题,效用如果可以用基数表示,它的衡量单位是什么,"一单位效用"是什么意思,也就是说是否存在一个客观的衡量尺度;第二是效用的人际比较和加总问题,如果效用可以用基数表示,可以用统一的尺度来量度每个人的效用,自然也就可以做效用的人际比较,并可以把所有人的效用进行加总,得到社会总效用。早期,很多经济学家对解决这两个问题似乎信心满满,但各种解决方案都不令人满意。

尽管边际效用递减规律是真实的,但在分析消费者行为时它并不是必需的。20 世纪 30 年代经济学家提出了序数效用理论。序数就是用数值的大小对事物按一定的标准排列顺序。序数效用理论认为,只要消费者能对其偏好进行有序的排列就可以了,代表效用的数值不过是用来对偏好进行的有序排列,是用 1、2、3…还是用 7、8、9…来排序都一样,犹如梁山好汉排座次,只要座次不乱,给每个好汉打的分数具体是多少并不重要。序数是不能进行人际比较和加总的。本节和后面的几节我们将用序数效用理论分析消费者的行为。

一、消费者偏好的假定

(一)偏好具有完备性

对任意两组商品 A 和 B,消费者都能够根据自己的偏爱喜好断定,是 A 比 B 好($A \succ B$),还是 B 比 A 好($B \succ A$),还是 A 和 B 一样好($B \sim A$),三者必居其一。西方有一个寓言故事说,有一头拉磨的驴,为了自由逃到了野外,肚子饿的时候,它发现了两堆青草,由于不能断定哪一堆好,最后活活饿死了。这是一头蠢驴,因为它的偏好不具有完备性。

(二)偏好具有一致性

一致性假定也叫传递性假定,给定任意三组商品 A、B、C,如果 $A \succ B$,$B \succ C$,则 $A \succ C$;或如果 $A \succ B$,$B \sim C$,则 $A \succ C$;或……一致性假定也很重要,违背了

也会出问题。如果有人认为 $A>B, B>C$,而 $C>A$。那么,他一定愿意用 B 再加上一点钱换你的 A;然后,你再让他用 C 再加上一点钱和你换 B;然后,你再让他用 A 再加上一点钱和你换 C……每次交换都保证不让他吃亏,但最终他会变得一贫如洗。

(三)偏好具有非饱和性

非饱和性不是一个必需的基本假定,只是为了把我们的分析限制在好东西的范围。也就是说消费者对商品的消费没有达到餍足,所有的商品都是好的东西,好的东西当然是越多越好,哪怕仅多一星半点也更好。也许现实中的你并不介意多一星半点,还是少一分两厘,但在作理论分析时,必须要求严谨。不然的话就会闹出荒诞的结果。如果差一点无所谓的话,1000 克苹果和 999 克苹果一样好,999 克苹果和 998 克苹果一样好,998 克苹果和 997 克苹果一样好……最终是 1000 克苹果和没有苹果一样好。

二、无差异曲线

(一)无差异曲线的推导

根据对偏好的假设,我们可以用无差异曲线对消费者具有相同偏好两种物品的不同数量的组合进行描述。图 3-4 的坐标系表示 X 和 Y 两种物品的空间。任取一点 A,对 A 点物品组合的偏好与 A 点以外的物品组合的偏好进行比较。作过 A 点的垂线和水平线,将物品空间分成 4 个区域。根据非饱和性假定,越多越好,可以断定 A 点右上方的点都好于 A 点,A 点左下方的点都没有 A 点好。做通过 A 点左侧的线段 UV,当点由 U 沿线段移向 V 时,变得越来越好,在线段 UV 位于 A 点的左上方部分,一定会有某一点比如 B 点,和 A 点一样好。用同样方法,可以在 A 点左上方得到无数个和 A 点一样好的点。做线段 WZ 通过 A 点右侧。点由 W 沿线段移向 Z 时,变得越来越好,在线段 WZ 位于 A 点的右下方部分,一定会有某一点比如 C 点,和 A 点一样好。用同样方法,可以在 A 点右下方得到无数个和 A 点同样好的点。所有和 A 一样好的点形成一条线,叫作无差异曲线。**无差异曲线是消费者有相同偏好(效用)的两种物品的不同数量组合的点的轨迹。**

(二)无差异曲线的特点

一条无差异曲线把物品空间分成了三个部分,在这条无差异曲线上的所有的点都一样好,而在其右上方的点都比无差异曲线上的点好,在其左下方的点都没有无差异曲线上的点好。无差异曲线具有以下特点:

(1)无差异曲线处处密集,即物品空间里有无数条的无差异曲线;

(2)任意两条无差异曲线都不会相交,这是因为不同的无差异曲线代表不

第三章 消费者行为

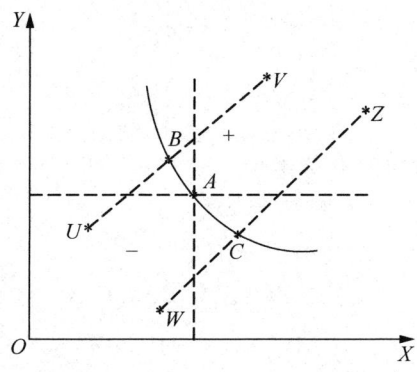

图 3-4 无差异曲线的推导

同的效用水平;

(3) 离原点越远的无差异曲线的效用水平越高,因为好的东西一定是越多越好;

(4) 通常无差异曲线向右下方倾斜且凸向原点,这是因为这两种物品不是完全替代品。

(三) 边际替代率递减规律

无差异曲线的**边际替代率**是指保持效用不变,增加一个单位某种物品必须放弃的另一种物品的数量。X 对 Y 边际替代率可表示为:

$$\mathrm{MRS}_{X,Y} = \frac{\Delta Y}{\Delta X} \quad \text{或} \quad \mathrm{MRS}_{X,Y} = \frac{\mathrm{d}Y}{\mathrm{d}X} \tag{3.4}$$

无差异曲线凸向原点,也就是说其边际替代率是递减的。**边际替代率递减规律**:保持效用不变,随着一种物品的数量的不断增加,每增加一单位该物品,消费者愿意放弃的另一物品的数量越来越少。无差异曲线凸向原点,或者说边际替代率递减规律反映了现实生活中消费者喜欢多样化消费。

边际替代率也可表示为:

$$\mathrm{MRS}_{X,Y} = \frac{\mathrm{MU}_X}{\mathrm{MU}_Y}$$

因为:

$$\Delta U = \mathrm{MU}_X \Delta X + \mathrm{MU}_Y \Delta Y,$$

保持效用不变,令:$\Delta U = 0$,即:

$$\Delta U = \mathrm{MU}_x \Delta X + \mathrm{MU}_y \Delta Y = 0$$

移项得:

$$\mathrm{MU}_Y \Delta Y = -\mathrm{MU}_X \Delta X,$$

变换整理得:

$$-\frac{\Delta Y}{\Delta X} = \frac{MU_X}{MU_Y}$$

即：
$$MRS_{X,Y} = \frac{MU_X}{MU_Y}$$

此结果亦可利用全微分方法求得。

$$\partial U/\partial X = MU_X$$
$$\partial U/\partial Y = MU_Y$$
$$dU = MU_X dX + MU_Y dY$$

令：
$$dU = MU_X dX + MU_Y dY = 0$$

整理得：
$$dY/dX = \frac{MU_X}{MU_Y};$$

即：
$$MRS_{X,Y} = \frac{MU_X}{MU_Y}$$

第三节 预 算 线

一、预算约束

预算约束也叫机会集和可选择集。商品有价，而消费者的收入有限，由此预算约束限定了消费者可选择的范围。假定消费者收入为 I，只消费两种商品 X、Y，价格分别为 P_X、P_Y，那么，他可选择购买的商品组合也就是他的预算约束可以表示为：

$$P_X X + P_Y Y \leqslant I \tag{3.5}$$

图 3-5 中消费者的预算约束就是直线 $I = P_X X + P_Y Y$ 与坐标轴围成的三角形。而直线：

$$I = P_X X + P_Y Y \quad \text{或} \quad Y = I/P_Y - (P_X/P_Y)X \tag{3.6}$$

表示消费者购买两种商品的组合的最大可能集，称之为预算线。预算线的斜率为 $-P_X/P_Y$，价格比 P_X/P_Y 是商品 X 和 Y 相对价格，是市场中 X 和 Y 两种商品的交换比例，表示消费者为得到一单位的 X 必须放弃多少单位的 Y。

二、预算线的变动

（一）收入 I 不变，Y 商品的价格不变，X 商品的价格变动

（1）X 商品的价格下降，相对价格 P_X/P_Y 下降，预算线围绕着其与 Y 轴的交点 I/P_Y 作逆时针方向旋转，如在图 3-6 中，当 X 商品的价格由 P_X^1 下降到

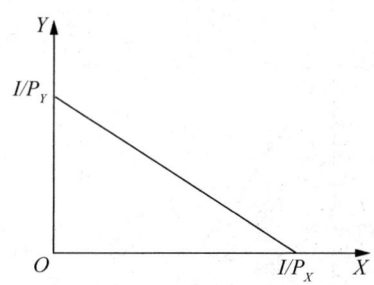

图 3-5 消费者的预算线

P_X^2,预算线由 I_1 变为 I_2。

(2) X 商品的价格上升,相对价格 P_X/P_Y 上升,预算线围绕着其与 Y 轴的交点 I/P_Y 作顺时针方向旋转,如在图 3-6 中,当 X 商品的价格由 P_X^1,上升到 P_X^3,预算线由 I_1 变为 I_3。

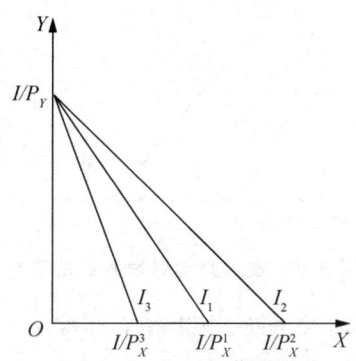

图 3-6 商品 X 的价格变动对预算线的影响

(二) 收入 I 不变,X 商品的价格不变,Y 商品的价格变动

(1) Y 商品的价格下降,相对价格 P_X/P_Y 上升,预算线围绕着其与 X 轴的交点 I/P_X 作顺时针方向旋转,如在图 3-7 中,当 Y 商品的价格由 P_Y^1 下降到 P_X^2,预算线由 I_1 变为 I_2。

(2) Y 商品的价格上升,相对价格 P_X/P_Y 下降,预算线围绕着其与 X 轴的交点 I/P_X 作逆时针方向旋转,如在图 3-7 中,当 Y 商品的价格由 P_Y^1,上升到 P_Y^3,预算线由 I_1 变为 I_3。

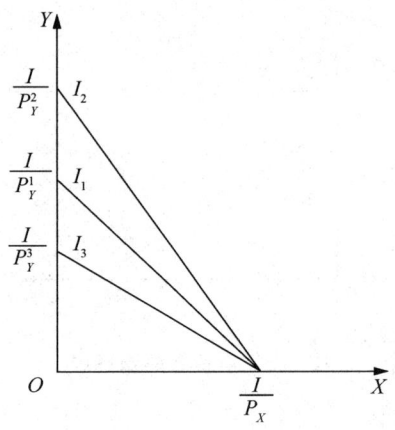

图 3-7 商品 Y 的价格变动对预算线的影响

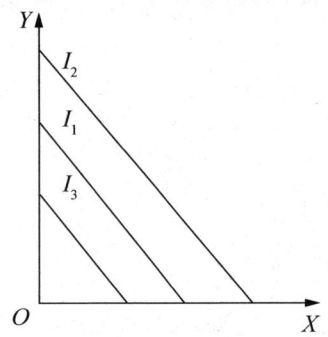

图 3-8 收入变动对预算线的影响

(三) 如果价格不变,收入变动,预算线平行移动

在图 3-8 中,收入增加,预算线平行向右移动,由 I_1 变为 I_2;收入减少,预算线平行向左移动,由 I_1 变为 I_3。

读者试解,如果收入和各种商品的价格发生同比例变动,或如收入未变,各种商品的价格发生同比例的变动,预算线将会发生什么样的变动呢?

第四节 消费者均衡

一、消费者均衡条件

在图 3-9 中,我们把预算线和无差异曲线结合到一起来分析消费者均衡的条件。我们知道,消费者要实现效用最大化,他的选择首先必须在预算线上,也就是要把钱花完,但预算线上有数不尽的点,到底选择哪一点的商品组合效用最大呢?

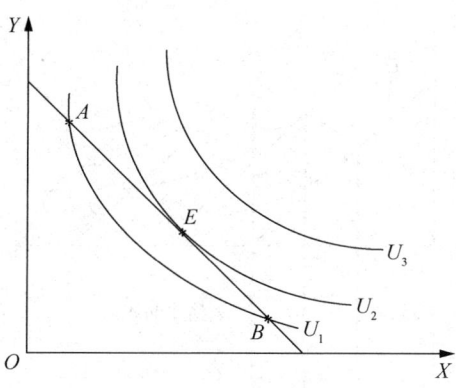

图 3-9 消费者均衡

我们看到,预算线和无差异曲线 U_2 相切于点 E,在预算线上除点 E 外,其他的点都位于无差异曲线 U_2 左下方,所以点 E 是预算线上效用水平最高的点,无差异曲线 U_2 在点 E 的边际替代率 $\mathrm{MRS}_{XY}=P_X/P_Y$。通过图形分析我们得到了消费者均衡的条件:

$$Y = I/P_Y - (P_X/P_Y)X; \qquad \mathrm{MRS}_{XY} = P_X/P_Y \qquad (3.7)$$

由于 $\mathrm{MRS}_{XY}=\mathrm{MU}_X/\mathrm{MU}_Y$,则有 $\mathrm{MU}_X/\mathrm{MU}_Y=P_X/P_Y$,或 $\dfrac{\mathrm{MU}_X}{P_X}=\dfrac{\mathrm{MU}_Y}{P_Y}$

二、消费者均衡的变动

(一)收入变动对消费者均衡的影响

在图 3-10 的上图中,当收入由 I_1 增加到 I_2、I_3 …时,均衡点由 E_1 变动到 E_2、E_3 …连接每一收入水平时的均衡点,得到收入消费曲线 $I-C$ 曲线。由收入消费曲线 $I-C$ 曲线,可以做出下图的 X 商品的恩格尔曲线,**恩格尔曲线表示的是消费者均衡时每一收入水平购买的某商品的数量。** X 商品的恩格尔曲线向右上方倾斜,说明随着收入增加,X 商品的消费量增加。**如果商品的消费量随着收入的增加而增加,这种商品被称为正常商品。如果一种商品的消费量随着收入的增加而减少,这种商品叫作低档商品,**如图 3-11 所示。

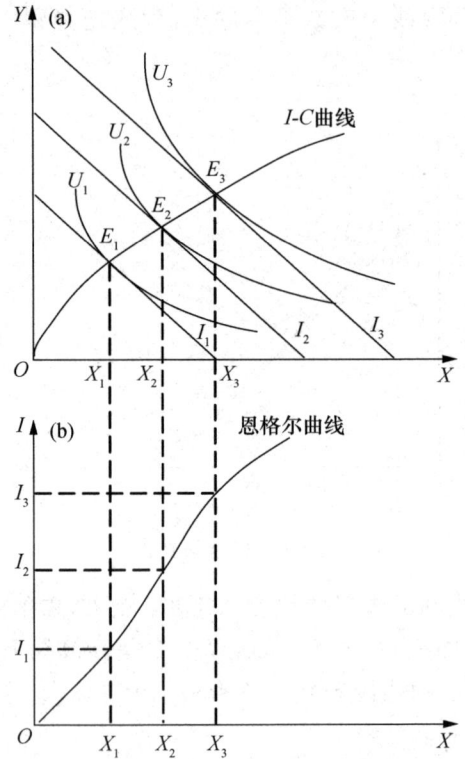

图 3-10　收入消费曲线和恩格尔曲线

消费者购买某种商品的支出占其收入的比重叫作恩格尔系数,即:

$$恩格尔系数 = \frac{购买某商品的支出}{收入} \tag{3.8}$$

恩格尔定律:随着收入的增加,购买食品的支出也随之增加,但食品支出在收入中占的比重是不断下降的,即食品的恩格尔系数随着收入的增加会越来越小。

(二) 价格变动对消费者均衡的影响

在图 3-12 的上图中,随着 X 商品的价格下降,均衡点由 E_1 变动到 E_2、$E_3 \cdots$,连接 X 商品不同价格水平时的均衡点,得到价格消费曲线 $P-C$。由价格消费曲线 $P-C$ 可推出下图的 X 商品的需求曲线 d。但是注意:由无差异曲线分析导出的需求曲线在理论上不必然向右下方倾斜,对此问题我们将在下一节进行分析。

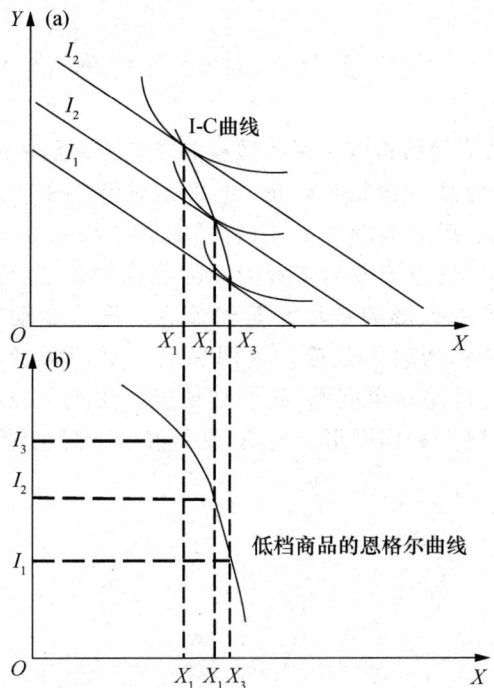

图 3-11 低档商品的恩格尔曲线

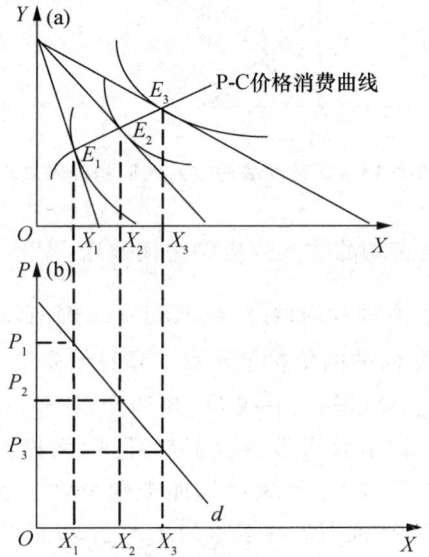

图 3-12 价格消费曲线和需求曲线

第五节 价格变动的替代效应和收入效应

商品的价格变动对消费者购买商品数量的影响称为价格效应。在图 3-12(a)中我们可以看到,当商品的价格变动时,不仅相对价格 P_X/P_Y 变了,预算线的斜率变了,同时还使选择的范围变了,消费者的实际收入变了,价格下降时消费者选择的边界扩大了,这意味着消费者的实际收入增加了。**价格变动使相对价格的变动而对需求产生的影响被称为替代效应。价格变动使实际收入变动而对需求产生的影响被称为收入效应。**这两种效应对消费者的选择产生了什么样的影响呢?为了弄清楚这个问题,我们必须想办法把价格变动中包含的这两种效应分离开,下面我们利用图形来对 X 商品价格下降的情况进行分析。

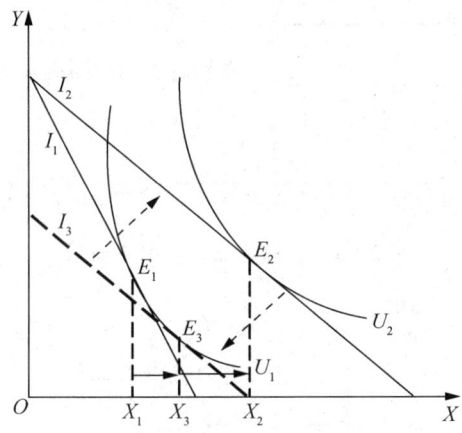

图 3-13 正常商品的收入效应和替代效应

一、正常商品价格变动的收入效应和替代效应

在图 3-13 中,给定消费者的偏好、收入和商品价格,预算线 I_1 和无差异曲线 U_1 相切于点 E_1。X 商品的价格下降后的预算线是 I_2,和 I_1 相比,不仅斜率变了,边界也扩大了,I_2 和无差异曲线 U_2 相切于点 E_2,效用水平从 U_1 提高到了 U_2,这说明尽管他的货币收入没有变,但实际收入提高了(我们把实际收入变动定义为效用水平的变动)。如果我们能把他增加的实际收入拿走,预算线就会从 I_2 平行地向左移动到用虚线表示的 I_3。I_3 和 U_1 相切于点 E_3。和价格变动前比较,效用水平没有变,也就是说实际收入没有变,I_1 和 I_3 斜率不同,也就是说相对价格变了,均衡点由 E_1 变为 E_3。X 的需求量由 X_1 增加到 X_3,(X_3-X_1) 就是价格变动的替代效应。当我们把从他那里拿走的收入归还给他

时,预算线由 I_3 回到 I_2,实际收入增加了,效用水平提高了,均衡点由 E_3 移动到 E_2,X 的需求量由 X_3 增加到 X_2,(X_2-X_3) 就是价格变动的收入效应。在这里我们看到,X 商品价格下降,实际收入增加,收入效应使 X 商品的需求量增加了,替代效应也使 X 商品的需求量增加了,收入效应和替代效应对 X 商品需求量影响的方向是一致的,和价格变动的方向是相反的,这样的商品是正常商品。正常商品的需求曲线一定是向右下方倾斜的。

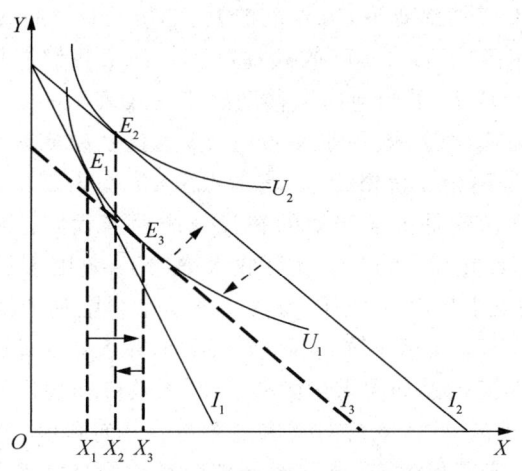

图 3-14 低档商品的收入效应和替代效应

二、低档商品价格变动的收入效应和替代效应

在图 3-14 中,给定消费者的偏好、收入和商品价格,预算线 I_1 和无差异曲线 U_1 相切于点 E_1。X 商品的价格下降后的预算线是 I_2,和 I_1 相比,不仅斜率变了,边界也扩大了,和无差异曲线 U_2 相切于点 E_2,效用水平从 U_1 提高到了 U_2,实际收入提高了。如果我们能把他增加的实际收入拿走,预算线就会从 I_2 平行地向左移动到用虚线表示的 I_3。I_3 和 U_1 相切于点 E_3。和价格变动前比较,效用水平没有变,也就是说实际收入没有变,I_1 和 I_3 斜率不同,也就是说相对价格变了,均衡点由 E_1 变为 E_3。X 的需求量由 X_1 增加到 X_3,(X_3-X_1) 就是价格变动的替代效应。当我们把从他那里拿走的收入归还给他时,预算线由 I_3 回到 I_2,实际收入增加了,效用水平提高了,均衡点由 E_3 移动到 E_2,X 的需求量由 X_3 下降为 X_2,(X_2-X_3) 就是价格变动的收入效应。在这里我们看到,X 商品价格下降,实际收入增加,收入效应使 X 商品的需求量减少了,替代效应使 X 商品的需求量增加了,收入效应和替代效应对 X 商品需求量影响的方向是相反的,收入效应对需求量影响的方向和价格变动的方向是一致的,这样的商品是低档商品。在图中我们看到,由于收入效应小于替代效应,这样的低档

商品的需求曲线仍是向右下方倾斜的。

三、吉芬商品价格变动的收入效应和替代效应

如果一种低档商品的收入效应大于替代效应,这样的商品叫吉芬商品。下面我们利用图3-15对吉芬商品给予说明。给定消费者的偏好、收入和商品价格,预算线 I_1 和无差异曲线 U_1 相切于点 E_1。X商品的价格下降后的预算线是 I_2,和 I_1 相比,不仅斜率变了,边界也扩大了,和无差异曲线 U_2 相切于点 E_2,效用水平从 U_1 提高到了 U_2,实际收入提高了。如果我们能把他增加的实际收入拿走,预算线就会从 I_2 平行地向左移动到用虚线表示的 I_3。I_3 和 U_1 相切于点 E_3。和价格变动前比较,效用水平没有变,也就是说实际收入没有变,I_1 和 I_3 斜率不同,也就是说相对价格变了,均衡点由 E_1 变为 E_3。X的需求量由 X_1 增加到 X_3,(X_3-X_1) 就是价格变动的替代效应。当我们把从他那里拿走的收入归还给他时,预算线由 I_3 回到 I_2,实际收入增加了,效用水平提高了,均衡点由 E_3 移动到 E_2,X的需求量由 X_3 下降为 X_2,(X_2-X_3) 就是价格变动的收入效应。在这里我们看到,X商品价格下降,实际收入增加,收入效应使X商品的需求量减少了,而替代效应使X商品的需求量增加了,收入效应和替代效应对X商品需求量影响的方向是相反的,收入效应对需求量影响的方向和价格变动的方向是一致的,并且收入效应大于替代效应,这样的低档商品称为吉芬商品。吉芬商品的需求曲线是向右上方倾斜的。现实中违反需求规律的吉芬商品会存在吗?

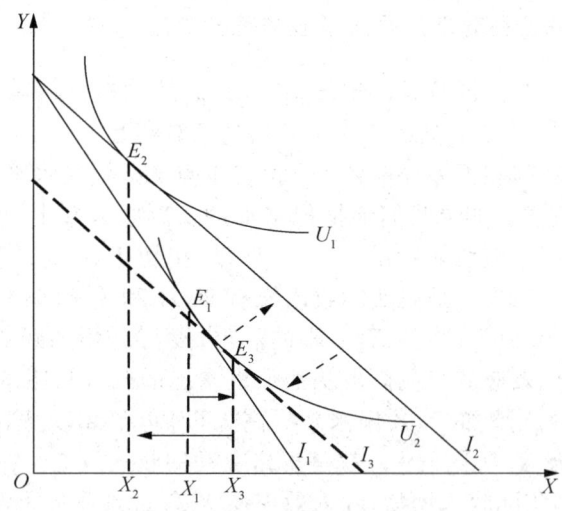

图3-15 吉芬商品价格变动的收入效应和替代效应

在理论上对单个消费者的选择行为进行分析时,无法排除有违需求规律的吉芬物品的存在,但在一个竞争的社会中不可能出现吉芬物品。据说英国统计

学家罗伯特·吉芬(Robert Giffen,1837—1910 年)发现在 1845—1848 年爱尔兰的土豆因灾减产引起大饥荒期间,土豆价格上涨,人们对土豆的需求量反而增加了,后来人们就把需求曲线向右上方倾斜的商品称为"吉芬物品"。事实上,吉芬从来没有过这样的发现,不过是以讹传讹而已。试想,土豆减产,消费者之间的竞买引起土豆价格上涨,消费者买到的土豆数量不可能大于产量,也就是说,消费者买到的土豆数量一定小于正常年份产量大、价格低时的数量。"迄今,还没有任何人能够利用家庭行为方面的统计数据,从实证上证明吉芬个人需求曲线或吉芬市场需求曲线的存在。……人们有理由排除发生或发现吉芬悖论实例的可能性"[①]。

复习思考题

1. 已知一件衬衫的价格为 80 元,一份快餐的价格为 20 元,在某消费者关于这两种商品的效用最大化的均衡点上,一份快餐对一件衬衫的边际替代率 MRS 是多少?

2. 对消费者实行补助有两种方法,一种是发给消费者一定数量的实物补助,另一种是发给消费者一笔现金补助,这笔现金等于按实物补助折算的货币量。试用无差异曲线的分析方法,说明哪一种补助方法能给消费者带来更大的效用。

3. 已知某消费者每年用于商品 A 和的商品 B 的收入为 540 元,两商品的价格分别为 $P_A=20$ 元和 $P_B=30$ 元,该消费者的效用函数为 $U=3X_A X_B^2$,该消费者每年购买这两种商品的数量应各是多少? 每年从中获得的总效用是多少?

4. 假定某消费者的效用函数为 $U=X^{3/8}Y^{5/8}$,两商品的价格分别为 P_X、P_Y,消费者的收入为 M。分别求出该消费者关于商品 X 和商品 Y 的需求函数。

5. 已知某消费者的效用函数为 $U=XY$,两商品的价格分别为 $P_X=4$,$P_Y=2$,消费者的收入是 $M=80$。现假定商品 X 的价格下降为 $P_X=2$。求:

(1) 由商品 X 的价格 P_X 下降所导致的总效应,使得该消费者对商品 X 的购买量发生多少变化?

(2) 由商品 X 的价格 P_X 下降所导致的替代效应,使得该消费者对商品 X 的购买量发生多少变化?

(3) 由商品 X 的价格 P_X 下降所导致的收入效应,使得该消费者对商品 X 的购买量发生多少变化?

6. 试用基数效用理论分析消费者均衡的条件,并导出消费者的需求曲线。

7. 试用序数效用理论,画图论证消费者均衡的条件。

[①] 纽曼、米尔盖特等:《新帕尔格雷夫经济学大辞典》,胡坚等译,经济科学出版社 2000 年版。

第四章 生产与成本

第二章讨论商品供给时指出,商品的供给来自于厂商,价格越高,供给量越大,供给曲线是向右上方倾斜的。要弄清隐藏在供给背后的玄机,我们必须对厂商的行为进行研究。厂商是指利用投入要素为市场生产商品或服务的独立决策的经济单位,它的组织形式多种多样,但都是以利润最大化为目标的。在这一章中,我们先讨论生产过程,在弄清生产规律的基础上,对成本问题进行分析,这些是我们分析厂商市场行为的前提。

第一节 生产函数

生产是指生产者将投入(生产要素)转变为产出(产品)的过程。生产技术是指把投入转变为产出的方法。生产函数是一种技术关系,被用来描述每一组具体的投入所可能生产的最大产量。每一种既定的技术条件下,都存在着一个生产函数。既定的生产技术条件是指在给定时期内可供生产者利用的生产方法。生产函数的一般形式:$Q=f(L,K,N,T\cdots)$,其中 $L,K,N,T\cdots$ 为各种投入要素,Q 是产量,产量是投入要素的函数。如果假定只有两种投入劳动 L 和资本 K,生产函数则为:$Q=f(L,K)$。**如果在生产过程中可以通过改变所有投入的方法来改变产量,我们说生产过程处在长期;如果在生产过程中只能通过改变部分投入的方法来改变产量,我们说生产过程处在短期。**注意经济学中的长期和短期指的不是日历时间的长短。

一、短期生产函数

对于生产函数 $Q=f(L,K)$,假定短期内资本 $K=K^*$,是不变投入,劳动 L 是可变投入,则这个生产函数就成了短期生产函数:

$$Q = f(L,K^*) \tag{4.1}$$

产量 Q 是可变投入 L 的函数,Q 随着 L 的变动而变动。

L 的平均产量函数:

$$AP_L = \frac{Q}{L} \tag{4.2}$$

L 的边际产量函数:

$$\mathrm{MP}_L = \frac{\Delta Q}{\Delta L} \quad \text{或} \quad \mathrm{MP}_L = \frac{\mathrm{d}Q}{\mathrm{d}L} \tag{4.3}$$

ΔQ 是产量的增加量，ΔL 是劳动的增加量。L 边际产量 MP_L 的含义是每增加一单位的 L，Q 的增加量。下面我们利用图形来分析可变投入 L 和产量 Q、平均产量 AP_L、边际产出 MP_L 的关系，以及 Q、AP_L 和 MP_L 三者之间的关系。

首先，我们分析产量 Q 和边际产出 MP_L 的关系。在图 4-1 的上图中，可以看到，当 $L=0$ 时，$Q=0$；随着 L 的增加，Q 开始增加，并且在 $L<L_1$ 时随着 L 的增加，Q 曲线变得越来越陡峭；当 $L>L_1$ 时随着 L 的增加，Q 仍在增加，但 Q 曲线变得越来越平缓；当 $L=L_3$ 时，Q 达到最大；如果 $L>L_3$，随着 L 的增加，Q 开始下降。产量 Q 曲线的斜率就是边际产量 MP_L，其曲线斜率的变化就是边际产量 MP_L 的变化，据此我们可以在下图画出倒 U 形的边际产量曲线 MP_L。

其次，我们分析产量 Q 和平均产量 AP_L 的关系。产量曲线 $Q=F(L,K^*)$ 上任意一点的产量 Q 与可变投入 L 之比就是此时 AP_L，可以用由原点 O 过该点的射线的斜率表示。在图 4-1 的上图中，我们作了 Ⅰ、Ⅱ 和 Ⅲ 三条射线，分别过产量曲线 Q 的点 a、b、c、d 和 e，通过观察这些点的射线斜率的变化，可以看出随着可变投入 L 的增加，AP_L 先增加，在 $L=L_2$ 时 AP_L 达到最大，然后不断下降。据此我们可以在下图中作出 AP_L 曲线。

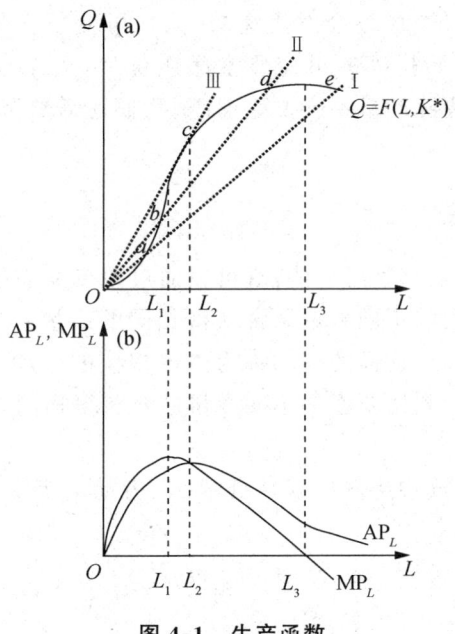

图 4-1　生产函数

最后，我们分析 MP_L 和 AP_L 的关系。在图 4-1 的下图中，当 $L<L_2$ 时，

$MP_L > AP_L$，随着 L 的增加，AP_L 增加；当 $L = L_2$ 时，$MP_L = AP_L$，AP_L 取得最大值；当 $L > L_2$ 时，$MP_L < AP_L$，随着 L 的增加，AP_L 下降。这是边际量与平均量在逻辑上的必然关系。① 例如，给同学们测量体重，假定开始时每一个后面的人的体重都比他前面的那个人重，这时边际体重是上升的，那么平均体重也一定是上升的；当最重的同学测完后，每一个后面的人的体重都比他前面的那个人轻，这时边际体重开始下降了，但只要正在测量的同学的体重大于已测过同学的平均体重，那么，平均体重还会增加，直到正在测量的同学的体重等于已测过同学的平均体重，这时平均体重达到最大；接下来随着边际体重下降，而小于了平均体重，平均体重也跟着下降。

在图中，当可变要素投入 $L > L_1$ 时，随着 L 的增加，MP_L 开始下降。边际产量递减是生产过程的普遍现象，称为**边际产量递减规律**，其含义是：**给定技术和其他要素的投入量不变，随着可变要素投入量的不断增加，其边际产出最终会发生递减。**在理解这个规律时要注意：(1) 技术水平不变。在 20 世纪末，21 世纪初，"知识经济"热闹一时，有人宣称在知识经济时代，新知识新技术不断地涌现，边际产量不递减了。这实在是对该规律的误解而闹出的笑话。(2) 至少有一种投入的量不变，并且不变的投入是生产中不可或缺的，不能完全被替代的要素。(3) 递减最终会发生。开始时，一般会出现一个阶段的边际产量递增，但随着可变要素的增加，最终会发生递减。(4) 可变投入是同质的。意思是递减的发生不是因为开始投入的可变要素品质优良，后来投入的要素品质变差了。试想一下，如果边际产量不会发生递减，我们还需要坚守 18 亿亩耕地的红线吗？

二、长期生产函数

在长期所有的要素都是可变的，既可以通过改变所有要素的投入量来改变产出，也可以利用要素的不同数量结合获得相同的产量。当通过改变所有要素的投入量来改变产量时，这样的变动称为生产规模的变动。生产规模的变动稍后讨论，我们先来讨论利用要素的不同数量结合获得相同的产量。

(一) 等产量线

对于长期生产函数 $Q = f(L, K)$，资本 K、劳动 L 都是可变投入，对任意给

---

① $d(AP_L)/dL = \dfrac{(dQ/dL)L}{L^2} - \dfrac{(dL/dL)Q}{L^2} = \dfrac{(dQ/dL)}{L} - \dfrac{Q}{L^2} = \left(dQ/dL - \dfrac{Q}{L}\right)\dfrac{1}{L} = (MP_L - AP_L)\dfrac{1}{L}$

$d(AP_L)/dL = (MP_L - AP_L)\dfrac{1}{L}$

如果 $MP_L > AP_L$，$d(AP_L)/dL > 0$，AP_L 增加；如果 $MP_L = AP_L$，$d(AP_L)/dL = 0$，AP_L 取最大值；如果 $MP_L < AP_L$，$d(AP_L)/dL < 0$，AP_L 下降。

定的产量,我们可以利用 K 与 L 的不同数量组合来获得该产量,如图 4-2 中的 Q_0、Q_1 和 Q_2。我们把能生产相同产量的两种要素的不同组合的点的连线叫做**等产量线**。

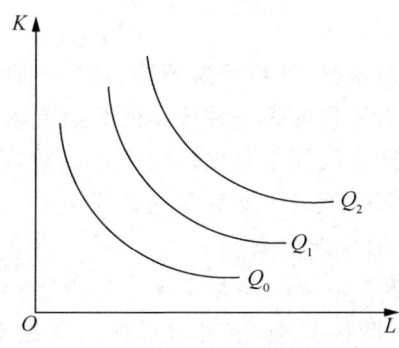

图 4-2 等产量线

等产量线具有以下特点:

(1) 等产量线把要素空间划分成三个部分,一条等产量线上的要素组合有着相同的产量,其右上方任意一点的要素组合的产量都大于等产量线上的产量,其左下方任意一点的要素组合的产量都小于等产量线上的产量。

(2) 在同一要素空间中,有无数多条等产量线,不同的等产量线代表不同的产量,任意两条等产量线都不相交,离原点越远的等产量线代表的产量越大。

(3) 等产量线向右下方倾斜,并凸向原点。这是因为两种要素在生产中都是必需的,它们可以相互替代,又不能被完全替代。等产量线凸向原点,这意味着边际技术替代率是递减的。

边际技术替代率是指保持产量不变,某要素增加一单位,可以减少的另一种要素的数量。 L 对 K 边际技术替代率表示为:

$$\text{MRTS}_{L,K} = -\frac{\Delta K}{\Delta L}$$

或:

$$\text{MRTS}_{L,K} = -\frac{dK}{dL} \tag{4.4}$$

边际技术替代率也可以表示为:

$$\text{MRTS}_{L,K} = \text{MP}_L / \text{MP}_K \tag{4.5}$$

这是因为:

$$\partial Q / \partial L = \text{MP}_L$$

$$\partial Q / \partial K = \text{MP}_K$$

$$dQ = \text{MP}_L dL + \text{MP}_K dK$$

令： $$dQ = MP_L dL + MP_K dK = 0$$

整理得： $$dK/dL = \frac{MP_L}{MP_K};$$

即： $$MRTS_{L,K} = \frac{MP_L}{MP_k}$$

边际技术替代率递减规律：保持产量不变，随着一种要素的数量不断增加，每增加一单位该要素能够替代的另一种要素的数量会越来越少。

以上我们讨论的等产量线属于非线性的生产函数，两种投入要素在生产中都是必需的，可以相互替代，但又不能完全被替代。

（二）线性生产函数的等产量线

生产函数 $Q=\alpha L+\beta K$（$\alpha,\beta>0$，为参数），是线性的生产函数，为生产既定的产量，既可以同时投入两种要素，也可以只使用两种要素中的任何一种。其等产量线如图4-3所示。等产量线的边际技术替代率 $MRTS_{L,K}=\alpha/\beta$ 是不变的，也就是说保持产量不变，L 和 K 可以按 α/β 的比例相互替代，每增加一单位的 L 可以替代 α/β 单位的 K。比如，为获得一定量的热能既可以用燃煤，也可以用燃气，还可以燃煤、燃气同时使用，燃煤和燃气的边际技术替代率是常数。

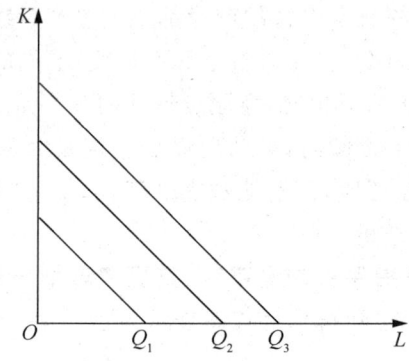

图 4-3 线性生产函数的等产量线

（三）固定比例生产函数的等产量线

生产函数 $Q=A\min(L/u,K/v)$，（$A,u,v>0$，为参数），是固定比例的生产函数。min 表示取括号中 L/u 和 K/v 数值最小的那一个。这两种要素之间不具有任何替代性，只有 $L/K=u/v$ 时，两种要素的投入比才是有效率的。图4-4是固定比例的生产函数的等产量线。图中等产量线的拐点处 $L/K=u/v$ 是既定产量时唯一有效率的组合。比如运输业，汽车和司机的有效组合是 1:1。

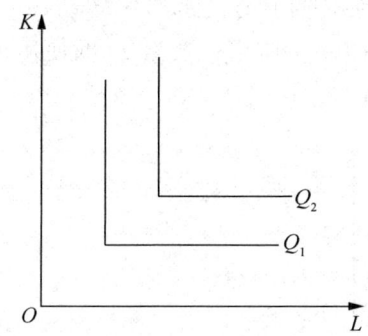

图 4-4　固定比例的生产函数的等产量线

第二节　生产要素的最优组合

一、等成本线

等成本线是在既定成本和要素价格的条件下,生产者可以购买到的两种要素的各种不同数量组合的点的轨迹,等成本线就是厂商的预算线。可用公式表示为:

$$C = wL + rK \quad 或 \quad K = C/r - (w/r)L \tag{4.6}$$

C 是成本,w 是要素 L 的使用价格,r 是要素 K 的使用价格,等成本方程表明厂商使用各种要素组合的支出等于成本,画在图上就是等成本线,如图 4-5 所示:

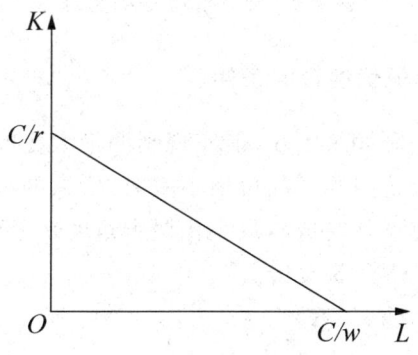

图 4-5　等成本线

如果要素价格不变,厂商增加或减少了预算,等成本线将平行地向右或向左移动,如图 4-6 所示。如果要素 L 的使用价格 w 变动了,等成本线的斜率就变了,等成本线将围绕着在纵轴上的截距 C/r 转动,w 下降时为逆时针转动,w 上升时为顺时针转动,如图 4-7 所示。要素 K 的使用价格 r 变动时,等成本线的变动情况读者自己画出。

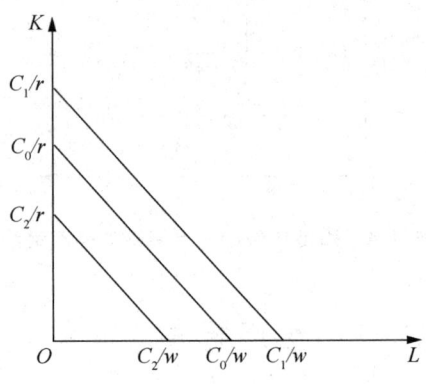

图 4-6 厂商预算的变动

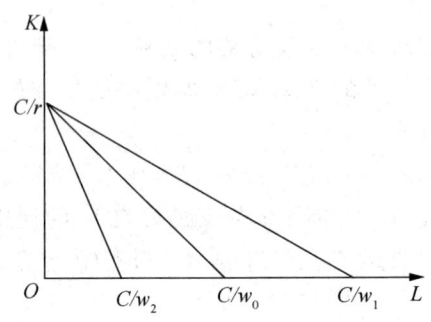

图 4-7 要素价格 w 的变动

二、实现生产要素最优组合的条件

厂商的生产目的是利润最大化,能实现利润最大化的要素组合就是最优的要素组合。在给定要素价格和产品价格不变时,要素的最优组合可以从给定成本时产量最大化和给定产量时成本最小化两个角度来考察。

(一)既定成本时,产量最大化

目标函数:$\max Q = F(L,K)$

约束条件:s.t. $C = wL + rK$

我们利用图 4-8 进行分析:既定的等成本线与等产量线 Q_2 相切于点 E,在等成本线上除点 E 以外,其他的点都位于等产量线 Q_2 的左下方,这些点的要素组合的产量水平都小于 Q_2,所以点 E 的要素组合是最优的要素组合。点 E

满足：
$$\text{MRTS}_{LK} = w/r \tag{4.7}$$
即：
$$\text{MP}_L/\text{MP}_K = w/r \tag{4.8}$$
或：
$$\text{MP}_L/w = \text{MP}_K/r \tag{4.9}$$

公式(4.9)更清楚地表明,在满足成本约束条件下,单位货币无论用于购买何种要素所得到的边际产量都相等。

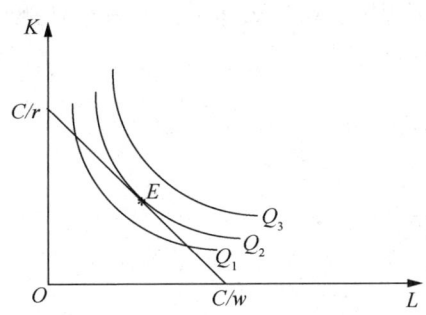

图 4-8　生产要素的最优组合——既定成本时产量最大化

(二) 既定产量时,成本最小化

目标函数：$\min C = wL + rK$

约束条件：s.t. $Q_0 = F(L, K)$

在图 4-9 中,既定产量 Q_0 的等产量线与等成本线 C_2 相切于点 E,在等产量线 Q_0 上,除了点 E,其他的点都位于等成本线 C_2 的右上方,这些点的要素组合的成本都大于 C_2,所以点 E 的要素组合是达到既定产量 Q_0 的成本最小的要素组合。点 E 满足：

$$\text{MRTS}_{LK} = w/r$$

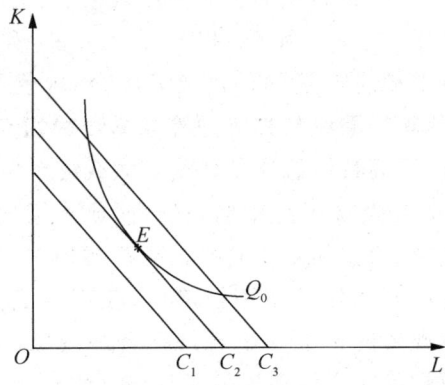

图 4-9　生产要素的最优组合——既定产量时成本最小化

即：$\quad\quad\quad\quad\quad\quad\quad\quad MP_L/MP_K = w/r$

或：$\quad\quad\quad\quad\quad\quad\quad\quad MP_L/w = MP_K/r$

三、厂商的最优扩张路径

在长期情况下，厂商可以通过改变所有要素的投入来增加或减少产量，我们把这种情况称为生产规模的变动。在技术、要素价格和产品价格不变的情况下，厂商将会按照什么原则，遵循什么途径变动其生产规模？我们用图 4-10 来说明厂商生产规模变动的情况。

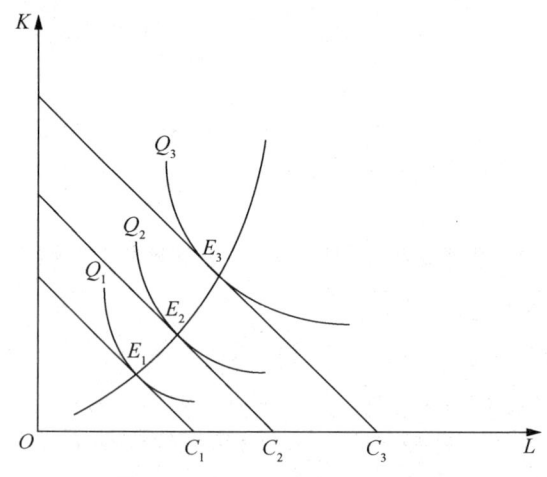

图 4-10　厂商的最优扩张路径

为了提高产量，厂商的成本也必须随之增加，而厂商是以利润最大化为目标的，所以必然会以最小的成本来实现产量目标，也就是说，它会按照最优要素投入的原则，让 $MRTS_{L,K} = w/r$，从而扩大生产规模。在图中，等产量线 Q_1、Q_2 和 Q_3 分别与等成本线 C_1、C_2 和 C_3 相切于 E_1、E_2 和 E_3，在这些切点上 $MRTS_{L,K} = w/r$，是实现相应产量的最优要素组合，也就是成本最小的要素组合。我们把**不同产量的等产量线与相应的等成本线的切点连接起来的线，叫作厂商的最优扩张路径**。厂商将沿着这条路线扩大或缩小生产规模。

如果厂商扩大生产规模时产量增加一倍，而成本增加却不到一倍，这种情况叫作**规模经济（内在经济）**。如果厂商扩大生产规模时产量增加一倍，而成本增加却不止一倍，这种情况叫作**规模不经济（内在不经济）**。一般来说，当企业规模较小时，随着企业规模的扩大会出现规模经济现象，当企业规模已经很大了，再进一步扩大规模就可能会出现规模不经济现象。出现规模经济的原因有以下几个方面：规模扩大可以深化专业化分工，提高劳动的效率；可以利用效率更高的专用设备;可以利用规模效应节约资本的投入,比如建造大的厂房比小的厂房每平方米更节省材料,容积更大的生产容器比容积小的每立方使用的材料更少;可以利用概率效应节约原材料、备用零部件以及产成品的存货成本,比如为了保持机器设备的正常运转,厂商必须储备一定的易损的零部件,当规模扩大机器设备增加一倍时这些备用件却不必要也增加一倍,因为两台机器同一部件同时损坏的可能性小得多。当企业的规模很大时出现规模不经济现象,一般认为是由于管理的层次和协调环节增加,出现沟通困难,信息传递失真,管理低效率造成的。

四、关于规模报酬问题

规模报酬变动是指在技术水平不变的条件下,当所有的要素投入都按同一比例变动时(即企业规模变动时)产量的变动状况。它反映的是生产中投入和产出之间的技术关系。

规模报酬变动有三种情况:

设生产函数为:$Q=f(K,L)$,$\lambda>1$

若:$f(\lambda K,\lambda L)>\lambda f(K,L)$,则称规模报酬递增;

若:$f(\lambda K,\lambda L)<\lambda f(K,L)$,则称规模报酬递减;

若:$f(\lambda K,\lambda L)=\lambda f(K,L)$,则称规模报酬不变。

例如,柯布—道格拉斯生产函数:

$$Q=f(K,L)=AK^{\alpha}L^{\beta}$$
$$f(\lambda K,\lambda L)=A(\lambda K)^{\alpha}(\lambda L)^{\beta}=\lambda^{\alpha+\beta}Q$$

若:$\alpha+\beta>1$,则规模报酬递增;

若:$\alpha+\beta<1$,则规模报酬递减;

若:$\alpha+\beta=1$,则规模报酬不变。

规模报酬变动和规模经济是两个有联系的不同问题,规模报酬问题反映的是投入量和产出量之间的一种技术关系,而规模经济反映的是成本与产出之间的经济关系;厂商改变生产规模是沿着最优扩张路线进行的,而未必是同比例地增加或减少所有的要素;当然,规模报酬递增时一定存在规模经济,规模报酬递减时一定有规模不经济。

第三节 成本函数

现在,我们根据对生产过程中规律性的认识,对厂商的生产成本进行分析。

一、成本含义的辨析

第一章"导论"在讨论经济学的研究对象时,已经给出了成本的概念。经济学是研究人的选择行为的,经济学中的成本是选择的成本,是为选择付出的最高代价。当人们决定把具有多种用途的稀缺资源用于某种用途时,也就意味着放弃了把它用于其他用途的机会,所放弃的机会中的最大价值,就是人们为其选择付出的最高代价,所以选择的成本也叫作机会成本。不存在选择时也就没有成本。厂商生产产品所使用的要素成本,可以用这些要素的市场价值进行衡量。

不能简单地把经济学中的成本等同于会计学中的成本,这是因为:

第一,会计成本是生产中使用生产要素所发生的货币支出,是可以被记录在会计账目中的**显性成本**。当在生产中使用了厂商自有的而非购入的要素时,这些要素的市场价值就不能在会计的成本账目中反映出来,是一种**隐性成本**。

第二,当厂商现在使用了以前购入的要素,这些要素会计已按购入价入账,这是一种**历史成本**,而这些要素的现在市场价格可能已经变化了,选择把这些要素投入生产,而不是把它们卖掉,成本就应该是按现价计算的这些要素的市场价值。

第三,在会计账目中记入的成本有一种叫作**沉没成本,它是指以前发生的对现在的选择没有任何影响的费用**。比如,厂商对某投资项目可行性研究花费了20万元,厂商在决定是否对该项目进行投资时,和这已花费的20万元是没有任何关系的,因为无论是否投资,这20万元都没有了,覆水难收,这就是沉没成本。

成本是产量的函数,等于要素价格乘以每一产量所对应的最小要素投入量,给定要素价格不变,成本随着产量的变动而变动。生产过程中根据投入要素是否都可以变动,生产分为短期生产和长期生产,所以成本函数也分为短期成本函数和长期生产函数,我们先进行短期成本分析,然后进行长期成本分析。

二、短期成本函数的种类

在短期情况下,要素分为固定要素和变动要素,成本也就分为固定成本和变动成本两部分,所以短期**总成本函数**可以表示为:

$$\text{STC} = C(Q) = rK^* + wL(Q) \tag{4.10}$$

或:

$$\text{STC} = \text{FC} + \text{VC}(Q)$$

其中 rK^* 叫作固定成本(FC),r 是要素 K 的使用价格,$K=K^*$ 为固定要素,$wL(Q)$ 叫作变动成本(VC),w 是可变要素 L 的使用价格,L 随着产量的变动而变动。

短期总成本 STC 除以产量 Q 就是短期平均成本(SAC)。

$$\text{SAC} = \frac{\text{STC}}{Q} = \frac{\text{FC}}{Q} + \frac{\text{VC}(Q)}{Q} = \text{AFC}(Q) + \text{AVC}(Q) \quad (4.11)$$

其中 AFC 是平均固定成本,AVC 是平均变动成本。

此外,每增加一单位产量所增加的总成本叫作短期边际成本(SMC)。

$$\text{SMC} = \frac{\Delta \text{STC}}{\Delta Q} \quad (4.12)$$

或:

$$\text{SMC} = \frac{d\text{STC}}{dQ} = \frac{d\text{VC}}{dQ}$$

三、短期成本分析

(一)变动成本

$\text{VC} = wL(Q)$,w 是由市场决定的可变投入价格,而 $L(Q)$ 是短期生产函数的反函数,前面在分析短期生产函数时已知道产量 $Q = F(L)$ 随着可变投入 L 的增加先以递增的速度增加,然后会以递减的速度增加,所以作为生产函数的反函数 $L(Q)$ 随着产量 Q 的增加一定是先以递减的速度增加,然后再以递增的速度增加,因此 $\text{VC} = wL(Q)$ 也是先以递减的速度增加,然后再以递增的速度增加。其形状如图 4-11 中的曲线 VC。

(二)固定成本

$\text{FC} = rK^*$ 是常数,所以在图 4-11 中 FC 是一条水平的直线。

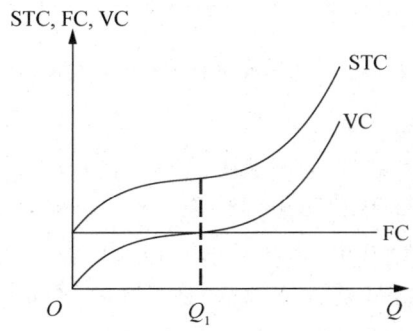

图 4-11 短期 VC 曲线、FC 曲线和 STC 曲线

(三)短期总成本

$\text{STC} = \text{FC} + \text{VC}(Q)$,在图 4-11 中 FC 是 STC 曲线在坐标纵轴上的截距,STC 曲线和 VC 曲线的形状完全一样,只是两者相差 FC。

当产量小于 Q_1 时,VC 和 STC 随着产量的增加以递减的速度增加,当产量

大于 Q_1 时，VC 和 STC 随着产量的增加以递增的速度增加。根据 VC、FC、STC 曲线，我们可以作出 SMC、AVC、AFC 和 AC 曲线。

（四）短期边际成本

SMC 是 STC 的导数，亦即 VC 的导数，我们可以根据图 4-12 上图中 VC 曲线斜率的变化，在图 4-12 的下图中画出 SMC 曲线。当产量小于 Q_1 时，随着产量的增加，VC 曲线的斜率变得越来越小，也就是说 SMC 曲线是下降的；当产量等于 Q_1 时，斜率为 0，也就是说，SMC 曲线取最小值；当产量大于 Q_1 时，随着产量的增加，VC 曲线的斜率变得越来越大，也就是说，SMC 曲线是上升的。

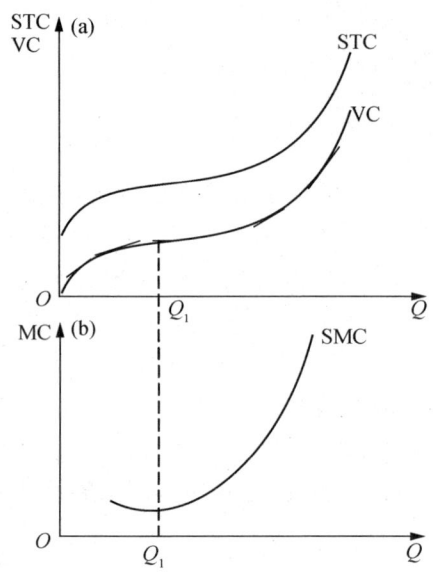

图 4-12　推导短期边际成本曲线 SMC

（五）平均变动成本

AVC＝VC/Q，在图 4-13 的上图中，我们可以从原点作过 VC 曲线每一点的射线，这些射线的斜率就是相应产量的 AVC 成本，据此可在图 4-13 的下图中画出 AVC 曲线。可以看出，当产量小于 Q_2 时，随着量的增加，相应的射线的斜率变得越来越小，也就是说 AVC 曲线是下降的；产量等于 Q_2 时，射线的斜率最小，也就是说，AVC 曲线取最小值；当产量大于 Q_2 时，随着产量的增加，相应的射线的斜率变得越来越大，也就是说，AVC 曲线是上升的。

（六）平均固定成本

AFC＝FC/Q，随着产量 Q 的增加，AFC 将越来越小，也就是说，AFC 曲线是下降的。当然，也可以通过作从原点过 FC 曲线每一点的射线的方法画出 AFC 曲线，如图 4-14 所示。AFC 曲线向右下方倾斜，产量越大，AFC 越小，这

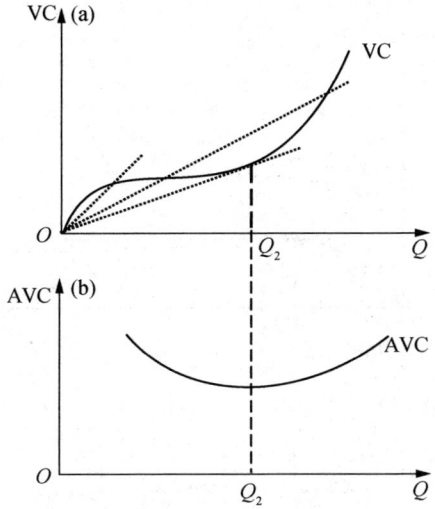

图 4-13 推导变动成本曲线 AVC

可以帮助我们理解：为什么大企业愿花费巨额的广告费和研发经费；在假文凭贩卖猖獗时期，为什么北京中关村黑市上北大、清华的假毕业证比任何一个师范专科学校的便宜得多。

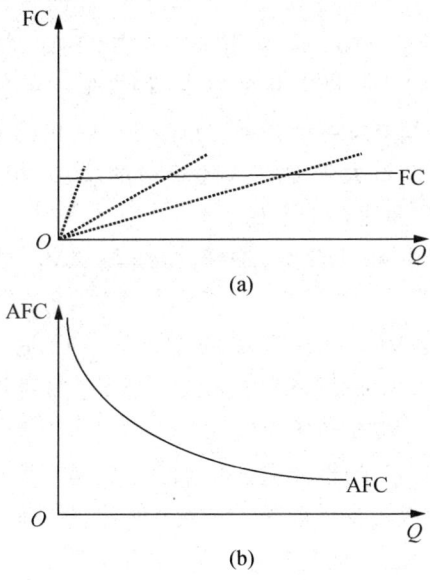

图 4-14 推导平均固定成本曲线 AFC

（七）短期平均成本

由于 $SAC=STC/Q=AFC+AVC$，所以我们可以把 AFC 曲线和 AVC 曲

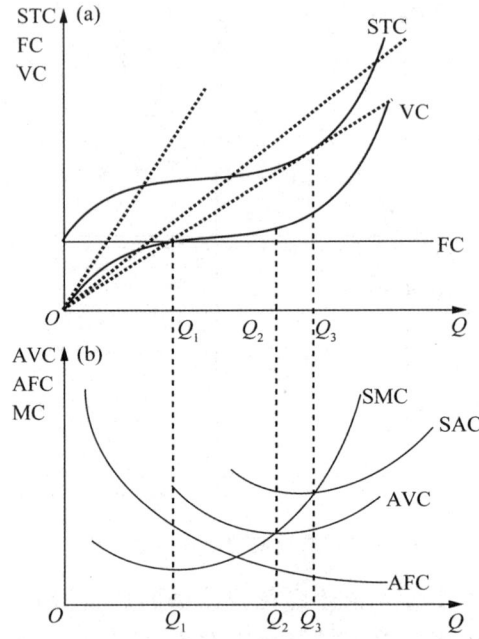

图 4-15 推导短期平均成本曲线 SAC

线纵向相加得到 SAC，当然也可以从原点作过 STC 曲线每一点的射线，这些射线的斜率就是相应产量的 SAC 成本，据此可画出 SAC 曲线，如图 4-15 所示。可以看出，当产量小于 Q_3 时，随着量的增加，相应射线的斜率变得越来越小，也就是说，SAC 曲线是下降的；当产量等于 Q_3 时，射线的斜率最小，也就是说，SAC 曲线取最小值；当产量大于 Q_3 时，随着量的增加，相应射线的斜率变得越来越大，也就是说，SAC 曲线是上升的。

从图 4-15 的下图中可以看出，SMC 曲线与 AVC 曲线、AC 曲线有如下关系：

(1) 如果 SMC＜AVC，随着产量的增加，AVC 是下降的；如果 SMC＝AVC，AVC 取最小值，也就是说，SMC 曲线与 AVC 曲线相交于 AVC 曲线的最低点；如果 SMC＞AVC，随着产量的增加，AVC 是上升的。

(2) 如果 SMC＜SAC，随着产量的增加，SAC 是下降的；如果 SMC＝SAC，SAC 取最小值，也就是说，SMC 曲线与 SAC 曲线的最低点相交；如果 SMC＞SAC，随着产量的增加，SAC 是上升的。

四、长期成本函数

(一) 长期总成本 LTC

在长期情况下,所有的要素都是可变的,厂商将沿着最优扩张路径,通过调整所有的要素投入量(即通过调整生产规模)来改变产量。最优扩张路径上的每一点都是既定产量的最小成本。通常,随着规模的扩大会出现规模经济现象,当达到一定规模后再继续扩大规模又会出现规模不经济现象,据此我们可以画出长期总成本函数曲线,如图 4-16 所示:

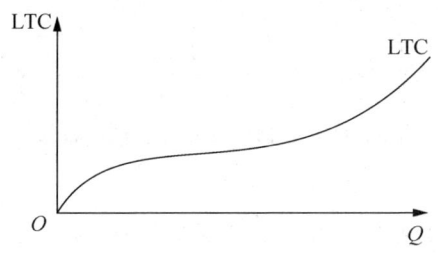

图 4-16　长期总成本曲线

(二) 长期平均成本 LAC

在图 4-17 中,我们可以根据上图的 LTC 曲线,从原点作过 LTC 曲线每一点的射线,这些射线的斜率就是相应产量的 LAC 成本,据此可以在下图画出 LAC 曲线。当产量 $Q < Q_1$ 时,随着规模的扩大,产量的增加,会出现规模经济,LAC 下降;当产量 $Q > Q_1$ 时,随着规模的扩大,产量的增加,会出现规模不经济,LAC 上升,当产量 $Q = Q_1$ 时,LAC 最小,所以 LAC 曲线呈 U 形。

(三) 长期边际成本 LMC

LMC 是 LTC 的导数,我们可以根据图 4-18 中上图的 LTC 曲线斜率的变化,在下图画出 LMC 曲线。当产量小于 Q_0 时,随着产量的增加,LTC 曲线的斜率变得越来越小,也就是说,LMC 曲线是下降的;当产量等于 Q_0 时,斜率为 0,也就是说,LMC 曲线取最小值;当产量大于 Q_0 时,随着产量的增加,LTC 曲线的斜率变得越来越大,也就是说,LMC 曲线是上升的,所以 LMC 曲线也是呈 U 形的。

(四) 长期边际成本曲线和长期平均成本曲线的关系

从图 4-18 的下图中可以看出:

(1) 如果 LMC<LAC,随着产量的增加,LAC 是下降的;

(2) 如果 LMC=LAC,LAC 取最小值,也就是说,LMC 与 LAC 的最低点

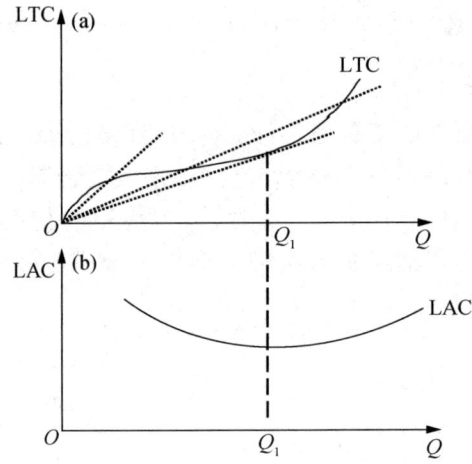

图 4-17 长期平均成本曲线的推导

相交;

(3) 如果 LMC>LAC,随着产量的增加,LAC 是上升的。

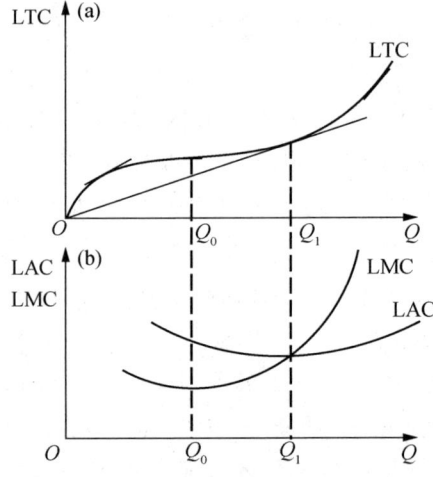

图 4-18 推导长期边际成本曲线 LMC

五、长期成本曲线与短期成本曲线的关系

(一) LTC 与 STC 的关系

LTC 曲线是 STC 曲线的包络曲线。我们利用图 4-19 对此进行分析。如果可供厂商选择的规模从小到大有三个,每个规模的短期总成本曲线分别是 STC_1、STC_2 和 STC_3,如图 4-19 的左图所示。当目标产量小于 Q_1 时,三个规

模中，STC_1 成本最小，厂商选择的最优规模是 STC_1；当目标产量大于 Q_1，小于 Q_2 时，三个规模中，STC_2 成本最小，厂商选择的最优规模是 STC_2；当目标产量大于 Q_2 时，三个规模中，STC_3 成本最小，厂商选择的最优规模是 STC_3。把这三条不同规模的、相互交错的短期总成本曲线位于最下端的部分连接起来就得到了长期总成本曲线 LTC，如图 4-19 的右图中的粗实线。如果可供选择的规模有无数多个，每一产量都对应着一个最优规模，比如 Q_1 的最优规模是 STC_1，Q_2 的最优规模是 STC_2，Q_3 的最优规模是 STC_3，那么，得到的就是一条光滑的长期总成本曲线 LTC，如图 4-20 所示。长期总成本曲线从下方把相互交错的不同规模的短期总成本曲线包了起来，所以，LTC 曲线是 STC 曲线的包络曲线，LTC 曲线从下方和每一条 STC 曲线相切。

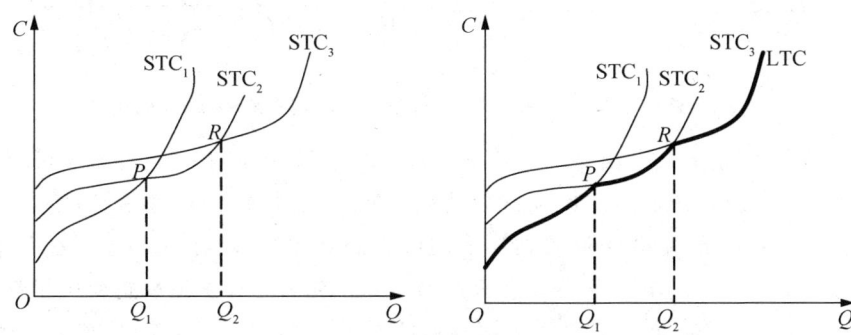

图 4-19 长期总成本曲线与短期总成本曲线的关系

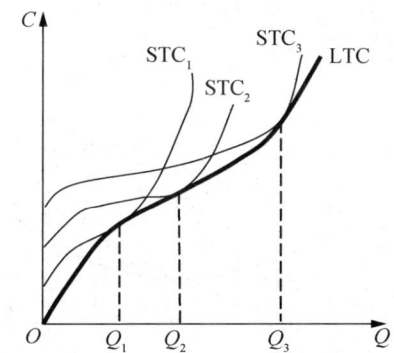

图 4-20 LTC 曲线是 STC 曲线的包络曲线

（二）LAC 和 SAC 的关系

LAC 是 SAC 的包络曲线。我们利用图 4-21 对此进行分析。如果可供厂商选择的规模从小到大有三个，每个规模的短期平均成本分别为 SAC_1、SAC_2 和 SAC_3，如图 4-21(a)所示。当目标产量小于 Q_1 时，三个规模中 SAC_1 平均成本最小,厂商选择的最优规模是 SAC_1;当目标产量大于 Q_1,小于 Q_2 时,三个规模中 SAC_2 平均成本最小,厂商选择的最优规模是 SAC_2;当目标产量大于 Q_2 时,三个规模中 SAC_3 平均成本最小,厂商选择的最优规模是 SAC_3。把这三条不同规模的、相互交错的短期平均成本曲线位于最下端的部分连接起来就得到了长期平均成本曲线 LAC,如图 4-21(b)中的粗实线所示。

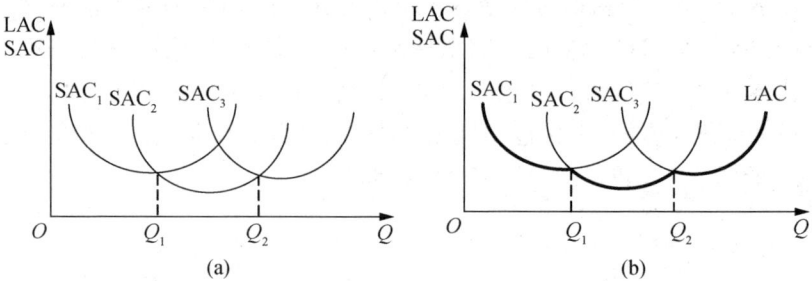

图 4-21 长期平均成本曲线 LAC 和短期平均成本曲线 SAC 的关系

如果可供选择的规模有无数多个,每一产量都对应着一个最优规模,比如 Q_1 的最优规模是 SAC_1,Q_2 的最优规模是 SAC_2,Q_3 的最优规模是 SAC_3,那么,得到的就是一条光滑的 U 形的长期平均成本曲线 LAC,如图 4-22 所示。平均成本曲线 LAC 从下方把相互交错的不同规模的短期 SAC 成本曲线包了起来,所以,长期平均成本曲线是短期平均成本曲线的包络曲线。长期平均成本曲线 LAC 从下方和每一短期平均成本曲线 SAC 相切。在其下降阶段和短期平均成本曲线的下降阶段相切,在其上升阶段和短期平均成本曲线的上升阶段相切,在其最小值点和短期平均成本曲线的最小值点相切。

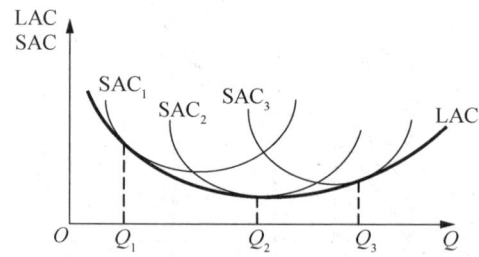

图 4-22 长期平均成本曲线是短期平均成本曲线的包络曲线

(三)长期边际成本曲线 LMC 与短期边际成本曲线 SMC 的关系

LMC 曲线是每一产量水平所对应的最优规模的 SMC 的点的连线。假如可供选择的规模有无数多个,每一产量都对应着一个最优规模。在某一产量上的 LMC 就是这一产量所对应的最优规模的 SMC,比如在图 4-23 中,Q_1 的最

优规模是 $SAC_1(SMC_1)$,这时的长期边际成本是 SMC_1 曲线的 A 点;Q_2 的最优规模是 $SAC_2(SMC_2)$,这时的长期边际成本是 SMC_2 曲线的 B 点;Q_3 的最优规模是 $SAC_3(SMC_3)$,这时的长期边际成本是 SMC_3 曲线的 C 点。把 A、B、C ……,这样性质的点连接起来,就得到了长期边际成本曲线 LMC。

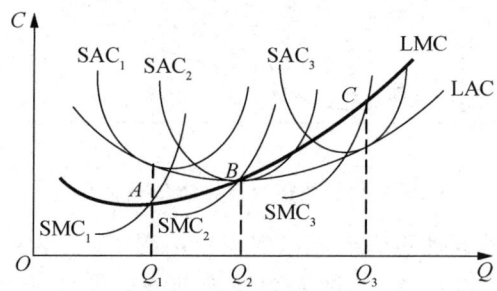

图 4-23　长期边际成本曲线与短期边际成本曲线的关系

(四) 外在经济和外在不经济

以上我们对短期和长期成本函数进行分析时,假定要素价格是给定不变的。如果要素价格变了,所有这些成本曲线的位置也就变了。当所有的厂商都扩大了规模,就造成了整个行业的规模的扩大,**行业规模的扩大如果带来了投入品的价格下降**,比如专门的运输工具的使用带来单位产品运输成本的下降,单位产品售后服务成本的降低,培养人才的成本的降低等,**这种现象被称为外在经济。如果一个行业的规模的扩大,对投入品的需求增加从而导致投入品的价格上涨,这种现象被称为外在不经济。**如果投入品的价格变了,各种成本曲线的位置也就变动了,要素价格下降,各种成本曲线向下移动,反之,要素价格上升,各种成本曲线向上移动。比如在图 4-24 中,如果出现外在经济导致要素价格下降,相应的成本曲线 LAC_2、LMC_2、SAC_2 和 SMC_2,向下移动到 LAC_1、LMC_1、SAC_1 和 SMC_1。反之,如果出现外在不经济导致要素价格上涨时,相应的成本曲线 LAC_1、LMC_1、SAC_1 和 SMC_1,向上移动到 LAC_2、LMC_2、SAC_2 和 SMC_2。

五、关于成本的两个例子

例 1　昂贵的幸福。北京东四南大街 10 号有一位已退休多年的老大爷,曾经上了央视的节目,他是修理钢笔的知名高手,一生都从事着自己喜爱的事业,每年修理钢笔的收入约一万多元,他觉得自己生活得非常幸福,仅有的一点遗憾是他过去教的许多徒弟都已改行了,其事业后继无人。他开修钢笔店的房子有二十多平方米,不断有人想租他的房子,每月租金八千元,都被他拒绝了。

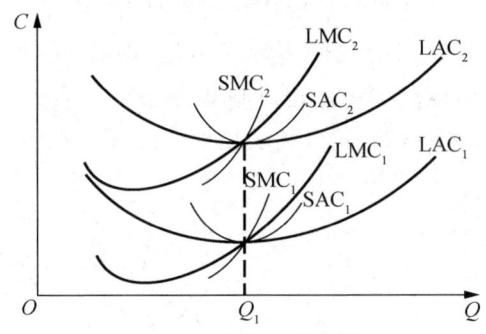

图 4-24　外在经济与外在不经济

例 2　天下无贼的理想为何难以实现？在图 4-25 中，成本曲线 C_1 表示犯罪活动本身造成的社会损失，它随着犯罪活动受到惩罚的可能性提高而下降，成本曲线 C_2 是社会为惩罚犯罪活动支付的成本，它随着犯罪活动受到惩罚的可能性提高而上升。总成本曲线 $TC=C_1+C_2$，即社会,因犯罪和惩罚犯罪付出的总代价。在这里有一个最小社会总成本，此时可能仍然存在着相当程度的犯罪问题。

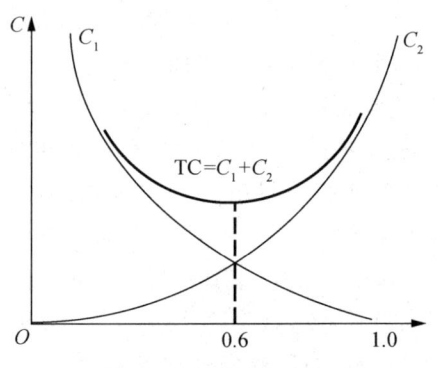

图 4-25　犯罪的社会成本

复习思考题

1. 下面是一张一种可变生产要素的短期生产函数的产量表：

可变要素的数量	可变要素的总产量	可变要素平均产量	可变要素的边际产量
1		2	
2			10

可变要素的数量	可变要素的总产量	可变要素平均产量	可变要素的边际产量
3	24		
4		12	
5	60		
6			6
7	70		
8			0
9	63		

(1) 在表中填空。

(2) 该生产函数是否表现出边际报酬递减？如果是，是从第几单位的可变要素投入量开始的？

2. 利用图形说明短期生产函数 $Q=f(L,\bar{K})$ 的 TP_L 曲线、AP_L 曲线和 MP_L 曲线的特征及其相互之间的关系。

3. 已知生产函数 $Q=f(L,K)=2KL-0.5L^2-0.5K^2$，假定厂商目前处于短期生产，且 $K=10$。

(1) 写出在短期生产中该厂商关于劳动的总产量 TP_L 函数、劳动的平均产量 AP_L 函数和劳动的边际产量 MP_L 函数。

(2) 分别计算当劳动的总产量 TP_L、劳动的平均产量 AP_L 和劳动的边际产量 MP_L 各自达到最大值时的厂商的劳动投入量。

(3) 什么时候 $AP_L=MP_L$，它的值又是多少？

4. 已知生产函数为 $Q=\min\{2L,3K\}$。求：

(1) 当产量 $Q=36$ 时，L 与 K 值分别是多少？

(2) 如果生产要素的价格分别为 $P_L=2, P_L=5$，则生产 480 单位产量时的最小成本是多少？

5. 假设某厂商的短期生产函数为 $Q=35L+8L^2-L^3$。求：

(1) 该企业的平均产量函数和边际产量函数。

(2) 如果企业使用的生产要素的数量 $L=6$，是否处于短期生产的合理区间？为什么？

6. 已知某企业的生产函数为 $Q=L^{2/3}K^{1/3}$，劳动的价格 $w=2$，资本的价格 $r=1$。求：

(1) 当成本 $C=300$ 时，企业实现最大产量的 L、K 和 Q 的均衡值。

(2) 当产量 $Q=800$ 时，企业实现最小成本的 L、K 和 C 的均衡值。

7. 利用图形说明厂商在既定成本条件下是如何实现最大产量的最优要素

组合的。

8. 利用图形说明厂商在既定产量条件下是如何实现最小成本的最优要素组合的。

9. 根据下面短期生产函数 $Q=f(L,\bar{K})$ 的产量表：

(1) 填写平均产量 AP_L 和 MP_L，然后画出相应的 TP_L、AP_L 和 MP_L 的图形：

L	1	2	3	4	5	6	7
TP_L	10	30	70	100	120	130	135
AP_L							
MP_L							

(2) 假定劳动的价格 $w=200$，完成下面的短期成本表，并作出 VC 曲线、AVC 曲线和 MC 曲线。

L	Q	$VC=wL$	$AVC=w/AP_L$	$MC=w/MP_L$
1	10			
2	30			
3	70			
4	100			
5	120			
6	130			
7	135			

(3) 根据(1)和(2)说明短期生产曲线和短期成本曲线之间的关系。

10. 已知某企业的短期总成本函数是：
$$STC(Q) = 0.04Q^3 - 0.8Q^2 + 10Q + 5,$$
求最小的平均可变成本值。

11. 假定某厂商的边际成本函数：
$$MC = 3Q^2 - 30Q + 100,$$
且生产 10 单位产量时的总成本为 1000。求：

(1) 固定成本的值。

(2) 总成本函数，可变成本函数，以及平均成本函数，平均可变成本函数。

第五章 厂商的市场行为分析

厂商的目标是争取最大利润,利润 π 是总收益 TR 减去总成本 TC 的差额。收益是产量的函数,收益函数有三个:

(1) 厂商的总收益:
$$\text{TR} = P(Q) \cdot Q \tag{5.1}$$

(2) 厂商的平均收益:
$$\text{AR} = \text{TR}/Q = P(Q) \tag{5.2}$$

(3) 厂商的边际收益:
$$\text{MR} = \text{dTR}/\text{d}Q \tag{5.3}$$

TR 和 TC 都是产量 Q 的函数,所以利润 π 也是产量的函数,即:
$$\pi(Q) = \text{TR}(Q) - \text{TC}(Q)$$

对 π 求 Q 的导数,
$$\frac{\text{d}\pi}{\text{d}Q} = \frac{\text{dTR}}{\text{d}Q} - \frac{\text{dTC}}{\text{d}Q} = \text{MR} - \text{MC},$$

令:
$$\frac{\text{d}\pi}{\text{d}Q} = \text{MR} - \text{MC} = 0,$$

则有利润最大化的一般条件:
$$\text{MR} = \text{MC} \tag{5.4}$$

如果 MR>MC,增加产量所增加的收益大于所增加的成本,利润会增加,厂商会继续增加产量,直到 MR=MC,实现利润的最大化;如果 MR<MC,减少产量所减少的收益小于所减少的成本,利润会增加,厂商会继续减少产量,直到 MR=MC,实现利润的最大化。下面我们根据 MR=MC 这个利润最大化的一般条件,对厂商在产品市场上的决策行为进行分析。

经济学根据市场的竞争状态,把产品市场分为四种不同的市场结构:完全竞争的市场、垄断竞争的市场、寡头垄断的市场和完全垄断的市场。在不同市场结构中厂商的决策方式是不同的。

第一节 完全竞争

一、完全竞争市场的特征

(一)众多的买者和卖者

在市场中不仅有数量众多的购买者,还有大量的售卖者,数量巨大,以至于任何一个买者的购买量和任何一个卖者的售卖量相对于整个市场交易量来说都是微不足道的,任何一个买者的购买量和任何一个卖者的售卖量的变化都不会对市场价格产生影响,每个参与者都是市场价格的接受者,他们只能根据市场价格决定购买或销售的数量,价格由市场的供给和需求所决定。

(二)产品是同质的

对购买者来说,所有售卖者的产品都是完全一样的,不存在任何方面的产品差别,这样就消除了任何人试图利用其产品的特色以高于市场价销售的可能。

(三)信息是完全的

每一个市场的参与者作决策时所需要的相关信息,比如价格、产品的质量等都可以及时地免费获得。

(四)资源可以自由地流动

这意味着厂商可以根据自己的意愿无障碍地进入或退出这个市场,不会遇到任何经济的、社会的和技术的限制。

一般认为,农产品期货市场接近于完全竞争。虽然同时完全满足这四个条件的市场在现实中是不存在的,但是完全竞争市场的理论模型仍然是很重要的。这是因为,完全竞争的市场模型确立了有效配置资源所需的条件,使我们有了评价任何一个市场资源配置效率的参照系。另外,经济学家认为这一模型对现实中竞争充分的市场的运作结果有很好的解释能力和预测能力。

二、完全竞争厂商的收益曲线和产品的需求曲线

由于在完全竞争的市场上每一个厂商都是市场价格的接受者,所以,完全竞争厂商的总收益为:

$$TR = P^* \cdot Q \tag{5.5}$$

其中,P^*是由市场的供给和需求决定的产品价格,它不会因为单个厂商的产量变动而改变。

完全竞争的厂商的平均收益:

$$AR = TR/Q = (P^* \cdot Q)/Q = P^* \tag{5.6}$$

完全竞争的厂商的边际收益：

$$MR = dTR/dQ = d(P^* \cdot Q)/dQ = P^* dQ/dQ = P^* \tag{5.7}$$

因为在完全竞争市场中任何一个厂商的产量对于整个市场来说都是微不足道的，它的产量的变动不会影响到市场均衡价格，所以，在既定的价格下它可以出售它想出售的任意数量的产品。也就是说，在这个价格下对一个厂商产品的需求量是任意多的。图 5-1 的左图表示市场的供给 S 和需求 D 所决定的价格，右图用 d 表示对厂商产品的需求曲线。注意，左、右两图的横轴单位长度代表的数量是不同的，左图单位长度的 Q 代表的数量要比右图 q 代表的数量大得多。如果当左图市场的需求曲线 D_0 和供给曲线 S 决定的价格为 P_0，那么右图对单个厂商产品的需求曲线是 d_0，d_0 是一条价格为 P_0 的水平直线，因为对于一个厂商来说在既定市场价格 P_0 下，它可以销售任意多的商品。此时，其平均收益 AR_0 和边际收益 MR_0 都等于市场价格 P_0（即：$AR_0 = MR_0 = P_0$），所以对完全竞争的厂商来说，其需求曲线 d（也就是平均收益曲线 AR）和边际收益曲线 MR 是重合的。当市场价格发生变动，比如需求增加，使需求曲线由 D_0 向右移动到 D_1，市场价格上升到 P_1 时，厂商产品的需求曲线由 d_0 向上移动到 d_1，此时 $AR_1 = MR_1 = P_1$。

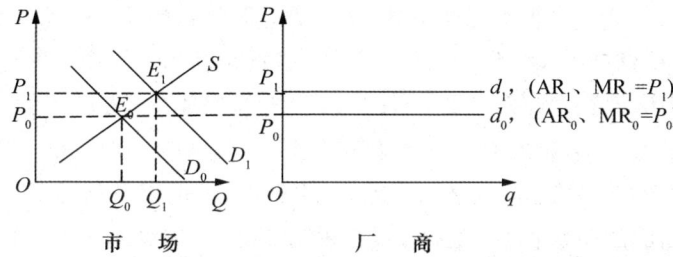

图 5-1 完全竞争厂商产品的需求曲线的确定和变动

图 5-2 是产品价格为 P^* 时，完全竞争厂商的总收益曲线，其斜率为 P^*。

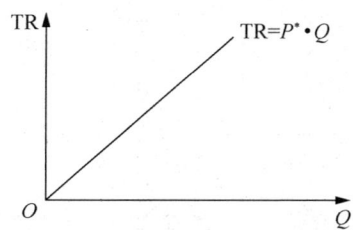

图 5-2 完全竞争厂商的总收益曲线

三、完全竞争厂商短期均衡的条件

在完全竞争的市场上,厂商的决策较为简单,即根据市场价格选择利润最大化的产量。我们利用图 5-3 分析完全竞争厂商短期均衡的条件,以及厂商的短期均衡时的状态。图中,P^* 是市场价格,这一市场价格决定的厂商产品的需求曲线是一条水平的直线 d。实现利润最大化的一般条件是 $MR=MC$,那么,短期完全竞争的厂商的决策就是通过选择一个产量使 $SMC=MR$,也就是 $SMC=P^*$。在图中,当 $Q=Q^*$ 时,SMC 曲线和需求曲线 d 相交,$SMC=MR=P^*$,所以 Q^* 就是价格为 P^* 时厂商利润最大化的产量。

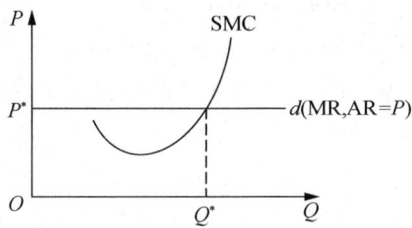

图 5-3 完全竞争厂商的短期均衡

如果产量不是 Q^*,改变产量可以增加利润。在图 5-4 中可以看到,如果产量小于 Q^*,比如为 Q_1,把产量提高到 Q^*,增加的收益为 $P^* \cdot (Q^* - Q_1)$,增加的成本为 SMC 曲线从 Q_1 至 Q^* 的定积分,也就是从 Q_1 至 Q^* 的 SMC 曲线在下方围成的阴影面积,显然,增加的收益大于增加的成本,增加产量,利润增加;如果产量大于 Q^*,比如为 Q_2,把产量减少到 Q^*,减少的收益为 $P^* \cdot (Q^* - Q_2)$,减少的成本为 SMC 曲线从 Q_2 至 Q^* 的定积分,也就是从 Q_2 至 Q^* 的 SMC 曲线在下方围成的阴影面积,显然,减少的收益小于减少的成本,减少产量,利润增加;只有当产量为 Q^* 时,任何产量的变动不仅不能增加利润,还会使利润减少,所以完全竞争的厂商实现短期均衡——利润最大化的条件是 $SMC=P$。

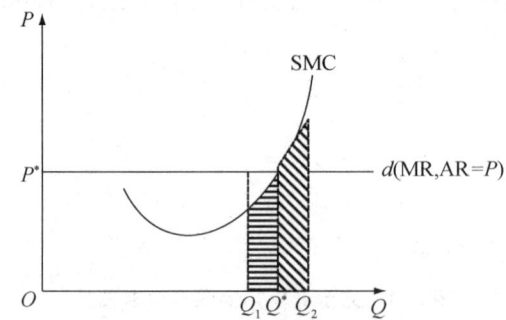

图 5-4 对完全竞争厂商短期均衡条件 $SMC=P$ 的分析

四、完全竞争厂商短期均衡时的利润状况

当 $SMC=P^*$ 时,厂商实现了短期均衡,那么,这时厂商实际的利润状况又是怎样的呢？我们知道在短期,利润:

$$\pi = TR - STC = P \cdot Q - SAC \cdot Q = (P-SAC)Q \qquad (5.8)$$

如果 $P>SAC,\pi>0$；如果 $P=SAC,\pi=0$；如果 $P<SAC,\pi<0$。在图 5-5 的四幅图中,当产量为 Q^* 时,满足短期均衡的条件 $SMC=P^*$,厂商实现了短期利润最大化。在 a 图中,当产量为 Q^* 时,$P^*=SAC$,最大化的利润 $\pi=0$。在 b 图中,当产量为 Q^* 时,$P^*>SAC$,最大化的利润 $\pi>0$,总利润为图中阴影部分。在 c 图中,当产量为 Q^* 时,$P^*<SAC$,最大化的利润 $\pi<0$,处于亏损状态,总亏损为图中阴影部分。处于亏损状态下厂商为什么还要继续生产呢？这是因为虽然 $P^*<SAC$,但 $P^*>AVC$,继续生产获得的收益在补偿了因生产而产生的 VC 后,还可以补偿部分 FC。如果停产厂商的总亏损额为 FC,而生产 Q^* 的产量能使其亏损最小化,那么,厂商何时会停止生产呢？在 d 图中,当产量为 Q^* 时,$SMC=AVC=P^*$,而 $SAC=AFC+AVC$,所以此时有:$SAC=AFC+P^*$,$P^*-SAC=-AFC$,$TR=VC$,总亏损=FC,生产 Q^* 的产量和停产歇业没有区别,其亏损都是 FC,所以当 $P^*<AVC$ 时,厂商会停止生产。SMC 曲线与 AVC 曲线相交的点,也就是 AVC 曲线的最低点,也叫作厂商的**停止营业点**。

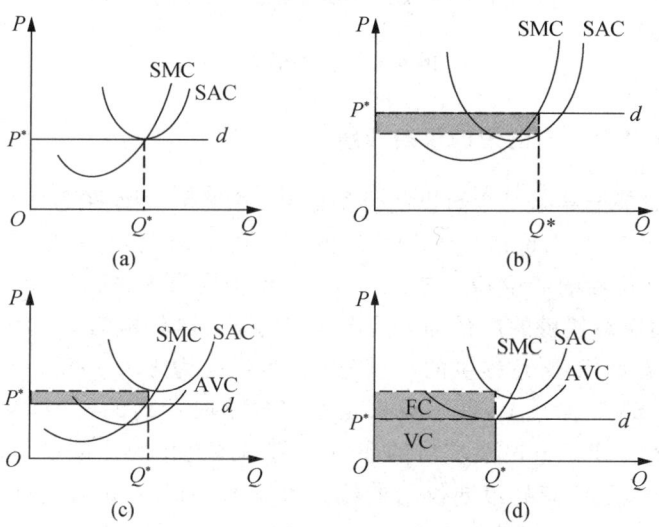

图 5-5 完全竞争厂商短期均衡时的利润状况

五、生产者剩余

当价格等于平均变动成本的最小值时,厂商生产所获得的总收益 TR 等于变动成本 VC,生产或不生产其亏损额都等于固定成本 FC。只要价格高于平均变动成本的最小值,其总收益 TR 就大于变动成本 VC,TR－VC>0,厂商继续生产就是有利的。**总收益减去变动成本所得的差额,就是厂商实际获得的收益和它愿意接受的最低收益的差额,被称为生产者剩余。** 在图 5-6 中,当价格为 P_0 时,厂商产品的需求曲线为 d,需求曲线 d 与 SMC 曲线相交于均衡点 E,生产者剩余为:

$$\text{PS} = \text{PQ} - \text{VC} = \text{PQ} - \text{AVC} \cdot Q = (P_0 - G)Q_0 \tag{5.9}$$

或:

$$\text{PS} = P_0 \cdot Q_0 - \int_0^{Q_0} \text{SMC}(Q)\,\mathrm{d}Q \tag{5.10}$$

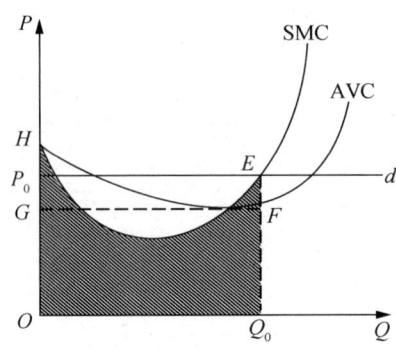

图 5-6　生产者剩余

六、完全竞争厂商的短期供给曲线

现在我们来推导第二章给出的供给曲线,并揭示供给曲线向右上方倾斜的原因。在图 5-7 中,当价格为 P_1 时,厂商产品的需求曲线是 d_1,厂商愿意提供的产量就是其均衡的产量 Q_1,均衡点为 E_1;当价格为 P_2 时,厂商产品的需求曲线是 d_2,厂商愿意提供的产量为 Q_2,均衡点为 E_2;当价格为 P_3 时,厂商产品的需求曲线是 d_3,厂商愿意提供的产量为 Q_3,均衡点为 E_3……所以在 SMC≥min AVC 那部分 SMC 曲线上,每一点都是给定价格时厂商的短期均衡点,对应着每一价格都有一个厂商愿意提供的能使其利润最大化的产量水平,所以这一部分 SMC 曲线就是厂商的短期供给曲线。由于这一段 SMC 曲线是随着产量增加而递增的,所以厂商的短期供给曲线就是向右上方倾斜的。

我们把完全竞争市场的每一个厂商的短期供给曲线横向相加,就得到了市场的供给曲线,由于每个厂商的短期供给曲线都是向右上方倾斜,市场的短期供给曲线也一定是向右上方倾斜的,价格越高,供给量就越大。

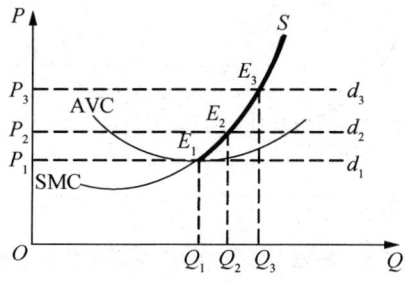

图 5-7 短期供给曲线

七、完全竞争厂商的长期均衡

在短期,厂商不能改变生产规模,只能在现有规模上根据价格变动,通过调整可变投入来调整产量,以实现利润最大化。短期均衡时,厂商可能有利润,也可能没有利润,甚至可能处于亏损歇业状态。在长期,所有的投入都是可变的,厂商根据价格变动,把生产调整到最优规模上,以使 LMC=P,从而确定其均衡的产量,实现利润最大化。在长期,厂商能够调整生产规模,不仅意味着可以扩大或缩小规模,还意味着可以进入或退出一个行业,鉴于此,我们对完全竞争厂商长期均衡的分析分为两个步骤:首先分析单个厂商生产规模变动时的情况,然后分析整个行业规模变动时的情况。

我们知道,在完全竞争的市场每个参与者只能随行就市作产量决策。相对于整个市场来说,每个厂商的产量无论有多大都是微不足道的,任何一个厂商改变产量都不会对价格产生影响。当 SMC=P,厂商实现短期均衡,但这时,如果 LMC≠P 就意味着还没有实现长期均衡,还可以通过调整规模使 LMC=P 来获取更多的利润。当 $P>$minLAC 时,如果 $P>$LMC,厂商将会扩大生产规模,直至 $P=$LMC,以使长期利润最大;反之,如果 $P<$LMC,厂商将缩小企业的规模,甚至退出该行业,如果 $P<$minLAC。在图 5-8 中,价格为 P_1,产量为 Q_1 时,在现有的规模上的点 E_1,$SMC_1=P_1$,厂商实现了短期均衡。但是,$P_1>$LMC,通过扩大规模,把产量提高到 Q_2,在点 E_2 使 $P_1=SMC_2=LMC$,可以获得更多的利润。单个厂商扩大规模,增加产量,对市场的影响微乎其微,可以忽略不计,所以价格仍是 P_1。

但是,当 $P>$minLAC 时,如果 $P>$LMC,所有的厂商都有扩大规模的冲动,并且还会吸引新的投资者进入该行业,这样一来,行业的供给增加,必然导致市场价格下降,所以上述情景并不会真的出现。另外,只要 $P>$minLAC,利润 $\pi>0$,就会吸引更多的资源进入该行业,行业供给持续增加,价格持续下降,

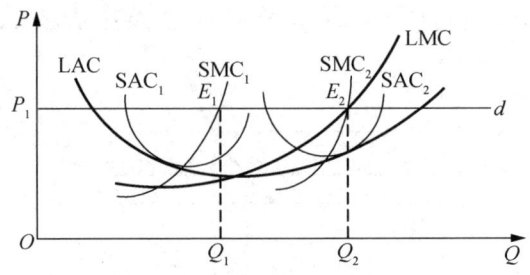

图 5-8　根据 $LMC=P$，厂商调整生产规模

直到 $P=LMC=LAC=SMC=SAC,\pi=0$ 时为止；反之，当 $P<\min LAC,\pi<0$，就会有厂商退出，从而使市场供给减少，价格上升，直到 $P=LMC=SMC=LAC=SAC,\pi=0$ 时为止。图 5-9 中，点 E_0 就是完全竞争厂商的长期均衡点，在该点市场价格 $P_0=LMC=SMC=LAC=SAC,\pi=0$。长期均衡时，厂商实现了利润的最大化，其利润为零，厂商的收入等于其使用要素的机会成本，也就是说，当它按市价为它使用的所有要素支付了报酬后没有任何剩余。要素价格不变，技术不变，厂商的长期均衡点是唯一的，不随产品价格而变动，所以也就没有厂商的长期供给曲线。

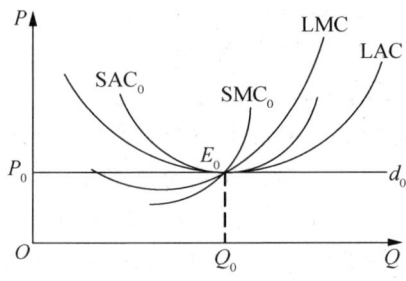

图 5-9　完全竞争厂商的长期均衡

八、完全竞争市场的长期供给曲线

前面指出，不存在完全竞争厂商的长期供给曲线，但完全竞争市场是有长期供给曲线的，而且还分为三种情况。市场的短期供给曲线是由各厂商的短期供给曲线水平相加而来的，那么，市场的长期供给曲线又是由何而来的呢？

（一）成本不变行业的长期供给曲线

我们把要素的价格不会因行业的规模变动而发生变动的行业称为成本不变行业。在这样的行业，当需求增加带来商品价格上升时，短期内会给业内厂商带来超额利润，但长期看，超额利润会吸引新厂商进入该行业，从而使市场供给增加，价格下降，直到超额利润消失，价格回落到原价为止，每个厂商的均衡点都没有变,但厂商的数量增加了,市场供给增加了。反之,则相反。如图 5-10 所示,原本市场在点 E_1 实现了长期均衡,市场均衡的产量是 Q_1,均衡的价格是 P_1,代表性厂商的均衡产量为 q_1。如果市场的需求增加,需求曲线由 D_1 移动到 D_2,与市场的短期供给曲线 SS_1 相交于点 E_2,价格上升到 P_2,代表性厂商的产量增加到 q_2,市场短期均衡的产量增加到 Q_2,由于 $P_2>SAC$,业内厂商获得了超额利润。超额利润吸引新的厂商进入该行业,使得市场供给增加,价格下降,直至短期供给曲线由 SS_1 移动到 SS_2,价格下降到 P_1,超额利润消失为止,这时代表性厂商的产量也由 q_2 回复到 q_1。从长期看,市场的价格没有变,代表性厂商的产量没有变,但新厂商的进入使市场的供给增加了,均衡的产量增加到了 Q_3,均衡点变为 E_3。过 E_1 和 E_3 两点作直线,就得到成本不变行业的长期供给曲线 LS。成本不变行业的长期供给曲线是一条水平的直线。

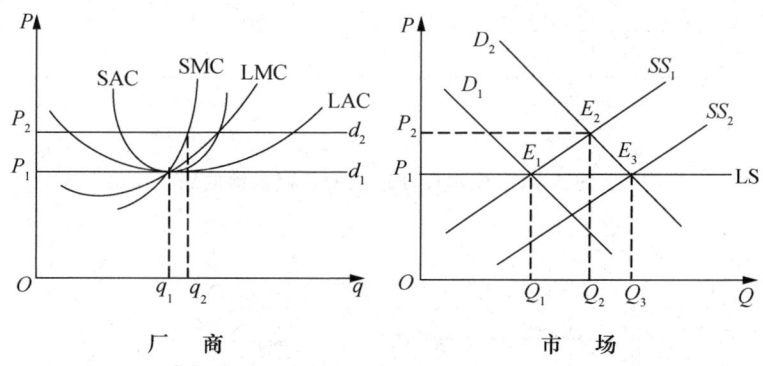

图 5-10 成本不变行业长期供给曲线

(二)成本递增行业的长期供给曲线

我们把**要素的价格因行业的规模扩大而上升的行业称为成本递增行业**。在这样的行业,当需求增加带来商品价格上升时,短期内会给行业内厂商带来超额利润,但长期看,超额利润会吸引新厂商进入该行业,从而使产品市场供给增加。产品市场供给增加,一方面使得产品价格下降,另一方面行业规模的扩大使得对要素的需求增加,带来要素供给紧张,要素价格上升,造成外在不经济,使得厂商的各种成本曲线向上移动,这些变化直到超额利润消失为止,这时实现了长期均衡,但是产品价格和要素价格都上升了。反之,则相反。如图 5-11 所示,原本市场在点 E_1 实现了长期均衡,市场均衡的产量是 Q_1,均衡的价格是 P_1,代表性厂商的均衡产量为 q_1。如果产品的市场需求增加,需求曲线由 D_1 移动到 D_2,与市场的短期供给曲线 SS_1 相交于点 E_2,价格上升到 P_2,代表性厂商的产量增加到 q_2,市场短期均衡的产量增加到 Q_2。由于 $P_2>SAC_1$,业内厂商获得了超额利润。超额利润吸引新的厂商进入该行业,行业的规模扩大。行业的规模扩大,一方面致使产品市场供给增加,另一方面对要素的需求增加使得要素价格上升,代表性厂商的各种成本曲线由 LAC_1、SAC_1、SMC_1 等向上移动到 LAC_2、SAC_2、SMC_2 等,从而使市场的短期供给曲线 SS_1 向右移动到 SS_2,价格由 P_2 降低到 P_3,超额利润消失,这时实现了新的长期均衡,均衡的产量为 Q_3,均衡点为 E_3。过 E_1 和 E_3 两点作直线,就得到了成本递增行业的长期供给曲线 LS。成本递增行业的长期供给曲线是向右上方倾斜。

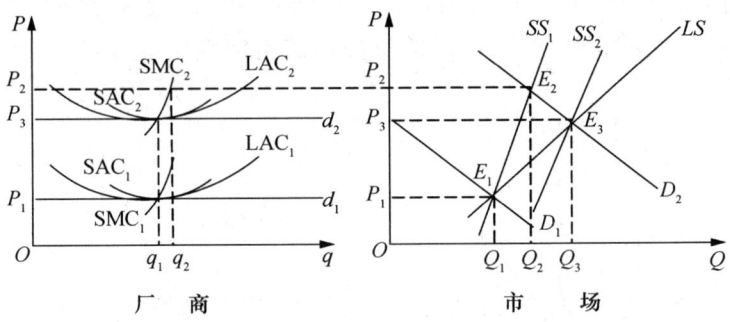

图 5-11　成本递增行业的长期供给曲线

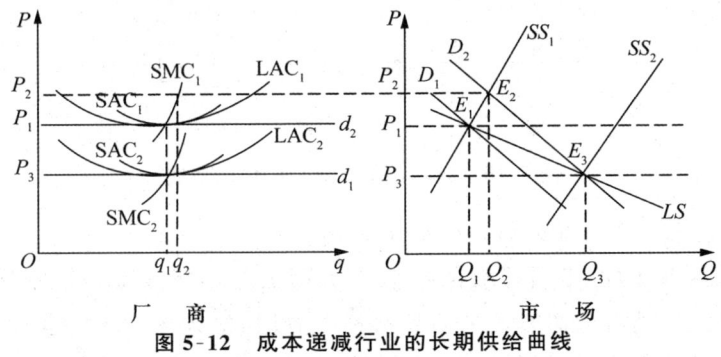

图 5-12　成本递减行业的长期供给曲线

(三)成本递减行业的长期供给曲线

我们把要素的价格因行业的规模扩大而下降的行业称为成本递减行业。在这样的行业,当需求增加带来商品价格上升时,短期内会给行业内厂商带来超额利润,但长期看,超额利润会吸引新厂商进入该行业,从而使产品市场供给增加,行业规模扩大。这一方面使得产品价格下降,另一方面行业规模的扩大使得对要素的需求增加,带来外在经济,使要素价格下降,各种成本曲线向下移动,这些变化直到超额利润消失为止,这时实现了长期均衡,但是产品价格和要素价格都下降了。反之,则相反。如图 5-12 所示,原本市场在点 E_1 实现了长期均衡,市场均衡的产量是 Q_1,均衡的价格是 P_1,代表性厂商的均衡产量为 q_1。

当市场的需求增加,需求曲线由 D_1 移动到 D_2,与市场的短期供给曲线 SS_1 相交于点 E_2,价格上升到 P_2,短期内行业内代表性厂商产量增加到 q_2,市场的供给量增加到 Q_2,由于 $P_2 > SAC_1$,厂商获得了超额利润。超额利润吸引新的厂商进入该行业,行业的规模扩大。行业规模扩大,一方面使产品市场供给增加,产品价格下降,另一方面使得对要素的需求增加,出现外在经济,要素价格下降,代表性厂商的各种成本曲线由 LAC_1、SAC_1、SMC_1 等向下移动到 LAC_2、SAC_2、SMC_2 等,从而使短期供给曲线向右由 SS_1 移动到 SS_2,价格由 P_2 降低到 P_3,超额利润消失,这时实现了新的长期均衡,均衡的产量为 Q_3,均衡点为 E_3。过 E_1 和 E_3 两点作直线,就得到了成本递减行业的长期供给曲线 LS。成本递减行业的长期供给曲线是向右下方倾斜。

九、对完全竞争市场的效率评价

经济学研究稀缺资源的有效率配置问题,完全竞争的市场能使资源得到有效配置吗?我们利用图 5-13 对完全竞争的市场配置资源的效率进行评价。当完全竞争的市场长期均衡时,$P = LMC = SMC = LAC = SAC$。

(1) $P = LAC = SAC$,说明厂商是在平均成本最低点进行生产的,单位产品耗费的资源是最少的,生产能力得到了充分的利用,所以完全竞争的市场在技术上是有效率的。

(2) $P = LMC = SMC$,此价格是消费者为最后一单位产品愿意支付的最高价格,它代表了最后一单位产品给社会增加的价值——边际社会价值。$P = MC$,此价格是厂商为生产最后一单位产品愿意接受的最低价格——边际社会成本,边际社会成本是为生产最后一单位单品社会付出的代价。当产品的边际社会价值等于产品的边际社会成本时,社会净福利达到最大,完全竞争的市场在经济上也是有效率的。所以,完全竞争的市场能够有效地配置资源。

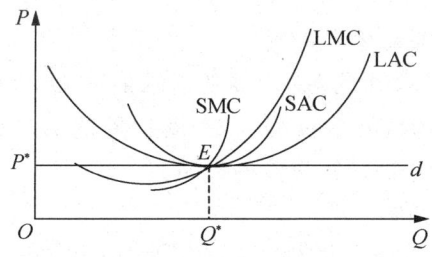

图 5-13 完全竞争的市场长期均衡时的效率

第二节 垄　　断

如前所述,完全竞争是市场类型中的一个极端,在完全竞争市场中不存在任何因素阻止人们参与市场活动,现在我们来探讨市场类型中的另外一个极端——垄断。

一、垄断的含义及形成的条件

垄断也叫独占,是指整个行业中只有一家厂商的市场组织。英文中"垄断者"(monopolist)一词,源于希腊语中的"单个"(mono)和"卖者"(polist)这两个词,在我国最早用垄断来指市场中独占其利的行为,并且政府对之加以干预的文献见于《孟子·公孙丑章句下》:"古之为市也,以其所有易其所无者,有司者治之耳。有贱丈夫焉,必求龙断而登之,以左右望,而罔市利。人皆以为贱,故从而征之。征商自此贱丈夫始矣。"要形成完全垄断,须具备三个条件:第一,市场上只有唯一的卖者;第二,它的产品没有替代品或替代品的替代能力太差;第三,极高的进入壁垒。完全垄断的市场并不多见,因为很少有什么商品不存在替代品,所谓的"公用事业部门"近于完全垄断。

垄断形成的根本原因是存在进入壁垒,如果不存在进入壁垒,任何垄断都不可能存在。进入壁垒形成的原因是多方面的,包括:对生产资源的独占;拥有专利权;拥有技术秘密;政府特许经营,如我国的殡葬行业;自然垄断等。自然垄断是指在一些行业存在巨大的规模经济,随着厂商规模的扩大,其平均成本会不断下降,而市场却相对狭小,最终只能容纳一家厂商生存,如供电供水等行业。

二、垄断厂商产品的需求曲线和收益曲线

(一) 垄断厂商产品的需求曲线

垄断厂商面对的是整个市场,市场的需求曲线 $Q=Q(P)$ 就是垄断厂商产品的需求曲线,价格越低,需求量越大,垄断厂商的需求曲线是向右下方倾斜的,厂商只有降低价格才能销售更多的产品。

(二) 垄断厂商的总收益曲线

总收益 $TR=P \cdot Q$,由于垄断厂商的需求曲线是向右下方倾斜的,所以当垄断厂商增加产量 Q 时,其产品价格 $P=P(Q)$ 就会随着产量的增加而下降($P=P(Q)$ 是需求函数的反函数)。这样一来,影响总收益 TR 的两个因素的价格 P 和产量 Q 是反方向变动的,随着产量 Q 的增加,总收益是增加还是下降

呢？稍后再作分析。

（三）垄断厂商的平均收益曲线

厂商的平均收益即产品价格，$AR = \dfrac{TR}{Q} = \dfrac{P(Q) \cdot Q}{Q} = P(Q)$，需求曲线本身也是平均收益曲线，需求曲线向右下方倾斜的，即平均收益随着产量的增加而下降。

（四）垄断厂商的边际收益曲线

$$MR = dTR/dQ = d[P(Q) \cdot Q]/dQ$$
$$= P(Q) + dP(Q)/dQ \cdot Q$$

从这个公式中可以看出，边际收益 MR 是 $P(Q)$ 和 $dP(Q)/dQ \cdot Q$ 这两项之和，边际收益 MR 的变动，受 $P(Q)$ 和 $dP(Q)/dQ \cdot Q$ 影响。前者，价格 P 是产量 Q 的函数，$P(Q)$ 的含义是多生产销售一单位产品而增加的总收益；而后一项中 $dP(Q)/dQ$ 的含义是增加一单位产品，价格会降低多少，其值为负，所以后一项中 $dP(Q)/dQ \cdot Q$ 的含义就是因增加一单位产量导致价格降低而减少的总收益。当产量 Q 增加时，价格 $P(Q)$——平均收益 AR 是下降的，而 $dP(Q)/dQ \cdot Q$ 是负值，所以随着产量的增加，边际收益 MR 比价格 P——平均收益 AR 下降得更快，MR 是小于平均收益的，也就是说，MR 曲线位于 AR 曲线下方。

（五）三种收益曲线之间的关系

对此，我们用下面两个例子具体地说明：

示例1：

月产销量	价格（平均收益）	总收益	边际收益
0	11	0	—
1	10	10	10
2	9	18	8
3	8	24	6
4	7	28	4
5	6	30	2

示例2：假定有线性的需求曲线，反需求函数为：$P = AR = a - bQ$，则总收益 $TR = P \cdot Q = (a - bQ) \cdot Q = aQ - bQ^2$，对 TR 求 Q 的导数得到 $MR = a - 2bQ$。比较 AR 和 MR，$AR > MR$。图 5-14 中，需求曲线 D 的斜率是 $-b$，边际收益曲线的斜率是 $-2b$，$Q_0 = a/2b$，$Q_1 = a/b$，当产量 $Q < Q_0$ 时，$MR > 0$，产量增加，总收益 TR 上升；当产量 $Q = Q_0$ 时，$MR = 0$，TR 达到最大；当产量 $Q > Q_0$ 时，$MR < 0$，产量增加，总收益 TR 下降。如果 $P = 0$，$Q = Q_1$，总收益 $TR = 0$。

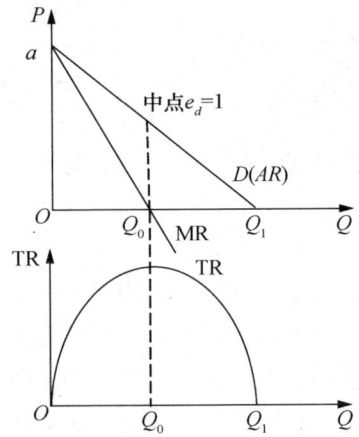

图 5-14 垄断者的 AR、MR 和 TR 曲线

（六）边际收益、价格和需求弹性之间的关系

根据边际收益的定义，

$$MR = \frac{dTR}{dQ} = \frac{d(PQ)}{dQ} = P + \frac{dP}{dQ}Q$$

$$= P\left(1 + \frac{dP}{dQ}\frac{Q}{P}\right) = P\left(1 - \frac{1}{e_d}\right)$$

$$MR = P(1 - 1/e_d)$$

由此可知，如果需求弹性 $e_d > 1$，MR>0，随着产量 Q 的增加，TR 增加；如果需求弹性 $e_d = 1$，MR=0，TR 达到最大；如果需求弹性 $e_d < 1$，MR<0，随着产量 Q 的增加，TR 减少。

三、完全垄断厂商的短期均衡

完全垄断厂商是市场价格的制定者，它不仅要确定产量，还要确定价格，按照利润最大化的原则，在短期根据 MR=SMC 来确定产量，制定价格，由于其边际收益曲线位于需求曲线的下方，所以均衡时 P>SMC。垄断者独占了市场，但未必任何时候都可以凭借垄断势力而获利，实现短期均衡时，其利润状况同样也有四种情形。在图 5-15 中，均衡时产量为 Q_1，价格为 P_1，P_1>SAC，有超额利润，阴影的面积为其利润总额；在图 5-16 中，均衡时产量为 Q_1，价格为 P_1，P_1=SAC，零利润。在图 5-17 中，均衡时由于 AVC<P_1<SAC，厂商处于亏损状态，但厂商会维持生产，Q_1 是利润最大化的产量，图中阴影的面积是其最小亏损额。在图 5-18 中，均衡时 P_1=AVC，这是其停止营业点，不论是否生产，其亏损额都等于固定成本 FC。如果需求曲线 D 位于平均变动成本曲线 AVC

下方,厂商就会停产歇业。

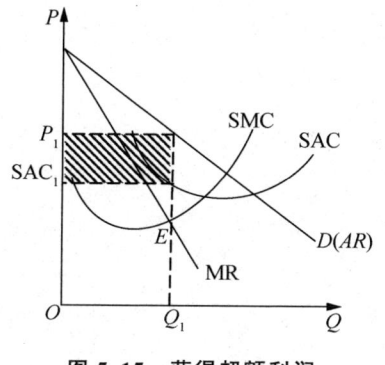

图 5-15 获得超额利润

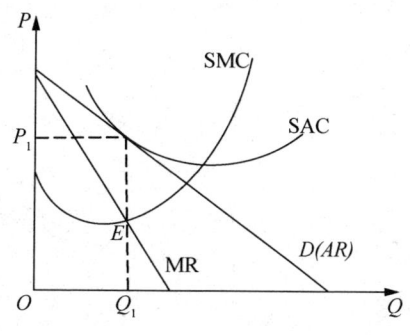

图 5-16 零利润

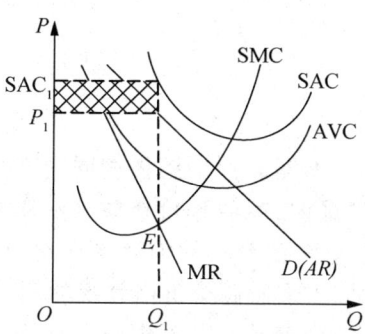

图 5-17 亏损,但维持生产

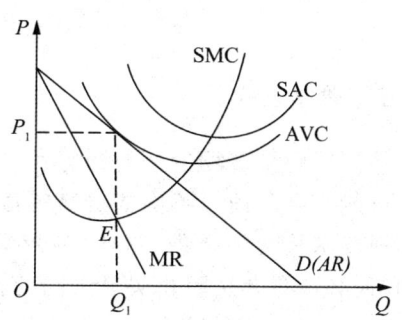

图 5-18 若价格低于 AVC,则停产歇业

四、完全垄断厂商的长期均衡

短期均衡时,垄断厂商可能有超额利润,也可能亏损。但长期看,垄断厂商不可能是亏损的,因为它如果不能通过调整生产规模获得超额利润,就会退出该行业,该行业也就消失了。在长期,如果 MR>LMC,垄断厂商就会扩大生产规模;反之,如果 MR<LMC,它就会通过缩小规模,以使 MR=LMC=SMC,获得最大利润,所以垄断厂商长期均衡的条件是:MR=LMC,对此我们利用图 5-19 给予说明。在原有规模上,垄断厂商的平均成本曲线是 SAC_1,边际成本曲线是 SMC_1,MR 曲线和 SMC_1 在点 E_1 相交,短期均衡的价格为 P_1,均衡的产量为 Q_1,平均成本为 C_1,获得短期超额利润 $(P_1-C_1)Q_1$,但是这时 MR>LMC,所以扩大规模可以获得更多的利润,当把规模扩大到 SAC_2,在点 E_2 边际收益曲线同时与短期边际成本曲线 SMC_2 和长期边际成本曲线 LMC 相交,垄断厂商实现了长期均衡,价格为 P_2,产量为 Q_2,平均成本为 C_2,长期最大超

额利润为$(P_2-C_2)Q_2$。如果其他情况不变,这个利润就能长期保持下去,因为进入壁垒阻止了其他厂商觊觎的可能。

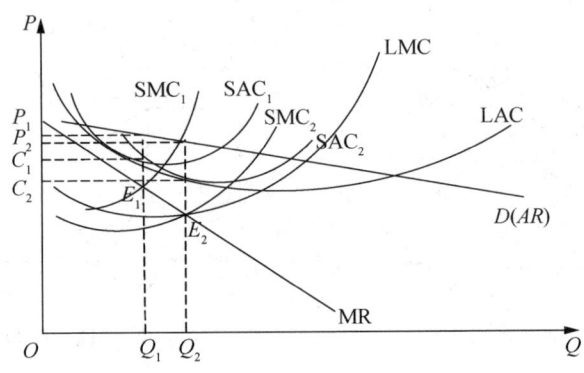

图5-19 垄断厂商的长期均衡和垄断利润

五、价格歧视

垄断厂商是市场价格的制定者,这就为其以不同的价格销售相同的产品提供了可能。**当厂商以不同的价格销售相同的产品时,就叫作价格歧视。**实施价格歧视要满足两个条件:首先,它必须能把购买意愿不同的消费者区分开;其次,它还必须有办法阻止买者之间的转手。我们先来看两个价格歧视的例子:

例1 乔治刚过完他的60岁生日,这天,他带着孙女去看电影。他很高兴地发现他可以得到老年人的50%电影票折扣,但是他也很惊讶地发现,在他买爆米花时却必须付全价。乔治的经历引起了两个关于企业定价决策的问题:第一是对老年人实行折扣是慷慨之举,还是一种利润最大化手段?第二是如果对老年人的电影票实行折扣价是明智的,为什么买爆米花不打折呢?

例2 2005年2月份,中国网通郑州分公司在郑州大学、河南财经学院等高校开展名为"校园先锋"的销售活动,大学生只要凭身份证和学生证,就可以用158元的特惠价格购买一种被称为"小灵通"的手机,并获一个含50元话费的号码。此活动备受大学生青睐,特惠"小灵通"日销量竟达数百部。一些大学生趁机利用借来的证件,购买了大量的"小灵通",然后以低于市场的价格倒卖赚取差价。据说,有大学生两个月内净赚4万元。网通公司发现后发表公告要对违约转卖者起诉。网通公司的销售策划为何不成功?网通公司真会起诉违约者吗?

在例1中,电影院放一场电影的成本是固定的,放一场电影的收入取决于票价和观看人数两个因素。如果实行统一定价,票价高了会坐不满,想要满员票价就得低,如果能区别对待,让支付意愿高的人出高价,让支付意愿低的人出低价,电影院就能获得比统一定价更多的利润。老年人看场电影愿意支付的价格比年轻人低,让年轻人支付高价看电影,再用低价让老年人也走入电影院,就能获得更多的利润,入门验票制度可以成功阻止老年人把折扣票转售给年轻人。尽管老年人购买爆米花的支付意愿也比年轻人低,但电影院阻止老年人向年轻人转售苦无良策。例2留给读者自己分析其为何失败。

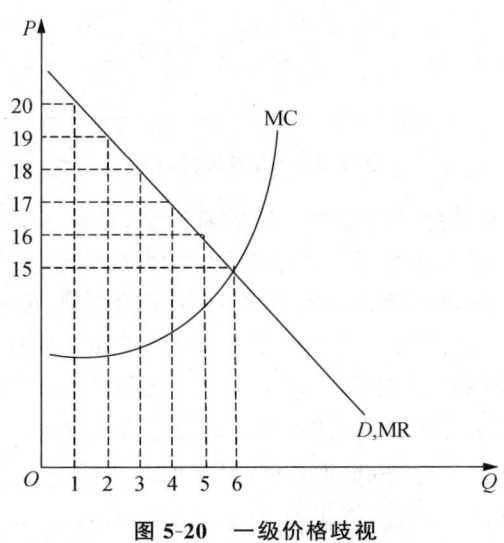

图 5-20　一级价格歧视

价格歧视在现实中具体实施方式很多,理论上价格歧视被分为三级:

一级价格歧视是指厂商对每一单位的产品都按消费者愿意支付的最高价格出售,如图 5-20 所示。第一单位的产品买者愿意支付的最高价是 20 元,第二单位的产品买者愿意支付的最高价是 19 元……第六单位的产品买者愿意支付的最高价是 15 元……卖者每单位产品都索取买者愿意支付的最高价,在这种情况下需求曲线 D 和边际收益曲线 MR 是重合的,第六单位的产品卖出的价格 $P=15$ 元,边际收益 $MR=15$ 元,$MC=15$ 元,$MR=MC$,厂商实现了利润最大化,销售量为 6,消费者剩余消失了。

二级价格歧视是根据消费者的消费量分段收取不同的价格,消费的越多,增加消费的部分价格越低。图 5-21 中,d 是某消费者的需求曲线,如果消费量不超过 10,每单位价格为 10 元;消费量超过 10 不超过 25 的部分,每单位价格 8 元;消费量超 25 的部分,每单位价格 6 元。在二级价格歧视下,该消费者消费量为 40 单位。如果统一定价 6 元,他的消费量也是 40 单位。和统一定价 6 元相比,他的消费剩余减少了,图中阴影部分是残存的消费者剩余。

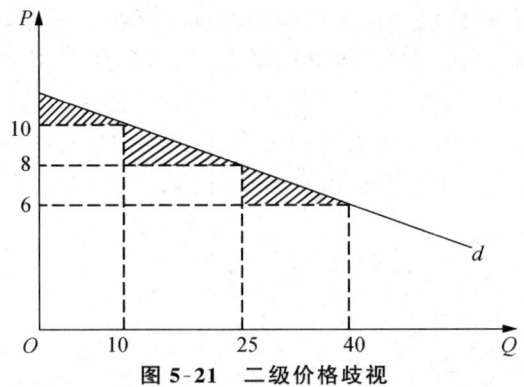

图 5-21 二级价格歧视

三级价格歧视就是把支付意愿不同的消费者，按需求弹性的不同分成不同的市场，每个市场有不同的价格。前面的两个例子都属于三级价格歧视，一个成功，一个不成功。三级价格歧视分配产量和定价原则是：按照每个市场的边际收益都相等并且都等于边际成本的原则分配每个市场的销量，在需求弹性越小的市场卖的价格越高。① 在图 5-22 中，厂商把消费者分为两类，其需求曲线和边际收益曲线分别为 D_1、MR_1 和 D_2、MR_2，把 MR_1 和 MR_2 横向相加得到总边际收益曲线 MR_T。产量为 Q_T 时，边际成本曲线 MC 与总边际收益曲线 MR_T 相交于 E，实施价格歧视时，厂商根据 $MR_1 = MR_2 = MC = MC_0$ 分配产量，$Q_T = Q_1 + Q_2$，在需求弹性较大的 D_1 市场以价格 P_1 销售 Q_1 单位产品，在需求弹性

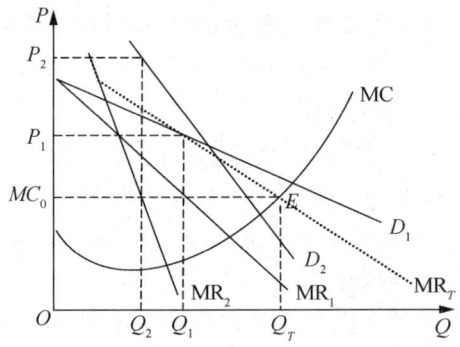

图 5-22 三级价格歧视的产量分配和定价

---

① $\pi = R - C = R_1(Q_1) + R_2(Q_2) + \cdots + R_n(Q_n) - C(Q_T)$，$(Q_T = Q_1 + Q_2 + \cdots + Q_n)$
令：$\partial \pi / \partial Q_1 = MR_1 - MC = 0$，$MR_1 = MC$；
$\partial \pi / \partial Q_2 = MR_2 - MC = 0$，$MR_2 = MC$；
……
$\partial \pi / \partial Q_n = MR_n - MC = 0$，$MR_n = MC$。
所以，$MR_1 = MR_2 = \cdots = MR_n = MC$。

较小的 D_2 市场以价格 P_2 销售 Q_2 单位产品,销售收入 $TR=P_1 \cdot Q_1 + P_2 \cdot Q_2$。价格歧视让厂商获得了更多的利润。

在现实生活中,为了实行价格歧视,具有垄断势力的厂商创造了识别消费者的支付意愿并把消费者隔离开的各种巧妙的方法,读者可自行举例说明。

六、对垄断厂商的价格管制

在图 5-23 中,非管制情况下,垄断厂商根据 $MR=MC$ 确定的利润最大化的价格为 P_m,产量为 Q_m,总收益 $TR=P_m \cdot Q_m$,价格高于平均成本,获得了垄断利润。对 a 图的垄断厂商进行价格管制的话,经济学家建议按 MC 定价为 P_1。当价格被定为 P_1 时,厂商的边际收益 $MR=P_1$,使 $MC=MR=P_1$ 的利润最大的产量为 Q_1,显然垄断厂商仍有垄断利润。那么,能按 AC 定价为 P_2 让垄断利润为零吗?如果定价为 P_2,$MC=MR=P_2$,均衡产量为 Q_3 而不是 Q_2,不仅仍有超额利润,产量也更低了。b 图是一个自然垄断的行业,随着规模扩大,LAC 曲线和 LMC 曲线都下降的。若按 MC 定价为 P_1,$MC=MR=P_1$,均衡的产量为 Q_1,厂商就会破产,除非政府愿意长期补贴。所以,经济学家建议按 AC 定价为 P_2,厂商的最大产量为 Q_2。

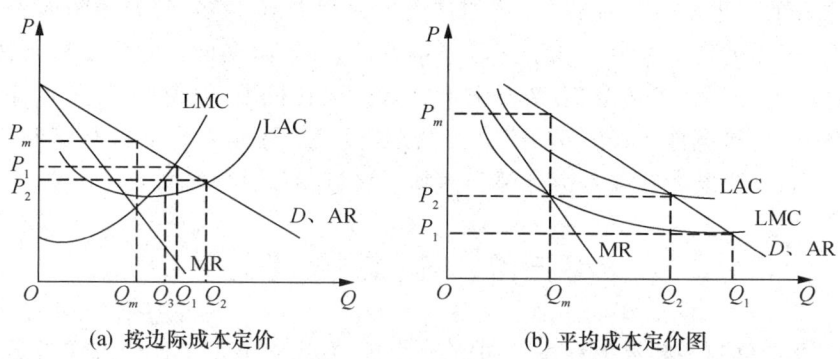

(a) 按边际成本定价　　(b) 平均成本定价图

图 5-23　对垄断厂商的价格管制

七、垄断的效率评价

与完全竞争相比,垄断的市场价格高,产量低,垄断厂商不是在 AC 曲线的最小值处进行生产的,存在着过剩的生产能力;其价格高于边际成本($P>MC$),也就是说,最后一单位产品的社会价值大于其社会成本,给社会福利带来净损失,所以垄断在经济上是低效率的。在图 5-24 中,垄断的定价为 P_m,产量为 Q_m,完全竞争的市场价格和产量为 P_c、Q_c。与完全竞争相比,垄断使消费者剩余的减少量相当于 A 和 B 两部分阴影的面积。其中,A 这一部分剩余在垄断的高价下变成了垄断者的收益,而 B 这一部分剩余则因在垄断的高价下,消费者购买量的减少而消失了;垄断者的低产量还使生产者剩余减少了相当于 C 阴影的面积。总体来看,由于垄断的价格高、产量低,$P>MC$,社会福利净损失是 B、C 阴影的面积之和。这也是反垄断和对垄断进行管制的原因。

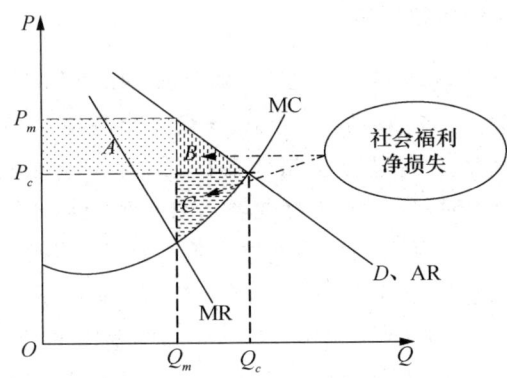

图 5-24　垄断造成的社会福利净损失

然而,也不应忽视反垄断、对垄断进行管制所要付出的成本。在国外,对反垄断案件的审理常常旷日持久,例如,"美国某反托拉斯案,辩方律师向法官要求休假,因为他的太太要生孩子。若干年后,同一律师向同一法官要求再休假,因为律师的儿子生了孩子,有亲友庆祝之盛。法官批准,但说道:我希望你的孙儿生孩子时,这案件已经完结了"。[①] 不管是反垄断还是对垄断进行管制,其成本都很高,其受益者往往是会计师和律师,当然还有经济学家。

第三节　垄断竞争

完全竞争和垄断这两种极端的市场类型,为我们提供了评价真实世界的参照系,但是和我们的生活经常发生关系的市场往往是处于这两种极端之间。当你为一顿晚餐步入学校附近餐饮一条街时,那里店铺林立,品种丰富的美食香气诱人;餐后你想为自己买件 T 恤衫或是连衣裙便折入服装大卖场,那里琳琅满目款式各异的服装又让你眼花缭乱,到处充斥着打折甩卖的叫卖声,你刚一驻足就迎来导购员的热情甜美的笑容。这晚你进入的都是垄断竞争的市场。

---

① 张五常:《经济解释》(卷三),中信出版社 2012 年版。

一、垄断竞争市场的特征

垄断竞争市场上,厂商众多,规模都不大的厂商生产销售具有差别的同一类商品,它们可以自由地进入或退出市场。产品差别是通过品位、质地、款式、型号、包装、色彩、商标、服务态度和销售地点等的不同而被消费者所感知,这样每个厂商就成了它所独有的产品特色的唯一垄断者。同时,它们生产的商品又属于同一类产品,每个厂商的产品都有众多的替代品和它竞争消费者。厂商之间的竞争不仅仅是价格上的,更多的是利用非价格手段,通过产品变异和广告来突出、强化能吸引消费者的产品特色。

二、垄断竞争厂商产品的需求曲线特点

由于每个厂商的产品各具特色,都是其产品特色的垄断者,所以垄断竞争厂商的需求曲线是向右下方倾斜的;又由于每个厂商的产品都有众多的替代品,这又使得其产品的需求富有弹性,替代品越多,替代性越强,其产品的需求弹性就越大。厂商数量众多,每个厂商的规模都不大,任何一个厂商产量价格的变动都不会给其他厂商的利益带来明显的影响。

三、垄断竞争厂商的均衡

垄断竞争厂商短期均衡的条件依然是 MR=SMC,因其产品的需求曲线向右下方倾斜,所以 $P>$MR。如果 $P>$SAC,就可获得超额利润,如图 5-25 所示;如果 $P=$SAC,则无利润,如图 5-26 所示;如果 $P<$SAC,就处在亏损状态,当 $P<$AVC,厂商就会停产歇业,如图 5-27 所示。在长期,厂商可以自由进出,如果有超额利润,就会吸引新厂商进入,生产高度相似的替代品,从而使业内厂商的市场份额减少,直到超额利润消失;如果亏损,就会有厂商退出,直到亏损消失,所以长期均衡的条件是:① MR=LMC=SMC;② $P=$LAC=SAC,既没有超额利润,也不会有亏损,如图 5-28 所示。

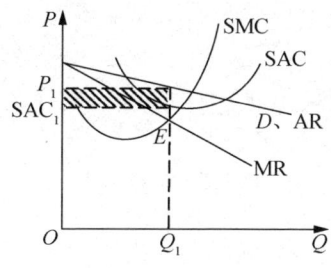

图 5-25 短期均衡——有超额利润

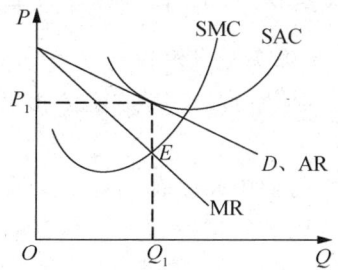

图 5-26 短期均衡——零利润

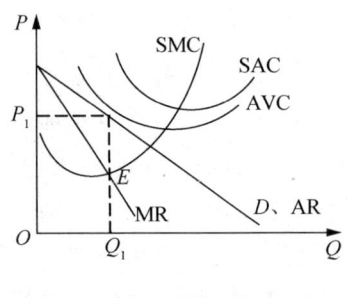
图 5-27 亏损停产

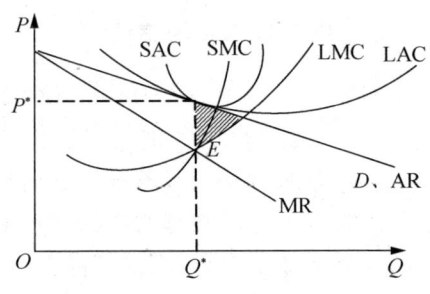
图 5-28 垄断竞争厂商的长期均衡

四、垄断竞争市场的评价

从社会的角度看,与完全竞争相比,长期均衡时,垄断竞争厂商价格大于边际成本,若增加产量,所增加的社会价值大于增加的社会成本,则存在社会福利净损失,如图 5-28 中的阴影部分;它不是在平均成本最低点生产,产量过低,存在过剩的生产能力;但是,一般认为产品的多样性,满足消费需求的多层次性,有助于增进消费者的福利。在非价格竞争中,厂商必须不断进行技术创新、提高产品质量、改进服务方式,这些都有利于增进消费者的福利。垄断竞争厂商的产品有众多的替代品,需求弹性大,需求曲线较为平直,效率损失不大,与产品的多样性给社会带来的好处相比可能是微不足道的。

第四节 寡头垄断

寡者少也。寡头垄断市场是整个市场产品的生产和销售受少数几家厂商控制的一种市场组织,也是现实世界里比较常见的市场类型,如国际铁矿石市场、原油市场,国内的空调、冰箱、电视机行业和通信行业等。

一、寡头形成原因和寡头行业分类

(一)寡头形成原因
(1)某些产品生产必须在相当大的生产规模上进行才能达到最好的经济效益。
(2)行业中几家企业对生产所需的基本生产资源或技术的控制。
(3)政府的扶持和支持等。
(二)寡头行业分类
寡头行业可以按不同的标准进行分类。按是否有产品差别可分为差别寡头行业如手机、汽车和纯粹寡头行业如钢铁、水泥；按厂商行为方式可分为有勾结行为的行业如石油输出国组织（OPEC）和竞争行为的行业如打车软件。按寡头的数量可分为双头垄断如打车软件行业的嘀嘀打车、快嘀打车和多头垄断行业如我国的通信业和金融业。

二、寡头垄断厂商行为特征

寡头行为具有相互关联性，寡头厂商占有相当的市场份额，对市场价格有相当的控制力，任何一个寡头的行为都会对其他寡头的利益产生显著的影响。所以寡头的决策结果不仅取决于它作了什么样的决策，还取决于其他寡头对它的决策会采取什么对策，它们采取某种经营行动时必须事先考虑其竞争对手的可能反应，经济学家将这一点称作寡头厂商行为具有策略性（strategic）。引入策略性因素之后，寡头厂商的决策规则极为复杂，即便在理论分析意义上也无法采用一个简明的模型加以概括。

三、囚徒困境中的寡头

寡头之间有可能进行合作，组成卡特尔，像一个垄断者那样控制市场，但是，寡头之间的联合协议不具有约束性，守约的承诺是不可信的，它们处于一种"囚徒困境"中。

囚徒困境是非合作博弈中的一个经典模型：有两个囚犯 A 和 B 被指控是一宗罪案的嫌疑人，他们被分别关在两间牢房。口供很重要，有警察的诗为证："突审任务重，尽力拿口供。只要口供在，就能获真证。竭尽全力博，千方百计攻。拿下口供来，宣告破案成。"两个囚犯被要求坦白犯罪事实，如果他们都坦白了将被各判 5 年徒刑，如果两人都不坦白会被各判 0.5 年徒刑，这也符合囚犯们的经验之谈"坦白从宽，牢底坐穿；抗拒从严，回家过年"。如果他们中一个坦白，另一个不坦白，坦白的将免予刑事起诉，不坦白的会被判 10 年。每个人都有两种策略可供选择：坦白或不坦白，这样就会有四种不同的策略组合和相应四种不同的结局。那么最终会出现哪一种结局呢？我们可以利用博弈的策略式——得益矩阵（图 5-29）来进行分析。

我们先来分析囚徒 A 会选择什么策略，A 的命运不仅取决于他自己选择了哪一种策略，还取决于 B 选择了哪一种策略，所以他必须根据 B 选择的策略来选择自己的最优策略。给定 B 的策略是坦白，A 的最优策略是坦白；给定 B 的策略是不坦白，A 的最优策略还是坦白。也就是说，不论 B 坦白还是不坦白，A 的最优策略都是坦白。同样，对 B 来说，无论 A 坦白还是不坦白，坦白都是 B 的最优策略。所以，这个博弈的结局是占优策略的纳什均衡，他们都选择了坦白,每个人被各判了5年徒刑。**所谓占优策略就是无论其他参与者选择什么策略,该策略对他来说都是最好的策略**,正如西谚所云"狐狸多机变,刺猬仅一招"。纳什均衡可以理解为这样一种策略组合:**在给定其他参与者的策略时,每一个参与者都采取自己的最优的策略**。为什么他们没有选择都不坦白的策略,那样不是会有一个更好的结局吗?因为不管对方坦白还是不坦白,对每个人来说不坦白都不是最优策略,即它是一个劣策略,显然,不管是谁选择不坦白,对方都会选择坦白。难道他们不能在干坏事前约定好:一旦被抓,打死都不说吗?就算他们真的有这样的约定,一旦被抓还是都会不打自招,选择坦白,因为"打死都不说"的承诺不具有约束力,是不可信的。

	囚徒 B 坦白	囚徒 B 不坦白
囚徒 A 坦白	−5, −5	0, −10
囚徒 A 不坦白	−10, 0	−0.5, −0.5

图 5-29 两个囚犯的得益矩阵

如果寡头们能联合起来像一个垄断者那样限制产量,维持高价,瓜分市场,不仅能使合作者们的总利润最大,而且各自都能获得可观的利润,但是即使没有反垄断法阻止,它们也很难合作。因为它们合作的承诺不具有约束力,合作不是最优策略,无论对手的策略是合作还是竞争,每个寡头的最优策略都是竞争,竞争是占优策略。我们用图 5-30 得益矩阵来表示两个寡头面临的局面。如果它们都选择合作策略,各自所得都是 6;如果都选择竞争策略,各自所得都是 1;如果一个选择合作策略,另一个选择竞争策略,则选择合作策略者所得是 0,选择竞争策略者所得是 10。无论对方选择什么策略,竞争都是各自的最优策略,这个博弈的结局是它们都选择了竞争策略,所得都是 1。它们能走出囚徒困境吗?答案是,如果这个博弈能无限次地重复进行,每个参与者就有了在以后

	寡头 B 竞争	寡头 B 合作
寡头 A 竞争	1, 1	10, 0
寡头 A 合作	0, 10	6, 6

图 5-30 两个寡头的得益矩阵

的博弈中对选择不合作行为的那一方惩罚的机会,它们就能走出困境。下面我们介绍几个研究寡头行为的模型。

四、古诺模型

古诺模型是法国经济学家古诺(Augustin Cournot)1838 年提出的一个双寡头模型。假定:市场上只有 A、B 两个厂商生产和销售完全相同的产品,彼此独立行动,其共同面临的市场需求曲线是 $P=60-Q$ ($Q=Q_A+Q_B$),它们的成本相同即 $MC_A=AC_A=MC_B=AC_B=6$。

根据假定可得厂商 A 的总收益为:

$$TR_A = PQ_A = (60-Q)Q_A = (60-Q_A-Q_B)Q_A = 60Q_A - Q_A^2 - Q_AQ_B$$

厂商 A 的边际收益为:

$$MR_A = dTR_A/dQ_A = 60 - 2Q_A - Q_B$$

令:$MR_A=MC_A=6$,解得:厂商 A 利润最大化的产量为:

$$Q_A = 27 - Q_B/2 \tag{1}$$

同样可得到厂商 B 利润最大化的产量为:

$$Q_B = 27 - Q_A/2 \tag{2}$$

从式(1)、式(2)中可以看出,厂商 A 的最优产量 Q_A 决定于厂商 B 的产量 Q_B,厂商 B 的最优产量 Q_B 决定于厂商 A 的产量 Q_A,并且是对手产量的减函数,对手的产量越大,该寡头的最优产量就越小,他们都是根据对手的产量选择自己的最优产量策略,所以(1)式和(2)式分别叫作厂商 A 和厂商 B 的反应函数,反应函数曲线如图 5-31 所示。

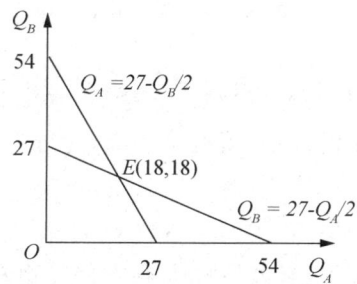

图 5-31 厂商 A 和厂商 B 的反应函数曲线

式(1)、式(2)联立解得:古诺均衡的产量 $Q_A^*=18$,$Q_B^*=18$,市场总产量 $Q=Q_A^*+Q_B^*=36$,古诺均衡时的价格 $P^*=24$。

图 5-31 中,反应曲线上的每一点都是给定对手产量时该寡头的最优产量。

五、斯塔克伯格模型

20世纪30年代,德国经济学家海因里希·冯·斯塔克伯格将古诺模型向前推进了一步。前面推导的古诺均衡是在没有区分寡头厂商进入市场的先后的条件下得出的,而如果一个厂商能够先决定产量,那么这个厂商便成为博弈中的先行者。先行厂商知道跟随厂商一定会对它的产量作出反应,因此,当它在确定产量时,会把跟随厂商的反应也考虑进去。产量的决定依据以下次序:先行厂商决定一个产量,然后跟随厂商根据可观察到的先行厂商的产量来决定产量。需要注意的是,先行厂商在决定产量的时候,充分了解跟随厂商会如何行动——这意味着先行厂商可以知道跟随厂商的反应函数。因此,先行厂商自然会预期到自己决定的产量对跟随厂商的影响。正是在考虑到这种影响的情况下,先行厂商所决定的产量将是一个以跟随厂商的反应函数为约束的利润最大化产量。在斯塔克伯格模型中,先行厂商的决策不再需要自己的反应函数。现在仍以前例用斯塔克伯格模型进行分析。

假设厂商A先决定产量,他要考虑厂商B的反应,但他知道厂商B将根据反应函数并在自己(厂商A)的选择产量基础上作出决策,因此,可以通过把厂商B的反应函数代入自己(厂商A)的收益函数来求得利润最大化产量。

$$TR_A = PQ_A = (60-Q)Q_A = (60-Q_A-Q_B)Q_A$$
$$= 60Q_A - Q_A^2 - Q_AQ_B$$

代入厂商B反应函数得:

$$TR_A = 60Q_A - Q_A^2 - Q_A(27-Q_A/2) = 33Q_A - Q_A^2/2;$$
$$MR_A = 33 - Q_A$$

令:$MR_A = MC_A = 6$,$Q_A = 27$。

把$Q_A = 27$代入厂商B的反应函数,$Q_B = 27 - Q_A/2 = 27 - 27/2 = 13.5$。

厂商A产量为厂商B的两倍,得两倍利润,先行者有优势。

六、价格领导模型

在某些寡头垄断行业,一家大厂商拥有大部分市场份额,而一些较小的厂商则提供满足剩余市场份额的产品。这家大厂商确定一个实现自己利润最大化的价格,其他小厂商就根据此价格按照$P = MC$的利润最大化的原则决定它们各自的产量,小厂商们不能满足的需求由大厂商来满足。图5-32表明了大厂商是如何决定价格的。D是市场需求曲线,S是作为价格接受者的小厂商们的供给曲线,D_L是制定价格的那家大厂商的产品的需求曲线,对大厂商产品的需求等于市场需求减去小厂商的供给。比如,当价格为 P_1 时,小厂商的供给量等于市场需求量,对大厂商产品的需求量为零;当价格为 P_2 或更低时,小厂商的供给量为零,市场需求量就是可由大厂商来满足的需求量。MR_L、MC_L 分别是大厂商的边际收益曲线和边际成本曲线。大厂商按照 $MR_L = MC_L$,确定的市场价格为 P^*,小厂商按这个价格提供的产量为 Q_C,大厂商的产量为 Q_L。市场需求量为 Q_T,$Q_T = Q_C + Q_L$。

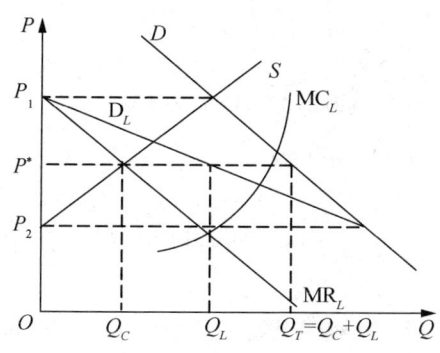

图 5-32　价格领导模型

七、斯威齐模型:对价格刚性现象的解释

在一些寡头垄断行业,往往出现价格刚性现象,即使成本等因素发生了变动,价格仍然会保持稳定。美国经济学家保罗·斯威齐(P. M. Sweezy)在 1939 年提出了折弯的需求曲线模型来解释价格刚性现象。图 5-33 中某寡头的需求曲线 dFD,在 F 点折弯,均衡的价格为 P_0,F 点以上部分需求曲线比较平直,需求弹性突然变大,F 点以下部分需求曲线比较陡峭,需求弹性突然变小。这是因为,如果该厂商把价格提高到 P_0 以上,其他厂商不会跟随其提价,它的产品的需求量就会大幅度减少;如果该厂商把价格降低到 P_0 以下,其他厂商为避免客户流失带来的损失,也会跟着降价,所以降价不会使其产品的需求量有明显的增加。由于需求曲线在产量为 Q_0 时的 F 点折弯,边际收益曲线在此时断开了一个缺口,不管成本发生了什么样的变化,只要边际成本曲线还在这个缺口间摆动,P_0 就仍是利润最大化的价格。

八、寡头市场的效率评价

寡头产品的需求曲线向右下方倾斜,通常其产品价格高于边际成本,一般来说寡头市场被认为是低效率的。当寡头之间存在明的或暗的勾结时,其行为和完全垄断并无二致,如果寡头之间是竞争的,其市场效率或有所改善,下面我

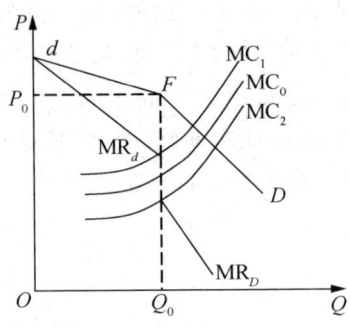

图 5-33 斯威齐模型

们以前面的古诺模型为例来分析说明。

古诺均衡时产量为：$Q_A^* = Q_B^* = 18$，$Q = Q_A^* + Q_B^* = 36$；价格为：$P^* = 24$；利润为：$\pi_A = \pi_B = 324$，$\pi = \pi_A + \pi_B = 648$；社会净福利＝消费者剩余＋厂商利润＝$36 \times (60-24) \div 2 + 648 = 1296$。

如果是完全垄断市场，均衡时其总产量为：$Q^* = 27$；价格为：$P^* = 33$；利润为：$\pi = 729$；社会净福利＝消费者剩余＋厂商利润＝$27 \times (60-33) \div 2 + 729 = 1093.5$。

如果是完全竞争的市场，均衡时$P^* = MC = 6$，总产量为：$Q^* = 54$，利润为：$\pi = 0$；社会净福利＝消费者剩余＋厂商利润＝$54 \times (60-6) \div 2 + 0 = 1458$。

所以，就资源配置的效率而言，完全竞争的市场最高，完全垄断的市场最低，寡头市场介于两者之间。

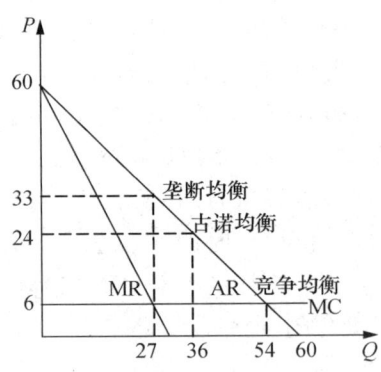

图 5-34 古诺均衡与垄断均衡、竞争均衡的比较

复习思考题

1. 已知某完全竞争行业中的单个厂商的短期成本函数为 $STC=0.1Q^3-2Q^2+15Q+10$。试求：

(1) 当市场上产品的价格为 $P=55$ 时，厂商的短期均衡产量和利润。

(2) 当市场价格下降为多少时，厂商必须停产？

(3) 厂商的短期供给函数。

2. 已知某完全竞争的成本不变行业中的单个厂商的长期总成本函数 $LTC=Q^3-12Q^2+40Q$。试求：

(1) 当市场商品价格为 $P=100$ 时，厂商实现 $MR=LMC$ 时的产量、平均成本和利润。

(2) 该行业长期均衡时的价格和单个厂商的产量。

(3) 当市场的需求函数为 $Q=660-15P$ 时，行业长期均衡时的厂商数量。

3. 已知某完全竞争的成本递增行业的长期供给函数 $LS=5500+300P$。试求：

(1) 当市场需求函数 $D=8000-200P$ 时，市场的长期均衡价格和均衡产量。

(2) 当市场需求增加，市场需求函数为 $D=10000-200P$ 时，市场长期均衡价格和均衡产量。

(3) 比较(1)(2)，说明市场需求变动对成本递增行业的长期均衡价格和均衡产量的影响。

4. 已知某完全竞争市场的需求函数为 $D=6300-400P$，短期市场供给函数为 $SS=3000+150P$；单个企业在 LAC 曲线最低点的成本为 6，产量为 50；单个企业的成本规模不变。

(1) 求市场的短期均衡价格和均衡产量。

(2) 判断(1)中的市场是否同时处于长期均衡，求企业内的厂商数量。

(3) 如果市场的需求函数变为 $D'=8000-400P$，短期供给函数为 $SS'=4700+150P$，求市场的短期均衡价格和均衡产量。

(4) 判断(3)中的市场是否同时处于长期均衡，并求行业内的厂商数量。

(5) 判断该行业属于什么类型。

(6) 需要新加入多少企业，才能提供(1)到(3)所增加的行业总产量。

5. 在一个完全竞争的成本不变行业中单个厂商的长期成本函数为 $LTC=Q^3-40Q^2+600Q$，该市场的需求函数为 $Q^d=13000-5P$。求：

(1) 该行业的长期供给函数。

(2) 该行业实现长期均衡时的厂商数量。

6. 已知完全竞争市场上单个厂商的长期成本函数为 $LTC = Q^3 - 20Q^2 + 200Q$，市场的产品价格为 $P = 600$。求：

(1) 该厂商实现利润最大化时的产量、平均成本和利润各是多少？

(2) 该行业是否处于长期均衡？为什么？

(3) 该行业处于长期均衡时每个厂商的产量、平均成本和利润各为多少？

(4) 判断(1)中的厂商是处于规模经济阶段，还是处于规模不经济阶段？

7. 某完全竞争厂商的短期边际成本函数 $SMC = 0.6Q - 10$，总收益函数 $TR = 38Q$，且已知当产量 $Q = 20$ 时的总成本 $STC = 260$。求该厂商利润最大化时的产量和利润。

8. 为什么完全竞争厂商的短期供给曲线是 SMC 曲线上等于和高于 AVC 曲线最低点的部分？

9. 已知某垄断厂商的短期成本函数为 $STC = -0.1Q^3 - 6Q^2 + 14Q + 3000$，反需求函数为 $P = 150 - 3.25Q$。

求：该垄断厂商的短期均衡产量与均衡价格。

10. 已知某垄断厂商的成本函数为 $TC = 0.6Q^2 + 3Q + 2$，反需求函数为 $P = 8 - 0.4Q$。求：

(1) 该厂商实现利润最大化时的产量、价格、收益和利润。

(2) 该厂商实现收益最大化的产量、价格、收益和利润。

(3) 比较(1)和(2)的结果。

11. 已知某垄断厂商利用一个工厂生产一种产品，其产品在两个分割的市场上出售，他的成本函数为 $TC = Q^2 + 40Q$，两个市场的需求函数分别为 $Q_1 = 12 - 0.1P_1$，$Q_2 = 20 - 0.4P_2$，求：

(1) 当该厂商实行三级价格歧视时，他追求利润最大化前提下的两市场各自的销售量、价格以及厂商的总利润。

(2) 当该厂商在两个市场实行统一的价格时，他追求利润最大化前提下的销售量、价格以及厂商的总利润。

(3) 比较(1)和(2)的结果。

12. 已知某垄断竞争厂商的长期成本函数为 $LTC = 0.001Q^3 - 0.51Q^2 + 200Q$；如果该产品的生产集团内所有的厂商都按照相同的比例调整价格，那么，每个厂商的份额需求曲线(或实际需求曲线)为 $P = 238 - 0.5Q$。求：

(1) 该厂商长期均衡时的产量与价格。

(2) 该厂商长期均衡时主观需求曲线上的需求的价格点弹性值(保持整数

部分)。

(3) 如果该厂商的主观需求曲线是线性的,推导该厂商长期均衡时的主观需求的函数。

13. 某垄断竞争市场,代表性厂商的长期成本函数为 $LTC=5Q^3-200Q^2+2700Q$,市场的需求函数为 $P=2200A-100Q$。求:长期均衡时,代表性厂商的产量和产品价格,以及 A 的数值。

14. 某寡头行业有两个厂商,厂商 1 的成本函数为 $C_1=8Q_1$,厂商 2 的成本函数为 $C_2=0.8Q_2^2$,该市场的需求函数为 $P=152-0.6Q$。求:该寡头市场的古诺模型解。

15. 某寡头行业有两个厂商,厂商 1 为先行者,其成本函数为 $C_1=13.8Q_1$,厂商 2 为追随者,其成本函数为 $C_2=20Q_2$,该市场的需求函数为 $P=100-0.4Q$。求:该寡头市场的斯塔克伯格模型解。

16. 弯折的需求曲线是如何解释寡头市场上的价格刚性现象的?

第六章 要素市场和收入分配

前面我们讨论了产品市场的价格和产量的决定。在产品市场上消费者用他们的收入购买厂商提供的产品,消费者的收入源于他们在要素市场提供要素所得,而厂商能够生产和销售产品首先要取得生产要素。本章我们把讨论的对象转向要素市场,研究要素价格和使用量是如何决定的。由于要素的价格和使用量决定了消费者的收入,所以要素理论也称为收入分配理论。在要素市场上消费者和厂商的角色发生了互换,消费者是要素的提供者,而厂商是要素的购买者。本章首先讨论要素的需求,然后讨论要素的供给和要素的价格决定,最后讨论收入分配问题。

第一节 生产要素的需求

要素的需求来自厂商,厂商对要素的需求是由消费者对厂商产品的需求所派生出的需求,生产产品通常需要同时使用多种要素,所以要素的需求又是一种联合需求。

一、厂商使用要素的原则

我们知道厂商的目标是利润最大化。在前面讨论厂商产量和产品价格决定时,实现利润最大化的条件是:$MR(Q) = MC(Q)$,当生产最后一单位产品增加的收益等于增加的成本时,厂商就实现了利润最大化。同样,厂商使用多少要素也要服从利润最大化的目标。如果增加一单位要素给厂商增加的收入大于增加的成本,则增加要素使用量厂商的利润会增加,厂商就会不断增加要素投入量;如果增加一单位要素给厂商增加的收益小于增加的成本,减少要素的使用量厂商的利润会增加,厂商就会不断减少要素的投入量;当增加一单位要素增加的收益等于增加的成本时,或减少一单位要素减少的收益等于减少的成本时,厂商就实现了利润的最大化,这时要素的投入量就是最佳的。

我们知道厂商增加一单位要素所增加的产量叫作要素的边际产品,那么,**厂商增加一单位要素所增加的收入就叫作要素的边际产品收入 MRP**。要素 L 的边际产品收入:

$$\mathrm{MRP}_L = \Delta R / \Delta L \quad \text{或} \quad \mathrm{MRP}_L = \partial R / \partial L \tag{6.1}$$

厂商增加一单位要素所增加的成本叫作边际要素成本 **MFC**。要素 L 的边际要素成本：
$$\text{MFC}_L = \Delta C/\Delta L \quad \text{或} \quad \text{MFC}_L = \partial C/\partial L \tag{6.2}$$
以要素 L 为例，**厂商使用要素的原则**可以表示为：
$$\text{MRP}_L = \text{MFC}_L \tag{6.3}$$
而
$$\text{MRP}_L = \Delta R/\Delta L = (\Delta Q/\Delta L) \cdot (\Delta R/\Delta Q) = \text{MP}_L \cdot \text{MR},$$
所以厂商使用要素 L 的原则可以表示为：
$$\text{MP}_L \cdot \text{MR} = \text{MFC}_L \tag{6.4}$$

二、完全竞争市场中要素的需求

（一）完全竞争厂商的要素需求

如果产品市场和要素市场都是完全竞争的，那么，厂商就是市场价格的接受者，这时，$\text{MR}=P$，$\text{MFC}_L=w$，P、w 分别表示产品的价格和要素 L 的价格，$\text{MRP}_L=\text{MP}_L \cdot P$，$\text{MFC}_L=w$。**完全竞争厂商增加一单位要素所增加的收益被称为边际产品价值 VMP**。$\text{VMP}=\text{MP} \cdot P$，完全竞争厂商使用要素的原则就是让边际产量价值等于要素价格，对要素 L 而言就是 $\text{VMP}_L=w$，亦即：$\text{MP}_L \cdot P=w$。由于随着要素投入量的增加，边际产品 MP_L 递减，从而边际产品价值 VMP 将会递减，示例见表 6-1，所以要素价格越低，厂商对要素的需求量越大。厂商的要素需求曲线是向右下方倾斜的，边际产品价值曲线即是单个厂商对要素的需求曲线，如图 6-1 所示。

表 6-1 要素的边际产品和边际产品价值

要素数量	产品产量	边际产品 MP	产品价格 P	边际产品价值 VMP
1	10	10	2	20
2	19	9	2	18
3	27	8	2	16
4	34	7	2	14
5	40	6	2	12
6	45	5	2	10
7	49	4	2	8
8	52	3	2	6

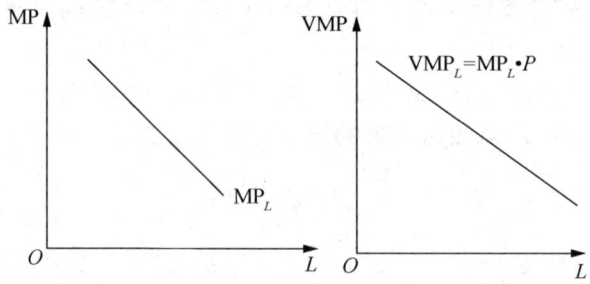

图 6-1　推导完全竞争厂商的要素需求曲线

（二）完全竞争市场的要素需求曲线

在完全竞争市场上有众多的厂商使用相同的要素生产相同的产品。当要素价格变动时，它们都将对要素的使用量进行调整，这样就会引起产品供给的变动和产品价格的变动。比如，要素价格下降，每个厂商都会增加要素的使用量，这将导致产品供给增加，产品价格将下降。产品价格下降反过来使每一个厂商的 VMP 曲线向左移动，单个厂商的要素需求曲线与 VMP 曲线就不再重合了。假定使用要素 L 的厂商有 N 家，在图 6-2 中，当产品的价格为 P_0 时，第 i 家的边际产品价值曲线为 VMP_0，要素价格为 w_0，厂商对要素的需求量为 L_0，对应的点为 E_0。当要素价格下降到 w_1 时，如果产品价格不变，该厂商对要素的需求量为 L_2，但是所有的厂商都会增加要素的需求量，这将使得产品的供给增加，产品价格下降到 P_1，第 i 家厂商的边际产品价值曲线向左移动到 VMP_1，这样，它对要素的需求量就不会是 L_2，而是 L_1，对应的点为 E_1。把相应的点 E_0、E_1 等连接起来，我们就得到了考虑产品价格变动的第 i 家厂商的要素需求曲线 d_i。

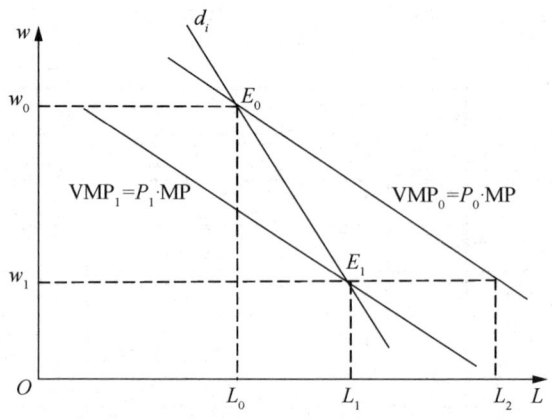

图 6-2　考虑到产品价格变动的完全竞争厂商的要素需求曲线

把使用要素 L 的 N 家厂商的要素需求曲线横向相加我们就得到了要素 L 的市场需求曲线 D_L，$D_L = \sum_{i=1}^{N} d_i$。由于每个厂商的要素需求曲线是向右下方倾斜的，市场的要素需求曲线也一定是向右下方倾斜的，要素的价格越低，要素的需求量就越大，如图 6-3 所示：

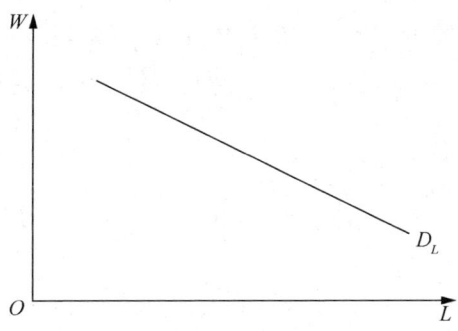

图 6-3　要素的市场需求曲线

第二节　生产要素的供给和要素价格的决定

一、要素供给概述

（一）消费者的要素供给特点

(1) 消费者拥有的要素资源在一定时期内是既定的；
(2) 按消费者的选择，既定资源分为两类：供给市场和保留自用；
(3) 消费者的目的是效用最大化。

（二）要素供给原则的边际效用分析

(1) 约束条件：$(L^* - l) + l = L^*$，L^* 表示既定量的要素，l 表示自用要素量，则 $(L^* - l)$ 就是供给市场的要素量。两边同乘以要素价格 w，我们就把数量形式的约束变为价值形式的约束：

$$w(L^* - l) + wl = wL^* \tag{6.5}$$

$w(L^* - l)$ 是向市场提供要素获得的收入，我们可以用 Y 来表示，wl 是自用要素的市场价值（隐成本），wL^* 是全部要素的市场价值。上式可以表示为：

$$Y + wl = wL^* \tag{6.6}$$

(2) 要素供给的边际效用。要素供给的效用是"间接效用"，是由供给要素获得的收入带来的效用，出售要素获得的收入越多，其效用就越大，但边际效用是递减的。要素供给的边际效用可表示为：

$$\frac{\Delta U}{\Delta L} = \frac{\Delta U}{\Delta Y} \cdot \frac{\Delta Y}{\Delta L} \quad \text{或} \quad \frac{dU}{dL} = \frac{dU}{dY} \cdot \frac{dY}{dL} \tag{6.7}$$

(3) 要素供给的原则：要素供给的边际效用和保留自用要素的边际效用相等，即：

$$\frac{dU}{dL} = \frac{dU}{dl} \quad \text{或} \quad \frac{dU}{dY} \cdot \frac{dY}{dL} = \frac{dU}{dl} \tag{6.8}$$

假定要素市场是完全竞争的，要素价格为 w，则增加一单位要素供给所增加的收入就等于 w，也就是 $\frac{dY}{dL} = w$，所以 $\frac{dU}{dL} = \frac{dU}{dY} \cdot \frac{dY}{dL} = \frac{dU}{dY} \cdot w$，这样我们就可以把要素供给的原则表示为：

$$\frac{dU}{dl} = \frac{dU}{dY} \cdot w \quad \text{或} \quad \frac{dU/dl}{dU/dY} = w$$

即：

$$\frac{MU_l}{MU_Y} = w \tag{6.9}$$

自用要素的边际效用与收入的边际效用之比等于要素价格。也许要素的供给原则整理为下面的形式更容易理解：

$$\frac{MU_l}{w} = MU_Y \tag{6.10}$$

上式等号左边是增加 1 元钱的自用资源所增加的效用，等号右边是 1 元钱收入的边际效用。这里仍是等边际原理的运用。

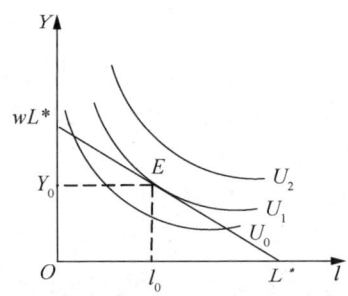

图 6-4 要素供给的无差异曲线分析

(三) 要素供给原则的无差异曲线分析

我们把要素供给的约束条件 $Y + wl = wL^*$ 表示成 $Y = wL^* - wl$，根据约束条件我们可以画出图 6-4 中的要素所有者的预算约束线，预算约束线与无差异曲线 U_1 相切于点 E，无差异曲线 U_1 在点 E 的边际替代率等于要素价格 w，即：

$$MRS_{Y,l} = w \tag{6.11}$$

(l_0, Y_0) 就是给定要素数量和价格时自用要素数量和收入的最优组合，而此时的要素供给量则为 $L^* - l_0$。

由于 $\mathrm{MRS}_{Y,l} = \dfrac{\mathrm{MU}_l}{\mathrm{MU}_Y}$，要素供给原则也可表示为：

$$\dfrac{\mathrm{MU}_l}{\mathrm{MU}_Y} = w \quad \text{或} \quad \dfrac{\mathrm{MU}_l}{w} = \mathrm{MU}_Y$$

当要素价格变动时，预算约束线也就变了，不同要素价格时的预算线将和不同的无差异曲线相切，把这些切点连接起来就是扩展线 PEP。如图 6-5(a)所示，利用扩展线就可以作出要素的供给曲线 S，如图 6-5(b)所示。

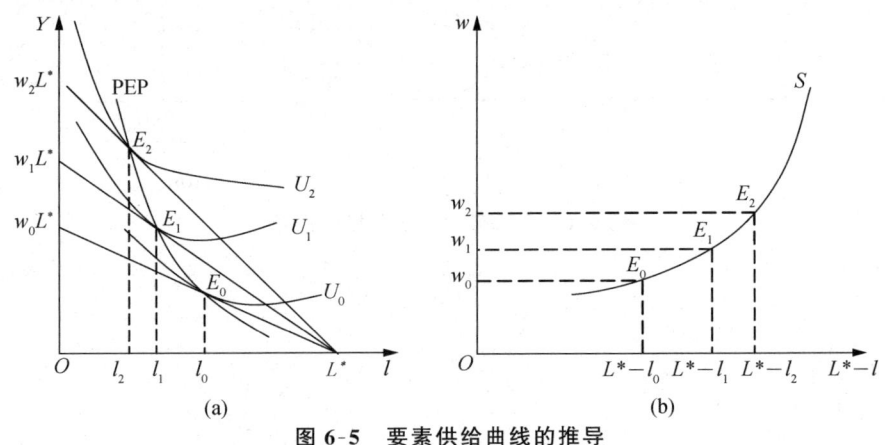

图 6-5　要素供给曲线的推导

二、劳动供给曲线和工资率的决定

每个人的时间资源都是既定的，劳动的供给实际上就是劳动者如何决定其全部时间资源在闲暇和劳动供给两种用途上的分配，二者反方向变化，劳动供给的增加就是闲暇的减少。工资是使用时间的价格。

（一）劳动的供给曲线

我们利用图 6-6(a)中闲暇与收入的扩展线 PEP 可推出图 6-6(b)的劳动的个人供给曲线 S。在图中我们观察到，随着工资率的上升，先是闲暇减少，劳动供给增加，当工资率上升到 w_1 以上时却出现闲暇增加、劳动供给减少的现象，这意味着工资率的提高未必能使人们愿意提供更多的劳动。这种现象的出现是因为，工资率——时间的价格变动的替代效应和收入效应对劳动供给会产生两种相反方向的影响。**工资率变动的替代效应为：在工资率上升时，闲暇变得昂贵，使消费者对闲暇的需求量减少，劳动供给量增加；工资率变动的收入效应为：在工资上升时，实际收入增加，使消费者对属于正常物品的闲暇的需求量增加，劳动供给量减少。**

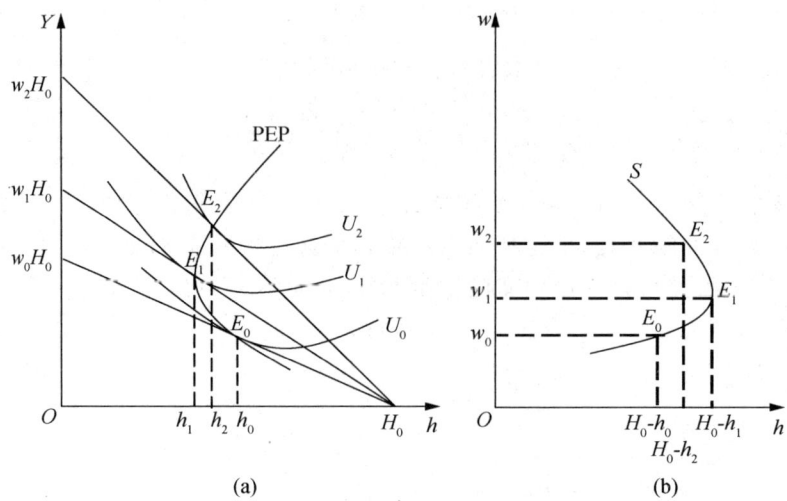

图 6-6 个人劳动供给曲线的推导

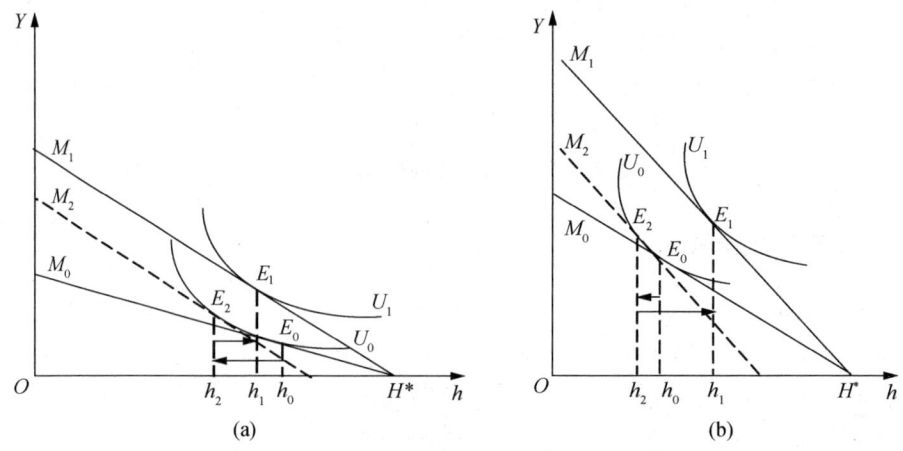

图 6-7 工资率变动的替代效应和收入效应

工资率较低时,工资率上升的收入效应小于替代效应,因此会使闲暇的需求量减少,劳动的供给量增加。如图 6-7(a)所示,原工资率下的预算约束线是 M_0,M_0 和无差异曲线 U_0 相切于 E_0,E_0 对应的闲暇的消费量是 h_0,劳动供给量是 $H^* - h_0$。工资率上升后,预算约束线变为 M_1,M_1 和无差异曲线 U_1 相切于 E_1,效用水平提高,实际收入增加。为保持实际收入不变,作与 M_1 平行的补偿预算约束线 M_2,使 M_2 和无差异曲线 U_0 相切于 E_2,与 E_0 比较效用水平未变,替代效应使得闲暇消费量由 h_0 减少到 h_2,劳动供给量由 $H^* - h_0$ 增加到 $H^* - h_2$。恢复其实际收入,预算约束线回到 M_1,收入效应使得闲暇消费量由 h_2 增加

到 h_1,劳动供给量由 H^*-h_2 减少到 H^*-h_1。通过比较可以看出,由于这时替代效应大于收入效应,故工资率提高,闲暇消费量减少,劳动供给量增加,劳动的供给曲线是向右上方倾斜的。

工资率较高时,工资率上升会出现收入效应大于替代效应,使得闲暇的需求量增加,劳动的供给量减少,如图 6-7(b)所示,原工资率下的预算约束线是 M_0,M_0 和无差异曲线 U_0 相切于 E_0,E_0 对应的闲暇的消费量是 h_0,劳动供给量是 H^*-h_0,工资率上升后,预算约束线变为 M_1,M_1 和无差异曲线 U_1 相切于 E_1,效用水平提高,实际收入增加。为保持实际收入不变,作与 M_1 平行的补偿预算约束线 M_2,使 M_2 和无差异曲线 U_0 相切于 E_2,与 E_0 比较效用水平未变,替代效应使得闲暇消费量由 h_0 减少到 h_2,劳动供给量由 H^*-h_0 增加到 H^*-h_2。恢复其实际收入,预算约束线回到 M_1,收入效应使得闲暇消费量由 h_2 增加到 h_1,劳动供给量由 H^*-h_2 减少到 H^*-h_1。通过比较可以看出,由于这时替代效应小于收入效应,故工资率提高,闲暇消费量增加,劳动供给量减少,劳动的供给曲线向左上方倾斜。故工资率提高到一定程度,劳动的供给曲线会出现向后弯曲现象。

(二)市场工资率的决定

把所有个人的劳动供给曲线水平相加,我们就得到了劳动的市场供给曲线 S_L,$S_L = \sum_{i=1}^{N} s_i$。由于建立在劳动者分工合作基础上的现代社会化大生产,要求劳动在统一的时间内进行,劳动者不能根据工资率高低,自由选择工作时间的长短,只能选择工作还是不工作,所以随着工资率的提高,通常不会出现劳动者退出劳动市场的情况,而是会有更多的劳动者进入劳动市场,所以,劳动的市场供给曲线通常是向右上方倾斜的。市场均衡工资率是由劳动供给和劳动需求共同决定的,如图 6-8 所示:

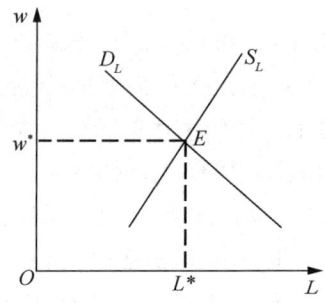

图 6-8 市场工资率的决定

三、土地的供给和租金的决定

土地数量固定并具有广泛用途,就整体而言,它被认为是一种既不能被人们创造,也不能被毁灭的要素,其拥有者自用的数量不仅非常有限,而且相当固定。所以,供给市场使用的土地是一个常量,没有自用价值的机会成本,也就是说土地的供给曲线是一条垂直的直线。使用土地的价格称为租金,租金可定义为高于机会成本的收入。由于供给是固定的,租金的高低完全由需求的变动所决定,如图 6-9 所示,土地的供给量为常量 N^*,当需求为 D_0 时,租金为 R_0,当需求增加到 D_1 时,租金上升到 R_1。

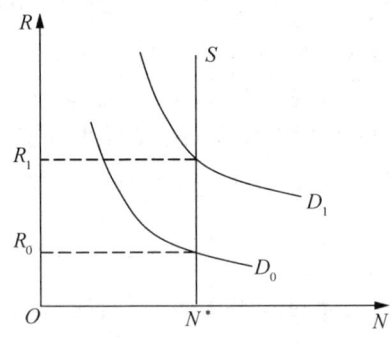

图 6-9 租金的决定

根据租金的性质,凡是高于其机会成本的收入,都可以称为租金,如利润、生产者剩余等。租金在现代经济学中是一个被广泛使用的概念。在短期生产过程中,要素被分为固定要素和变动要素,固定要素所得到的收入也称为准租金。

四、资本的供给和利率的决定

资本是利用要素生产出来的、可供人们在未来长期使用的要素。利用要素生产资本,然后再利用资本生产满足人们需要的产品,是一种间接的生产方式。间接生产方式使生产链条拉长,生产过程变复杂。人们之所以采用复杂麻烦的间接生产方式,是因为使用资本可以使生产的效率大大提高,产量大大地增加,"临渊羡鱼,不如退而结网""工欲善其事,必先利其器"都是说的这个道理。资本在短期内属于固定要素,要增加资本就必须进行投资,投资就是把资源用于生产资本的过程,投资形成资本需要一定的时间,进行投资就意味着必须减少当前的消费,以便利用资本在未来生产出更多的产品来消费,所以资本的供给决策是一个关于现在消费和未来消费的选择问题。

(一) 资本的供给决策

资本呈现的形态各异,所以资本数量的多少是用统一的货币单位来衡量的。资本的使用者支付给资本所有者的报酬叫作利息,利率是资本的使用价格。现代经济中融资活动是利用金融市场进行的,通过金融市场,资金的所有者向资金的使用者提供资金,在未来他可以获得资金增值收益——利息收入,这意味着"朝四暮三"大于"朝三暮四",现在的 1 元钱到了未来就变成了 1 元多钱,也可以说是现在的 1 元钱比未来的 1 元钱多,这就是资金的时间价值。

1. 消费者的跨期选择

"人无远虑,必有近忧",漫漫人生,需要理性人把一生的收入统筹安排。由于收入来自不同的时期,不同时期的收入又会有差异,资金的时间价值的概念告诉我们,计算一生的总收入,不能把来自不同时期的收入简单地直接相加,而是应先把不同时期的收入转化为同一时期的收入,然后相加。下面是一个两期模型,把消费者的一生分成现在和未来两个时期,他面临现在和未来这样一个跨期选择问题。他的总收入可以用现值 M 或终值 M' 两个式子分别表示为:

$$M = C_0^0 + \frac{C_0^1}{1+r} \tag{6.12}$$

或:
$$M' = C_0^1 + (1+r)C_0^0 \tag{6.13}$$

C_0^0 是现在的收入,C_0^1 是未来的收入,r 是市场利率,在(5.12)式中称为市场贴现率,$\frac{C_0^1}{1+r}$ 是未来收入的贴现值,M 是两期总收入的现值,$(1+r)C_0^0$ 是现在收入的终值,M' 是两期总收入的终值。消费者一生的消费不能大于其一生的收入,不考虑留遗产问题,实现跨期消费最大化的预算约束也可以用现值和终值两个式子表示:

$$M = C^0 + \frac{C^1}{1+r} \tag{6.14}$$

或:
$$M' = C^1 + (1+r)C^0 \tag{6.15}$$

C^1 是未来的消费,C^0 是现在的消费,$\frac{C^1}{1+r}$ 是未来消费的贴现值,$(1+r)C^0$ 是现在消费的终值,第一个式子是用现值表示的预算约束,第二个式子是用终值表示的预算约束,预算约束表明消费者两期消费的现值(或终值)之和不能大于两期收入的现值(或终值)之和。在图 6-10 中,横坐标表示现在的消费,纵坐标表示未来的消费,$M'M$ 是预算约束线,其斜率为 $1+r$。点 A 是现在和未来的收入组合(C_0^0, C_0^1),预算约束线和无差异曲线相切于点 E_0,现在消费和未来消费的最优组合为(C_1^0, C_1^1)。(a)图中的消费者现在消费为 C_1^0,小于现在的收入 C_0^0,表明他是一个储蓄者,是资金市场的供给者,作为债权人,在未来他的消费就会超过 C_0^1,达到 C_1^1。(b)图中的消费者现在消费为 C_1^0,大于现在的收入 C_0^0,表明他是一个借款者,是资金市场的需求者,作为债务人,在未来他的消费就会小于 C_0^1,降低到 C_1^1。

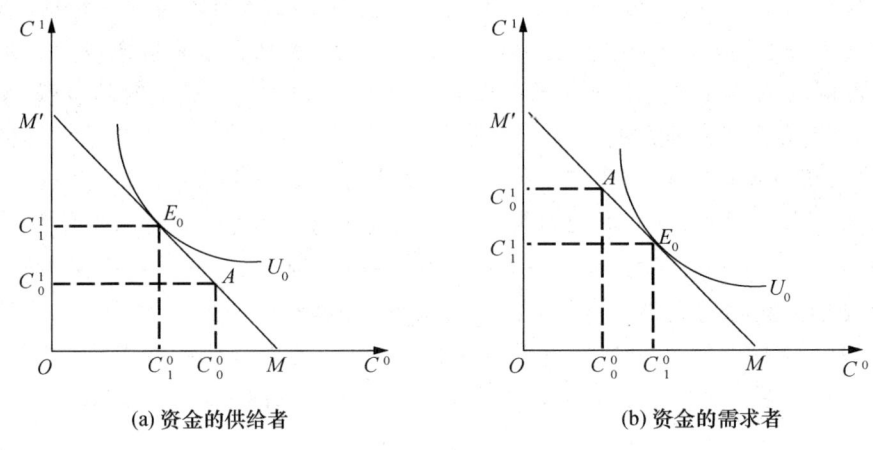

图 6-10 消费者的跨时期选择

2. 资金供给曲线

在图 6-11(a)中,M_0、M_1、M_2 分别是利率为 r_0、r_1、r_2 时的预算约束线,M_0、M_1、M_2 分别与无差异曲线 U_0、U_1、U_2 相切于 E_0、E_1、E_2。连接每一利率水平的预算约束线和无差异曲线的切点,我们就可得到资金供给者现在的消费与未来的消费的扩展线 PEP,根据扩展线 PEP 可得到图 6-11(b)的资金的个人供给曲线 S。在图 6-11 中我们观察到,随着利率的上升,先是现在的消费减少,资金供给增加,当利率上升到 r_1 以上时却出现现在的消费增加,资金供给减少的现象,这意味着利率的提高未必能使人们愿意提供更多的资金。这种现象的出现是因为,利率的变动对资金供给会产生替代效应和收入效应两种相反方向的影响。**利率变动的替代效应为:在利率上升时,现在的消费变得昂贵,消费者对现在消费减少,则对资金的供给量增加;利率变动的收入效应为:在利率上升时,实际收入增加,消费者对现在消费增加,则对资金的供给量减少**。利率较低时,利率上升的收入效应小于替代效应,因此会使现在的消费减少,资金的供给量增加,资金的供给曲线向右上方倾斜;利率较高时,利率上升会出现收入效应大于替代效应,使得现在的消费增加,资金的供给量减少,资金供给曲线向左上方倾斜,故利率提高到一定程度,资金供给曲线会出现向后弯曲现象。将所有消费者的资金供给曲线水平相加,就得到了资金的市场供给曲线。虽然理论上在较高的利率水平资金的供给曲线会出现向后弯曲现象,但是现实生活中实际利率通常较低,可观察到的资金供给曲线仍然是向右上方倾斜的。

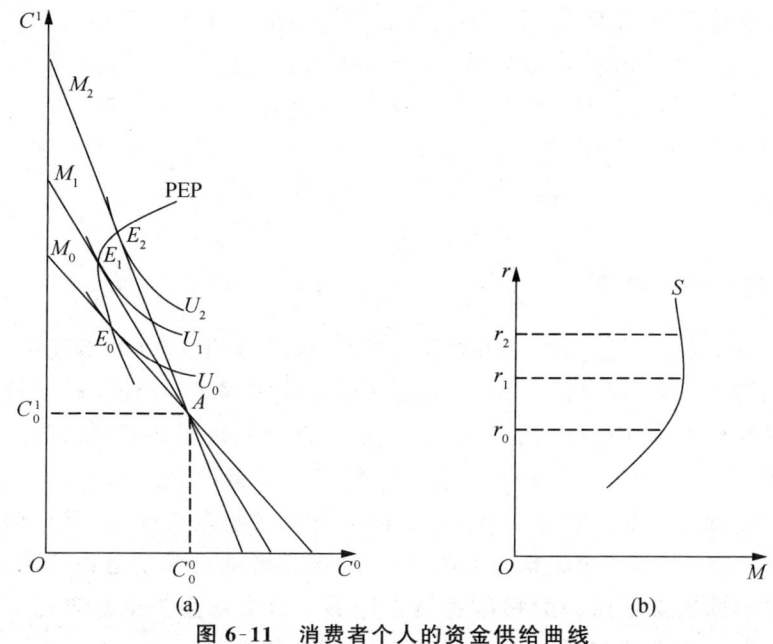

图 6-11 消费者个人的资金供给曲线

(二) 市场利率的决定和资本市场的均衡

要素的边际收益是递减的,所以无论是资本的需求曲线还是资金的需求曲线都是向右下方倾斜的。在图 6-12(a)中,揭示的是资金市场的均衡利率的形成,资金需求曲线 D_M 与资金的供给曲线 S_M^0 相交于 E_0,均衡的市场利率为 r_1,如果资金的供给增加,资金的供给曲线向右移到 S_M^1,均衡的市场利率将下降到 r_1。图 6-11(b)说明的是资本品市场的均衡,一定时期内资本品的存量即可供使用的资本品是既定的,所以资本品的短期供给曲线是垂直的,当利率为 r_0,资

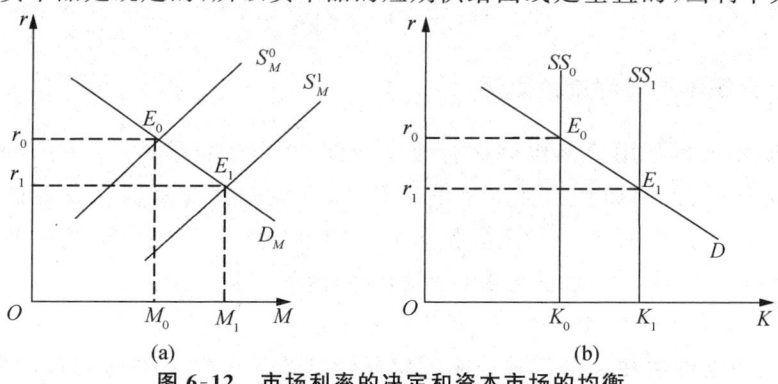

图 6-12 市场利率的决定和资本市场的均衡

本品存量为 K_0 时,资本品的供给量等于需求量,资本品市场是均衡的。如果利率因资金供给增加,下降到 r_1 时,K_0 单位的资本的边际产品价值 $MVP_K = r_0 > r_1$,厂商对资本品的需求量将会增加,通过借入资金进行投资最终使资本存量增加到 K_1 时,资本的边际产品价值 $MVP_K = r_1$,资本品需求量等于供给量。

第三节 收入分配

一、欧拉分配定理

在上一节我们讨论了要素价格的决定问题,在完全竞争的市场中,要素的均衡价格等于边际产品价值 MVP,也就是说各种要素的所有者都是按照其提供要素的边际贡献获得收入的。那么,人们不禁要问按照要素的边际贡献进行收入分配,各种要素得到的收入之和是否等于总产量(总收入)呢,会不够分或有剩余吗?**欧拉分配定理告诉我们:如果市场是完全竞争的,而且厂商生产的规模报酬不变,那么在市场均衡的条件下,按照要素的边际贡献进行收入分配,所有生产要素实际所取得的报酬总量正好等于社会所生产的总产量。**该定理又叫作边际生产力分配理论,也称为产品分配净尽定理。

假设投入要素有资本 K 和劳动 L 两种,P 是产品价格,r 是资本的使用价格利率,w 是劳动的使用价格工资,Q 表示总产量。资本的边际产品价值 $MVP_K = P \times MP_K$,劳动的边际产品价值 $MVP_L = P \times MP_L$。完全竞争经济均衡时,各要素的边际产品价值等于要素价格,即 $P \times MP_K = r$,$P \times MP_L = w$,那么,资本的实际报酬 $r/P = MP_K$,劳动的实际报酬 $w/P = MP_L$ 也就是各要素的实际报酬等于其边际产量。全部要素的实际收入之和为:$MP_K \times K + MP_K \times L$。如果生产函数具有规模报酬不变性质,可以证明:

$$Q = MP_K \times K + MP_L \times L \quad (6.16)$$

二、分配不均等程度的衡量

市场经济是利用价格机制进行收入分配的,由于自然的、个人的和社会的多方面的原因,人们拥有的要素是不均等的,这就必然导致收入分配的结果的不均等。应该怎样衡量一个社会收入分配的不均等程度呢?洛伦兹曲线和基尼系数是被广泛应用的衡量分配的不均等程度的工具。

(一) 收入的洛伦兹曲线

收入的洛伦兹曲线是反映一个国家或地区收入分配不均等程度的曲线,它是按收入由低到高的次序排列的收入单位的累积比例和其相应得到的收入的

累积比例绘出的。 收入的洛伦兹曲线可用于比较不同国家同一时期的收入分配的不均等程度,也可以用于比较同一个国家不同时期的收入分配的不均等程度的变化。

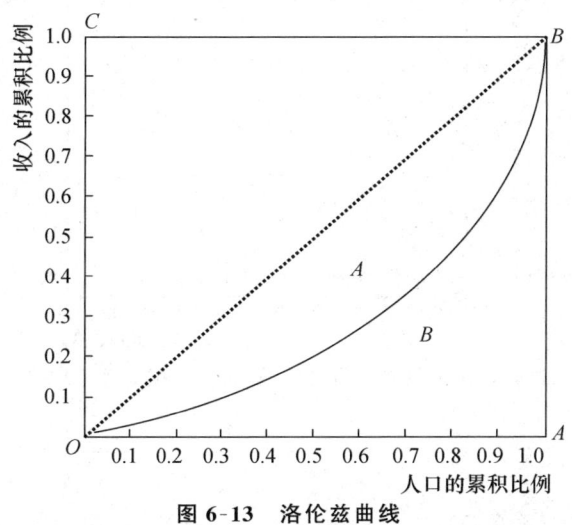

图 6-13 洛伦兹曲线

在图 6-13 中,正方形 $OABC$ 边长为 1,OA 表示按收入由低到高排列的收入单位(人口)累积的比例,OC 表示收入累积的比例,那么,对角线 OB 就是收入分配的绝对均等线,正方形的两条边 OA 和 AB 构成的折线 OAB 是收入分配的绝对不均等线,图中的曲线就是一条洛伦兹曲线。可以把不同国家或同一国家不同时期的洛伦兹曲线放在一起进行直观比较,洛伦兹曲线弯曲程度越大代表分配越不均等,如图 6-14 所示。但是如果遇到洛伦兹曲线相互交叉,这样的直观比较就难以作出判断,如图所 6-15 所示。

(二)基尼系数

利用洛伦兹曲线可以构建基尼系数,基尼系数不仅可以解决不同的洛伦兹曲线在比较时可能遇到的困难,而且作为一种量化指标使比较更为精确。基尼系数的构建如图 6-16 所示,洛伦兹曲线把绝对均等线和绝对不均等线所构成的直角三角形 $\triangle OAB$ 分为 A、B 两个区域,区域 A 的面积与三角形 $\triangle OAB$ 的面积($A+B$)的比值称为基尼系数,可表示为:

$$G = \frac{A}{A+B} \quad 0 \leqslant G \leqslant 1 \tag{6.17}$$

显然,基尼系数 G 越大,收入分配就越不均等。通常把 0.4 作为贫富差距的警戒线,大于这一数值容易出现社会动荡。联合国关于此方面的规定如表 6-2 所示。

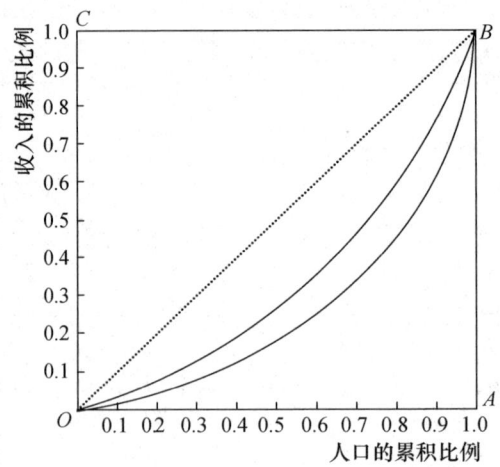

图 6-14　洛伦兹曲线越弯曲，收入分配就越不均等

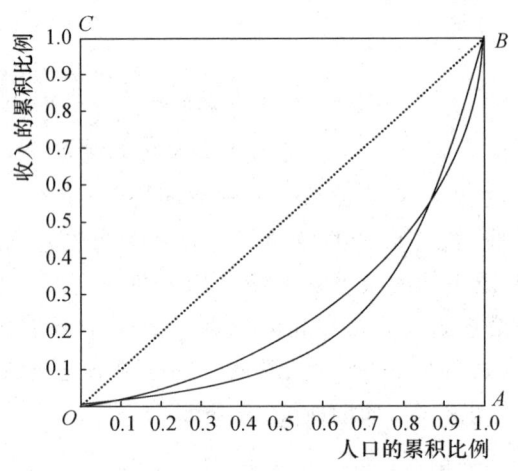

图 6-15　相互交叉的洛伦兹曲线

表 6-2　联合国关于基尼系数的规定

低于 0.2	收入绝对平均
0.2—0.3	收入比较平均
0.3—0.4	收入相对合理
0.4—0.5	收入差距较大
0.5 以上	收入差距悬殊

欧盟统计局公布的数据显示，2011年欧盟27国基尼系数为0.307，欧元区15国为0.308。基尼系数最低、收入差距最小的国家有：挪威、冰岛、斯洛伐克、瑞典、捷克；基尼系数最高、收入差距最大的国家有：土耳其、保加利亚、葡萄牙、

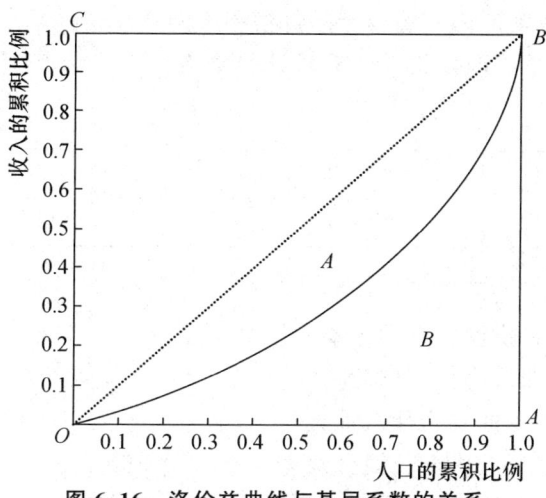

图 6-16 洛伦兹曲线与基尼系数的关系

西班牙、希腊。所有国家基尼系数均在 0.4 以下，有 17 个国家不到 0.3。2000 年以后，美国为 0.378，日本为 0.329。经过两年准备，2013 年元月，中国国家统计局公布了 2003—2012 年的基尼系数，最低年份是 2004 年的 0.473，最高年份是 2008 年的 0.491，2012 年为 0.474。对此很多学者和公众仍有质疑。

利用洛伦兹曲线和基尼系数还可以分析、研究财富分配的不均等状况。一般来说，收入分配的不均等程度越大，财富分配的不均等程度就会更甚。

复习思考题

1. 试述完全竞争厂商的要素使用原则。
2. 完全竞争厂商的要素使用原则与利润最大化产量原则有何关系？
3. 试述完全竞争厂商在市场存在和不存在行业调整情况下的要素需求曲线。
4. 设一厂商使用的可变要素为劳动 L，其生产函数为：$Q = -0.01L^3 + L^2 + 38L$。其中，Q 为每日产量，L 是每日投入的劳动小时数，劳动市场及产品市场都是完全竞争的，单位产品价格为 0.10 美元，小时工资为 5 美元，厂商要求利润最大化。问厂商每天要雇用多少小时劳动？
5. 已知劳动 L 是唯一的可变要素，生产函数为 $Q = A + 10L - 5L^2$，产品市场是完全竞争的，劳动价格为 w，试说明：
   (1) 厂商对劳动的需求函数。
   (2) 厂商对劳动的需求量与工资反方向变化。

(3) 厂商对劳动的需求量与产品价格同方向变化。

6. 某完全竞争厂商雇用一个劳动日的价格为 10 元,其生产情况如下表所示。当产品价格为 5 元,它应雇用多少个劳动日?

劳动日数	3	4	5	6	7	8
产出数量	6	11	15	18	20	21

7. 试述消费者的要素供给原则。

8. 如何从要素供给原则推导要素供给曲线?

9. 劳动供给曲线为什么向后弯曲?

10. 土地的供给曲线为什么垂直?

11. 某劳动市场的供求曲线分别为 $D_L=400-50w$;$S_L=50w$。请问:

(1) 均衡工资为多少?

(2) 假如政府对工人提供的每单位劳动征税 10 美元,则新的均衡工资为多少?

(3) 对单位劳动征收的 10 美元税收实际上由谁承担的?

(4) 政府征收到的税收总额为多少?

12. 一厂商生产某产品,其单价为 15 元,月产量为 200 单位,产品的平均可变成本为 8 元,平均不变成本为 5 元。试求准租金和经济利润。

第七章　一般均衡与市场效率

前面我们分别讨论了产品市场、要素市场的运行和市场价格的决定。为了清晰、简洁地了解某个市场的运行最终会达到一种什么样的状态，达到这样一种状态的价格又是怎样决定的，在分析时我们都假定该市场和其他市场的运行不存在相互作用，相互影响，也就是我们常说的"给定其他条件不变"，这种分析范式称为局部均衡分析。局部均衡分析范式是一种重要的、被广泛运用的经济分析方法，但是，它的局限性也是显然的，当我们把市场作为相互联系、相互作用和相互影响的有机整体进行分析时，这种"只见树木，不见森林"的方法就不再适用了。

本章我们引入一般均衡分析和经济效率评价的标准，对相互联系、相互影响和相互作用的市场体系运行的稳定性和有效性进行分析评价。

第一节　一般均衡分析

一、一般均衡的概念

通过前面的讨论，使我们领会到任何一种商品或要素的需求和供给受多种因素的影响，这些因素的变动会影响该商品或要素的价格，而该商品或要素的价格变动又会使与其相关商品和要素的需求或供给发生变化，从而导致这些相关商品或要素的价格发生变动，而这些商品或要素的价格变动又会波及与其相关的各个商品和要素市场的价格，这意味着任何一个市场的均衡不仅决定于其自身的价格，还决定于其他所有市场的价格，不管什么原因引起了一种商品或要素的价格的变动，都会影响整个市场的均衡，可谓牵一发而动全身。

一般均衡也叫瓦尔拉斯均衡，它是把市场作为相互联系、相互作用和相互影响的有机整体进行分析，考察分散决策的经济主体自发的经济活动在价格机制的引导下，最终是否能趋于供求相等的稳定状态。一般均衡分析不仅具有重要的理论意义，也具有重大的现实意义，它涉及市场经济体系是否具有稳定性、有效性，对一般均衡实现条件的认识也就是对市场经济体系局限性的认识。

二、一般均衡分析发展概况

一般均衡的分析范式是由瑞士洛桑学派的法国经济学家列昂·瓦尔拉斯开创的,瓦尔拉斯在其1894年出版的《纯粹经济学纲要》中,第一次对一般均衡概念作出了完整、充分的论述,为利用数学工具研究一般均衡理论设定了所有的问题与原则上必须遵循的研究程式。20世纪30年代,匈牙利犹太裔数学家亚伯拉罕·瓦尔德从数学上证明了一系列特殊情形模型中一般均衡的存在性。20世纪50年代三位美国学者——肯尼思·阿罗,杰拉德·德布鲁和莱昂内尔·麦肯锡从不动点定理出发,导出了证明一般均衡存在性的一般方法。此后,阿罗用一般均衡理论的语言重新表述了福利经济学的基本思想,并且还将商品概念推广至不确定性环境中讨论资源配置问题。由于在一般均衡理论研究方面取得的巨大成就,阿罗和德布鲁分别于1972年和1983年获得了诺贝尔经济学奖。一般均衡理论已成为现代经济学的一个重要组成部分。

三、竞争性经济的一般均衡的存在性

一般均衡分析要解决的最基本问题之一是:是否存在一组价格使所有的市场同时达到均衡,或者说一般均衡状态可以定义为满足如下条件的一种经济状态:(1)每个消费者在预算约束下,实现了效用最大化,其预算约束决定于投入要素价格和产品价格;(2)在现行的投入要素价格和产品价格下,每个消费者都提供了其所选择要素的数量;(3)每个厂商在现有技术、产品需求和投入品供给所给定的约束下,实现了利润最大化;(4)所有的产品市场和要素市场在现行价格下,需求量等于供给量。

在给定一些合理、宽松的假设条件下,经济学可以严格地证明一个竞争的经济体系一般均衡的存在性,并且也证明了一般均衡的稳定性、唯一性和有效性。

第二节 经济效率

在上一节最后,我们提到一个竞争性经济体系的有效性,即可以有效率地配置资源,那么,经济效率的实现标准是什么,实现有效配置资源需要满足哪些条件呢?

一、经济效率的帕累托标准

假定整个社会只有两个人 A 和 B,且只有两种可能的资源配置状态甲和乙，A 和 B 在甲和乙之间进行选择。任何一个人进行比较后，所作出的判断无非是以下三种情况之一：甲优于乙；或甲与乙无差异；或甲劣于乙。如果两人中至少有一人认为甲优（或劣）于乙，而没有人认为甲劣（或优）于乙，则对社会就可以说甲优（或劣）于乙；如果两人都认为甲与乙无差异，则对社会就可以说甲与乙无差异。把这一结论推广到多人社会在多种资源配置状态中选择的一般情况，便可得到判断经济效率的**帕累托标准**：对任意的两种资源配置状态甲和乙，如果至少有一人认为甲优于乙，而没有人认为甲劣于乙，则对社会来说甲优于乙。

由帕累托标准可以推出**帕累托改善的定义**：如果既定的资源配置状态的改变，使得至少有一个人的状况变好，而没有使任何人的状况变坏，则认为这种资源配置状态改变为帕累托改善。

利用帕累托标准和帕累托改善，可以来定义资源的有效配置状态——**帕累托最优**：如果对于既定的资源配置状态，所有的帕累托改善均不存在，即对该状态的任何改变，都不可能使至少有一个人的状况变好，而又不使任何人的状况变坏，则称这种资源配置状态为帕累托最优。

一个经济实现帕累托最优状态就是有效率的，否则就是缺乏效率的。一个经济实现帕累托最优要满足的三个条件是：(1) 交换的帕累托最优条件；(2) 生产的帕累托最优条件；(3) 生产和交换的帕累托最优条件。下面假设一个只有两个人 A 和 B、两种产品 X 和 Y、两种要素 K 和 L 的社会，我们来分别讨论这三个条件。

二、交换的帕累托最优条件

研究交换的帕累托最优条件，是为了弄清楚产品在社会成员间的分配是否有效率。假定：社会现有两种产品 X 和 Y 的数量分别为 X^* 和 Y^*；两个消费者 A 和 B 占有这两种商品的数量分别为 X_A 和 Y_A、X_B 和 Y_B。显然，$X^* = X_A + X_B$，$Y^* = Y_A + Y_B$。图 7-1 是消费者 A 和消费者 B 的无差异曲线图。

我把消费者 B 的无差异曲线图旋转 180°后，与消费者 A 的无差异曲线图拼成一个方框，这个方框叫作交换的埃奇渥斯盒，如图 7-2 所示。

盒子的长表示全社会 X 的数量 $X^* = X_A + X_B$，宽表示 Y 的数量 $Y^* = Y_A + Y_B$。从 O_A 水平向右是消费者 A 拥有的商品 X 的数量 X_A，垂直向上是消费者 A 拥有的商品 Y 的数量 Y_A。从 O_B 水平向左是消费者 B 拥有的 X 的数量 X_B，垂直向下是消费者 B 拥有的商品 Y 的数量 Y_B。**盒中消费者 A 和 B 的无差异曲线切点的轨迹叫作交换的契约线，交换的契约线上的每一点都代表着产品分配的一种帕累托最优状态。**如果产品的分配状况位于契约线以外，意味着消

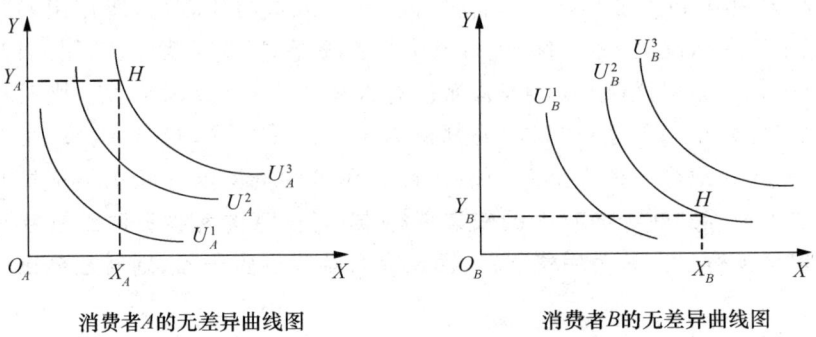

图 7-1 社会成员的无差异曲线图

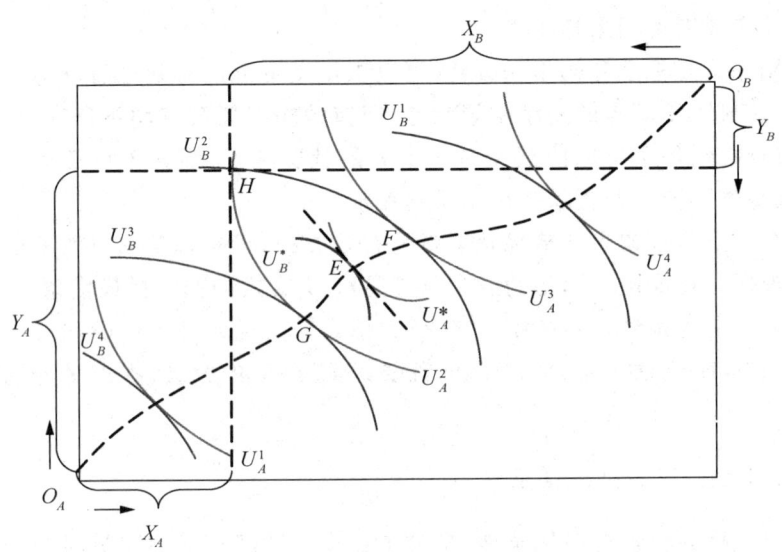

图 7-2 交换的埃奇沃思盒状图

费者之间可以通过自愿的相互交换改变产品的分配状况,得到帕累托改善,因为自愿的交换结果至少会使一方受益,而没有任何一方受损。图中产品分配的初始状态在契约线以外的点 H,两个消费者可以通过自愿的交换进行帕累托改善,交换的最终结果可以使产品的分配状况位于契约线上的线段 GF 间的任何一点。假定交换后产品的分配状态为点 E,消费者 A 的无差异曲线 U_A^* 与消费者 B 的无差异曲线 U_B^* 线相切于点 E,实现了交换的帕累托最优,所以实现交换的帕累托最优的条件是:

$$\mathrm{MRS}_{X,Y}^A = \mathrm{MRS}_{X,Y}^B \tag{7.1}$$

由两人社会两种产品的交换的帕累托最优条件,可推出 p 人社会 n 种产品的交换的帕累托最优条件:在任意两个消费者之间,任意两种产品的边际替代率相等。

三、生产的帕累托最优条件

研究生产的帕累托最优条件,就是要搞清楚资源在生产的各种产品之间的配置是否有效率。假定两种要素分别为 L 和 K,其既定数量为 L^* 和 K^*;生产的两种产品分别为 X 和 Y。下面用生产的埃奇渥斯盒状图来分析两种要素在两种产品生产之间的配置问题。

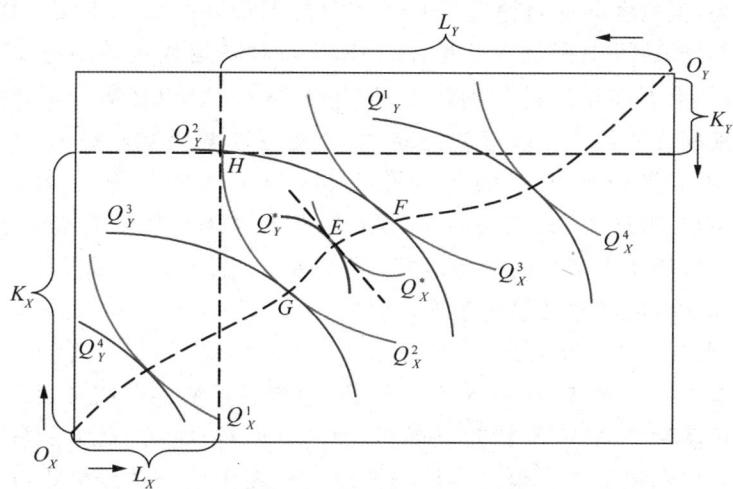

图 7-3　生产的埃奇沃思盒状图

在图 7-3 中,盒子的长表示全社会要素 L 的数量 $L^* = L_X + L_Y$,宽表示全社会要素 K 的数量 $K^* = K_X + K_Y$。从 O_X 水平向右表示生产 X 使用要素 L 的数量 L_X,垂直向上表示生产 X 使用要素 K 的数量 K_X;从 O_Y 水平向左表示生产 Y 使用要素 L 的数量 L_Y,垂直向下表示生产 Y 使用要素 K 的数量 K_Y。**盒中产品 X 和 Y 的等产量线切点的轨迹叫作生产的契约线,生产的契约线上的每一点都代表着要素 L 和 K 在两种产品 X 和 Y 的生产中配置的一种帕累托最优状态。**如果要素的配置状态位于契约线以外,意味着在两种产品的生产中可以通过改变要素的配置状况,进行生产的帕累托改善,如图中所示要素的初始配置状态在契约线以外的点 H,在两种产品生产中重新配置资源进行帕累改善,资源最终配置的结果可以位于契约线上的线段 GF 间的任何一点,假定为点 E,产品 X 的等产量线 Q_X^* 与产品 Y 的等产量线 Q_Y^* 相切于点 E,实现了生产的帕累托最优,所以实现生产的帕累托最优的条件是:

$$\text{MTRS}_{L,K}^{X} = \text{MTRS}_{L,K}^{Y} \tag{7.2}$$

由两种要素在两种产品生产时的帕累托最优条件,可推出 m 种要素在 n 种产品生产时的**生产帕累托最优条件**:在任意两种产品之间,任意两种要素的边际技术替代率相等。

四、生产和交换的帕累托最优条件

通过以上分析使我们知道:对既定数量的两种产品的初始分配状态,如果不在交换的契约线上,即 $\text{MRS}_{X,Y}^{A} \neq \text{MRS}_{X,Y}^{B}$,则意味着存在产品分配的帕累托改善的空间,消费者间的自愿交换将导致分配的最终结果位于契约线上,达到交换的帕累托最优,即满足 $\text{MRS}_{X,Y}^{A} = \text{MRS}_{X,Y}^{B}$;对既定数量的两种要素的初始配置状态,如果不在生产的契约线上,即 $\text{MTRS}_{L,K}^{X} \neq \text{MTRS}_{L,K}^{Y}$,则意味着存在生产上要素配置的帕累托改善的空间,生产者通过重新配置要素,会使得要素配置的最终结果位于生产的契约线上,达到生产的帕累托最优,即满足 $\text{MTRS}_{L,K}^{X} = \text{MTRS}_{L,K}^{Y}$。现在我们的问题是,在有效率利用现有资源条件下,各种产品究竟应该生产多少才能使消费者得到最大的效用。为此,我们需要研究实现生产与交换的帕累托最优条件。

(一) 生产的可能性曲线

第一章在述及经济学研究对象时提到,生产的可能性曲线是表示现有资源被用于生产两种产品 X 和 Y 时,所能得到的这两种产品的最大的各种产量组合。现在我们利用图 7-3 生产的埃奇沃思盒状图中的契约线来推导生产的可能性曲线。在图 7-3 中的点 O_X,全部资源都被用于生产 Y 产品,X 产品的产量为 0,从点 O_X 开始沿契约线向点 O_Y 移动,用于生产 X 产品的要素越来越多,X 的产量越来越大,Y 的产量越来越小,在点 O_Y 全部资源都被用于生产 X,Y 的产量为 0,据此,我们可以画出生产的可能性曲线 PP',如图 7-4 所示。在图 7-4 中,横坐标表示 X 产品的数量,纵坐标表示 Y 产品的数量。

(二) 生产可能性曲线的特点

(1) 生产可能性曲线是最优产量集的几何表示。生产可能性曲线是由代表着生产的帕累托最优的契约曲线推导出的,体现了在现有技术条件下,资源得到了充分的利用;生产的可能性曲线以外的点,是现有技术和资源条件下无法达到的产量组合;生产可能性曲线以内的点是缺乏效率的产量组合,资源没有得到有效利用。

(2) 生产的可能性曲线向右下方倾斜。生产的可能性曲线向右下方倾斜,是因为在既定资源得到有效利用的情况下,要增加一种产品的生产就不得不减少另一种产品的生产。

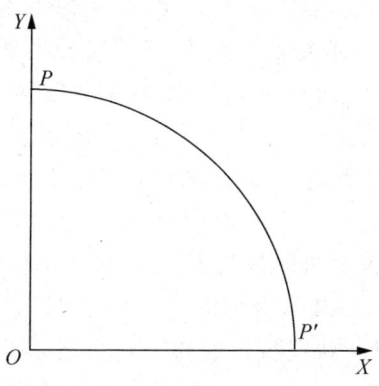

图 7-4 生产的可能性曲线

(3) 生产的可能性曲线通常凹向原点。这意味着随着 X 产量的增加,每增加一单位 X 需要减少的 Y 的产量会越来越多,这是因为资源在被用于生产不同的产品时生产率不同,当我们为增加 X 的产量而需要投入更多资源时,会首先从生产 Y 产品的资源中转移那些最适合用于生产 X 的资源。凹向原点的原因可以有多种解释,但这一特点并不是必须有。

(三) 产品的边际转换率

当沿着生产可能性曲线移动时,一种产品产量的增加必然伴随着另一种产品产量的减少,**产品的边际转换率是指在资源充分利用的情况下,为增加一单位某种产品所必须放弃的另一种产品的数量**。如果设产品 X 的变动量为 ΔX,产品 Y 的变动量为 ΔY,产品 X 对产品 Y 边际转换率可以表示为:

$$\text{MRT}_{X,Y} = -\Delta Y/\Delta X \quad \text{或} \quad \text{MRT}_{X,Y} = -dY/dX \qquad (7.3)$$

可见,边际转换率就是生产可能性曲线斜率的绝对值。生产的可能性曲线凹向原点,也就意味着边际转换率递增。由于在给定资源总量不变时,为增加 X 所增加的资源就是减少 Y 所减少的资源,所以增加 X 所增加的成本等于减少 Y 所减少的成本,即:$MC_X \Delta X = -MC_Y \Delta Y$。由此,可推出 $-\Delta Y/\Delta X = MC_X/MC_Y$,所以边际转换率还可以用这两种产品的边际成本之比来表示:

$$\text{MRT}_{X,Y} = MC_X/MC_Y \qquad (7.4)$$

(四) 生产和交换的帕累托最优条件

研究生产和交换的帕累托最优条件,可以使我们知道充分利用现有资源来生产各种产品时,每种产品应该生产多少才是有效率的,也就是要确定最优的产量组合。在图 7-5 中的生产的可能性曲线 PP' 上任选一点 O_B,所确定的产量组合为 (X^*, Y^*),对给定的任何一个 X 和 Y 的产量组合,都会在消费者 A 和 B 之间进行分配,可以用一个相应的交换的埃奇沃斯盒状图 $O_A X^* O_B Y^*$ 表示。

如果初始产品分配状况不在契约线上,自愿交换的帕累托改善就会发生,最终会达到 $\text{MRS}_{X,Y}^A = \text{MRS}_{X,Y}^B$,假定是在点 E,实现交换的帕累托最优。这时,如果生产可能性曲线上点 O_B 的产品边际转换率等于点 E 的产品替代率,即:$\text{MRT}_{X,Y} = \text{MRS}_{X,Y}$,则 (X^*, Y^*) 就是有效的产量组合,否则,可以通过改变 X 和 Y 的产量组合进行帕累托改善。例如:如果 $2 = \text{MRT}_{X,Y} > \text{MRS}_{X,Y} = 1$,$\text{MRT}_{X,Y} = 2$ 意味着减少 1 单位的 X 产品可以多生产 2 单位的 Y 产品,而 $\text{MRS}_{X,Y} = 1$ 意味着保持消费者的效用不变,减少 1 单位的 X 产品只需要增加 1 单位的 Y 产品,所以,当 $\text{MRT}_{X,Y} > \text{MRS}_{X,Y}$ 时,可以通过减少 X 的产量,增加 Y 的产量,使整个社会的福利状况得以改善;反之,若 $\text{MRT}_{X,Y} < \text{MRS}_{X,Y}$ 时,可以通过减少 Y 的产量,增加 X 的产量,使整个社会的福利状况得以改善。通过以上分析,我们得到生产和交换的帕累托最优条件是:

$$\text{MRT}_{X,Y} = \text{MRS}_{X,Y} \tag{7.5}$$

那么,n 种产品的生产和交换的帕累托最优条件就是:**任意两种产品的边际转换率与其边际替代率相等。**

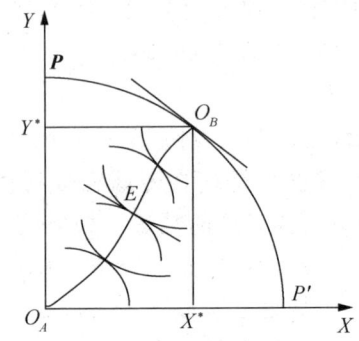

图 7-5　生产和交换的帕累托最优条件分析

五、完全竞争经济的效率

在完全竞争条件下,每个消费者和每个生产者都是价格的接受者,他们根据市场的产品价格和要素价格进行选择,以实现其效用最大化和利润最大化。完全竞争的市场实现均衡时,每个消费者都实现了效用的最大化,每个厂商都实现了利润的最大化。这时,对每个消费者来说,任意两种产品 X 和 Y 的边际替代率都等于这两种产品的价格比,即:$\text{MRS}_{X,Y} = P_X/P_Y$。也就是说,对任意两个消费者 A 和 B 都有:$\text{MRS}_{X,Y}^A = \text{MRS}_{X,Y}^B$,这意味着产品的均衡价格满足交换的帕累托最优条件;对厂商来说,每一种产品的生产都实现了要素的最优组合,生产每种产品的任意两种要素 L 和 K 的边际技术替代率等于这两种要素的价格比,即:$MTRS_{L,K}=P_L/P_K$,这意味着要素的均衡价格满足生产的帕累托最优条件;对厂商来说,每种产品,如 X,Y,一定有 $MC_X=P_X$,$MC_Y=P_Y$,那么,$MC_X/MC_Y=P_X/P_Y$,而 $MRT_{X,Y}=MC_X/MC_Y$,$MRS_{X,Y}=P_X/P_Y$,所以,$MRT_{X,Y}=MRS_{X,Y}$,完全竞争经济的均衡满足生产和交换的帕累托最优条件。至此我们证明了,一个完全竞争的经济体系实现均衡时是有效率的。

复习思考题

1. 局部均衡分析与一般均衡分析的关键区别是什么?
2. 什么是帕累托最优?满足帕累托最优需要具备哪些条件?
3. 为什么说交换的最优条件加上生产的最优条件不等于交换和生产的最优条件?
4. 为什么完全竞争的市场机制可以导致帕累托最优状态?
5. 生产可能性曲线为什么向右下方倾斜?为什么向右上方凸出?
6. 如果对于生产者甲来说,以要素 L 替代要素 K 的边际技术替代率等于 3;对于生产者乙来说,以要素 L 替代要素 K 的边际技术替代率等于 2,那么有可能发生什么情况?
7. 假定整个经济体原来处于一般均衡状态,如果现在由于某种原因使得商品 X 的市场供给增加,试考察:

(1) 在商品市场中,X 替代品市场和互补品市场会有什么变化?

(2) 在生产要素市场上会有什么变化?

(3) 收入的分配会有什么变化?

8. 设某经济体只有 a、b 两个市场,a 市场的需求和供给函数为 $Q_{da}=13-2P_a+P_b$,$Q_{sa}=-4+2P_a$,b 市场的需求和供给函数为 $Q_{db}=20+P_a-P_b$,$Q_{sb}=-5+4P_b$。试确定:

(1) 当 $P_b=1$ 时,a 市场的局部均衡。

(2) 当 $P_a=1$ 时,b 市场的局部均衡。

(3) $P_a=1$,$P_b=1$ 是否代表一般均衡的价格?

(4) $P_a=5$,$P_b=3$ 是否代表一般均衡的价格?

(5) 一般均衡的价格和一般均衡的产量为多少?

9. 设某经济体的生产可能性曲线满足如下资源函数(或成本函数):$C=(X^2+Y^2)^{1/2}$

其中,C 为参数。如果根据生产可能性曲线,当 $X=3$ 时,$Y=4$,试求生产可能性曲线的方程。

10. 设某经济体的生产可能性曲线为 $Y=1/2(100-X^2)^{1/2}$。试说明：

(1) 该经济可能生产的最大数量的 X 和最大数量的 Y。

(2) 生产可能性曲线是向右下方倾斜的。

(3) 生产可能性曲线向右上方凸出。

(4) 边际转换率递增。

(5) 点 $(X=6, Y=3)$ 的性质。

11. 设 A, B 两个消费者消费 X, Y 两种商品。两个消费者的效用函数均为 $U=XY$。消费者 A 消费的 X 和 Y 的数量分别用 X_A 和 Y_A 表示，消费者 B 消费的 X 和 Y 的数量分别用 X_B 和 Y_B 表示。$e(X_A=10, Y_A=50, X_B=90, Y_B=270)$ 是相应的埃奇沃斯盒状图中的一点。试确定：

(1) 在点 e 处，消费者 A 的边际替代率。

(2) 在点 e 处，消费者 B 的边际替代率。

(3) 点 e 满足交换的帕累托最优吗？

(4) 如果不满足，应如何调整才符合帕累托最优？

第八章 市场失灵及矫正

上一章讨论了一个竞争性的经济体系如果满足了一些条件,其运行不仅是稳定的而且是有效的,那么,从另一个角度说,当一些条件不能满足时就有可能出现市场失灵,即资源配置的低效率。市场失灵主要表现在垄断、外部效应、信息不对称和共用物品等方面。对于垄断造成的低效率,第五章已经进行了分析,下面主要分析外部效应、信息不对称和共用物品方面的问题。

第一节 外 部 效 应

一、外部效应的含义

20世纪初的一天,列车在绿草如茵的英格兰大地上飞驰,车上坐着英国经济学家庇古。他边欣赏风光,边对同伴说:列车在田间经过,机车喷出的火花(当时是蒸汽机车)飞溅到麦穗上,给农民造成了损失,但铁路公司并不用向农民赔偿。将近70年后,1971年,美国经济学家斯蒂格勒和阿尔钦同游日本。他们在高速列车上想起了庇古当年的感慨,就问列车员,铁路附近的农田是否会因列车驶过而减产。列车员说,恰恰相反,飞驰而过的列车把吃稻谷的飞鸟吓走了,农民反而获益。当然,铁路公司也不能向农民收"驱鸟费"。上面的小故事中,无论是铁路公司的行为给农民带来损失而不用赔偿,还是给农民带来利益而不能收费,都属于经济行为的外部效应。**外部效应是指经济行为所产生的成本或收益不能在行为主体的成本或收益中全部体现出来。**前一种情况是**行为主体承担的成本小于其行为产生的社会成本,被称为负的外部效应**。后一种情况是**行为主体获得的收益小于其行为产生的社会收益,被称为正的外部效应**。

二、外部效应与市场失灵

当经济行为会带来外部效应时,无论是正的外部效应还是负的外部效应都会导致资源配置的低效率,出现市场失灵。我们以一家化工企业向河流排污水为例,分析负的外部效应导致的市场失灵。如图 8-1 所示,假定化工企业是完全竞争的,P^* 为产品的市场价格,d 为该企业产品的需求曲线,MC_P 是该企业生产的边际成本曲线,MC_E 是该企业向河流排污给他人造成损失的边际成本,该企业生产的边际社会成本曲线是 MC_S，$MC_S = MC_P + MC_E$。由于该企业不需要承担排污给他人造成损失的成本，对它来说这是一种外部成本，所以，它的最优产量 Q^* 是根据 $MC_P = P^*$ 决定的。从社会的角度看，产量为 Q^* 时，$MC_S > P^*$，即最后一单位产品的社会成本大于其为社会提供的价值，削减产量，减少的成本大于减少的价值，能带来社会净福利的增加，根据 $MC_S = P^*$ 来决策，社会的最优产量应是 Q^{**}，所以，当存在着负的外部效应时，会导致过度生产，造成资源浪费。相反，如果存在正的外部效应，就会导致社会的边际收益大于行为者的个人边际收益，即：$MR_S > MR_P$，而行为者的决策依据是 $MR_P = MC$，这时 $MR_S > MC$，增加产量给社会带来的价值大于增加的成本，所以，实际产量小于社会的最优产量，资源利用不足，社会净福利也没有达到最大。

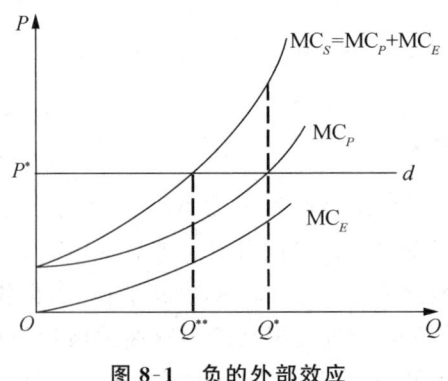

图 8-1　负的外部效应

三、外部效应产生的原因和矫正

外部效应带来的市场失灵，与产权安排不明晰和交易成本太高有关。1960年，罗纳德·科斯（Ronald Coase）在《社会成本》一文中指出："有必要知道损害方是否对引起的损失负责，因为没有这权利的初始界定，就不存在权利转让和重新组合的市场交易，但是如果定价制度的运行毫无成本，最终的结果（产值最大化）是不受法律状况影响的。"科斯的这一思想后来被斯蒂格勒等人归纳为科斯定理。通常，科斯定理被表述为：**只要产权是明晰的，并且交易成本为零或很小，则无论初始产权如何配置，都不会影响市场交易的有效的结果。**仍以化工厂排污所造成的外部性为例，只有在污染的权利不明确的情况下，才会偏离帕累托效率状态。只要明确界定了权利，不管是给予化工厂排放污染物的权利，还是给予其他人不受污染的权利，都可以通过他们之间的自由交易使排污量符合帕累托效率条件，也就是使排污量符合社会最优水平。

当交易成本高到使自愿的交易无法达成时，资源的配置就会偏离帕累托最优状态,在这种情况下,产权的初始界定就不再是无关紧要的,而是十分重要的。不同的产权安排会有不同的资源配置结果,仍以上例来说,如果排污者拥有排污权,高交易成本将使减少排污交易契约无法达成;反之,如果人们拥有不受污染的权利,则污染者将被迫安装污物处理装置或停产。

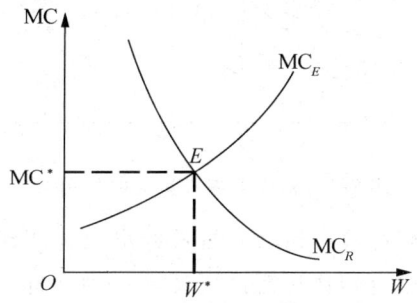

图 8-2 有效污染程度的确定

在这种情况下,政府就有必要以适当的方式介入进行矫正。首先,要确定有效污染程度。图 8-2 中,横坐标 W 表示排污量,纵坐标 MC 是边际成本,曲线 MC_E 是污染危害社会的边际成本,其向右上方倾斜表明随着排污量的增加,其危害是以递增的速度增加的;曲线 MC_R 是控污减排的边际成本,其向左上方倾斜表明随着控污力度的加大、排污量的减少,控污成本以递增的速度增加。MC_E 曲线和 MC_R 曲线在点 E 相交,$MC_E = MC_R$,其对应的污染量 W^* 为有效排污量。如果排污量低于 W^*,排污量增加一单位所增加的社会危害成本小于减少控制污染而节约的成本,即 $MC_E < MC_R$,社会总成本会减少;如果排污量高于 W^*,排污量增加一单位所增加的社会危害成本小于减少的污染控制成本,即 $MC_E > MC_R$,社会总成本会增加;当 $MC_E = MC_R$ 时,污染的社会总成本最小。

确定有效污染排放量后,政府可以依此作为标准制定政策,如果企业排污超过 W^*,政府将予以重罚。高罚金将会迫使企业安装降低排污的设备,从而保证污染程度符合社会最优标准。

也可以采取对排污企业征收排放费的办法控制排污量。排放费可以按每单位污染物确定,如在图 8-2 中,单位污染物排放费应定为 MC^*,这样就可以把污染控制在 W^* 水平上。排放费也可以按每单位产品来确定,如图 8-3 所示,当按照每单位产品征收 t^* 金额的排污费后,排污企业的边际成本曲线由 MC_P 向上移到 MC_{P+t}^*,使其外部成本内部化,外部效应得以消除,其均衡的产量由 Q^* 下降到社会的最优产量 Q^{**}。

排污权交易——可转让排污许可证。由于存在不确定性,上面的各种成本

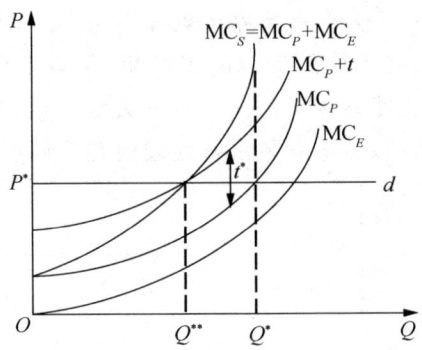

图 8-3 对企业按产量征收排污费

曲线难以确知，不便利用征收排污费和排放标准来控制污染，那么，可以实行排污许可证制度，通过利用可转让排污许可证来达到目标。政府根据理想的排污水平，确定向厂商分配许可证的数量，每张排污许可证明确规定可排污的数量，超标排放将受重罚；排污许可证是可买卖的，厂商可根据自己的需要，在市场上买进卖出排污权。不同的厂商治污的能力不一样，在可转让排污许可证制度下，治污能力强、成本低的厂商将出售其拥有的许可证，购买许可证的厂商是最没有能力减少排污的厂商。不论许可证最初是如何发放的，如果厂商和许可证的数量足够多，就会促使一个竞争性的市场发展起来。市场均衡时，许可证的价格等于所有厂商减排治污的边际成本。

第二节　共用物品与共有资源

一、物品的竞争性和排他性

我们消费的绝大多数物品都是通过市场交易获取的，能进行市场交易的物品通常是私用物品，**私用物品具有竞争性和排他性两个特征。竞争性是指当某人在消费这一物品时，这一物品就不可能同时被其他人消费**。一件衣服穿在了你身上，他人则不得衣之，一个面包你吃了，他人就不能食之，除非另外给他提供衣服和面包。**排他性是指对一物品的某种权利被某人拥有时，就排除了任何其他人同时拥有对该物品的这种权利**。现在你低着头玩的手机是你的，这意味着你拥有该手机的占有权、使用权、处置权等受法律保护的一系列的权利，若我把它据为己有而你不知情，谓之"偷"，你知情但不愿意，则谓之"抢"。共用物品是指可供人们共同使用、同时消费的物品，其特征和私用物品正好相反，具有非竞争性和非排他性。非竞争性就是你在使用、消费该物品的时候，别人也可以同时使用、消费该物品，并且别人的使用、消费并不影响你的使用、消费。非排他性是指不能或难以阻止任何人对该物品的使用、消费。例如,苏东坡说的"江上之清风,与山间之明月……而吾与子之所共适"就是共用物品,"是造物者之无尽藏也",这是大自然赋予我们的自然美景。还有许多共用物品是人们利用资源,花费成本生产出来的,像国防、治安、消防、城市的道路、路灯等。**在使用上具有竞争性而不具有排他性的物品通常称之为共用资源**,像海洋捕捞、草原放牧、森林打猎等。**在使用上不具有竞争性而具有排他性的物品通常称为准共用物品**,像收费的公路、桥梁、公园、有线电视节目和演唱会等。

二、共用物品

个人的共用物品的需求曲线和其他物品的需求曲线并无二致,都是向右下方倾斜的,需求量越大,愿意支付的价格越低。由于共用物品消费不具有竞争性,众多的消费者可共用,这就决定了不同于私用物品的社会需求曲线,共用物品的社会需求曲线是把每一数量的共用物品所有消费者愿意支付的价格相加而来的,也就是把个人的共用物品需求曲线纵向相加。在图 8-4 中,假定一个社会有两个消费者 A 和 B,d_A、d_B 分别是 A 和 B 对某共用物品的需求曲线,把 d_A、d_B 纵向相加得到社会需求曲线 D。MC 是生产共用物品的边际成本曲线,在点 E,社会需求曲线 D 与边际成本曲线 MC 相交,边际产品的社会价值等于边际产品的社会成本,共用产品的最优产量为 Q^*,第 Q^* 单位的共用产品对 A 来说边际价值为 P_A,对 B 来说边际价值为 P_B,对社会来说边际价值为 $P_A + P_B = P_S$。可是,共用产品不具有排他性,会带来正的外部效应,其提供者无法向使用者收费,这就可能造成共用产品的供给量小于社会的最优产量,甚至无人提供。在图 8-4 中,如果由 A 来提供这种共用物品,他将根据 d_A 与 MC 的交点,让边际成本等于其个人的边际产品价值,从而确定提供的该物品的数量,则 B 免费搭便车;如果由 B 来提供这种共用物品,他将根据 d_B 与 MC 的交点,让边际成本等于其个人的边际产品价值,从而确定提供的该物品的数量,则 A 免费搭便车。无论是 A 还是 B 所提供的数量都小于社会的最佳数量 Q^*。如果两人都试图免费搭对方的便车,则该共用物品的供给量为零,除非两人能达成有约束力的协议。当社会成员很多时,因为交易成本太高,要达成有约束力的协议就很困难。所以多数共用物品通常由政府提供。

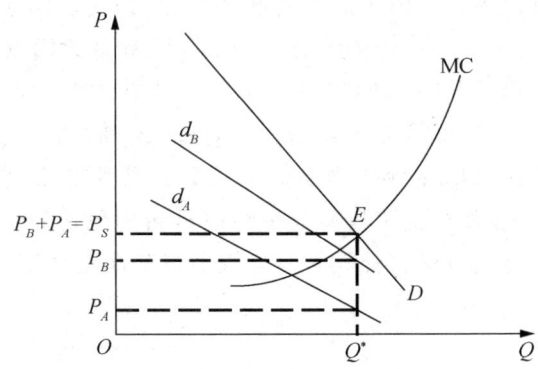

图 8-4　共用物品的最优社会产量的确定

三、共用资源

共用资源指的是使用上不具有排他性，而具有竞争性的物品。不具有排他性意味着任何人都能使用，而竞争性意味着一个人获取的越多，其他人的可得就越少。1968 年，美国加州大学圣巴巴拉分校的人类生态学教授哈丁（Garrett Hardin）在《科学》杂志发表了一篇论文《公地的悲剧》（Tragedy of the Commons）。哈丁指出，共用资源有被过度利用的趋势，他使用的例子是公地放牧。一块草场是村庄的公地，每户村民都可以自由地牧羊，当草场上的羊达到一定数量时，再增加一只羊，其他的羊就会因吃草不足变瘦而价值下降。这块草场养羊的最优数量应该根据增加一只羊的边际社会收益等于边际社会成本，即 $MR_S = MC_S$ 来确定。需要注意的是边际社会成本，不仅有多购入一只小羊来放养的花费，还包括多养了这只羊其他的羊因食草不足掉膘的损失。但每户村民在决定自己养羊的最优数量时，却是根据增加一只羊时他个人的边际收益等于边际成本计算，即 $MR_P = MC_P$，MC_P 是不包括其他村民的羊掉膘的损失的，因为对该村民来说那是一种不需他来承担的外部成本，这就产生了一种负的外部效应，使得 $MC_P < MC_S$，导致过度放牧，草场退化，造成"公地的悲剧"。现实中类似"公地的悲剧"还在不断上演，你能举出几个例子来吗？

造成"公地的悲剧"的原因是对个人使用共用资源的无限制，解决共用资源使用的无效率的关键是确权，确权方案可以有私有化、限制使用权等多种。

第三节 信息不对称

一、信息不对称的含义

在前面各章的分析中,都隐含着完全信息的假定,也就是说,每个决策者都可以免费地获取和其决策有关的任何信息,但在很多情况下往往是信息不完全。信息不对称是不完全信息的一种,**信息不对称是指交易双方对于交易相关的信息的占有量是不相同的,其中一方比另一方拥有更多的信息**。在市场各种交易中信息不对称的情况比比皆是,产品的生产者比消费者更清楚产品的质量,投保人比保险公司更了解自身的风险类型,借款者比贷款者更清楚自己的偿还能力,公司董事会和监事会比普通股票投资散户更清楚公司的赢利状况,经理比董事们更清楚自己的努力程度等。在信息不对称的情况下,就会有一些占有信息优势的交易者试图通过匿藏对交易另一方不利的信息而获益。

二、签约前的信息不对称——匿藏信息与逆淘汰

常言道:"买的没有卖的精",也就是说对交易的商品和服务的有关信息,卖方比买方了解得更清楚,卖方会试图向买方匿藏相关信息而获利。这种交易前匿藏信息的行为将会给市场运行带来什么样的影响呢?2001 年诺奖获得者之一的乔治·阿克尔洛夫(George A. Akerlof)1970 年在《"柠檬"市场:质量的不确定性与市场机制》一文中,对此问题进行了研究。下面我们以"二手车"市场为例来进行分析。

在"二手车"市场上,车的质量参差不齐,为了简单明了,我们把车分为高质量和低质量两类。如果信息是完全的,对每辆车的质量所有人都能清楚地知道,高质量车和低质量车的市场是分离的,各卖各的价。如图 8-5 所示,D_H 和 S_H 是高质量车的需求曲线和供给曲线,分离均衡时的价格为 P_1,数量为 Q^*。D_L 和 S_L 是低质量车的需求曲线和供给曲线,分离均衡时的价格为 P_4,数量为 Q^*。在信息不对称时,低质量车的卖者会匿藏信息,以次充好,买方虽然知道市场上车的质量有好有坏,但并不清楚哪辆车是高质量的,哪辆车是低质量的,他们将根据市场上两类车的分布情况出一个介于 P_1 和 P_4 之间的价格 P_2。价格若为 P_2,高质量车的供给量会下降到 Q_3,低质量车的供给量会增加到 Q_1,买到低质量车的可能性增加了,这样会使买方愿意出的价格下降到 P_3。价格为 P_3 时,质量好的车的供给量为 Q_4,低质量车的供给量为 Q_2,市场中低质量车的比例更大了。市场中低质量车越多,买方愿意出的价格就会越低,而买方愿意

出的价格越低,市场中低质量车就越多,最终低质量车充斥市场,高质量车消失,市场出现逆向淘汰。

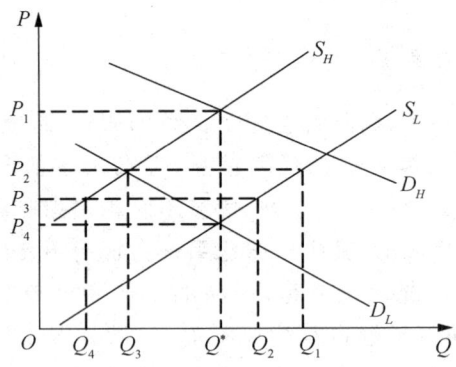

图 8-5　二手车市场的逆向淘汰

市场中出现逆向淘汰不胜枚举,如近年来不断爆出的"瘦肉精""苏丹红""地沟油""毒奶粉"等食品安全事件。怎样才能消除逆向淘汰现象呢?**逆向淘汰是因交易前信息不对称,拥有信息优势的一方试图通过向交易的另一方匿藏相关信息获利,而导致的把好的交易者淘汰出局所引起的市场失灵。**解决逆向淘汰问题,就必须采取措施使买方能够区分开"好"的商品和"坏"的商品:

第一,利用市场信号(market signaling)机制的作用。信号理论是 2001 年诺奖得主之一的美国经济学家斯彭斯(Michael Spence)在 1973 年提出来的。市场信号是指市场上的高品质产品的卖方向买方发出信号,以令人信服的方式显示交易对象的品质,信号的效果取决于发信号的成本。高质量产品的卖方会向买方作出质量承诺,比如一定期限内出现质量问题包修、包换、包退等,而劣质品的卖方是不会作出同样的承诺的,因为他们发出这样的信号要承担的成本太高了。

第二,建立声誉。百年老店、知名品牌靠良好的声誉为它们的产品赢得了市场,坐商比行商、重复性交易比一次性交易会更有激励去建立声誉。

第三,建立标准和强制性信息披露。对一些难以通过消费体验感知的产品质量问题,比如食品安全等,常常是通过法律建立相关的标准,强制性地要求卖方向买方披露必要的信息,并通过监管对违规者实行处罚。

三、签约后的信息不对称——匿藏行为与道德风险

小马买了辆新宝马车,他本打算为他的爱车加装一套防盗装置,可是在他购买了一份汽车失盗保险后,他认为就没有必要再花钱加装防盗装置了。因为

爱车被盗了,由保险公司全额赔付。这样一来,小马的爱车被盗的风险增加了,保险公司遭遇了道德风险,如若保险公司提高保费,它又将失去其他低风险的"好投保人"。

当银行把贷款发放给借款人后,由于银行很难监控借款人资金的使用情况,借款人就很有可能利用这笔资金从事高风险的经济活动,使银行的坏账损失增加,如果银行为避免损失而提高利率,则会使低风险的优良客户减少,银行被道德风险所困扰。

职业经理人行为可能有违股东利益,而股东却难以知晓,工人有了工作可能会"偷懒",医院对病人进行过度检查和治疗等,都是道德风险的例证。

道德风险是由于信息不对称,在合约实施过程中,签约的一方为最大限度地增进自身利益所采取的对另一方不利的行为,而这种行为又难以被另一方所观察到。这可能导致不存在均衡状态的结果,或者均衡状态即使存在,也是没有效率的。匿藏行为产生的道德风险在保险、金融、医疗和劳动等市场普遍存在。

为防范道德风险,保险公司会设计种种复杂的不完全保险合同,银行发放贷款时要求客户资产抵押和担保,职业经理人薪酬的复杂设计是为了让他的利益和所有者的利益相一致。下面介绍防止工人"偷懒"的效率工资模型。

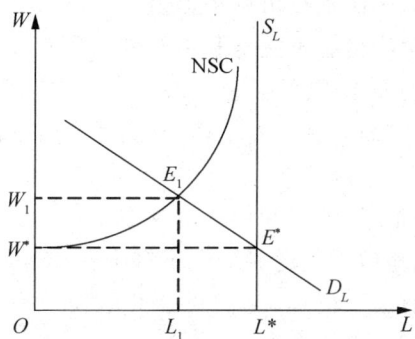

图 8-6 防止道德风险的效率工资模型

如图 8-6 所示,劳动的需求曲线 D_L 与供给曲线 S_L 相交于 E^*,市场出清的工资为 W^*。如果厂商支付市场出清的工资,努力工作对任何工人来讲都是不合算的,工人会作如下推理:"如果我偷懒没有被发现,我得到了报酬并减少了努力工作的辛苦;如果偷懒不幸被发现,我就会被开除,但市场是出清的,我很快就会找到一份工资相同的新工作。"所以在市场出清的工资水平,实际上并不存在对偷懒时被抓住的惩罚。如果将工资确定在市场出清水平以上时,劳动的需求量小于供给量,这意味着引入了惩罚机制,偷懒不幸被抓将可能不得不忍受一段时间的失业痛苦。所以,企业把工资提高到市场出清的工资 W^* 以上会促使工人努力工作。效率提高了,因偷懒被辞退的工人少了,降低了劳动的流动率,节约培训新招聘工人的费用,这些都会给企业带来更多的利润。效率工资水平应该怎样确定?图中的 NSC 曲线是不偷懒约束线,表明工资水平与努力工作人数的关系,或者说在每一就业水平下使偷懒不会出现的最低工资水平。不偷懒约束线 NSC 与劳动力需求曲线 D_L 相交于 E_1,当工资水平为 W_1 时,努力工作的人为 L_1 等于劳动力的需求量。而这样一来就不可避免地产生失业,失业人数为 L^*-L_1。即使一个失业工人愿意接受 W^* 的工资水平为企业工作,他也不会被雇佣,因为企业知道他的承诺是不可信的,在 W^* 的工资水平下努力工作是不合算的,会产生道德风险问题。

复习思考题

1. 垄断是如何造成市场失灵的?
2. 外部影响的存在是如何干扰市场对资源的配置的?
3. 如何看待"科斯定理"?它在资本主义社会适用吗?它在社会主义社会适用吗?
4. 公共物品为什么不能依靠市场来提供?
5. 市场机制能够解决信息不完全和不对称问题吗?
6. 设一产品的市场需求函数为 $Q=500-5P$,成本函数为 $C=20Q$。试问:

(1) 若该产品为一垄断产品厂商生产,利润最大时的产量、价格和利润各为多少?

(2) 要达到帕累托最优,产量和价格应为多少?

(3) 社会净福利在垄断性生产时损失了多少?

7. 在一个社区内有三个群体,它们对公共电视节目小时数 T 的需求曲线分别为:

$$W_1 = 100 - T; \quad W_2 = 150 - 2T; \quad W_3 = 200 - T$$

假定公共电视节目是一种纯粹的公共物品,它能以每小时 100 美元的不变边际成本生产出来。

(1) 公共电视节目有效率的小时数是多少?

(2) 如果电视节目为私人物品,一个竞争性的私人市场会提供多少电视节目小时数?

8. 设一个公共牧场的成本是 $C=5X^2+2000$,其中,X 是牧场上养牛的头数。牛的价格为 $P=800$ 元。

(1) 求牧场净收益最大时的养牛数。

(2) 若该牧场有 5 户牧民,牧场成本由他们平均分担。这时牧场上将会有多少养牛数?从中会引起什么问题?

9. 假设有 10 个人住在一条街上,每个人愿意为增加一盏路灯支付 4 美元,而不管已提供路灯的数量。若提供 X 盏路灯的成本函数为 $C(X)=X^2$,试求最优路灯安装只数。

10. 假定一个社会由 A 和 B 两人组成。设生产某公共物品的边际成本为 120,A 和 B 对该公共物品的需求分别为 $q_A=100-P$ 和 $q_B=200-P$。

(1) 该公共物品的社会最优产出水平是多少?

(2) 如公共物品由私人生产,其产出水平是多少?

11. 假定某社会有 A、B、C 三个厂商。A 的边际成本为 $MC=4Q_A$,其产品的价格为 16 元。此外,A 每生产一单位产量时 B 增加 7 元的收益,使 C 增加 3 元的成本。

(1) 在竞争性市场中 A 的产出应是多少?

(2) 社会最优产出应是多少?

下 篇
宏观经济学

在第一章导论中我们曾提到,根据研究层面的不同经济学理论被分为微观经济学和宏观经济学两个部分。微观经济学的研究对象是单个经济单位(任何参与经济运行的个人或实体)的行为,而宏观经济学是以一个国家的经济整体运行为研究对象。

宏观经济行为是构筑在微观经济行为基础上的。微观经济学和宏观经济学的关系可比喻为树木和森林的关系。对一棵树木进行研究不能忽略它的生长环境,对一片森林的研究当然也不能脱离构成森林的每一棵树木,两者是相辅相成的。在上篇中,我们讨论了微观经济学的基本内容,现在我们开始讨论宏观经济学的基本内容。

第九章 宏观经济学概述

第一节 宏观经济学的研究对象

宏观经济学以一个国家的经济整体运作为研究对象,研究反映一个国家经济整体运作状态的经济总量的决定、变动、经济总量之间的关系,以及政府影响整体经济运作的政策是怎样发挥作用的。所以,宏观经济学关注的主要问题是一国总产量的决定、经济增长、经济波动、失业、通货膨胀、世界经济变化对一国经济的影响,以及政府政策对这些方面的问题可以有多大的作为。

一、经济增长

经济增长是指一国总产量和人均产量的增长,通常用 GDP 增长率和人均 GDP 增长率来表示。如图 9-1 所示,我国 1978 年 GDP 为 3645.22 亿元、人均 GDP 为 381.23 元,2013 年 GDP 为 588018.80 亿元、人均 GDP 为 43320 元。三十多年来经济持续的高增长,使中国成为仅次于美国的世界第二大经济体,人民生活水平有了巨大的改善,中华民族迎来了伟大的复兴。探索研究经济增长的原因是宏观经济学的重要内容,促进经济增长是各国政府的主要宏观经济目标。

二、经济波动

各国实际经济增长从来都不是平稳的,而是在不断的产量波动中运行的,经济学家把经济运行中反复交替出现的经济收缩与扩张的波动称为"经济周期"或"商业周期"。如 9-2 图所示,一个经济周期由四个阶段组成:收缩、谷底、扩张、顶点。收缩(contraction)是经济活动下降的阶段;扩张(expansion)为经济活动的上升阶段;谷底(trough)是收缩变为扩张的转折点;顶点(peak)是扩张变为收缩的转折点。如果收缩非常严重就发生了经济衰退(recession)。较严重的谷底也称为萧条(slump or depression)。

一国的实际经济运行状态受众多因素的影响,所以,经济周期不是一种有规则的、可预期的现象,它在时间上有随机性特征,我们可以通过实际经济增长率的变化了解一个国家过去的经济波动情况,图 9-3 反映了 20 世纪后 50 年我国经济的增长与波动。

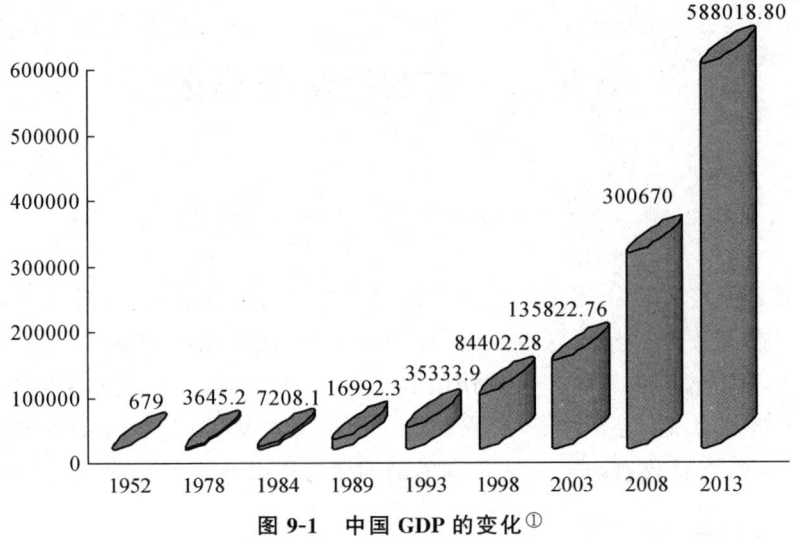

图 9-1　中国 GDP 的变化①

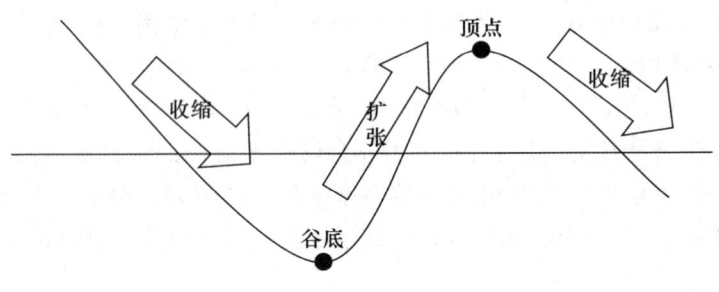

图 9-2　经济波动

反映经济波动情况的除了经济增长率的变化，还有失业率的变动和通货膨胀率的变动。一般来说，经济收缩期经济增长率下降，常伴有失业率的上升和通货膨胀率的下降，经济扩张期经济增长率上升，常伴有失业率下降和通货膨胀率上升。

三、失业

一个有劳动能力、愿意工作而没有工作，但在努力找工作的人就是失业者。经济学中失业状况是用失业率来衡量的，失业率＝失业人数/劳动力人数，劳动力人数＝就业人数＋失业人数。失业不仅造成资源的浪费，带来经济损失，造成政府财政开支的大量增加，还给失业的劳动者身心造成伤害，离婚、自杀、吸毒、社会

---

① 资料来源：中国统计局官网。

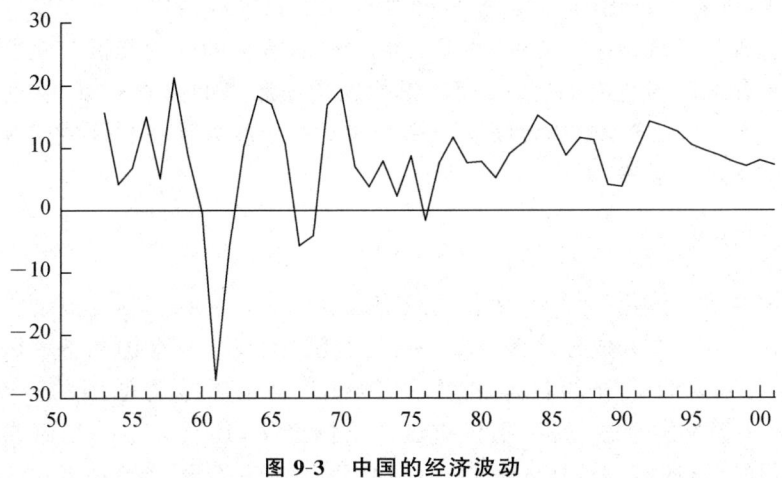

图 9-3 中国的经济波动

犯罪率都与失业率同方向变动。对失业的分析研究是宏观经济学的重要内容。

我国在计划经济时期,资源配置是通过计划或命令进行的,无论是理论界还是政府都不认为有失业存在,失业被认为是资本主义经济的特有现象,但各单位人浮于事,充斥着大量冗员,生产效率低下。改革开放以后,失业成了经济社会不可回避的重要问题,可是要了解我国的失业是怎样一种状况,却不是一件容易的事情。人口资源和社会保障部公布的官方数据叫"中国城镇登记失业率",即便是 2008 年和 2009 年,也始终保持在 5% 以下。但是,很多半官方和民间的研究机构根据自己调查的数据对我国失业率进行了估算,实际的调查结果远没有官方部门那么乐观。例如,2008 年 12 月 16 日中国社科院公布的《社会蓝皮书》称,我国城镇失业率约为 9.4%,这一数字是人保部统计数字的两倍还要多。而且同样是"官方"代表身份的国务院前总理温家宝,在 2010 年 3 月 22 日会见出席中国发展高层论坛的外方主要代表时,透露"中国的失业人口多达 2 亿"。2013 年,国务院总理李克强就曾在在英国《金融时报》撰文,透露当年上半年中国的调查失业率为 5%。在 2014 年夏季达沃斯论坛的致辞中李克强总理透露,当年 1 月至 8 月,31 个大中城市调查失业率保持在 5% 左右。

四、通货膨胀

通货膨胀是指物价水平普遍的持续的上涨,通货膨胀时期货币的购买力下降。通货膨胀的程度用通货膨胀率来表示,即本期的价格水平与上期的价格水平相比上升的百分比,本期的通货膨胀率=(本期的价格水平-上期的价格水平)/上期的价格水平×100%。我国改革开放前各种价格都是由政府部门确定的,通货膨胀以隐性的形式表现为在不变的价格水平下普遍的短缺现象。改革开放以来,随着市场化的发展,通货膨胀也成了我国经济的一个重要现象。通货膨胀不仅是经济学家关心的,也是各国政府所重视的问题和被公众所热议的话题。是什么原因造成了通货膨胀,影响通货膨胀率的因素有哪些,通货膨胀对产出水平有什么影响,通货膨胀中哪些人受损哪些人受益?这些问题都需要宏观经济学给出解释。

五、开放经济

全球经济一体化的发展,使各国经济通过产品贸易和资本的流动日益紧密地联系在一起。在开放经济条件下,一国的经济运行不仅受国内各种因素的影响,还会受到来自国外的各种因素的影响,并且也影响着他国的经济运行。2008年,美国爆发金融危机,不仅重创了美国经济,还触发了一场席卷全球的"金融风暴",欧洲经济被拖入泥潭,中国产品出口下降,经济增长减速。在开放经济条件下,宏观经济调控变得更为复杂和困难。

六、宏观经济政策

影响一国的经济运行的因素有多种,包括自然资源、人力资源、资本存量、技术水平、企业和消费者的选择行为等,此外,还一个非常重要的因素,就是宏观经济政策。**宏观经济政策是指针对一国经济整体运行施加影响的各种政策,其中最主要的是财政政策和货币政策。**财政政策由税收政策和支出政策构成,货币政策主要通过中央银行控制货币供给量影响利率水平,这些政策如何实施,怎样相互配合,在实施过程中会遇到哪些问题,对宏观经济会带来什么样的影响等等都是宏观经济学研究的重要内容。宏观经济政策的主要目标有:促进经增长;熨平经济波动;实现充分就业;稳定物价水平;保持国际收支平衡。

第二节 宏观经济模型的特点

宏观经济学通过建立理论模型来研究和分析一国整体经济的运行,让我们对宏观经济模型的特点作一个基本介绍:

一、行为主体的划分

宏观经济学把参与经济活动的行为主体划分为家庭、企业、政府和国外四个部门。

家庭通过提供生产要素获得收入,并用收入在产品市场购买消费品,其没有用于消费的收入就形成了私人储蓄,储蓄为金融市场提供了资金。

企业通过要素市场获取要素为社会生产产品，以满足家庭对消费品的需求，企业对投资品的需求，政府对产品和服务的购买需求和国外对本国产品的需求，当企业投资缺乏资金时就需要到金融市场融资。

政府通过征税获得收入，为提供公共产品，政府又会在产品市场购买产品，政府税收减去政府支出就是政府储蓄，也就是预算盈余，如果预算盈余是负的，就叫作预算赤字，这时政府就需要到金融市场通过发行债券融资。政府储蓄加上私人储蓄就是一国的总储蓄。

在一个开放经济体中参与本国经济活动的还有来自国外的部门。本国国内生产活动中使用的既有本国的要素，也有国外的要素；本国的要素既可以用于本国的生产活动，也可以用于国外的生产活动；本国生产的产品既可以用于满足国内的需求，也可以用来满足国外的需求；满足本国需求的既有本国生产的产品，也有国外生产的产品。**本国要素在国外取得的收入减去本国支付给国外要素的报酬就是净要素收入。国外购买本国产品是出口，本国购买国外产品是进口，出口减去进口是国外对本国产品的净需求，叫作净出口，也就是贸易盈余，如果净出口是负值，就叫作贸易赤字。本国提供给国外资金是资金的流出，从国外获得资金是资金的流入，资金的流出减去资金的流入就是资金的净流出，叫作净对外投资。**

在宏观经济分析中，如果参与经济活动的只有家庭和企业就叫作两部门经济，如果参与经济活动的有家庭、企业和政府就叫作三部门经济，如果参与经济活动的有家庭、企业、政府和国外就叫作四部门经济。两部门和三部门经济也被称为封闭经济，相应的四部门经济也被称为开放经济。

二、市场的划分

宏观经济学把一国所有的市场进行综合并划分为三个市场：产品市场、要素市场和金融市场。产品市场上交易的是所有有形的商品和无形的服务；要素市场上进行的是家庭和企业间的各种要素交易；在金融市场上各种金融资产（包括政府债券以及其他有价证券和不动产）进行交易。图9-4是一个四部门经济的运行循环示意图，图中带箭头的实线表示要素或商品流动的方向，带箭头的虚线表示货币流动的方向。在一国要素市场上，要素的供给主要是国内的家庭，也有来自国外的要素供给，要素的需求主要是国内企业，也有来自国外的需求，要素的需求者向要素的供给者支付使用要素的报酬。在一国产品市场上，产品的供给除来自国内的企业外，还有从国外进口的产品；产品的需求有家庭的消费品需求，企业的投资品需求，政府购买和出口，产品的供给者销售产品取得收入。在金融市场上，资金的供给主要来自家庭储蓄，此外还有国外供给，资金的需求者主要是企业、政府和外国。

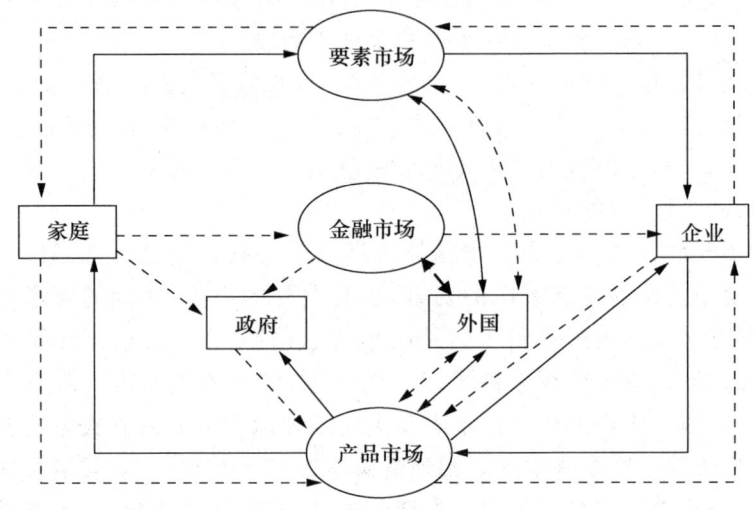

图 9-4　经济运行循环示意图

三、长期与短期的划分

宏观经济学根据价格机制是否充分发挥了作用,从而能否使资源得到充分利用,把经济运行状态划分为长期和短期。经济在实际运行中会受到各种因素的冲击而偏离资源充分利用的均衡,出现资源利用不足或过度利用,形成经济波动,这时价格机制会自发地发挥作用,通过产品和要素价格的变动最终将会使经济自动地恢复到充分就业的均衡状态。但是**价格机制自发调节作用的充分发挥**,往往需要有一个时间过程,这种价格变动具有的缓慢性特点叫作价格粘性。所以**长期就是指价格机制充分发挥作用,能使经济运行处于资源充分利用状态;短期就是指价格机制还没有充分发挥作用,经济运行偏离资源充分利用状态**。需要注意的是,长期和短期的划分不是以日历时间长短为标准,有时候长期在日历时间上可能很短,短期在日历时间上可能很长。

四、流量和存量

经济分析中常常需要对一些经济变量进行量度,有些**经济变量的量值反映的是在单位时间内(也就是一段时间内)变量的大小,这样的变量就是流量变量**。例如,产量、收入、消费、储蓄、投资等,还有一些经济变量的量值反映的是**某一时间点上变量的大小,这样的变量就是存量变量**,例如,财富、存货、人口、资本等。一些流量和相应的存量之间的关系,犹如图 9-5 中流入、流出浴盆的水和浴盆里存有的水的关系。浴盆中的水是存量,它随着流入、流出的水流量变化而变化。当我们问浴盆中存有多少水,首先要明确问的是在哪个时点上,当我们问流入或流出浴缸多少水,首先必须指明从何时始到何时止,多长时间。假设在 9:15 分浴盆中有水 8 升,在 9:16 分浴盆中有水 9 升,从 9:15 分到 9:16 分这一分钟的时段流入 4 升水,流出 3 升水,净流入水量=流入量-流出量=4-3=1(升)=浴盆中水的增加量=9-8=1(升)。与资本存量相对应的流量是投资和折旧,资本的变动量=期末的资本-期初的资本=投资-折旧=净投资。与存货相对应的流量是产量和销量,存货变动量=期末的存货-期初的存货=产量-销量。与财富相对应的流量是收入与消费,财富的变动量=期末的财富-期初的财富=收入-消费=储蓄。

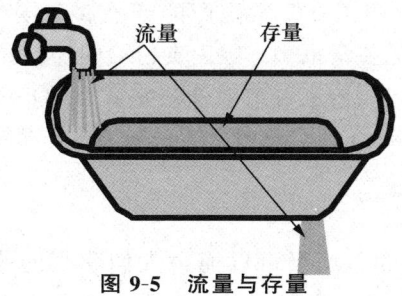

图 9-5　流量与存量

第三节　总产量的量度

宏观经济学研究一国经济的总体运行,一国经济的总体运行状态是通过总产量、物价水平和失业率等总量指标体现出来的。我们将在这一节和下一节介绍这些总量指标是怎样计算出来的。

一、国内生产总值和国民生产总值

一个国家生产成千上万种产品,要计算总产量就必须把不同种类的产品的产量进行加总,要把 1000 万辆汽车、60000 万吨粮食等相加,第一,必须找到一个统一的有意义的量度单位,这个量度单位就是货币单位,把每种产品的价格乘以产量就是其市场价值,然后再相加就是这些产品的总产量(总价值)。第二,要有明确的时期,总产量是属于流量变量,计算总产量必须明确时期,是何时生产的,是 2014 年生产的产品,还是 2015 年生产的产品,是哪期生产的就计入哪期的总产量,不管是否销售了。第三,为了避免重复计算,必须剔除中间产品,只计算最终产品,中间产品是还要进入下一生产过程并被消耗掉的产品,其价值包含在下一生产过程的产品中了。第四,要确定是按照国土原则还是按照国民原则计算,按照国土原则计算的总产量是国内生产总值,按国民原则计算的总产量是国民生产总值。

国内生产总值(gross domestic product,简称 GDP)是一定时期内一国境内所生产的全部最终产品和服务的价值总和。**国民生产总值**(gross nation product,简称 GNP)即一国国民所拥有的生产要素在一定时期内所生产的全部最终产品和服务的价值总和,也称为国民总收入,即一国国民在一定时期内所得到的收入价值的总和。在封闭经济中 GDP 和 GNP 是没有区别的,在开放经济条件下,各国之间不仅有产品的进出口,还存在要素的流动,在一国境内使用的要素既有本国的,也有来自国外的,本国的要素也会在国外参与生产,因此,GDP 和 GNP 通常是不一致的。无论是在哪里参与生产,本国要素生产的产品都属于本国的收入,本国国内利用国外要素生产的产品属于国外的收入,所以,GNP=GDP+国外支付给国内的要素报酬－国内支付给国外的要素报酬＝ GDP+(国外支付给国内的要素报酬－国内支付给国外的要素报酬)＝GDP+NFP,即:GNP=GDP+NFP。NFP(net factor payments from abroad)是**净要素收入**。

二、总产量的量度方法

一国在一定时期内的总产量可以通过人们购买的这一时期生产的最终产品的实际总支出来计算,也可以通过参与生产这些产品的要素的所有者获得的收入计算,还可利用增加值法计算。我们先通过一个例子了解这三种量度总产量的方法和这三种方法的关系,假定某一经济体利用各种要素只生产一种最终产品——服装。整个生产过程的第一环节,棉花生产者绿色农庄把在这一时期生产出的棉花卖给了银丝纺纱公司,棉花的市场价值 100 亿元;第二环节,银丝纺纱公司用这些棉花生产出市场价值 200 亿元的棉纱,卖给了金梭织布公司;第三环节,金梭织布公司把买来的棉纱织成市价 300 亿元的白坯布,卖给了五彩印染公司;第四环节,五彩印染公司把白坯布印染成各色花布,以 400 亿元卖给了时尚制衣公司;最后,时尚制衣公司把 400 亿元的花布制成服装,服装卖给了消费者,收入 500 亿元。如表 9-1 所示:

表 9-1 产品的生产过程和价值的创造

企业	产品	交易额	新增加值
绿色农庄	棉花	100 亿元	100 亿元
银丝公司	棉纱	200 亿元	100 亿元
金梭公司	坯布	300 亿元	100 亿元
五彩公司	花布	400 亿元	100 亿元
时尚制衣	服装	500 亿元	100 亿元

该经济体这一时期生产的产品有棉花、棉纱、坯布、花布和服装,全部产品的交易总额＝棉花 100 亿元＋棉纱 200 亿元＋坯布 300 元＋花布 400 亿元＋500 亿元服装＝1500 亿元,其中棉花、棉纱、坯布、花布是中间产品,中间产品交易额为 1000 亿元,这些中间产品的价值都包含在了下一生产环节的产品的价值中了,棉花价值包含在棉纱中,棉纱价值包含在白坯布中,白坯布价值包含在花布中,花布价值包含在服装中,1500 亿元中有中间产品 1000 亿元属于重复计算,必须剔除。总产量即所创造的价值总量是最终产品的服装的市场价值 500 亿元,500 亿元是消费者购买服装的支出,也是时尚制衣公司得到的收入。500 亿元的收入根据在从棉花到服装整个生产过程中所投入的各种要素劳动、资本和土地等,分配给要素的所有者。时尚制衣公司 500 亿元的服装收入中,400 亿元是支付给五彩印染公司花布的市场价值,100 亿元是将花布制成服装时,投入的要素劳动、资本等创造的价值,是这些要素所有者的收入。五彩印染公司所得 400 亿元中,300 亿元是支付给金梭织布公司的白坯布的市场价值,100 亿元是将白坯布染成花布时,投入的要素劳动、资本等创造的价值,是这些要素所有者的收入。金梭织布公司所得 300 亿元中,200 亿元是支付给银丝纺纱公司的棉纱的市场价值,100 亿元是将棉纱织成白坯布时,投入的要素劳动、资本等创造的价值,是这些要素所有者的收入。银丝纺纱公司所得 200 亿元中,100 亿元是支付给绿色农庄的棉花的市场价值,100 亿元是把棉花纺成棉纱的生产过程中,投入的要素劳动、资本等创造的价值,是这些要素所有者的收入。绿色农庄的棉花市场价值,是生产棉花的要素所有者的收入。每一生产部门在其生产环节新增加的价值相加共计也是 500 亿元。

三、量度总产量的恒等式

通过上面的例子,我们了解到计算总产量有三种方法:支出法,收入法以及生产法(增加值法)。这三种方法是等价的,并且我们可以得到一个重要的衡量总产量的恒等式,总产量≡实际总支出≡总收入。在一个只有家庭和企业的两部门经济中,一国的总产量 Y 从实际支出的角度看由消费支出 C 和投资支出 I 两部分构成,所以有:

$$Y \equiv C + I \tag{9.1}$$

消费支出 C 包括购买耐用品(如小汽车、电冰箱、洗衣机、照相机、家用电脑),非耐用品(如食物、衣服之类),劳务(如医疗、旅游、理发、看戏等)的支出。但建造或购买新住宅的支出不包括在内,尽管它类似耐用消费品支出,但一般将它包括在固定资产投资中。

投资支出 I 是增加或替换资本资产(包括厂房和住宅建筑、机器设备以及存货)的支出。投资可分为固定商业投资、住宅投资和存货投资三大部分。固定商业投资是用于增加新厂房、新设备、营业用新建筑物的支出,"固定"这个说法是表示这类投资品将长期存在并使用;住宅投资是指居民建造或购买新建住房的支出;存货投资指的是企业持有的实际存货的增加额,它等于期末存货值减去期初存货值,存货投资可以是正数,也可以是负数。企业实际存货的增加可能是按照企业的生产销售计划增加的合意的存货,也可能是生产出来了想卖却没有卖掉的产品形成的积压品(非合意的存货)。**特别提醒**:不管是什么原因造成存货的实际增加,都作为实际存货投资支出计入总产量,这样就保证了实际总支出≡总产量。

在三部门经济中,实际总支出的构成除了消费支出 C 和投资支出 I 以外,还有政府购买支出 G,是指各级政府为提供公共产品而购买商品和劳务的支出。政府花钱提供国防、司法、治安、消防,建筑道路,举办学校等都属于政府购买,这些政府购买支出都作为最终产品计入总产量。由于对政府提供的公共产品难以进行市场估价,所以,是根据所费成本计入总产量。例如,根据政府在教育方面的支出来计算公共教育的价值,国防的价值则假定等于国防费支出。值得注意的是政府购买只是政府支出的一部分,政府支出中只有这一部分才计入总产量,而其他部分,如转移支付是不包括在总产量中的。转移支付只是简单地把收入从一个人或一个组织转移到另一个人或另一个组织,并没有相应的货物或劳务的交换发生。例如,政府给残疾人发放救济金,并不是因为残疾人提供了生产要素的服务因而创造了收入。在一个由家庭、企业和政府构成的三部门经济中,一国的总产量 Y 从实际支出构成的角度看,有消费支出 C,投资支出 I 和政府购买 G 三部分,所以有:

$$Y \equiv C + I + G \tag{9.2}$$

一个开放经济中,实际总支出的构成包括:消费支出 C、投资支出 I、政府购买支出 G 和出口 X(国外购买本国产品的支出)四个部分,即:实际总支出 $= C+I+G+X$,而在 C、I 和 G 支出中有一部分是购买国外产品(进口)的支出 M,所以购买本国产品的实际总支出 $=C+I+G+X-M=C+I+G+NX$,$NX=X-M$ 为净出口,如果 $NX>0$ 就是贸易顺差,也就是贸易盈余,$NX<0$ 则为贸易逆差,也就是贸易赤字。购买本国产品的实际总支出就是 GDP,即:

$$GDP \equiv C + I + G + NX \tag{9.3}$$

四、量度收入的指标体系

(一)国民生产总值 GNP

国民生产总值也叫国民总收入,根据总产量核算恒等式:总产量≡总收入

≡实际总支出,我们知道在一个封闭经济中一国的总产量就是该国的总收入,GNP≡GDP,而在开放经济中GNP≡GDP+NFP。

表 9-2 我国的 GNP、GDP 和 NFP （单位:亿元）

	2013	2012	2011	2010	2009	2008	2007	2006
GNP	566130	518214	468562	399759	340319	316030	266422	215904
GDP	568845	519470	473104	401512	340902	314045	265810	216314
NFP	－2715	－1256	－4542	－1753	－583	1985	612	－410

资料来源:中国国家统计局官网。

（二）国民生产净值 NNP

GNP尽管也叫国民总收入,但还不是国民所得收入。GNP在减去折旧和间接税以后才是一国要素所获得的收入——国民收入。我们知道,总产量是生产出来的新价值,为避免重复计算,必须排除中间产品,只计算最终产品的价值,因为中间产品的价值已转移到用它生产的产品中了。厂房、设备等固定资本在生产的那一年已作为投资品被计入该年的总产量,而这些固定资本在使用时每年又以折旧费形式将其部分价值转移到其生产的产品中,这样在计算这些产品的价值时,企业的固定资本的价值又被计算了一次。例如,一台机器设备价值100万元,可使用10年。在生产的当年作为投资品已被计入总产量中,在使用的10年里,每年以10万折旧费的形式包含在其生产的产品中又被计算了一次,所以在GNP中包含了折旧费的重复计算。换一个角度看,折旧是总投资中用来补偿消耗掉资本的投资——重置投资,包含在产品价值中的折旧并不分配给资本要素的所有者。剔除GNP中的折旧后,得到的就是国民生产净值NNP,NNP=GNP－折旧。

（三）国民收入 NI

NI是一国要素所得收入,NI=NNP－间接税。以纳税人能否将税收负担转嫁为标准,税收区分为直接税与间接税。间接税就是纳税人可以将税收转嫁给他人负担的税,如关税、消费税、销售税、货物税、营业税、增值税等。产品的购买者支出中包含了间接税,但这并不包含在生产者所得的收入中,当然也就不归属要素所得收入,所以NI=NNP－间接税。国民收入是生产过程中投入的要素所得收入,其构成为:NI=劳动收入＋业主收入＋租金＋公司利润＋净利息收入。劳动收入包括工资、补贴以及向社会保障机构缴纳的社会保障金等。业主收入是指独立生产者的收入,其收入中既有利润也有劳动收入等。租金收入是指个人在出租土地、房屋等资产时所得的收入。公司利润是指所有公司在一定时期内所获得的利润,是销售收入扣除工资、利息、租金等各种成本后的净剩余。净利息收入是指个人从企业获得的因资金借贷所产生的利息,不包括个人之间的借贷利息和购买政府债券的利息,因为前者是生产性的,后两者是非生产性的。

(四) 个人收入 PI

国民收入 NI 反映的是生产要素在生产中做出的贡献,是生产要素所有者的所得,但它和个人所得收入还是有区别的。第一,公司利润要交公司所得税,税后利润也不一定都派发红利和股息给股东;第二,职工收入中有一部分要以社会保障金的形式上缴有关机构;第三,个人收入中有一部分是来自政府的转移支付,如失业救济金、伤残补助金、退休养老金等;第四,个人收入中的利息收入还包括个人间借贷利息和政府债券利息,所以,PI = NI－公司利润－社会保障金＋政府转移支付＋红利＋利息调整。

(五) 个人可支配收入 DPI

个人收入在缴纳了所得税和各种非税收性费用后,方为由个人随意支配的收入,所以,DPI＝PI－个人所得税－非税收性支付。

五、总产量衡量中的一些问题

GDP 和 GNP 是高度概括性地衡量一国经济活动成就的非常重要的指标,但将 GDP、GNP 或人均 GDP、人均 GNP 用于衡量经济福利时也存在一些问题。

(一) 地下经济

地下经济是逃避了政府监管的经济活动,像马路市场、露水集、夜市等人潮如涌,热闹非凡,人潮就是钱潮,其交易量之大可想而知,有人估计在许多国家地下经济活动的产出约占其 GDP 的 5%—30%,由于其产量无法反映在官方统计中,实际 GDP 因此被低估。

(二) 非市场生产活动

并不进行市场交易的公开性生产活动,像家务劳动、社会志愿者的服务、公益性劳动等都是非市场性的生产活动,这些生产活动产生的价值并不能包含在GDP 统计中。一个社会的发达程度和社会分工的发展密切相关,随着社会分工的发展越来越多的家务劳动成了社会性的生产活动,所以不发达国家家务劳动产出量在社会总产出中所占比重要大于发达国家。发达国家的社会志愿者的服务以及公益性劳动的产出量在社会总产出中所占比重要大于不发达国家。

(三) 休闲的价值

随着社会的发展人们用于工作的时间缩短了,休闲时间增加了,休闲的增加给人们带来的福利水平的提高也是不能通过 GDP 反映出来的。

(四) 产品质量

GDP 是一种"量"的测度而非"质"的衡量,所以无法反映产品的质量提高给社会带来的福利价值。近年来,计算机、手机、汽车和各种家用电器的质量和性能都有了显著的提高,并且价格越来越便宜,这是每个人都能明显感受到的,但由此给社会带来的巨大福利并不能在 GDP 中体现出来。

以上各项造成了经济福利的低估,而以下几个方面则可能会使 GDP 指标高估了经济福利。

(五) 环境问题

伴随着经济的发展而来的环境问题日益严重,水质污染、空气污染使青山绿水、白云蓝天成了爷爷的儿时故事和我们未来的梦。污染环境、破坏环境的企业产品按市价计入了 GDP,污染给社会带来的福利损失却不能在 GDP 中体现出来,而为治理污染的花费又被计入了 GDP。

(六) 政府购买支出

政府为社会提供的公共产品无法按市价计入 GDP,只能按其发生的成本支出来计入 GDP,政府购买支出增加即增加 GDP,但社会福利并不见得增加。例如,为抑制犯罪率上升,政府增加了治安支出,因此 GDP 会增加,但社会福利并没有增加。现代社会常见的政府病是日益臃肿的政府机构,不断扩大的官僚阵容,政府支出的规模越来越大,工作效能却越来越低。

(七) 收入分配

GDP 增加,未必能带来人均 GDP 的增加。人均 GDP 增长也不代表社会福利水平的提高,如果社会收入差距扩大,基尼系数上升,整个社会的福利水平还会下降。

最后,请读者思考一下,国庆假日高速公路免费通行,发生交通大拥堵的情形会从哪些方面影响 GDP 和社会福利水平?

第四节 价格和失业的量度

一、名义总产量和实际总产量

上一节我们讨论了总产量的量度,总产量是用市场价值衡量的最终产品的数量,是把每一种最终产品的价格与其产量相乘然后相加,即总产量:

$$Y = P_1 \times Q_1 + P_2 \times Q_2 + \cdots + P_n \times Q_n,$$

所以,引起总产量变动的因素有两个,一个是各种产品产量 Q_i 的变动,另一个是各种产品价格 P_i 的变动。因价格变动带来的总产量变动是总产量的名义价值变动了,这种变动是衡量尺度变动造成的,对总产量的实际价值并没有影响,假如所有产品的价格上升了一倍,而实物产量没有变化,这样按时价衡量的总产量就会增加一倍,但实际产量并没有变,社会福利也不会增加。就像我们要比较泰山高还是黄山高必须有一个统一计算起点——海拔一样,为了使不同时期的总产量具有可比性,消除因价格变动造成的总产量的不实变动,就必须选择一个时期的价格作为基准价格,这个价格叫作基期价格,用基期价格计算的总产量叫实际总产量,用当期价格(时价)计算的总产量叫名义总产量。

二、价格指数

宏观经济学中的价格是指总体物价水平,表示总体物价水平的指标叫作价格指数(price index)。价格指数的基本公式是:

$$价格指数 = \frac{名义产量}{实际产量} \times 100 \tag{9.4}$$

由上式可知,基期的价格指数为 100,如果当期价格指数＝105,则表明当期价格比基期上涨了 5%。

价格指数的类型:

(1) 价格指数按所计算的每种产品的产量是否变动,分为帕氏指数(可变权重的价格指数)和拉氏指数(不变权重的价格指数)。价格指数是反映总体价格水平变化的指标,在计算价格指数时,每一种产品的价格变动对价格指数影响的程度的大小和其产量在总产量中所占比重也就是权重有关。"权"者秤砣也,"权衡"的原意就是用秤来衡量物重,权重大的产品其价格变动对价格指数的影响就大,权重小的产品其价格变动对价格指数的影响就小,犹如位高权重,人微言轻。如果用来计算价格指数的每种产品的产量在总产量中所占的比重是可变的,这种价格指数叫作可变权重的价格指数(variale-weight price index)亦即帕氏指数(paasche index)。其计算公式为:

$$P_P = \frac{\sum_{i=1}^{n} P_i^t Q_i^t}{\sum_{i=1}^{n} P_i^0 Q_i^t} \times 100 \tag{9.5}$$

产品的种类为 n, p_i^t 为第 i 种产品在 t 期的价格, p_i^0 为第 i 种产品在基期的价格, Q_i^t 为第 i 种产品在 t 期的产量。把上式展开整理可得:

$$P_P = \left(\frac{Q_1^t P_1^0}{\sum_{i=1}^{n} Q_i^t P_i^0} \cdot \frac{P_1^t}{P_1^0} + \frac{Q_2^t P_2^0}{\sum_{i=1}^{n} Q_i^t P_i^0} \cdot \frac{P_2^t}{P_2^0} + \cdots + \frac{Q_n^t P_n^0}{\sum_{i=1}^{n} Q_i^t P_i^0} \cdot \frac{P_n^t}{P_n^0} \right) 100 \tag{9.6}$$

上式等号右侧括号里的每一项中第一个分式是该产品的产量在总产量中所占的比重,即权重,第二个分式是该产品的价格变动比,由于不同时期各种产品的产量变动会使其在总产量中所占的比重变动,故这种价格指数是可变权重的。

如果用来计算价格指数的每种产品的产量在总产量中所占的比重是不变的,这种价格指数叫作固定权重的价格指数(fixd-weight price index),也称拉氏指数(laspeyres index)。其计算公式为：

$$P_L = \frac{\sum_{i=1}^{n} P_i^t Q_i^0}{\sum_{i=1}^{n} P_i^0 Q_i^0} \times 100 \tag{9.7}$$

式中,Q_i^0 为第 i 种产品在基期的产量,把上式展开整理可得：

$$P_L = \left(\frac{Q_1^0 P_1^0}{\sum_{i=1}^{n} Q_i^0 P_i^0} \cdot \frac{P_1^t}{P_1^0} + \frac{Q_2^0 P_2^0}{\sum_{i=1}^{n} Q_i^0 P_i^0} \cdot \frac{P_2^t}{P_2^0} + \cdots + \frac{Q_n^0 P_n^0}{\sum_{i=1}^{n} Q_i^0 P_i^0} \cdot \frac{P_n^t}{P_n^0} \right) 100 \tag{9.8}$$

由于式中所取的产量是各种产品在基期的产量,所以每种产品的产量在总产量中所占的比重都是固定不变的,故这种价格指数是固定权重的。

(2) 价格指数按所计算的商品对象还可分为 GDP 消胀指数、居民消费价格指数、生产者价格指数等。GDP 消胀指数(price deflator index)反映的是所有最终产品和服务价格水平随着时间变动的相对数,综合反映所有最终产品和服务价格水平的变动情况,它以所有最终产品和服务价格为计算对象,属于可变权重的价格指数。居民消费价格指数(consumer price index)简称 CPI,是消费者的生活消费品和服务价格水平随着时间变动的相对数,综合反映消费者购买的生活消费品和服务价格水平的变动情况,它以选定的一揽子种类固定和产量不变的消费品的价格为计算对象,属于固定权重的价格指数。生产者价格指数(producer price index)简称 PPI,在我国也被称为工业生产者出厂价格指数,是反映一定时期内全部工业产品出厂价格总水平的变动趋势和程度的相对数,包括工业企业售给本企业以外所有单位的各种产品和直接售给居民用于生活消费的产品。该指数反映了出厂价格变动对工业总产值及增加值的影响,是固定权重的价格指数。

价格指数还有多种,不同的价格指数可以帮助人们从不同的侧面了解宏观经济运行中价格变动的情况和趋势,对普通百姓的生活产生最直接影响的价格指数恐怕就是 CPI。CPI 的中文名称是居民消费价格指数。我国 CPI 统计范围涵盖全国城乡居民生活消费的食品、烟酒及用品、衣着、家庭设备用品及维修服务、医疗保健和个人用品、交通和通信、娱乐教育文化用品及服务、居住等八大类,262 个基本分类的商品与服务价格。数据来源于全国 31 个省(区、市)500 个市县,6.3 万家价格调查点,包括食杂店、百货店、超市、便利店、专业市场、专卖店、购物中心以及农贸市场与服务消费单位等。居民消费价格原始数据采用"定人、定点、定时"原则直接派人到调查网点采集,通常每月 9 日发布上月的 CPI 数据。

(3) 价格指数按计算的基准期是否变动,分为定基价格指数和环比价格指数。定基价格指数也就是固定基准期的价格指数,它是确定一个基准期,并以此为基础计算各个时期的价格水平。环比价格指数是以上期的价格为基准,计算本期的价格水平。表 9-4 中是我国 CPI 定基指数和环比指数。

表 9-4 我国 CPI 定基指数和环比指数

CPI	2013	2012	2011	2010	2009	2008	2007	2006	2005	2004
1978=100	594.8	519.7	565.0	536.1	519.0	522.7	493.6	471.0	464.0	455.8
上年=100	102.6	103.6	105.5	103.3	99.3	105.9	104.8	101.5	101.8	103.9

资料来源:中国国家统计局官网。

通过价格指数的变化,我们可以了解通货膨胀的情况。如果 P_t 表示 t 期的物价水平,P_{t+1} 表示 $t+1$ 期的价格水平,用 π_{t+1} 表示 $t+1$ 期的通货膨胀率,则有:

$$\pi_{t+1} = (P_{t+1} - P_t)/P_t \times 100\% \tag{9.9}$$

三、失业的量度

(一)失业的界定

一国的国民收入取决于在现有技术条件下资源的利用情况,在既定时期内资本存量是一定的,那么,决定国民收入的主要因素就是劳动力的就业状况。劳动力的就业状况通常用失业率指标来反映。为了量度失业,我们首先要了解一国人口中劳动力的构成。一国人口中可根据年龄标准划分为劳动年龄人口和非劳动年龄人口,我国目前 16 岁至 55 岁的女性和 16 岁至 60 岁的男性为劳动年龄人口。在劳动年龄人口中,有劳动能力愿意工作的构成劳动力人口,劳动力人口占劳动年龄人口的比例叫作劳动参与率,即:劳动参与率=(劳动力人口/劳动年龄人口)×100%,劳动参与率越高表明可利用的劳动力资源越多。劳动力人口以外的为非劳动力人口,非劳动力人口包括学生、军人、家务劳动者、失去劳动能力者、服刑人员、不愿工作者等。劳动力人口又可划分为就业人口和失业人口两部分,**失业是指劳动力人口中愿意工作,但还没有工作,并在找**

工作的人。失业率＝(失业人口/劳动力人口)×100%。根据需要可以设定更细化的失业率指标,如青年失业率、妇女失业率等。

(二) 失业的分类

根据需要可以对失业依据不同的标准进行分类,根据造成失业的原因不同可将失业分为摩擦性失业(frictional unemployment)、结构性失业(structural unemployment)和周期性失业(cyclical unemployment)。**摩擦性失业是由于劳动力市场运行中的障碍摩擦造成的失业。**人们进入劳动力市场找工作时,由于劳动力供求双方信息不对称形成劳动力市场运行的障碍和摩擦,求职者要找到合适的工作难以一蹴而就,需要花费时间,在这个阶段中就处于失业状态。**结构性失业是劳动力的供求结构不一致引起的失业。**经济发展过程中产业结构在不断变化,伴随着新兴行业的不断涌现也有一些行业在萎缩,甚至消失,新兴的行业对劳动力的需求在增加,存在大量职位空缺,萎缩和消失的行业对劳动力的需求在不断下降,会不断释放出劳动力,这些劳动者由于在专业技能上与空缺的岗位要求不匹配而处于失业状态。**周期失业是由于在经济周期的收缩期,产品的总需求下降造成对各行业劳动力需求整体性减少而引起的失业。**这种失业是逆周期的,经济收缩时增加,经济扩张时减少。当周期性失业为零时,经济就实现了充分就业,这时的失业只有摩擦性失业和结构性失业。

(三) 准确量度失业率的困难

由于劳动年龄人口、劳动力人口、就业人口和失业人口时时处在变动中,准确地量度失业率不是一件容易的事情,所以不同的国家采用统计失业率的方法也不尽相同。一些国家是根据领取失业救济金的人数来估计失业率的,美国采取的是抽样调查的方法,对大约6万个美国家庭样本定期进行问卷调查,中国现在采取的是城镇失业人员登记的办法。不同的方法对失业率的测算会有不同的影响。

(四) 奥肯定律

失业率下降,就业水平提高必然带产量水平的增加,美国经济学家阿瑟·奥肯(Arthur M. Okun,1928—1980)研究发现了经济增长率和失业率之间的经验关系,即:**当实际GDP增长率每超过潜在GDP增长率(美国一般将之定义为3%)一个百分点,失业率大约下降0.5个百分点。**这条经验法则被冠之以发现者的名字,称之为奥肯定律。奥肯定律可用公式表示为:

$$\text{实际 GDP 增长率} = 3\% - 2 \times \text{失业率的变动} \tag{9.10}$$

式中的3%是潜在GDP增长率,是由人口增长、资本积累和技术进步所决定的。

第五节 宏观经济的均衡——AS-AD模型简介

均衡是指一种稳定状态,当一国经济的整体运行处于某种稳定状态时,该国的宏观经济就是均衡的,这时有:总供给＝总需求,总供给等于总需求是均衡实现的条件。

一、总供给(aggregate supply)

总供给是指在既定时期内,每一价格水平上,企业所愿意提供的产品和服务的总量,总供给反映的是价格水平和产量之间的关系。总供给分为长期总供给和短期总供给。长期总供给是指资源得到充分利用时可达到的总产量水平,也叫潜在的产量水平或充分就业的产量水平,它是由技术水平和可利用的资源多少所决定的,不受价格变动的影响,所以,在以总产量 Y 为横坐标,以价格水平 P 为纵坐标的图9-6中,长期总供给曲线 LAS 是一条垂直的直线,Y^* 代表潜在的产量水平。短期供给是指实际产量和价格水平的关系,一般来说,价格水平越高,总产量越大,所以短期总供给曲线是一条向右上方倾斜的曲线。短期总供给曲线为什么是向右上方倾斜的,我们会在以后的相关章节给予详尽的分析,在这里可以一般地理解为当产品的价格水平上升时,企业投入品的价格没有变动或上升的幅度较小,提高产量,企业就能获得更多的利润。长期总供给曲线 LAS 与短期总供给曲线 SAS 相交于点 A,这时实际产量等于潜在的产量。

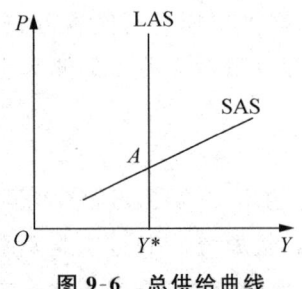

图9-6 总供给曲线

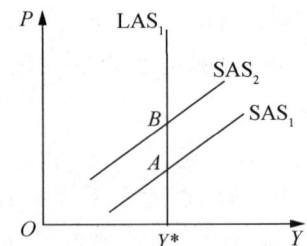

图9-7 短期总供给曲线的变动

二、总供给曲线的变动

当影响短期总供给的价格以外的因素发生变动时,短期总供给曲线的位置将发生移动。例如,投入品价格上涨,将推动短期总供给曲线向左上方移动,每一价格水平所对应的产量都下降了,在图9-7中,短期总供给曲线由 SAS_1 移动

到 SAS_2。当出现技术进步或资源增加时,长期总供给曲线将向右移动,同时,短期总供给曲线也随之向右移动,在图 9-8 中,长期总供给曲线由 LAS_1 移动到 LAS_2,短期总供给曲线由 SAS_1 移动到 SAS_2。

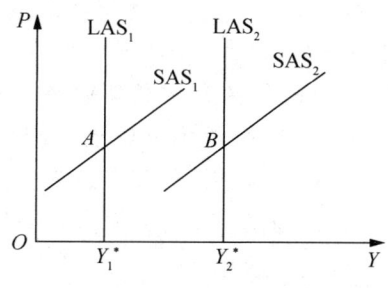

图 9-8　总供给曲线的移动

三、总需求(aggregate demand)

总需求 AD 是指在既定时期内,每一价格水平上社会所愿意购买的产品和服务的总量。总需求反映的是价格水平和总需求量之间的关系,如图 9-9 所示。总需求曲线 AD 是向右下方倾斜的,价格越低,总需求量越大。总需求 AD 来源于四个部门意愿的购买行为,即家庭的消费 C,企业的投资 I,政府的购买 G 和净出口 NX。

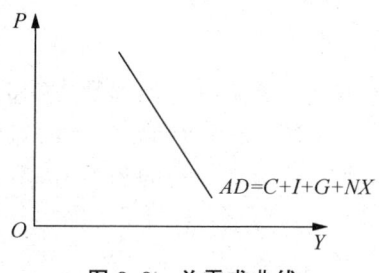

图 9-9　总需求曲线

总需求曲线向右下方倾斜主要是因为:

(一) 实际资产效应(财富效应、庇古效应)

事实上,人们会由于各种原因持有一定数额的金融资产,如货币、基金、股票、债券等。人们持有这些资产的原因可能是为了准备子女上大学的费用,也可能是为了退休后过上一个安逸舒适的生活,还有可能是为了购买一幢面积更大的房子等,这些都是基于现在消费和未来消费的一种选择。当价格总水平上升时,虽然这些资产的名义值不变,但以货币实际购买力衡量的这些资产的实际值会减少,这就意味着其未来的计划可能要大打折扣,如学费上涨后交不起学费等,为了实现未来的计划则必须保持实际资产数额不变,因此,人们在收入不变的情况下就会减少当前对商品的消费,而增加名义资产存量。而当价格总水平下降时,情况就会相反,这就是实际资产效应。价格变动产生的实际资产效应使总需求曲线向下倾斜。

(二)利率效应(凯恩斯效应)

一般来讲,当价格水平上升时,流通中的实际货币余额(实际货币的供给量)就会减少,在利率不变的情况下,货币市场上就会出现实际货币的过度需求,为了平衡人们对货币的过度需求,利率水平必然上升。利率提高增加了企业投资的成本,会导致投资需求下降,这就是价格变动的利率效应。利率效应也会导致总需求曲线向下倾斜。

(三)开放替代效应(NX效应)

在开放经济的条件下,当一国价格水平上升时,在其他因素不变的情况下,外国生产的产品就会变得相对便宜,人们就会用外国产品来替代本国产品,增加对进口产品的需求;而外国居民则会增加自己国家的产品以替代该国的产品,则该国产品的出口需求减少了,因此,价格水平上升,进口增加,出口减少,从而净出口减少,而总价格水平下降,出口增加,进口减少,从而净出口增加,这就是价格变动的开放替代效应。当一个经济对外开放时,开放替代效应就构成了总需求曲线向下倾斜的另一个原因。

四、总需求曲线的变动

总需求曲线表达了在影响总需求的其他因素不变的条件下,价格水平变动与商品总需求量变动之间的关系,而当影响总需求的其他因素发生变动时就会造成总需求曲线位置的移动。从宏观经济的角度看,造成总需求曲线移动主要有以下几个因素:

(一)预期

预期包括预期收入、预期利润率、预期通货膨胀等。人们预期未来收入提高时会增加当前的个人消费需求,使总需求曲线向右移动,而人们预期收入下降的作用正好相反,总需求曲线会向左移。企业预期未来利润率提高,会扩大投资需求,使总需求曲线向右移动,而预期利润率下降,总需求曲线会向左移。预期通货膨胀上升会使当前商品的价格变得相对便宜,而未来商品价格变得相对昂贵,从而扩大对当前商品的总需求,使总需求曲线向右移动;预期通货膨胀下降则相反。

(二)政府政策

政府的宏观经济政策是影响总需求的一个十分重要的因素。政府实行扩大政府支出和减税的财政政策会直接增加总需求,总需求曲线就会向右移动;而缩减政府支出和增加税收就会使总需求下降,总需求曲线就会向左移动。货币政策对总需求曲线的影响比较间接。当政府(央行)采取增加货币供应量的货币政策时,利率水平会下降,从而导致投资需求增加,总需求曲线向右移动;而减少货币供应量的结果恰好相反。

按照对总需求的不同作用,政府宏观经济政策大致可以区分为扩张性政策和紧缩性政策两类。从财政政策看,凡是能够刺激总需求增加的财政政策,通常的政策手段包括增加政府支出、减少税收等,被称作扩张性财政政策;反过来,凡是能够抑制总需求的政策,政策手段包括减少政府支出、提高税收等,被称作紧缩性财政政策。从货币政策看,凡是能够增加货币供应量从而刺激总需求的货币政策,被称作扩张性货币政策;反过来,凡是能够减少货币供给量从而抑制总需求的政策,被称作紧缩性货币政策。

(三) 世界经济

在一个开放社会中,世界经济的变化会通过各种渠道来影响一国的总需求,其中主要体现在汇率和外国收入的变动两个方面。汇率上升,本国货币升值,意味着本国商品的相对价格上升,外国商品相对价格下降,本国将扩大对进口的需求而减少对外国出口,于是,本国净出口将减少,总需求下降;汇率下降的作用相反。外国收入增加会扩大对本国商品的需求,在进口不变的情况下增加净出口需求,总需求上升。

总需求增加,总需求曲线向右移动,在图 9-10 中,由 AD_0 向右移到 AD_1,总需求减少,总需求曲线向左移动,由 AD_0 向左移到 AD_2。

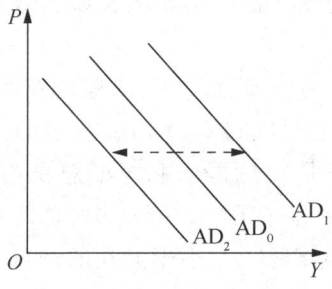

图 9-10 总需求曲线的移动

五、宏观经济的均衡

当总供给等于总需求时,经济处于均衡状态。总供给 AS 即企业的总产量 Y,$AS=Y$。总需求 AD 即人们意愿的总支出 AE,$AD=AE$,意愿的总支出 AE

由消费 C、投资 I、政府购买 G 和净出口 NX 四个部分构成,总需求 $AD=C+I+G+NX$。当在某一价格水平上 $AS=AD$,亦即 $Y=C+I+G+NX$ 时,经济运行达到均衡状态。

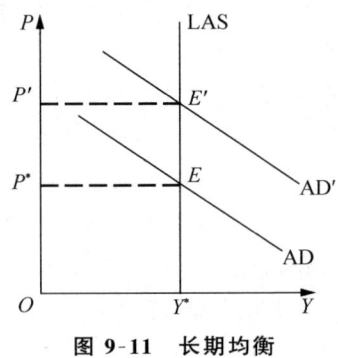

图 9-11 长期均衡

(一) 长期均衡

古典理论认为,经济受到冲击偏离均衡状态时,在价格机制的作用下,会自动地回到充分就业的均衡状态,一国的产量的高低决定于其所具备的技术和资源条件,也就是说产量是由总供给决定的。但是,价格机制充分发挥作用往往需要有一个时间过程,所以古典均衡被称为长期均衡。在图 9-11 中,总需求曲线 AD 与长期总供给曲线 LAS 相交于点 E,均衡的价格为 P^*,均衡的产量为 Y^*。当经济受到来自总需求的冲击,总需求曲线由 AD 移动到 AD′时,与长期总供给曲线 LAS 相交于点 E',均衡的价格为 P',均衡的产量仍然是 Y^*。Y^* 是由技术和资源所决定的潜在的产量,给定技术和资源不变,潜在的产量 Y^* 不变,无论总需求发生怎样的变化都不会影响长期均衡的产量 Y^*。

(二) 短期均衡

由于受各种因素影响,价格调整往往具有缓慢性的特征,价格机制对经济活动的充分调节需要有一个时间过程,因此,在短期内经济的实际运行是处于不断的波动中的,实际产量是由总需求和短期总供给所决定的,实际产量并不始终能达到潜在的产量水平。在图 9-12(a) 中,总需求曲线 AD 与短期总供给曲线 SAS 相交于点 A,实际产量 Y_0 小于潜在的产量 Y^*,资源没有得到充分利用,存在着失业,这是一个短期失业均衡。在图 9-12(b) 中,总需求曲线 AD 与短期总供给曲线 SAS、长期总供给曲线 LAS 相交于点 B,实际产量等于潜在的产量 Y^*,资源得到充分利用,实现了充分就业,这既是一个短期均衡,同时也是长期均衡。在图 9-12(c) 中,总需求曲线 AD 与总供给曲线 SAS 相交于点 C,实际产量 Y_2 大于潜在的产量 Y^*,资源过度消耗,经济处于超负荷运行状态,这是一个短期超充分就业均衡。

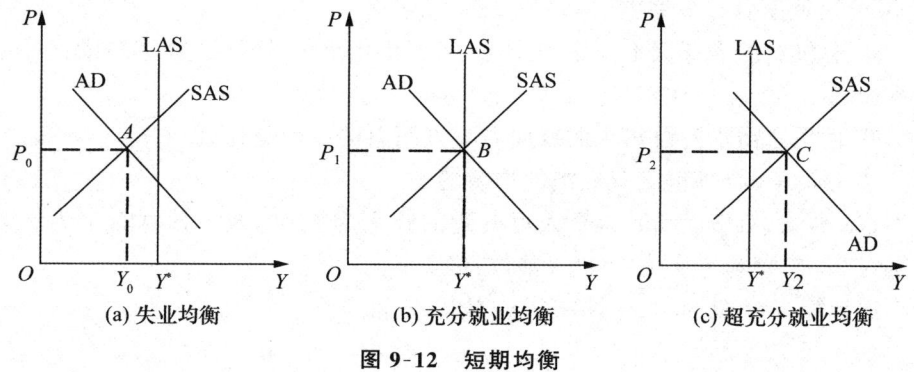

图 9-12　短期均衡

再次提醒注意：宏观经济学中长期和短期的划分不是根据日历时间的长短，而是以价格机制是否充分发挥了作用来划分的。当价格机制充分发挥了作用时，实际产量等于潜在的产量，经济处于充分就业的长期均衡状态；当经济受到冲击，而价格机制未能充分发挥作用时，实际产量就会偏离潜在的产量，经济就处于非充分就业的短期均衡状态，所以，长期有时在日历时间上可能很短，短期有时在日历时间上可能很长。

AS-AD 模型是分析宏观经济运行问题的基本模型，下面的分析都是基于该模型进行的。第十章、第十一章、第十二章和第十三章我们在长期均衡 LAS＝AD 的基础上对经济增长、失业、通货膨胀和宏观经济政策效果进行分析，第十四章、第十五章和第十六章我们利用短期均衡模型 $SAS=AD$，以及短期模型和长期模型相结合，分析经济波动、经济是怎样由短期均衡调整到长期均衡的和宏观经济政策对稳定经济的作用。

复习思考题

1. 宏观经济学的研究对象是什么？它主要关注的问题有哪些？
2. 宏观经济学中的行为主体有哪几个？它们是怎样参与宏观经济活动的？
3. GDP 和 GNP 的区别是什么？它们是如何被量度的？
4. 查询 2015 年以来每个月的中国宏观经济的主要指标，据此谈谈你对中国宏观经济运行状况的看法。
5. 如果一个统计学家和他的女佣结婚了，对 GDP 会用影响吗？为什么？
6. 反映一国价格水平的主要指标有哪些？其含义是什么？查询 2015 年以来中国的价格水平每月的数据，并对此谈谈你的看法。
7. 经济学是如何定义失业的，根据原因可将失业划分为哪几种类型，失业和 GDP 之间有什么联系？

8. 总供给的含义是什么？谈谈长期总供给和短期总供给之间的区别和联系。

9. 何谓总需求？总需求曲线向右下方倾斜的原因是什么？

10. 你是怎样理解宏观经济的均衡的？

11. 假设 GDP 为 5000，个人可支配的收入为 4100，政府预算赤字为 200，消费为 3800，贸易赤字为 100。（单位：亿美元）

试计算：(1) 储蓄；(2) 投资；(3) 政府支出。

第十章 经济增长

经济增长是指一国产量水平的提高,通常情况下,用一国的 GDP 增长率和人均 GDP 增长率来衡量一国的经济增长情况。促进经济增长是一国经济政策的核心目标。当今世界,不同国家的贫富差别,和它们曾走过的经济发展历程有关,富国无一不是曾有过长期持续的高速经济增长,穷国则是经济长期低增长甚至处于停滞状态。从 GDP 和人均 GDP 看,改革开放前中国属于世界上极贫国家之一,1978 年,中国的 GDP 为 3645.22 亿元,人均 GDP 为 381.23 元,经过近四十年的高速经济增长,而今中国 GDP 位居世界第二,人均 GDP 也已达到中等发达国家水平,2013 年,中国的 GDP 为 588019 亿元,人均 GDP 为 43320 元。经济增长是一国实际生产能力的增长,这源于资源的增加和技术水平的提高。本章主要利用新古典增长模型对各种因素在经济增长中所起的作用进行分析。

第一节 资本积累

新古典增长模型亦称为索洛增长模型(solow growth model),由 1987 年诺贝尔经济学奖获得者罗伯特·默顿·索洛(Robert Merton Solow)在 20 世纪 50 年代提出。它解释了在一个经济体中,资本存量增长、劳动力增长和技术进步如何相互作用而影响经济增长的。由于劳动力人口在总人口中所占的比例通常是稳定的,为了简化分析,我们不对劳动力人口与总人口作区分。

一、索洛增长模型的基本假定

(1) 将投入要素分为资本 K 和劳动 L 两种,总产量 Y 是资本 K 和劳动 L 的函数,即:$Y=F(K,L)$,劳动和资本两种要素之间可以平滑替代,即函数 F 有连续的一阶和二阶导数;并且满足以下性质:

① 各要素的边际产出大于零且递减。即:

$$\frac{\partial F}{\partial K}>0, \quad \frac{\partial^2 F}{\partial K^2}<0; \quad \frac{\partial F}{\partial L}>0, \quad \frac{\partial^2 F}{\partial L^2}<0$$

② 规模报酬不变,也就是说,生产函数满足一次齐次性,即:$\lambda Y=F(\lambda K,\lambda L)$,对于任意的正数 λ,该等式都成立。

③ 满足"伊纳德条件"(Inada Condition):资本(或劳动)趋向于 0 时,资本(或劳动)的边际产量趋向于无穷大;资本(或劳动)趋向于无穷大时,资本(或劳动)的边际产量趋向于 0。即:当 $K\rightarrow 0$ 时,$MP_K=\infty$,当 $K\rightarrow\infty$ 时,$MP_K=0$;当 $L\rightarrow 0$ 时,$MP_L=\infty$,当 $L\rightarrow\infty$ 时,$MP_L=0$。

根据性质(2)$\lambda Y=F(\lambda K,\lambda L)$,令:$\lambda=1/L$,则:$Y/L=F(K/L,1)$,并用小写字母表示 $y=Y/L,k=K/L$,得到人均生产函数:$y=y(k)$,人均产量 y 是人均资本 k 的函数,人均形式的生产函数具有 $dy/dk>0,dy^2/dk^2<0$ 特征,如图 10-1 所示:

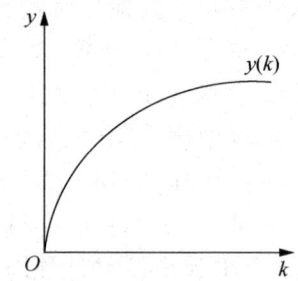

图 10-1 索洛模型的人均生产函数

(2) 一个只有家庭和企业的两部门经济,总需求分为消费和投资两部分,即:$AD=C+I$。

(3) 经济处于长期均衡状态,资源得到了充分的利用,实际总产量=潜在总产量,实际总产量=总需求,即:$Y=C+I$,等式两边同除以 L,得:$y=c+i$。这个假定可以使我们的分析集中于增长问题,而不被经济短期波动所干扰。在两部门经济中收入 Y 不是被用于消费 C,就是被用于储蓄 S,储蓄 S 的定义是未用于消费的收入 $S\equiv Y-C$。$Y\equiv C+S$ 的两边同时除以 L 得:$y\equiv c+S/L$,S/L 为人均储蓄,$S/L=S/L\times Y/Y=S/Y\times Y/L=sy$,($s=S/Y$ 为储蓄率),所以,$y\equiv c+sy$。根据 $y=c+i$ 和 $y\equiv c+sy$,得:$c+sy=c+i$,$sy=i$,也就是说,经济均衡的条件可表示为:人均储蓄(sy)=人均投资(i)。

二、资本积累和稳态

决定经济增长的因素有三个:资本、人口和技术。为了弄清楚资本存量的变动在经济增长中所起的作用,我们让人口和技术保持不变。在生产函数 $y=f(k)$ 中,由于人均产量 y 只与人均资本 k 有关,现在讨论一个经济体的资本存量的变化——资本积累是如何影响经济增长的。

(一) 影响资本积累的因素

1. 影响资本存量(K)变化的因素有两个:投资(I)和折旧(D),即:$\Delta K = I - D$。两边除以L,可改写为人均形式,$\Delta k = i - d$

首先,投资越多,资本存量越大。那么投资是如何被决定的呢?由$i = sy$可知:

第一,投资取决于人均资本存量。把生产函数$y = y(k)$代入$i = sy$,得:$i = sy(k)$。人均资本k越多,人均收入y就越多,人均投资i也就越多。同时,由于投资又是影响资本存量的两个因素之一,而且是主要因素。因此,在储蓄率一定的条件下,资本存量和投资之间实际上存在着一种动态循环的影响和决定关系。

第二、投资取决于储蓄率s。储蓄率越高,则在资本存量和收入水平一定的条件下,投资水平越高。而且,由于投资和消费之间存在替代关系,一定条件下,投资越多,则消费越少。如图10-2所示。

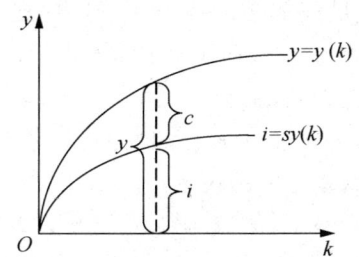

图 10-2　产出、消费和投资的关系

其次,折旧会使资本存量减少。折旧是资本存量因使用和时间的推移而产生的损耗。为了简单起见,假定一个经济中所有的资本都以一个固定的比例δ减少,δ为平均折旧率。则每年因折旧而损耗的资本是$D = \delta K$,每年因折旧而损耗的人均资本数量就是$d = \delta k$,所以人均折旧d也是人均资本k的函数,平均折旧率δ是该函数的斜率,由此可见,折旧既取决于折旧率,也取决于人均资本存量,如图10-3所示。

所以,**人均资本变动方程**:

$$\Delta k = sy(k) - \delta k \tag{10.1}$$

若$sy(k) > \delta k, \Delta k > 0$,人均资本增加;若$sy(k) < \delta k, \Delta k < 0$,人均资本减少;若$sy(k) = \delta k, \Delta k = 0$,人均资本不变。

(二) 资本积累的稳态

由人均资本变动方程$\Delta k = sy(k) - \delta k$可知,在给定储蓄率$s$和折旧率$\delta$时,资本存量的变化只取决于资本存量本身和生产函数的形式,对此可以通过图

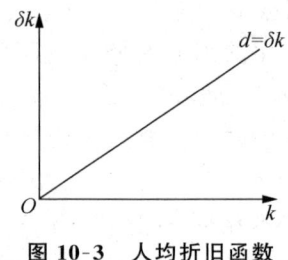

图 10-3　人均折旧函数

10-4 来说明。由于随着人均资本 k 的增加，人均产量 y 以递减的速度增加，所以人均投资 i 也是以递减的速度增加的，而人均折旧 d 以不变的速度 δ 增加，投资曲线 i 和折旧曲线 d 必有一个交点，如图中的点 E。当人均资本 $k=k_1<k^*$ 时，$i>d$，$\Delta k>0$，人均资本 k 增加，当 k 增加到 k^* 时，$i=d$，$\Delta k=0$，人均资本保持不变。反之，当人均资本 $k=k_2>k^*$ 时，$i<d$，$\Delta k<0$，人均资本减少，当 k 减少到 k^* 时，$i=d$，$\Delta k=0$，人均资本保持不变。也就是说，无论现在人均资本 k 是多少，随着时间的推移，最终都会达到 k^*，一旦达到 k^*，就会一直保持下去。人均资本不变，从而人均收入 y、人均投资 i 和人均折旧 d 都将保持不变。k^* 就是稳态的人均资本存量，点 E 为稳态点。当然，这时总产量 Y、总投资 I 和折旧 D 也不再变动。根据人均资本变动方程，我们可以得出**稳态时的储蓄率、折旧率、人均资本和人均产量四者之间的关系**：

$$s/\delta = k/y \tag{10.2}$$

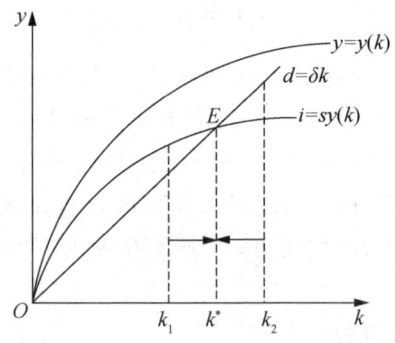

图 10-4　投资、折旧和稳态

三、储蓄率对稳态的影响

储蓄率不同，稳态时的人均资本水平和人均收入水平也就不同，较高的储蓄率对应着较高的稳态人均资本水平和人均收入水平，反之则相反。在图 10-5

中,储蓄率为 s_1 时,稳态点为 E_1,稳态的资本存量、收入分别 k_1^* 和 y_1,当储蓄率由 s_1 提高到 s_2 时,稳态点为 E_2,稳态的资本存量、收入分别提高到 k_2^* 和 y_2。

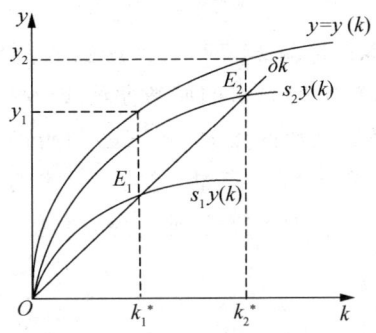

图 10-5 储蓄率对稳态的影响

四、资本积累的黄金律

通过前面的分析,我们知道,不同的储蓄率对应着不同稳态,储蓄率越高,稳态的人均资本和人均收入就越高。生产的目的是为了消费,高储蓄意味着低消费,尽管经济会自动地趋向于稳态,但并不意味着是消费最大化的稳态。**能使消费最大化的稳态的资本积累水平被称为资本积累的"黄金律水平"(golden rule level)**,记为 k_g^*。因为在这样一个稳态的资本积累水平上,意味着每一代人都能享有着相同的最大消费,它符合基督教圣经中耶稣教导的"你要别人如何对你,就要如何对人"的道德黄金律。饶有意思的是比耶稣更早的中国古代的孔子也谆谆教诲人们"己所不欲,勿施于人",可谓神人、圣人所见略同。那么满足资本积累的黄金律条件是什么呢,怎么能判断出一个经济的稳态是否正好满足黄金律呢?要得到问题的答案,必须首先知道经济稳态的人均消费水平是由什么决定的,然后才能知道怎样的稳态能使消费最大化。

为了找到稳态人均消费,可以从均衡的条件 $y=c+i$ 开始,移项得 $c=y-i$。由于稳态的人均产量为 $y^*=y(k^*)$,稳态时投资 i 等于折旧 δk^*,因此,**稳态的人均消费为**:

$$c^* = y(k^*) - \delta k^* \tag{10.3}$$

即稳态时,消费是产量和折旧的差额。该式表明稳态资本水平的提高,对稳态的人均消费有两种对立的影响,它通过使产量增加提高消费,但同时又因为需要有更多的产量去替代折旧掉的资本而使消费减少,而最终稳定状态的消费究竟是提高了还是降低了,则要看资本水平对两者影响力度的相对大小。对上式求导,并令其导数等于 0:

$$dc^*/dk = dy(k^*)/dk^* - d(\delta k^*)/dk^* = MP_k - \delta = 0$$

得资本积累的黄金律：

$$MP_k = \delta \tag{10.4}$$

在图10-6中，当资本存量为 k_g^* 时，生产函数的斜率＝折旧函数的斜率，即 $MP_k = \delta$，生产函数曲线 $y=y(k)$ 与折旧函数曲线 $d=\delta k$ 之间的距离最大。只有当储蓄率为 s_g 时，投资储蓄函数曲线 $i=s_g y(k)$ 与折旧函数曲线 $d=\delta k$ 在点 E 相交，所以，满足黄金律的稳态资本存量，是由一个特定的储蓄率 s_g 决定的，无论储蓄率高于 s_g 还是低于 s_g，都不能实现消费最大化。

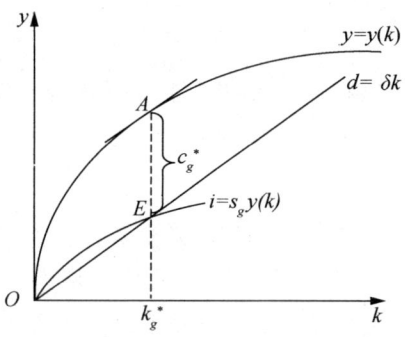

图 10-6 资本积累的黄金律水平

通过本节的分析，我们可以归纳以下几点结论：

(1) 给定储蓄率，经济会自动地趋向于一个稳态水平，稳态不仅对应一个特定的资本存量水平，而且也对应特定的产量（收入）水平和消费水平。

(2) 储蓄率不同，稳态的资本存量，以及相应的产量（收入）和消费也就不同，储蓄率越高，稳态的资本和收入越高。

(3) 高收入并不意味着可得到高消费，只有满足黄金律的资本存量，才能实现长期消费的最大化，而这是通过选择一个特定的储蓄率来实现的。

(4) 如果没有人口增长和技术进步，就不可能有长期持续的经济增长，仅仅依靠提高储蓄率来增加投资，只能带来短期的经济增长，一旦到达稳态，经济增长就会停止。

第二节 人口增长和技术进步

通过上一节的分析，我们知道高储蓄和高投资能提高一个经济的稳定状态资本和产量水平，而且如果原来稳态的资本水平低于黄金律稳态，提高储蓄率也能够提高长期中的消费，并能够在该经济达到新的稳态之前带来经济增长，但资本积累本身却不能解释持续的经济增长。因为在储蓄率及其他条件不变的情况下,投资和产量最终都会逼近一个稳定状态,而不再发生变化。

因此,要解释持续的经济增长就必须对模型加以扩展,方法是将人口增长(也意味着劳动力增加)和技术进步引进模型。本节先把人口增长引入模型,然后再将技术进步因素引入模型。

一、人口增长的影响

假设人口以固定速度 n 增长。人口增长对一个经济的稳态会产生什么影响呢？为了回答这个问题,首先必须分析一下人口的增长与投资和折旧一起,是如何影响人均资本积累的。我们已经知道,投资会提高资本存量,而折旧则会使资本存量减少。现在有第三种力量,即人口增长也对人均资本产生影响,人口增长会导致人均资本的下降。

我们仍然用小写字母代表人均数量。因此 $y=Y/L$ 代表人均产出,而 $k=K/L$ 表示人均资本,但必须记住,这里人口数量 L 不再是固定不变的,而是以 n 的速度增长的。现在我们来讨论影响人均资本变动的因素。

$I-\delta K=\Delta K$ 为新增资本,把新增资本分为两部分,即 $\Delta K=\Delta K_1+\Delta K_2$。其中 $\Delta K_1=\Delta kL$ 是用于增加人均资本的,$\Delta K_2=\Delta Lk$ 是用于装备新增人口以保持人均资本不变的,于是有：

$$I-\delta K = \Delta K_1 + \Delta K_2 = \Delta kL + \Delta Lk,$$

将其写成：

$$I = \Delta kL + \Delta Lk + \delta K$$

其中 $\Delta Lk+\delta K$ 是为保持人均资本不变所必需的投资,称之为"平衡投资"。

上式两边同除以 L,得：

$$I/L = \Delta kL/L + \Delta Lk/L + \delta K/L$$
$$i = \Delta k + \Delta L/L \times k + \delta k$$
$$i = \Delta k + nk + \delta k$$

移项整理得人均资本变动方程：

$$\Delta k = i-(n+\delta)k \tag{10.5}$$

或对 $k=K/L$ 求时间 t 的微分,可直接得到上述结果：

$$\Delta k = \Delta KL/L^2 - \Delta LK/L^2 = \Delta K/L - \Delta L/L \times K/L$$
$$= (I-D)/L - nk = I/L - \delta K/L - nk$$
$$= i - \delta k - nk = i-(\delta+n)k$$

该方程表明投资、折旧和人口增长是如何影响人均资本存量的。投资 i 会提高 k,同时折旧和人口增长则在降低 k。上一节中的人均资本变动公式

(10.1)不过是公式(10.5)在人口不变,即 $n=0$ 情况下的特例。$(\delta+n)k$ 是人均"平衡投资"。人口增长在降低人均资本存量方面的影响是与资本折旧相似的,只是折旧是通过资本的损耗降低 k,而人口增长则是通过资本存量在一个更大的人口中被摊薄而降低 k。

用人均储蓄 $sy(k)$ 代替人均资本变动方程(10.5)中的投资 i,则方程可以写成:

$$\Delta k = sy(k) - (\delta+n)k \qquad (10.6)$$

二、有人口增长的稳态

利用人均资本变动方程 $\Delta k=sy(k)-(\delta+n)k$,我们可以通过图 10-7 来说明包括了人口增长因素的稳态。投资曲线 $i=sy(k)$ 与平衡投资曲线 $(n+\delta)k$ 相交于点 E,稳态的资本存量为 k^*。如果人均资本存量 $k<k^*$,新增人均投资大于平衡投资,即:$i>(n+\delta)k$,$\Delta k>0$,那么人均资本 k 会增加,人均收入 y 也会相应地增加;如果人均资本存量 $k>k^*$,人均投资小于平衡投资,即:$i<(n+\delta)k$,$\Delta k<0$,那么人均资本 k 就会减少,人均收入 y 也会相应地减少;当人均资本存量 $k=k^*$ 时,$i=(n+\delta)k$,$\Delta k=0$,人均资本 k 保持不变,经济达到稳态。一旦经济处于稳态,投资只有两个目的,一部分为了置换折旧掉的资本;其余的为新劳动力提供稳态水平的人均资本。

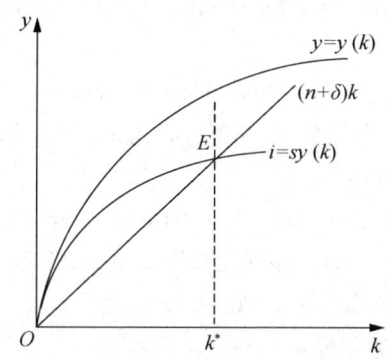

图 10-7 投资、折旧、人口增长和稳态

三、人口增长在三个方面改变了稳态的结论

首先,它使得我们对持续增长的解释有了进一步的理解。虽然人均资本和人均产量不变,但由于人口的数量以速度 n 增长,因此总资本和总产量也会以速度 n 增长,人口增长虽然不能解释生活水平持续提高意义上的增长,因为在稳态时人均收入没有变化,但至少能解释在总产量意义上的持续增长。

稳态的经济增长率：

$$\frac{\Delta Y}{Y} = \frac{y^* \Delta L}{y^* L} = \frac{\Delta L}{L} = n \quad (10.7)$$

稳态的资本增长率：

$$\frac{\Delta K}{K} = \frac{k^* \Delta L}{k^* L} = \frac{\Delta L}{L} = n \quad (10.8)$$

其次，把人口增长引进模型，为我们提供了关于为什么有些国家富裕而另一些国家贫穷的一种解释。我们用图10-8来加以说明。如果假设两个国家在经济各方面的条件基本相同，但因为两国的人口增长率分别为 n_1 和 n_2，且 $n_1 < n_2$，那么，这两个国家的稳态人均资本分别为 k_1^* 和 k_2^*。显然有较高人口增长率的国家，稳态人均资本和人均收入较低，也就是说，在其他条件都相同的情况下，长期人口增长率较高的国家，人们的生活水平低于人口增长率较低的国家，这就说明人口增长率的不同很可能是不同国家富裕程度存在差别的重要原因。

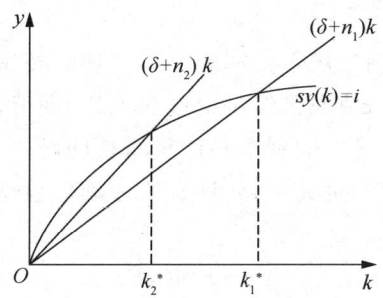

图 10-8 人口增长对稳态的影响

最后，引进人口增长后，改变了资本积累黄金律公式。人均消费为 $c = y - i$，把引进人口增长因素的稳态产量 $y = y(k^*)$、稳态投资 $i = (\delta + n)k^*$ 代入该式，可以得到有人口增长的稳态消费为 $c^* = y(k^*) - (\delta + n)k^*$，因此，资本积累黄金律公式为：

$$\mathrm{MP}_k = \delta + n \quad (10.9)$$

在黄金律稳态，资本的边际产量等于折旧率加上人口增长率。

四、技术进步和劳动效率

到目前为止，还无法解释人均意义上的持续经济增长。为了解释人均意义上的持续经济增长，现在把技术进步因素引入模型。

让我们回到把总资本、总劳动力和总产量联系在一起的总量生产函数 $Y = F(K, L)$ 上。为了让技术进步在生产函数中反映出来，我们把总量生产函数改写为：$Y = F(K, E)$，其中 $E = AL$，$A \geqslant 1$ 为技术进步变量，是能够反映技术进步的"劳动效率"变量。E 可以看作是用"效率单位"衡量的劳动量——有效劳动量。现在，总产量 Y 取决于资本存量 K 和有效劳动量 E 两个因素。

在有了上述铺垫以后，技术进步可以用劳动效率变量 A 的增长来反映。假设技术进步使 A 以一个固定速度 $g = \Delta A/A$ 增长。如 $g = 0.02$，即每个单位劳动力的效率都以 2% 的速度提高。这种形式的技术进步称为"劳动增强型"(labor augmenting)，g 则称为"劳动增强技术进步速度"。由于劳动力 L 以速度 n 增长，而每单位劳动力的效率 A 以速度 g 提高，因此，有效劳动数量 $E = A \cdot L$ 以速度 $(n+g)$ 增长，其推导如下：

$$\Delta E = A\Delta L + L\Delta A$$

$$\frac{\Delta E}{E} = \frac{A\Delta L + L\Delta A}{AL} = \frac{A\Delta L}{AL} + \frac{L\Delta A}{AL} = \frac{\Delta L}{L} + \frac{\Delta A}{A} = n + g$$

五、有技术进步的稳态

"好汉出马，一个顶俩"，用对劳动的"放大"理解技术进步，技术进步的作用就与人口增长很相似了。前面已经讨论过在人口，即劳动力数量随时间增长且经济稳态条件下，人均意义上的资本和产量增长问题。为了把技术进步因素考虑进来，进一步在有效劳动意义上，允许有效劳动数量增长的情况下进行分析，对生产函数：

$$Y = F(K, E)$$

两边同时除以 E，得：

$$Y/E = F(K/E, 1)$$

令：

$$y = Y/E = Y/(A \cdot L), \quad k = K/E = K/(A \cdot L)$$

则生产函数转换为：

$$y = y(k)$$

注意：现在 y 是每单位有效劳动的产量，而不是人均产量，k 是每单位有效劳动的资本，而不是人均资本。原来意义上的 k 和 y 则可以看作劳动力的效率 A 不变且等于 1 时的特例。当 k 和 y 的含义重新定义过以后，有技术进步的生产函数在形式上仍然和前面一样：

$$y = y(k)$$

分析的次序仍然与讨论人口增长时一样。

对 $k = K/E$ 求时间变量 t 的微分得：

$$\Delta k = \Delta KE/E^2 - \Delta EK/E^2 = \Delta K/E - \Delta E/E \times K/E$$

$$= (I-D)/E - (n+g)k = i - \delta k - (n+g)k = i - (n+g+\delta)k$$

现在每单位有效劳动的资本 k 的变动方程为：

$$\Delta k = i - (\delta + n + g)k \tag{10.10}$$

把 $i = sy(k)$ 代入上式，得：

$$\Delta k = sy(k) - (\delta + n + g)k \tag{10.11}$$

其中，$sy(k)$ 为每单位有效劳动储蓄（投资），$(\delta+n+g)k$ 为平衡投资，即为保持每单位有效劳动资本不变所需要的投资。在形式上，资本 k 的变动方程和前面没有技术进步的相比，只是在平衡投资中多了一个 g，所以，前面没有技术进步的 k 的变动方程(10.6)可以看成 $g=0$ 时的一个特例。

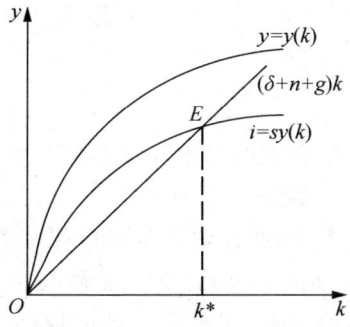

图 10-9　有技术进步的稳态

当我们对 k 和 y 重新定义过以后，引进技术进步因素，在形式上对一个经济的稳态并不会产生影响，所以在图 10-9 中，与没有技术进步时相比，只是平衡投资曲线斜率中多了一个 g。从图中可以看出，在有技术进步时，经济同样存在一个稳态的资本水平 k^*，当经济自动地达到这个稳态时，k、y 等都不再变动。

当经济达到稳态时，虽然每单位有效劳动资本 k 和每单位有效劳动收入 y 不再变动，但由于技术是以 g 的速度在进步，人口是以 n 的速度在增长，所以人均收入、总收入和人均资本、总资本将会长期持续不断地增长。

根据稳态时每单位有效劳动收入 $y^* = Y/E$，可知稳态时的总收入为：

$$Y = y^* E = y^* AL$$

求微分有：

$$\Delta Y = y^* (\Delta AL + \Delta LA)$$

用 $Y = y^* AL$ 除上式，得：

$$\frac{\Delta Y}{Y} = \frac{y^* \Delta AL + y^* \Delta LA}{y^*(A \cdot L)} = \frac{\Delta A}{A} + \frac{\Delta L}{L} = g + n$$

即稳态的经济增长率为：

$$\frac{\Delta Y}{Y} = g + n \tag{10.12}$$

根据：$Y = y^* E = y^* AL$，可知稳态的人均收入 $Y/L = y^* A$，求微分有：

$$\Delta(Y/L) = y^* \Delta A$$

上式除以 $Y/L = y^* A$，得稳态的人均收入增长率：

$$\frac{\Delta(Y/L)}{(Y/L)} = g \tag{10.13}$$

根据稳态时每单位有效劳动的资本 $k^* = K/(A \cdot L)$，可知稳态时的资本 $K = k^* AL$，利用同样方法可得到稳态的资本增长率：

$$\frac{\Delta K}{K} = g + n \tag{10.14}$$

人均资本增长率为：

$$\frac{\Delta(K/L)}{(K/L)} = g \tag{10.15}$$

所以，有了技术进步，稳态时经济增长率和资本增长率都等于 $g+n$，人均收入增长率和人均资本增长率都等于 g。

索洛增长模型向我们揭示，提高储蓄率只能带来在到达稳态之前的短期中的经济增长，而人口的增长则对人均意义上的增长没有意义，只有技术进步才是一个经济长期持续增长的源泉，才能够推动产量和生活水平的不断上升。知识就是力量，科学技术是第一生产力，实乃至理名言。

引入技术进步因素同样也改变了资本积累的黄金律稳态条件。资本积累的黄金律水平现在是最大化每单位有效劳动消费的水平。每单位有效劳动的稳态消费为：

$$c^* = y(k^*) - (\delta + n + g)k^*$$

因此，实现稳态消费最大化的条件是：

$$MP_k = \delta + n + g \tag{10.16}$$

或：

$$MP_k - \delta = n + g \tag{10.17}$$

也就是说，在资本积累的黄金律水平，每单位有效劳动资本的边际净产量，应该等于总产量的增长率。由于现实经济既有人口的增长，也有技术进步，因此这是判断各个国家的资本存量高于还是低于黄金律稳态水平的更加现实的标准。

第三节 经济增长核算与新增长理论简介

一、经济增长核算

对经济增长因素的测定是一件十分有意义的工作，它不仅可以为我们提供分析和比较各国经济增长的量化指标,还能为政策制定者制定促进经济增长的政策提供经验参考。一国经济增长的源泉,按新古典增长理论可以归纳为两个方面,即要素(资本和劳动)投入的增长和技术进步。柯布—道格拉斯生产函数为:

$$Y = AK^{\alpha}L^{1-\alpha}$$

其中,A 是反映技术水平的变量,A 越大则给定的要素投入所生产的产量也就越多,A 也被用一个比技术更为中性的术语——全要素生产率(TFP)来称谓;α 为资本的产量弹性,资本每增加 1%,总产量(总收入)将增加 α%,α 还代表收入中资本所占的份额;$1-\alpha$ 为劳动的产量弹性,劳动每增加 1%,总产量(总收入)将增加 $(1-\alpha)$%,$(1-\alpha)$ 还代表收入中劳动所占的份额。对该式两边取对数得:

$$\ln Y = \ln A + \alpha \ln K + (1-\alpha)\ln L$$

各变量随时间的推移而变化,对该式求时间 t 的微分得:

$$\Delta Y/Y = \Delta A/A + \alpha \Delta K/K + (1-\alpha)\Delta L/L \tag{10.18}$$

上式总结了生产率提高和投入增长对经济增长的贡献,$\alpha\Delta K/K$ 为资本增长对经济增长的贡献,$(1-\alpha)\Delta L/L$ 为劳动增长对经济增长的贡献,$\Delta A/A$ 代表技术改进速度,也叫全要素生产率提高速度。经济增长率 $\Delta Y/Y$、资本增长率 $\Delta K/K$、劳动增长率 $\Delta L/L$ 以及收入中资本所占的份额 α 和劳动所占的份额 $(1-\alpha)$ 都是可以通过统计获得的数据,利用这些数据就可以计算出 $\Delta A/A$:

$$\Delta A/A = \Delta Y/Y - \alpha \Delta K/K - (1-\alpha)\Delta L/L \tag{10.19}$$

也就是说 $\Delta A/A$ 是一个剩余,称为"索洛剩余",所以 A 是一个比我们通常理解的技术含义更广泛的概念,它表明经济增长中不能用要素增长解释所有的因素——生产技术、受教育水平、健康、经济政策、制度变革等。对这些因素进一步的量化分析具有重要的政策意义。

(10.18)式两边减 $\Delta L/L$ 可得人均收入增长率:

$$\Delta Y/Y - \Delta L/L = \Delta A/A + \alpha(\Delta K/K - \Delta L/L)$$

即:

$$\Delta y/y = \Delta A/A + \alpha \Delta k/k \tag{10.20}$$

二、新增长理论简介

以索洛增长模型为代表的新古典经济增长理论是现代经济增长理论的基础。新古典生产函数的规模报酬不变和要素的边际报酬递减的性质,决定了在索洛模型中,稳态的人均资本存量和人均产量,决定于储蓄率、人口增长率和技术进步的速率。而这些因素都是外生的,意味着经济增长的主要动力来自于增长理论研究的范围之外,增长模型本身不能解释人均意义上的经济长期持续增长。我们知道,经济学是研究人们的选择行为的科学,而储蓄率、人口增长率和技术进步速率都是由人们的选择行为决定的,也是可以通过政策等加以影响的,它们在不同的经济中水平很不相同,因此当新古典增长模型不能很好地解释增长时,经济学家自然就会想将储蓄率、人口增长率和技术进步等重要参数作为内生变量来考虑,从而可以由模型的内部来决定经济的长期增长,这些模型被称作内生经济增长模型。这种以内生经济增长为主要特征的新经济增长理论的诞生,标志着现代经济增长理论进入一个新的发展阶段。20世纪80年代后期兴起和发展起来的内生增长模型有很多,按经济增长的推动因素划分,大致可分为要素投入的内生模型和技术进步的内生模型两大类,如图10-10所示:

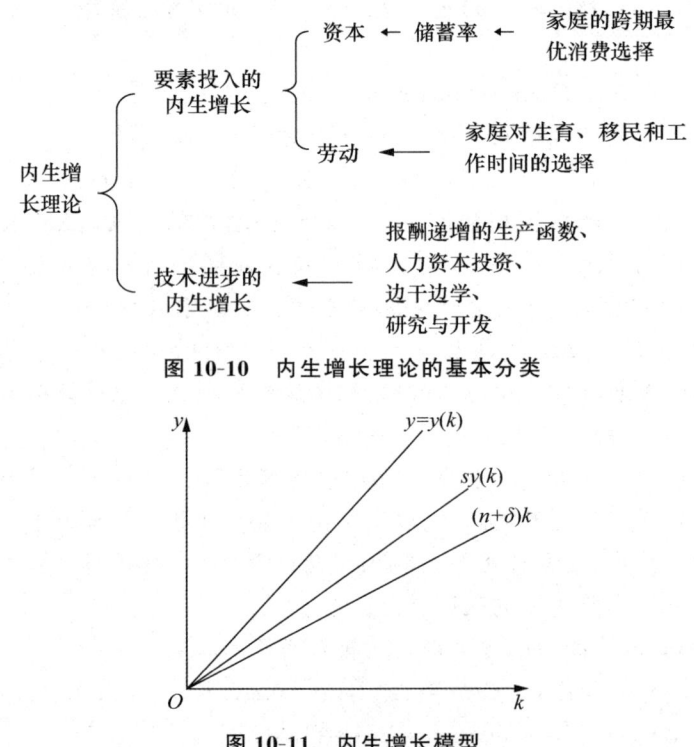

图 10-10 内生增长理论的基本分类

图 10-11 内生增长模型

图10-11是一个简单的内生增长模型,在其中改变了生产函数的假设形状,显示出资本的边际报酬不变。生产函数与储蓄曲线变成了直线,储蓄始终大于平衡投资,储蓄率越高,储蓄与平衡投资的差距越大,增长的也就越快,经济可持续地长期增长。

当这样对生产函数原来假定的形状进行简易的改变时,却否定了微观经济学边际产量递减规律。这意味着,厂商两倍的资本将生产两倍的产量,那么,所有生产要素都增加两倍,就会生产两倍多的产量,出现递增的规模报酬,厂商资本越大,就越发有效率。这将出现一种可怕的局面:单独一家厂商主宰着整个经济。由于出现这种情况的可能性微乎其微,我们应该排除对一家厂商而言所有要素的规模报酬递增与单个要素报酬不变的可能性。

美国经济学家保罗·罗默(Paul Romer)认为,由于存在着外部性,个别厂商不能获得其资本投资带来的全部收益,如果我们将资本投资不仅仅理解为增加机器设备、厂房等资本品,也包括人力资本、研究与开发,那么投资不仅产生新机器,而且产生新的工作方式——有时是有意识地对研究工作进行投资,有时则是无意中发现的副产品。当一家厂商增加资本时,尽管厂商攫取了新机器产生的利益,产量提高了,但是要独占新方法与新思想的全部好处却困难得多,因为方法与思想易于复制(知识扩散),"站在巨人的肩膀上",学习与借鉴使其他厂商的生产率也会提高,对整个社会来说总生产函数就会呈现规模报酬递增,并且避免出现一家厂商垄断整个经济的趋势。具体而言,假定技术与总体经济中每个工人的资本水平成正比,即:$A=\beta K/L=\beta k$,并假定技术属于劳动增强型,因此生产函数可写成:

$$Y = F(K, AL)$$

增长方程相应的改变为:

$$\Delta y/y = (1-\alpha)\Delta A/A + \alpha \Delta k/k$$

只是技术增长不是外生规定的,而是取决于资本的增长:

$$\Delta A/A = \Delta K/K - \Delta L/L = \Delta k/k$$

将技术增长公式 $\Delta A/A = \Delta k/k$ 代入增长方程:

$$\Delta y/y = (1-\alpha)\Delta A/A + \alpha \Delta k/k$$

得:

$$\Delta y/y = (1-\alpha)\Delta k/k + \alpha \Delta k/k = \Delta k/k$$

显示出人均产量(收入)与人均资本以相同的速度增长。这意味着 y/k 是常数。

将生产函数 $Y=F(K,AL)$ 除以 K 得:

$$Y/K = F(K/K, AL/K) = F(1, \beta) = \beta$$

等式右边分子分母同除以 L 得:

$$y/k = \beta$$

将资本积累方程 $\Delta k = sy-(n+\delta)k$ 改写为 $\Delta k/k = sy/k-(n+\delta)$,把 $y/k=\beta$ 代入得:

$$\Delta k/k = s\beta - (n+\delta)$$

所以,人均收入增长率:

$$\Delta y/y = \Delta k/k = s\beta - (n+\delta) \tag{10.21}$$

高储蓄率产生高人均增长率,高人口增长率和高折旧率导致低人均增长率。

复习思考题

1. 在索洛增长模型中,储蓄率如何影响稳定状态的收入水平? 它如何影响稳态的增长率?

2. 在索洛增长模型中,人口增长率如何影响稳态的收入水平? 它如何影响稳态的增长率?

3. 什么是资本积累的黄金律? 满足资本积累的黄金律的条件是什么? 经济会自动地达到黄金律稳态吗?

4. 如果一个国家的生产函数为:$y=k^\alpha$,其中,$\alpha=0.5$,此外储蓄率 $s=0.4$,人口增长率 $n=0.01$,技术进步率 $g=0.03$,资本折旧率 $\delta=0.06$。请计算:

(1) 该国稳态时资本存量 k^* 和消费水平 c^*。

(2) 资本积累的"黄金律"水平 k_g。

5. 有 A、B 两个国家。两国的生产函数相同:$y=k^{1/2}$(y,k 分别为每单位有效劳动产出和每单位有效劳动资本)。A 国的储蓄率 $s_A=28\%$,人口增长率 $n_A=1\%$,B 国的储蓄率 $s_B=10\%$,人口增长率 $n_B=4\%$。两国有相同的技术进步率 $g=2\%$,折旧率 $\delta=4\%$。求:稳态时,

(1) A 国和 B 国的每单位有效劳动资本 k 和每单位有效劳动产出 y 分别是多少?

(2) A 国和 B 国的人均产出增长率和人均资本增长率分别是多少?

(3) A 国和 B 国的总产出增长率($\Delta Y/Y$)和资本增长率($\Delta K/K$)分别是多少?

(4) 两国的资本积累是否达到了黄金律水平? 为什么?

(5) 对两国的情况进行比较分析,B 国为提高人均收入(产出)水平应该采取什么政策?

6. 假定某一时期,一国的资本增长率 $\Delta K/K=4\%$,劳动增长率 $n=2\%$,实际产出增长率 $\Delta Y/Y=5\%$,由统计资料得知资本的国民收入份额 $\alpha=0.4$,劳动的国民收入份额 $(1-\alpha)=0.6$。

(1) 计算全要素生产力的增长率。

(2) 假定一项减少预算赤字的政策使资本的增长率上升一个百分点,实际产出增长率上升到多少?

(3) 假定实行一项减税政策使劳动增长 1%,实际产出的增长率又将如何变动?

7. 某国的宏观经济数据如下表所示:

	2014 年	2015 年
名义 GDP	1000	1120
价格指数	100	102
劳动力	602	606
资本存量	2000	2600
名义利率	0.15	0.13

(1) 以 2014 年为基期,计算该国 2015 年的实际 GDP 和实际利率。

(2) 假设该国的总量生产函数为:$Y = AK^{0.3}L^{0.7}$,请根据各项名义指标计算 2015 年的全要素生产力水平 A。

(3) 在 2014—2015 年的经济增长中,全要素生产力增长的贡献率为多少?如果其他处于同等发展阶段的国家,全要素生产力增长率的平均贡献率为 40%,对此你作何评价?

第十一章 经济长期运行中的失业

本章讨论经济运行在长期状态中的失业问题。失业问题一直是宏观政策制定者和公众关注的焦点。对整个社会而言,失业意味着人力资源的浪费,如果能够充分利用这部分生产要素,全社会的产量水平能得以提高;对失业者个人而言,失业不仅意味着生活质量的下降,还会引起一系列的其他问题。因此,失业不仅仅是一个经济问题,也是一个重要的社会问题。降低失业率一直以来都是各国宏观经济政策的主要目标之一。

第一节 自然失业与凯恩斯失业

一、自然失业与凯恩斯失业

根据对失业产生原因的不同解释,失业可以划分为自然失业和凯恩斯失业。在上一章讨论经济增长问题时,我们假定经济运行在长期状态时,资源得到了充分利用,LAS=AD,实现了充分就业的均衡。由于现实经济运行是复杂的,即使实现所谓充分就业,仍然存在着摩擦性失业和结构性失业,这时的空缺岗位等于失业人数。摩擦性失业和结构性失业是经济运行过程中始终存在的,即使正常运行状态下也不可避免,所以这两类失业又合称为"自然失业"。自然失业人口与劳动力人口之比就是自然失业率(natural rate of unemployment),简称为自然率。

自然失业率取决于:(1)劳动力市场的组织状况,如劳动力供求信息的传递是否完整与迅速,职业介绍与指导的完善与否,职业培训的完善程度,劳动力流动性的大小等;(2)劳动力人口的构成,即各劳动力集团在总劳动力中的比例;(3)失业者寻找工作的能力和愿望;(4)工作的可获得性与类型;(5)寻找工作的成本高低;(6)不同企业和行业之间劳动力需求的变动;(7)新加入劳动力队伍的人数;(8)最低工资法;(9)社会保障的标准等。

自然失业也称为古典失业。在古典学派理论里,失业实际上是劳动力市场上供求不相等的结果。供求失衡的关键在于工资率不在市场出清的水平上。当实际工资水平过高时,劳动力供给就会大于需求,就会出现失业现象。如果劳动力市场上工资水平可以充分灵活变动的话,当失业存在时,工资水平可以及时下调,使得劳动需求量增加,失业现象最终能得到清除。因此,劳动市场的价格机制总是能使整个社会达到充分就业的水平。所以,在古典模型里,只要工资具备充分伸缩性,失业只可能是摩擦性失业和结构性失业。但是,如果工资水平不能充分调整,比如政府最低工资法规定了工资的下限等,这时失业就不可避免了。在古典失业理论中,失业的持续存在,一定是劳动工资下降遭遇到了来自市场以外的其他障碍,而只要让劳动市场充分发挥作用,大规模的失业就不可能存在。

凯恩斯失业理论的产生与1929—1933年的经济大萧条密切相关。在经济的全面萧条期,社会总需求急剧萎缩,失业人数高度膨胀,工资水平一降再降,却对缓解失业问题无济于事。凯恩斯认为,失业的增加是由于产品市场上的总需求的下降引起的,产品市场的过度供给导致了劳动力市场的过度供给。这种由于总需求不足而引起的失业称为凯恩斯失业。如果出现凯恩斯失业状态,劳动市场的价格机制就可能失灵。这是因为在总需求不足的情况下,产品市场上供大于求的现象不可能消除,而对劳动力的需求是由对产品的需求所引致的,劳动力市场上供大于求的现象不可能消除,而要恢复到充分就业,就必须提高总需求。只有当产品市场供大于求状态消失后,劳动力市场的供求关系才有可能趋于一致,从而实现充分就业。在凯恩斯看来,引起失业的根本原因是周期性的经济萧条,因此凯恩斯失业也称为周期性失业。本章主要讨论经济长期运行中的失业——自然失业,和短期经济波动有关的失业——周期性失业在此存而不论,留待以后的章节再分析。自然失业和周期性失业的区分,可以通过贝弗里奇曲线来反映。

二、贝弗里奇曲线——考察岗位空缺与失业之间的关系

贝弗里奇曲线(Beveridge curve)描述的是岗位空缺率与失业率之间此消彼长的关系。图11-1中横坐标 u 表示失业率,纵坐标 v 表示岗位空缺率,AA 曲线称为贝弗里奇曲线。贝弗里奇曲线向右下方倾斜,是因为岗位空缺率越高,找工作就越容易,失业率就会越低。贝弗里奇曲线的用途相当广泛,其中最重要的用途是作为一种实用工具将失业分解为不同类型。贝弗里奇曲线可以用来区别总需求不足引起的失业——周期性失业与自然失业。当总需求不足引起的失业率为0的时候,$u=v$,即图中45°线与 AA 曲线的交点 E,这时失业率为 u_0。如果所观察到的失业率为 u_m,则 u_m-u_0 就是总需求不足引起的失业,在这种情况下可以通过相应的财政政策或货币政策减缓或消除这种失业。如果所观察到的失业率小于 u_0,这时存在的失业都可以看作结构性的或摩擦性的失业,在存在大量岗位空缺的情况下,失业者不能就业的主要原因是劳动力市场上的制度因素和信息不完备所造成的。

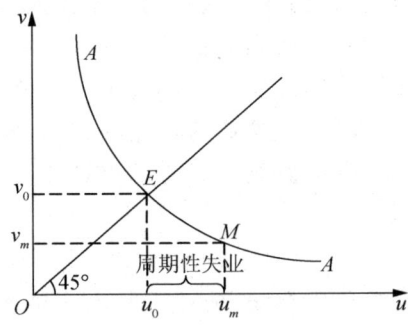

图 11-1　贝弗里奇曲线

另外,贝弗里奇曲线还可以被用来表明劳动力市场运作的效率的变化。当贝弗里奇曲线移动,则表明劳动力市场失业者与空岗匹配的能力发生了变化。贝弗里奇曲线越是向原点移动表明劳动力市场运作的效率越高。引起这种移动的主要因素是劳动力市场调节机制的功能性障碍的变化,如劳动力市场的分割、信息不完备以及有关制度性的因素的变化等。这种变化通常是通过劳动力市场的搜寻努力、搜寻效率和失业群体特征的变化来反映的。

被冷落了四十多年后,自 20 世纪 80 年代中期,贝弗里奇曲线的研究与应用逐渐升温。

三、自然失业与劳动人口的变化

自然失业率是在一个给定的一般均衡的经济结构中,不断重复出现的具有收敛点的稳定的失业率。也就是说,无论经济如何波动,自然失业率一般被认为是社会难以消除的。这种失业率的存在和大小与劳动力市场结构、信息完备程度、劳动力转移成本等多种因素有关,而与经济运行的状态本身无关。从长期来讲,失业率最终会回到自然失业率的水平。动态地看,自然失业率的决定是两种自然力量共同作用的结果:一方面部分失业人口经过一段时期以后能重新找到工作;另一方面,就业人口中又会不断游离出新的失业人口。这里用一个简单的动态模型来讨论自然失业率的决定。

假定 L 表示劳动人口数量,E 表示就业人口,U 表示失业人口,因此有 $L=E+U$,U/L 就是失业率。设 $f=$ 再就业人口/失业人口,表示再就业率;$s=$ 离职人口/就业人口,表示就业人口中的离职率。假定经济处于长期均衡状态,失业率稳定在自然率水平不再变动,此时,再就业人口=离职人口,即:

$$fU = sE \quad \text{或} \quad fU = s(L-U)$$

移项整理：
$$U = sL/(s+f)$$
得自然失业率决定模型：
$$U/L = s/(s+f) \tag{11.1}$$

这一等式表明，经济处于长期均衡时的失业率由失业人口的再就业率 f 和就业人口的离职率 s 共同决定。离职率越高，失业率就会越高；再就业率越高，失业率越低。该模型有十分明确的政策含义：要降低失业率，必须提高再就业率，并降低离职率。但模型本身并不能告诉我们导致失业的原因。在长期，价格机制的有效调节，使劳动力市场达到均衡状态，这时的失业是自然失业，但是人为的干预会使市场调节机制失灵，稳定的失业率——自然率会变得更高。接下来我们就从这两个方面分别进行分析。

第二节 岗位空缺与自然失业

一、自然失业的原因

从贝弗里奇曲线可以看出，如果没有外力的干预，长期稳定的失业率（自然率）等于空岗率，一方面有人正在寻找工作，一方面空缺的工作岗位"求贤若渴"，茫茫人海相互寻找，并非一朝就能找得到，失业与岗位空缺并存是因为：

（一）劳动力转移成本导致结构性失业

现代经济的发展受益于专业化分工的深入，专业化分工一方面提高了整个经济效率，丰富了产品市场，另一方面又使劳动者都成了片面发展的专业人才。由于受各种因素变化的影响，人们对各种产品的需求一直在不断地变动，国内不同地区的产业结构，一个国家的产业结构也是处于不停地调整中。因此，不同部门、不同地区对劳动力的需求也是处于不断的变动中，一些新兴朝阳产业发展迅速，对劳动力的需求在不断增加，一些夕阳产业在不断萎缩甚至消失了，会不断释放出劳动力。因产业结构的调整形成的劳动力在不同地区和部门间的转移不可能是一蹴而就的，跨地区转移会带来迁徙成本，跨产业转移有需要重新学习专业技能的成本。如果这些转移成本越高，空岗率就越高，结构性失业就会居高不下。改革户籍制度赋予劳动者国内自由迁徙的权利，实行各类社会保障个人账户全国一卡通，政府对劳动专业技能培训机构给予减免税赋，对参加学习专业技能的劳动者实行补贴等都有利于降低劳动力转移成本，使结构性失业减少。

(二)信息不对称产生职业搜寻成本导致摩擦性失业

在劳动力市场上,求职者有不同的偏好和能力,工作岗位不同的性质和专业要求所给予的工资水平和福利待遇也不同。求职者和有岗位空缺的企业,双方对相关信息的了解是不对称的。企业为了招聘到合适的员工,不仅要发布招聘信息,还会采用各种方法对求职者进行筛选。为了找到一份喜欢的、待遇好且有发展前途的工作,求职者要花时间搜寻岗位空缺信息,精心包装制作扬长避短的求职简历,普遍撒网重点打鱼到处投递求职简历,疲于奔波频频面试,沟通谈判直至签约。供求双方找到合适的匹配对象都需要花费时间、精力和财力等职业搜寻成本。完善劳动力市场的信息传递机制,降低因信息不对称产生的供求匹配障碍,有助于求职者更快地找到工作,降低摩擦性失业。而失业保障的制度则可能让求职者延长搜寻时间,还可能提高自愿离职找工作的人数从而提高摩擦性失业,对此在下面的职业搜寻模型还会进行剖析。

二、职业搜寻模型

职业搜寻模型从劳动力市场信息不对称出发,对摩擦性失业进行分析。职业搜寻理论认为:获取有关职业岗位和报酬的信息是要耗费成本的,搜寻满意的职位空缺需要时间,搜寻的时间越长,获得更高报酬职位的可能性就越大,离职找工作比"骑着驴找马"效率更高,失业是寻找满意的高报酬工作的一项投资。作为理性的求职者会通过搜寻的预期收益与搜寻成本的比较来确定最优搜寻时间长度——自愿失业期。虽然搜寻的时间越长,获得更高报酬职位的可能性就越大,但搜寻的边际预期收益现值递减。搜寻的边际成本递增,这是因为搜寻时间延伸扩大了搜寻的地理空间。当搜寻的边际预期收益现值等于搜寻的边际成本时,搜寻就会停止——就业。用 W 表示预期收益,C 表示搜寻成本,则职业搜寻模型可表示为:

$$\frac{\partial W(t)}{\partial t} > 0, \quad \frac{\partial^2 W(t)}{\partial t} < 0;$$

$$\frac{\partial C(t)}{\partial t} > 0, \quad \frac{\partial^2 C(t)}{\partial t} > 0; \qquad (11.2)$$

$$\frac{\partial W(t)}{\partial t} = \frac{\partial C(t)}{\partial t}$$

图 11-2 中,在 t^* 时间点,$\partial W(t)/\partial t = \partial C(t)/\partial t$,最优搜寻时间长度为 Ot^*。求职者的最优决策行为,决定了其为寻找满意的工作进行搜寻的最优时间长度,也就是他自愿失业的时间,在搜寻工作期间处于自愿失业状态。影响最优搜寻时间的因素有很多,我们都可以将其归结为 $W(t)$ 曲线或 $C(t)$ 曲线的移动。

完善劳动力市场信息传递渠道,提高信息传递效率,可以减少搜寻时间,降低自愿失业。而提高失业保障降低了自愿失业的成本,不仅会延长自愿失业时间,还会提高离职率,使自愿失业者增加。

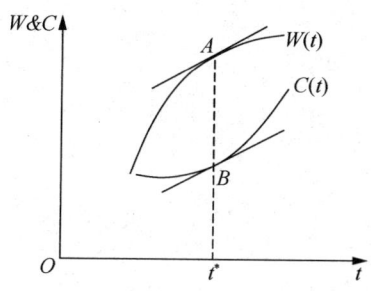

图 11-2　最优搜寻时间的确定

第三节　实际工资刚性与失业

在长期经济运行状态,造成失业的另一种原因是实际工资刚性,也就是说实际工资不能下降到劳动力供给量等于需求量的市场出清水平,企业不得不利用价格机制以外的某种标准配给有限的工作岗位。在图 11-3 中,市场出清的实际工资为 W_0/P_0,而现实中刚性的实际工资却保持在 W_1/P_0,不能降低到 W_0/P_0,在 W_1/P_0 工资水平上劳动的供给量为 L_0,劳动力的需求量为 L_1,失业量是 (L_0-L_1)。进一步分析我们可以发现,造成实际工资刚性的原因可能来自政府,也可能来自企业,也可以是劳动者本身。

一、政府的最低工资法与失业

当今,许多国家都有保障最低工资的相关法律规定。对于大多数劳动者来说,所得到的工资远远高于政府规定的最低工资水平,实施最低工资的目的是为了保护在劳动力市场中处于底层的、最缺乏专业技能的弱势劳动群体的利益。法律所规定的最低工资,只有在高于市场均衡工资时,才会对劳动力市场的运行产生影响,如图 11-3 所示,市场均衡的实际工资为 W_0/P_0,就业量为 L_0。政府规定的最低货币工资为 W_1,$W_1>W_0$,其对应的实际工资就是 W_1/P_0,就业水平为 L_1。所以,如果没有最低工资的规定,弱势劳动群体中的 (L_0-L_1) 这一部分人,尚有工作,可得一份 W_0/P_0 的工资,而最低工资 W_1/P_0 的规定,现在对他们来说无疑是镜中花水中月,可望而不可得,因为最低工资的规定让他们成了失业者,而受益的是还在工作的 OL_1 这一部分劳动者。国外有研究表明,最低工资每增加10%,青少年就业就会减少1%~3%。负收入税或许是更经济、效果也更好的帮助穷人的方法,因为这样不会增加企业的成本,也就不会造成企业对劳动力需求量的减少而出现失业,但负收入税会减少政府的收入,增加政府的支出。

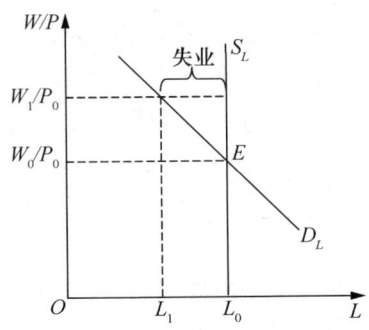

图 11-3 最低工资法和失业

二、效率工资与失业

在第八章分析市场信息不对称问题时我们曾提到过效率工资。效率工资理论认为,工资不能下降到消除失业的均衡水平是因为,厂商可能发现,支付给工人高于劳动力市场出清时的工资,能使他们得到更多的利润。经济学家已找出三个理由说明厂商可以通过支付高工资而受益:

(1) 工资影响劳动力队伍的质量。当一个厂商对劳动力的需求降低时,他担心如果消减所有工人的工资,最好的工人最有可能离去。毕竟,这些工人将比那些效率低的同行更有信心能在原有(或更高)的工资水平上找到一份新工作。这是一种逆向选择效应:为一个厂商提供劳动的那些人的平均质量,因工资降低的影响而下降。

(2) 工资影响劳动者的努力程度。如果所有的厂商都支付劳动力市场出清的工资,努力工作对任何工人来讲都是不合算的,工人会作如下推理:"如果我偷懒没有被抓到,我得到了报酬并减少了努力工作的辛苦;如果偷懒时不幸被抓到了,我就会被开除,但市场是出清的,我很快就会找到一份工资相同的新工作。"所以,实际上并不存在对偷懒时被抓住的惩罚。将工资确定在市场出清水平以上,意味着引进了惩罚机制。偷懒被抓者将可能不得不忍受一段时间的失业。即使一个失业工人愿意接受更低的工资为厂商工作,他也不会被雇用,因为厂商知道他的承诺是不可信的,在更低的工资下努力工作是不合算的,这里存在一个道德陷阱问题。效率工资理论对出于良好愿望的政府失业救济金政策的效果提出了一个悲观的预测:更高的失业救济金会带来一个更高的失业率,因为失业救济金降低了失业成本,为激励工人努力工作,厂商现在必须把工资提得更高,这将导致一个更高的失业率。

(3) 工资影响劳动流动率。降低工资使工人辞职的比率——劳动流动率上升。雇用新工人,对他们进行培训,发现最适合其天分与兴趣的工作都是要花成本的,因此厂商试图通过支付高工资来降低劳动流动率,节约培训成本。

我们用图 11-4 说明效率工资水平的决定。劳动供给曲线 S_L 与劳动需求曲线 D_L 相交于 E_0,市场出清的工资为 $(W/P)_0$,在此工资水平上,无人愿意努力工作,当工资水平提高到 $(W/P)_0$ 以上时,就会出现失业,也就引入了对"偷懒"的惩罚机制。工资水平越高,失业越严重,愿意努力工作的人就越多,图中的 NSC 曲线是不偷懒约束线,表明工资水平与努力工作人数的关系,或者说在每一就业水平下使偷懒不会出现的最低工资水平。不偷懒约束线 NSC 与劳动力需求曲线 D_L 相交于 E_1,当工资水平为 $(W/P)_1$ 时,努力工作的人为 L_1,等于劳动力的需求量。失业人数为 L_0-L_1。如果企业降低其监督强度和/或政府增加失业福利,NSC 曲线将向左移动。在这两种情形下,在每一就业水平上为防止偷懒所必需的工资都更高。如果出现这种变化,效率工资将增加,均衡的非自愿失业率也将上升。

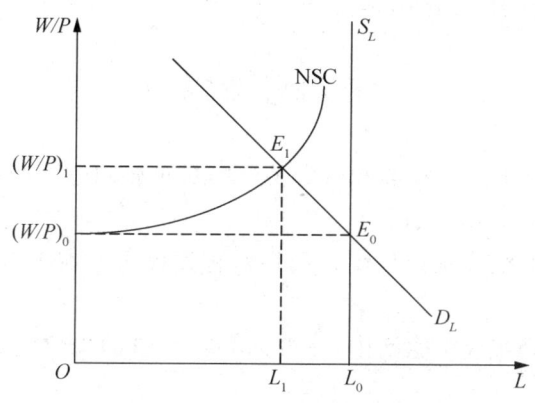

图 11-4 效率工资水平的决定

三、局内人—局外人理论与失业

在这里局内人是指在职工人,局外人是指求职者。工资通常是由局内人参与决定的。在一些行业或企业中,在职工人组织工会,形成对劳动力供给的垄断,通过谈判把工资提高到市场出清水平以上。"两害"相权取其轻,对企业来说,接受工会提高工资的要求比久拖不决的劳资谈判和出现罢工带来的损失或许更为合算,面对工资提高,企业会削减雇佣工人的数量,如果不许企业随意解雇工人,企业就会通过自然减员(退休、辞职)来达到目的。工会维护和提高了参加工会的在职职工的利益,造成了没有参加工会求职者的失业,即使求职者愿意为工作而接受更低的工资。

此外,局内人—局外人理论还强调,即使局内人没有组织工会,也能把工资提高到市场出清的水平以上。局内人—局外人理论着重研究了培训成本的重要性。每个企业都需要一支适合其工作特点要求的劳动力队伍,新雇员要按照企业的运行方式接受特殊的培训。大多数培训是由局内人来完成的。局内人会认识到,通过培训新工人(局外人),会降低自己与企业讨价还价时的地位,即使厂商答应继续支付给他们比新手更高的工资,但这种承诺是不可信的,毕竟他们是在培训自己的替代者,在将来讨价还价时,企业可以利用这些低工资工人的存在来对拿高薪的老雇员施加降薪的压力。了解到这一点,局内人就会在培训新工人时拒绝与厂商合作,除非新雇员的利益与他们的利益一致。厂商也就只能通过提供给双方相似的报酬来实现这一点,这样就造成了工资刚性,给新工人提供的工资无法降到均衡的水平,失业会持续存在下去。此外,该模型还强调,即使局内人愚蠢到去积极地培训新工人,企业也不会真的认为新工人愿意长期在低工资下工作,因为当他们得到良好的职业训练,变成了行家里手,就会被提供高工资的厂商吸引走。

复习思考题

1. 失业为什么会成为社会和政府关注的最重要问题?请从失业对失业者、经济和社会三个方面的影响讨论。

2. 贝弗里奇曲线反映的是什么关系?它为什么向右下方倾斜?它有哪些实际用途?

3. 为什么在现实经济生活中,一方面存在大量的岗位空缺,另一方面存在着大量的失业人口?

4. 职业搜寻理论是如何解释摩擦性失业的?现实生活中影响摩擦性失业水平因素有哪些?

5. 结构性失业率受哪些因素影响?你认为采取哪些措施有利于降低结构性失业?

6. 是什么原因阻止着实际工资不能降低到均衡水平?

7. 讨论下列变化对失业率会产生什么影响?

(1)取消工会;(2)企业提高了对劳动的监督成本;(3)对参加职业培训的

人员进行补贴；(4)增加失业救济金；(5)提高最低工资标准。

8. 设某经济某一时期有 1.9 亿劳动年龄人口,其中 1.2 亿人有工作,0.1 亿人在寻找工作,0.45 亿人没有工作也没有找工作。试求：

(1)劳动力人数；(2)劳动参与率；(3)失业率。

9. 假定某经济劳动力人口划分为成年人和青年,其中成年人又分为男子和妇女。青年占劳动力的 10%,成年人占 90%,妇女占成年劳动力的 35%。这些组别的失业率分别为:青年 19%,男子 7%,妇女 6%。

(1)计算总失业率；(2)要是青年占劳动力的比例由 10% 增加到 15%,将如何影响总失业率？

第十二章 经济长期运行中的通货膨胀

通货膨胀是现代社会中常见的经济现象,有时会成为被社会普遍关注的热点问题。通货膨胀是指价格水平普遍、持续地上涨。通货膨胀是一种货币现象,恰如这个概念字面所揭示的,是流通中的货币膨胀的结果,在这一章我们通过对货币的考察来了解通货膨胀这一宏观经济现象,并揭示在经济长期运行中通货膨胀对其他经济变量的影响。

第一节 货币的概念

通货膨胀是一种货币现象,认识通货膨胀我们要从货币说起。货币(money)俗称"钱"或"钞票",在古代也被戏称为"孔方兄"。但是在日常生活中的钱不一定是指货币,比如人们把富人称为有钱人,这所谓的"有钱人"并非持有大量的货币,而是说其拥有用货币衡量的巨额财富。2014年中国的首富一度是自称像外星人的马云,马云成为首富并非他持有大量的货币,而是马云拥有的资产用货币衡量在中国排第一名。人们对货币的主观态度或评价往往大相径庭,有人说"金钱是万恶之源",也有人认为"缺钱才是万恶之源";老话说"有钱能使鬼推磨",现在流行"有钱就这么任性"。

一、货币的功能

什么是货币,货币是什么?对经济学家来说,**货币是一种被普遍接受为交换媒介、具有计价单位和价值贮藏功能的经济工具**。任何具有这三种功能的东西都可以成为货币。

(一)交换媒介

交换媒介作为货币最基本的功能,克服了物物交换时要求交换双方对交换物的欲望双向一致性(double coineidence),使买和卖分离,大大降低了交易成本。

(二)计价单位

货币为衡量不同物品的相对市场价值提供了统一的标准和计量单位。在物物交换中,每一种物品的价值都是通过与其他物品的交换比例体现出来的,货币的出现,使人们可以很方便地用货币作为统一的尺子去量度和表示所有物品的价值。

(三) 价值贮藏

货币作为交换的媒介使买和卖分离,这样也就使货币有了价值贮藏功能,人们能够利用货币长久地、方便地保有财富,从而大大拓展了购买力在空间和时间上转移的跨度。

没有货币就不可能有市场经济,就不可能有现代社会的繁荣,所以货币被认为是人类历史上最伟大的发明之一。

二、货币的形态

(一) 商品货币

在历史上,许多不同的商品在不同的历史时期都承担过交换媒介的功能,其中包括家畜、烟草、铜、铁、金、银等。用来充当货币的商品本身具有满足人们消费欲望的使用价值。据史料显示,我国在殷商时期已经出现作为交换媒介的货币。最初使用家畜作为货币,后来改用南洋出产的咸水贝,因此在我国文字结构上,凡是与财货或价值有关的事物,大多从贝。虽然在不同国家早期曾经利用不同商品作货币,但是后来普遍转为金属铁、铜、金、银作为货币材料。

(二) 纸币

纸币是现代工商业社会中流通的货币。纸币纯粹是一种符号货币、信用货币,其本身并没有使用价值。纸币更容易携带和贮存,在票面上印上不同的数字,就可以在体积轻微的媒介物中包含巨大或微小的价值量;利用防伪设计,使得个人不能随便创造货币,从而保证货币供给的稀缺性。国外教科书一般认为,纸币最早在16世纪产生于英国。然而,早在我国的唐宋时期就产生了纸币的雏形:飞钱和交子。

商品货币让位于纸币,更加突显了货币的本质。人们需要货币不是需要货币作为特定商品本身,而是需要它作为买卖商品的媒介,所以,货币可用纸币这样一种符号来表示。只要人们约定俗成地相信本身没有价值的纸片能够作为交换媒介被广泛接受,它就可以取代高贵的金银。在这个意义上,货币是一种有关信用的社会合约和制度。

(三) 电子货币

伴随迅速发展的电子商务而出现的电子货币,作为现代经济高度发展和金融业技术创新的结果,是继纸币取代铸币以来货币形式的第二次标志性的变革。

巴塞尔银行监管委员会对电子货币的定义:**电子货币是指在零售支付机制中,通过销售终端、不同的电子设备之间及在公开的网络上执行支付的"储值"**

或"预付支付机制"。

所谓"储值",是指保存在物理介质(如硬件或卡介质),如智能卡、多功能信用卡等中用来支付的价值。这种介质也称为电子钱包。"预付支付机制"则是指存在于特定软件和网络中的一组可以传输并可用于支付的电子数据,通常称为"数字现金"。它们由二进制数据(位流)和数字签名组成,可以直接在网上使用。

电子货币的产生和流通使实体货币与观念货币发生分离,真实货币演变为虚拟货币,它有效地解决了经济金融全球化大背景下如何降低信息成本和交易费用问题。首先,电子货币极大地突破了现实世界的时空限制,使得时空距离已不再成为障碍;其次,电子货币具有方便、通用和高效的特征;最后,电子货币在网络上的流通极大地拓展了市场交易的时空,创造了更多的市场机会,推动了经济的发展。

三、货币的构成与量度

一个经济中能够获得的货币的数量称作货币供给,货币数量是存量变量,叫作货币余额。

一种资产转换为另一种资产的便利程度叫作流动性。货币作为被普遍接受的交换媒介可以随时转换为任何其他的资产形态。因此,可以把货币看作具有完全流动性的资产。这样一来,其他资产依据其流动性程度的高低就具有了不同程度的货币性。我们在量度一个经济社会中货币资产的数量时,就需要按流动性的高低划分出不同层次的货币。

20世纪90年代,我国确立了市场经济的体制目标,随之而来的新一轮经济高涨带来了通货膨胀的压力,使货币量监控成为调节宏观经济的重要课题。在这一背景下,央行采用国际通用规则,即依据金融资产的流动性程度,并结合我国的国情划分狭义的货币和广义的货币,我国的货币度量被分为 M_0、M_1、M_2、M_3 四个层次。

表12-1是中国的货币数量测算口径分类(根据《中国人民银行货币供应量统计与公布暂行办法》目前划定的货币层次)。

表12-1 中国的货币数量测算口径分类

口径	货币资产种类
M_0	流通中的现金(currency)
M_1	M_0+单位活期存款
M_2	M_1+个人储蓄存款+单位定期存款
M_3	M_2+商业票据+大额可转让定期存单

央行从 1994 年第四季度开始公布 M_0、M_1、M_2 数据，M_3 是考虑到未来金融创新而增设的，目前尚未公布数据。

表 12-2 是美国的货币数量测算口径分类。

表 12-2　美国的货币数量测算口径分类

口径	货币资产种类
M_0	流通中的现金（currency）
M_1	M_0＋活期存款＋旅行支票＋其他支票存款
M_2	M_1＋货币市场共同基金股份＋货币市场存款账户＋储蓄存款＋小额定期存款
M_3	M_2＋回购协议＋欧洲美元＋大额定期存款＋机构持有的货币市场共同基金股份

第二节　货币数量论

了解了货币的定义和量度，我们现在考察货币的数量与物价、收入等其他经济变量的关系。

一、交易的货币数量方程式

如果人们持有货币的目的是为了进行交易，那么，人们持有的货币量与用货币完成的交易量构成了如下恒等关系：

$$M \times V = P \times T \tag{12.1}$$

这个等式称为交易的货币数量方程。

M 表示货币的数量。V 表示交易货币流通速度，也就是在一定时期内，一单位货币平均被用于交易的次数，即易手的次数。P 表示进行交易的物品和劳务的价格水平，T 表示一定时期内进行交易的物品和劳务的总量，$P \times T$ 就是该时期全部交易的总金额。这是一个恒等式，一定量的货币 M，在一定时期内完成的交易总金额为 $P \times T$，那么，每一单位货币在这个时期内的交易中平均被使用的次数——平均流通速度 $V = (P \times T)/M$。四个变量中任意一个变量发生变动，其他三个变量中至少有一个一定发生了相应的变动。下面让我们举一个简单的例子。

假定有赵、钱、孙、李四个人，钱的手中有货币 M＝10 元。钱用 10 元向赵购买了 5 块巧克力，显然每块巧克力 2 元。赵用得到的这 10 元，从孙那里以每个 1 元的价格购买了 10 个苹果，孙又用这 10 元让李为他理了一次发，最后李把这 10 元给了钱，让钱给她唱了两支歌——《你是我的小苹果》和《甜蜜蜜》。在这一时期内，10 元完成的交易总金额 PT＝2 元/块×5 块巧克力＋1 元/个×10 个苹果＋10元/次×1次理发＋5元/支歌＝40元,货币的流通速度 $V=PT/M=40/10=4$。如果由10元变成了20元,即 $M=20$ 元,流通速度 V 没有变,交易量 T 没有变,那么各种交易物品和劳务的平均价格一定上升了一倍。

二、收入的货币数量方程

在研究货币在经济中的作用及货币量与其他经济变量的关系时,经济学家通常使用的是和交易的货币数量方程形式略有不同的收入的货币数量方程:

$$MV = PY \tag{12.2}$$

收入的货币数量方程中用字母表示各变量的含义,除了 M 以外,需要给予重新定义。Y 表示一定时期的实际总收入(实际GDP),P 表示一般物价水平,也就是GDP消胀指数,PY就是名义GDP。V 被称为收入的货币流通速度,从 $V=PY/M$,可以知道收入的货币流通速度 V 的含义是:一定量的货币 M 为融通一定时期的名义收入PY,平均每单位货币被使用的次数。假如,$M=20$,名义总收入 $PY=100$,则 $V=5$。

我们也可以从货币市场均衡的角度来理解收入的货币数量方程式。我们知道 M 是货币供给量,那么,M/P 就是实际货币供给量,叫作实际货币余额,表示一定量的 M 在价格水平为 P 时,可以买到多少物品和劳务,也就是货币存量 M 的购买力。一个经济中人们愿意持有的实际货币数量,叫作实际余额需求。如果人们持有一定量的货币是为了进行交易的便利,实际产量越大,实际收入越高,需要进行的交易量就越大,那么,对实际货币的余额需求就是实际产量的函数。实际货币需求函数可表示为:

$$(M/P)^d = kY \tag{12.3}$$

式中,$(M/P)^d$ 表示实际余额需求,Y 是实际总产量(实际总收入),参数 k 是货币需求的收入弹性,表示实际收入每增加一单位对货币的实际余额需求量增加多少。货币市场均衡时,实际货币供给量等于实际货币需求量,也就是经济中的实际余额等于人们愿意持有的实际余额,即:

$$M/P = (M/P)^d$$
$$M/P = kY \tag{12.4}$$

令:$k=1/V$,整理得收入的货币数量方程:

$$MV = PY$$

三、货币增长率与通货膨胀率

对收入的货币数量方程 $MV=PY$ 两边取对数然后求时间 t 的微分可以

得到：
$$\Delta M/M + \Delta V/V = \Delta P/P + \Delta Y/Y$$

对上式移项整理得：
$$\Delta P/P = \Delta M/M + \Delta V/V - \Delta Y/Y \tag{12.5}$$

$\Delta P/P$ 是通货膨胀率，是我们要解释的变量；$\Delta M/M$ 是货币增长率，由中央银行所控制；$\Delta V/V$ 是收入的流通速度变动率，反映了货币需求的变动；$\Delta Y/Y$ 是实际 GDP 增长率，由技术、资源和经济制度所决定。如果流通速度 V 不变，$\Delta V/V = 0$，则：

$$\Delta P/P = \Delta M/M - \Delta Y/Y \tag{12.6}$$

可见，通货膨胀完全是由于货币增长率超过了 GDP 增长率造成的。

如果实际 GDP 也不变，$\Delta Y/Y = 0$，则：

$$\Delta P/P = \Delta M/M \tag{12.7}$$

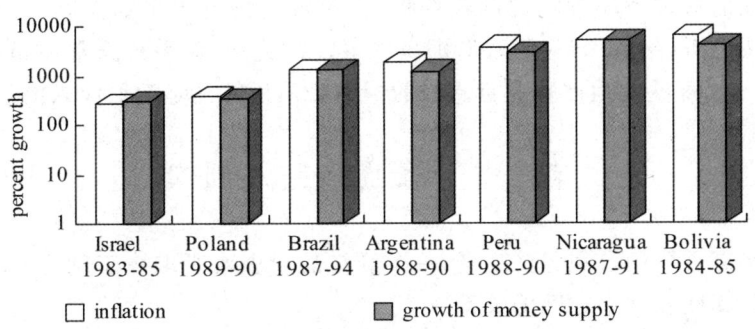

图 12-1　货币增长与通货膨胀

通货膨胀率等于货币增长率。货币数量论说明，通货膨胀率的最终控制者是掌握货币供给的中央银行，如果中央银行保持货币供给的稳定，物价也就保持了稳定。如果中央银行迅速增加货币供给，那么，物价水平就会迅速上升。所以，弗里德曼说："通货膨胀无论在哪里都是一种货币现象。"图 12-1 是实际例证。

四、古典两分法与铸币税

用货币金额表示的各种经济变量，是名义变量，如名义 GDP（PY）、货币工资、各种物品和劳务的货币价格等。实际变量也叫真实变量，反映的是"实物量"，如实际 GDP、资本存量、就业量；或相对价格，如实际工资、实际利率等。货币数量论反映了古典经济学家的一个共同观点：货币是中性的，也就是说，货币数量的变化只对用货币表示的名义变量产生影响，对实际变量没有影响。在古典经济学家看来,实际变量由经济中各市场的一般均衡决定,而名义变量则取决于货币的供给数量。货币供给量增加,只会导致普遍的价格水平上升,不会改变商品的相对价格,从而也不会改变厂商和家庭的决策和资源的配置,不会影响实际产量、就业、实际工资、实际利率等实际变量。由于这种观点将名义变量与实际变量泾渭分明地分离开来,互不影响,因此称为古典两分法。从经济运行的长期状态看,这种理论是有道理的。

按照古典经济学的观点,货币供给增加只会导致通货膨胀,对实际经济运行不产生影响,那么,政府为什么还要制造通货膨胀呢?政府要进行支出——购买支出和转移支付,就必须取得收入,它可以通过税收、发行债券和发行货币三种渠道来为其支出筹集资金。**政府通过增加货币发行来为其预算开支筹集资金,称为铸币税,也叫通货膨胀税。**政府"征收铸币税",并不是显而易见的,没有任何纳税人收到完税证明,谁是这笔税收的承担者呢?答案是:货币的持有者。政府通过增加货币发行获得收入,导致了物价水平的上升,公众手中的货币购买力下降——转移到政府那里去了。在美国,铸币税通常不超过政府收入的3%,而那些发生严重通货膨胀的国家铸币税往往是政府收入的主要来源。

第三节 通货膨胀与利率

利率是重要的宏观经济变量,一个经济的投资水平取决于利率。现在我们讨论通货膨胀和利率之间的关系。

一、费雪方程式和费雪效应

利息是在一定时期转让一笔资金使用权所得到的报酬,或者说是在一定时期取得的一笔资金使用权支付的成本。利率是使用资金的价格,是单位资金的回报或成本。我们在金融市场中看到的各种利率都是名义利率(nominal interest rate)。实际利率(real interest rate)是单位资金获得的报酬能买到的物品,是这回报的购买力。由于通货膨胀的影响,使实际利率与名义利率产生了不一致。二者之间的关系是:

$$r = i - \pi \tag{12.8}$$

r 表示实际利率,i 表示名义利率,π 表示通货膨胀率。

移项得费雪方程式(fisher equation):

$$i = r + \pi \tag{12.9}$$

费雪方程式表明,名义利率的变动由两方面的因素引起:① 实际利率的变动;② 通货膨胀率的变动。**通货膨胀率上升一个百分点,名义利率也会上升一**

个百分点,通货膨胀率与名义利率的这一关系称为费雪效应(fisher effect)。

二、名义利率与货币需求

货币数量论认为,人们持有货币的动机是为了方便交易,如果经济中货币的流通速度(V)不变,总产量(Y)不变,任何数量的货币供给增加都将导致价格水平的上升,引起通货膨胀。人们手中持有的货币越多,进行交易时就越方便,但是持有货币是有成本的,持有货币意味着不能按照名义利率i获得利息收入,所以,名义利率越高,持有货币的成本越高,人们愿意持有的货币量就越少。也就是说,影响实际货币需求的不光是实际收入Y,还有名义利率i。实际货币需求函数可表示为:

$$(M/P)^d = L(i, Y) \tag{12.10}$$

根据费雪方程式,实际货币需求函数可表述为:

$$(M/P)^d = L(r+\pi, Y)$$

货币市场均衡时:

$$M/P = L(r+\pi, Y) \tag{12.11}$$

(12.11)式揭示了货币供给影响价格水平的另一路径。根据货币数量论,我们知道,货币供给增加导致价格水平上升,引起通货膨胀。根据费雪效应,通货膨胀导致名义利率提高,而名义利率(持有货币的成本)提高,实际货币需求量下降,从而使价格水平进一步上升,直至实际货币供给=实际货币需求。

三、事前实际利率和事后实际利率

当一笔资金的使用权易手时,借贷双方当事人考量的是未来因此所支付的实际成本或能得到的实际报酬,也就是资金的实际使用价格——实际利率。他们将根据所考量的实际利率和预期的通货膨胀率来确定合约上的名义利率。**借贷双方签约时所考量的实际利率即所谓事前实际利率。**设预期的通货膨胀率为π^e,则事前实际利率是$i-\pi^e$。**最终执行的实际利率,也就是事后的实际利率**,则是按照借贷合约上确定的名义利率减去实际通货膨胀率。设实际通货膨胀率为π,则事后的实际利率是$i-\pi$。由于名义利率是人们在签约时所形成的,此时人们尚不能确知未来的实际通货膨胀率,因此,名义利率只能基于预期通货膨胀率确定。所以,费雪方程式可以更确切地表示为:

$$i = r + \pi^e \tag{12.12}$$

名义利率将随预期通货膨胀率的变动而变动,因此,费雪效应则为:预期通货膨胀率上升一个百分点,名义利率也就上升一个百分点。那么,实际货币需求函数可表述为:

货币市场均衡时：
$$(M/P)^d = L(r+\pi^e, Y)$$

$$M/P = L(r+\pi^e, Y)$$

整理成相对量的形式：
$$\Delta P/P = \Delta M/M - \Delta L(r+\pi^e, Y)/L(r+\pi^e, Y) \tag{12.13}$$

由此可知，不仅当前的货币供给变动影响价格，预期未来的价格变动同样会影响当前的价格。

第四节 通货膨胀的社会成本

前面，我们主要讨论了通货膨胀的原因，接下来我们讨论通货膨胀带来的社会问题。

与公众对通货膨胀普遍的抱怨相比，经济学家的看法可能不太一样。例如，社会公众一种普遍的看法是，通货膨胀降低了实际工资，而经济学家的看法是，在短期内，这种观点或许是对的，如果货币工资是固定的话；在长期中，通货膨胀只是改变了衡量价值的尺度标准，即改变了货币衡量的名义价值，对实际工资没有影响。通货膨胀对社会经济的影响，与通货膨胀是否被预期到有关，也和通货膨胀的程度有关。

一、预期到的通货膨胀的社会成本

（一）皮鞋成本(shoe leather cost)

长期中，通货膨胀不会影响消费者的实际收入和实际支出，但是，通货膨胀会给货币的持有者带来损失——通货膨胀税。为减轻通货膨胀税，人们会尽可能地减少所持有的货币的数量，这意味着更频繁地跑银行去取小额现金，皮鞋磨损加快，买新鞋的费用增加了，皮鞋成本的名称由此而来。皮鞋成本涵盖一切为减轻通货膨胀税所采取的应对措施而产生的成本。即使在当今互联网络时代，人们使用现金支付越来越少了，也许不必常跑银行取现金了，但可能还是要花更多的时间、精力在网上把其资产在不生息的货币和其他有息资产之间来回转换。

（二）人力资源成本

为了准确地预测通货膨胀，避免通货膨胀给自己带来损失，人们会把时间、精力从其所擅长的专业工作领域或闲暇的消费转向对通货膨胀的预测，摇身一变成为业余的通货膨胀预测大师，造成人力资源的浪费。

（三）菜单成本（menu costs）

菜单成本的名称源于通货膨胀使餐馆调整饭菜价格而印制新的菜单，它泛指一切企业因通货膨胀产生的调整价格的成本。例如：打印、邮寄新的价目表，超市为商品更换新的价格标签，调整各种收银机、刷卡收费设备的系统设置等。

（四）价格扭曲

预期发生通货膨胀，企业如不及时调整价格就会造成损失，每次调整价格都会产生菜单成本，故而企业就会衡量不及时调整价格的损失与调价的菜单成本孰大孰小，以决定何时调价。企业调价不同步导致产品相对价格扭曲，资源配置无效率。

（五）税收负担加重

发生通货膨胀时，个人所得税等税种按名义收入值设定的征收标准往往不会及时进行调整，从而加重了人们的实际税收负担。假定年初购买了10000元的股票，年末出售股票获得11000元，那么，名义收益为1000元，收益率为10%。如果这一年的通货膨胀率为10%，那么，实际资本收益为0，但政府却要对1000元的名义收益征税，这样实际收益就变成了负值。现实中最突出的例子莫过于我国个人收入所得税。1980年免税收入额为800元，直到2006年才作第一次调整，由800元调整为1600元，而在这期间，按官方统计，物价上升了5倍，以购买力论2006年的4000元相当于1980年的800元，1600元相当于320元。

（六）价值量度的成本

货币的一个主要功能是为衡量物品或劳务价值提供了统一尺度，通货膨胀使这把"尺子"的量度标准在不断地变化。家庭和企业进行跨时期的消费和投资等决策时，需要比较不同时期的实际价值，而通货膨胀使得用货币衡量的物品和劳务的名义价值和它们的实际价值相背离，从而使跨时期的长期决策变得复杂困难。

二、未预期到的通货膨胀的社会成本

未预期到的通货膨胀更加有害，除了引起上述成本外主要是会造成财富、收入等在人们之间的任意分配。许多经济活动需要签订长期合同，如企业和工人间的工资合同、养老金合同，债务人和债权人间的借贷合同等。签约时，合同是根据对未来通货膨胀的预期，来确定用货币表示的名义工资、名义养老金、名义利率等名义价格。如果通货膨胀率高于预期的通货膨胀率，那么，企业、债务人会因此受益,反之,如果通货膨胀率低于预期的通货膨胀率,那么,工人、债权人会因此受益。

我们以借贷合同为例,说明这种再分配效应。借贷双方在签订合同时根据预期的通货膨胀率 π^e,确定名义利率 i,他们期望实际利率为 r^e。如果实际通货膨胀率 π 大于预期的通货膨胀率 π^e,即 $\pi>\pi^e$,那么 $(i-\pi)<(i-\pi^e)$,也就是说实际利率 r 小于期望的实际利率 r^e,即 $r<r^e$,购买力就会从贷方向借方转移;反之,如果 $\pi<\pi^e$,购买力就会从借方向贷方转移。假设:$\pi^e=5\%$,$i=10\%$,$\pi=15\%$,则,$r^e=i-\pi^e=10\%-5\%=5\%$,$r=i-\pi=10\%-15=-5\%$。

高通货膨胀的额外成本:提高了不确定性,降低了人们的福利水平。当通货膨胀率很高,π 与 π^e 的不一致还会变大,人们的收入、财富无常变化波动幅度增加。我们知道即使收益的期望值不变,当风险变大时,会使人们的福利水平降低,境况就会变得更差。

如果每月的通货膨胀率 $\pi \geq 50\%$,意味着发生了超速通货膨胀(hyperinflation)。在超速通货膨胀情况下,以上描述的各种成本会变得非常之大,货币的价值储存功能丧失,其他功能(计价单位,交易媒介)也会减弱。人们可能会采取以货易货或选择更稳定的国外货币。

复习思考题

1. 什么是货币,它的基本功能有哪些?为什么说货币是人类历史上最伟大的发明?

2. 为什么弗里德曼说"通货膨胀是一种货币现象"?

3. 从长期看,按照古典经济学的观点,通货膨胀对实际经济变量会产生影响吗?为什么?

4. 通货膨胀的社会成本有哪些?

5. 谁支付了通货膨胀税?

6. 在一个经济中货币的流通速度是常数,实际 GDP 的年增长率为 5%,货币存量每年增长 14%,名义利率 11%,则实际利率为多少?

7. 假定一个经济的货币需求函数为:$(M/P)^d = 500 + 0.2Y - 1000i$。

(1) 假定 $P=100$,$Y=1000$,$i=0.1$,求实际货币需求,名义货币需求和货币流通速度。

(2) 如果价格上涨 50%,求实际货币需求,名义货币需求和货币流通速度。

(3) 比较(1)(2)解释货币需求和货币流通速度的变化。

8. 假定一个经济的货币需求函数为：

$$L(Y, r+\pi_e) = \frac{0.01Y}{r+\pi_e}$$

其中，$Y=150$，$r=5\%$。

(1) 假定名义货币供给量年平均增长率稳定在 10%。求实际货币供给。

(2) 假定现在央行宣布未来的货币供给量年增长率将为 5%，而且人们也相信央行会遵守诺言，求此时的实际货币供给量。

(3) 比较(1)(2)实际货币供给量有何变化，为什么？

9. 一些经济史学家注意到，金本位时期，在长期的通货紧缩之后最有可能发现新的金矿。这其中包含了什么道理？

第十三章　经济长期运行中经济政策的作用

从第十至第十二章,假定经济处在长期运行状态,我们分别讨论了经济增长、失业和通货膨胀问题,本章我们集中讨论经济长期运行中的宏观经济政策的作用。首先,我们将讨论在封闭经济中财政政策和货币政策的影响,然后,讨论开放经济条件下,财政政策和货币政策以及贸易保护政策的影响。

第一节　三部门经济的政策分析

我们知道三部门经济指的是参与经济运行的主体由家庭、企业和政府所构成的封闭经济体系。在一个三部门经济中不存在对外经济联系,总需求由家庭消费、企业投资和政府购买三个部分构成。经济在长期运行状态时,意味着价格机制充分发挥了作用,使资源得到了充分的利用,总供给亦即实际总产量是由该国在现阶段所拥有的资源和技术所决定的。

一、总需求的构成分析

在一个封闭的三部门经济中,国内生产总值等于国民总收入,即:GDP=GNP,我们仍用 Y 来表示。国民总收入(总产量)分别被用于消费 C、投资 I 和政府购买 G,消费、投资和政府购买构成一国的总需求,AD$=C+I+G$。下面我们就来具体分析这三部分的影响因素。

(一)消费

从各国的统计资料看,消费 C 在国民总收入中都占有很大的份额。2013年我国的家庭消费为 212187.5 亿元,占 GDP 的 36%。决定人们消费行为的因素很多,如传统习惯、兴趣爱好、攀比心理、年龄以及气候等,都会对消费发生影响,但是对消费行为影响最大的因素,还是家庭的可支配收入水平。一般来说,可支配收入水平越高,消费水平也就越高。为了简化分析,家庭的可支配收入我们可以用国民总收入 Y 减去税收 T 来表示,因此,把消费与可支配收入之间的关系表示为:$C=C(Y-T)$,这就是消费函数。消费函数常用线性的形式表示为:

$$C = C_0 + b(Y - T) \qquad (13.1)$$

在等式右边,消费被分为自生消费 C_0 和引致消费 $b(Y-T)$ 两部分。所谓自生消费是指不受消费函数中的变量可支配收入($Y-T$)变动影响的消费。当可支配的收入($Y-T$)=0时,消费$C=C_0$,这时的消费依赖于以前的储蓄来进行,或进行借贷,自生消费C_0的大小可以理解为一个社会所需要的基本消费,它与当期的可支配收入没有直接的联系。$b(Y-T)$是**所谓引致消费,也就是说这一部分消费是由变量可支配的收入($Y-T$)引致的、派生的**,它是随着变量可支配收入($Y-T$)的变动而变动的,其中b称为可支配收入的边际消费倾向MPC。**可支配收入的边际消费倾向MPC是指可支配的收入($Y-T$)每增加一个单位所增加的消费**,即:MPC=$dC/d(Y-T)$,在这里MPC=b,通常$0<b<1$。对于这一消费函数,可以通过图13-1说明。消费函数曲线在纵轴上的截距就是自生消费C_0,消费函数的斜率为边际消费倾向b,消费随着可支配收入的增加而增加,可支配收入每增加一单位,消费将增加b。

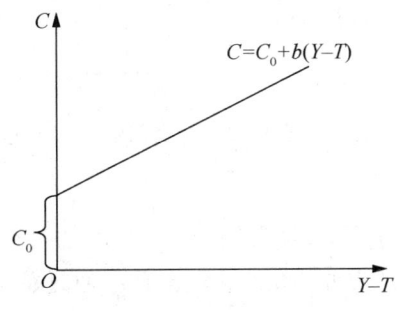

图13-1　消费函数

(二) 投资

投资在国民收入的构成中占有重要地位,在我国尤其显著。2013年,我国投资总额为280356.1亿元,占GDP的47.8%,投资对GDP增长贡献率为54.4%,对GDP增长拉动4.2个百分点。投资是增加未来收入的行为,对家庭来说将收入存入银行、购买股票或债券等行为都是投资,能使其未来的收入增加,但从一个国家的角度看,这些行为被视为储蓄,储蓄是未被使用的收入,储蓄形成了金融市场的资金供给。对一个国家来说,投资是能使这个国家未来收入增加的行为,当人们利用金融市场提供的资金购买新资本品,从而使该国增加未来的生产能力和收入时,储蓄就转化为投资。影响投资的因素有很多,其中最重要的因素是利率。利率是使用资金的价格,人们在决定是否进行投资,进行多少投资时,要对使用资金投资的成本和投资的预期收入进行比较,由于资本的边际产量是递减的,资本的需求曲线向右下方倾斜,所以,利率越低,投资量越大,投资水平和利率是负相关的。用I表示投资,r表示利率,投资和利率的这种关系可以用投资函数表示为:

$$I = I(r) = I_0 - dr \tag{13.2}$$

式中投资被分成 I_0 和 dr 两部分，I_0 是自生投资，其大小不受式中的自变量利率 r 变动的影响，而是由利率以外的其他因素决定的；dr 是引致投资，其大小和利率负相关，d 称为投资的利率敏感性系数，也叫投资的利率弹性，$d>0$。利率下降，投资增加，故 dr 前面有一个负号。投资和利率的函数关系，如图13-2 所示：

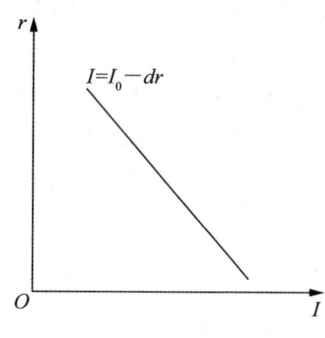

图 13-2　投资函数

（三）政府购买

政府购买 G 是构成国民总收入的第三部分。2013 年，我国的政府购买也高达 79978.1 亿元，占 GDP 的 13.6% 多。政府通过征税为其支出提供收入来源，政府支出主要用于政府购买，此外还有转移支付。为了简化分析，在这里我们假定政府的转移支付为零，那么，如果，$T-G>0$ 就是预算盈余，也称为政府储蓄，$T-G=0$ 为预算平衡，$T-G<0$ 为预算赤字。当出现预算赤字时，政府就需要动用以前的储蓄，或发行债券融资来弥补。税收 T 和政府购买 G 都可以看成是由政府财政政策决定的，不受其他经济变量影响的自生变量。

二、长期均衡

一个三部门封闭经济的总需求可以表示为：

$$AD = C(Y-T) + I(r) + G \tag{13.3}$$

长期总供给 LAS，即潜在的总产量由技术水平和资源所决定。我们用 A 表示技术水平，把资源分为劳动 L 和资本 K 两类，那么，生产函数为：

$$Y = A \cdot F(L, K) \tag{13.4}$$

假定现有的技术水平为 A^*、劳动为 L^*、资本为 K^*。当经济处于长期运行状态时，意味着资源得到了充分利用，实际总产量 Y 等于潜在的总产量 Y^*，所以有：

$$Y^* = A^* \cdot F(L^*, K^*) \tag{13.5}$$
$$\text{LAS} = Y^* \tag{13.6}$$

如图 13-3 所示,长期均衡意味着 LAS=AD,亦即:

$$Y^* = C(Y^* - T) + I(r) + G \tag{13.7}$$

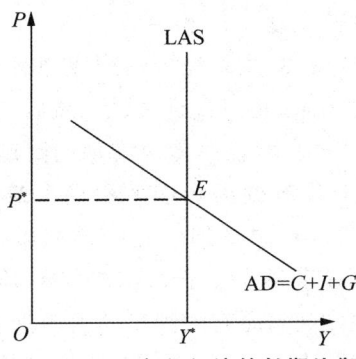

图 13-3 三部门经济的长期均衡

图 13-3 和公式(13.7)是用产品市场表示的长期均衡的条件。长期均衡也可以用金融市场的均衡来表示。对(13.7)式进行移项得:

$$Y^* - C(Y^* - T) - G = I(r)$$

在上式的左边减去一个 T,然后再加上一个 T 得:

$$[(Y^* - T) - C(Y^* - T)] + (T - G) = I(r)$$

左边第一项 $[(Y^* - T) - C(Y^* - T)]$ 为可支配的收入减去消费,也就是私人储蓄,左边第二项 $(T-G)$ 是政府储蓄。用 S_P 表示私人储蓄,用 S_G 表示政府储蓄,用 S 表示国民总储蓄,$S = S_P + S_G$,则有:

$$S = I(r) \tag{13.8}$$

储蓄 S 代表了一国资金的供给,投资 I 代表了一国对资金的需求,(13.8)式表示金融市场是均衡的。金融市场的均衡可以用图 13-4 表示。图 13-4 中,储蓄 S 不受利率的影响,储蓄的多少由总收入 Y、税收 T 和政府购买 G 决定,所

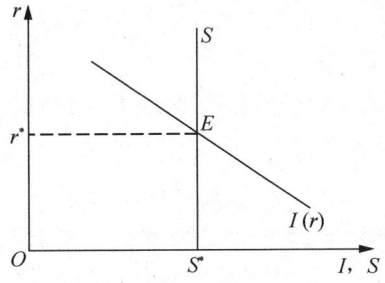

图 13-4 金融市场的均衡

以是一条垂直的直线。投资是利率的减函数,投资曲线向右下方倾斜,和储蓄曲线 S 相交于点 E,均衡的利率为 r^*。

三、财政政策的影响

财政政策是指政府通过变动支出和税收影响总需求进而试图改变总产量和就业水平的政策。通过(13.3)式总需求的构成,我们可以看出政府可以通过增加购买支出 G 来增加总需求,也可以通过减少税收让家庭的可支配收入增加从而使消费增加来增加总需求,**能使总需求增加的财政政策称为扩张的财政政策**。反之,**增加税收和减少政府购买会使总需求下降,称为紧缩的财政政策**。在经济处于长期均衡状态时,资源得到了充分的利用,实际总产量等于潜在的总产量,实现了充分就业,总产量是由总供给决定的,即:$Y=Y^*$。财政政策变动改变了总需求,而总供给不变,原有的均衡就会破坏,造成总供给与总需求不相等,即:$Y^* \neq C(Y^*-T)+I(r)+G$。那么,经济又是怎样在市场机制的作用下恢复均衡状态的呢?下面我们通过对扩张的财政政策作用机制的分析,予以说明。

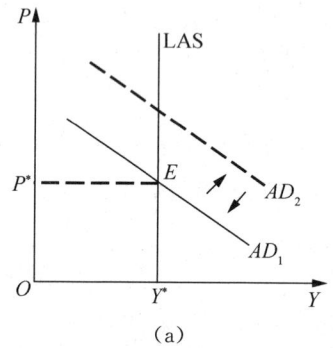
(a)

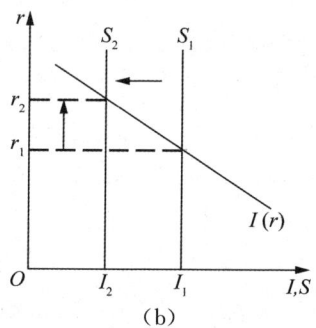
(b)

图 13-5 财政政策效应

设 $LAS=Y^*$,$AD=AD_1=C(Y^*-T_1)+I_1(r_1)+G_1$。由于经济运行在长期均衡状态,所以,$Y^*=C(Y^*-T_1)+I_1(r_1)+G_1$,如图 13-5(a)所示,总需求曲线 AD_1 与长期总供给曲线 LAS 相交于点 E,均衡的总产量为 Y^*,价格水平为 P^*。如果政府购买由 G_1 增加到 G_2,原有的均衡就会被破坏,出现 $Y^* < C(Y^*-T_1)+I_1(r_1)+G_2$,总需求曲线向右移动到 AD_2,由于总供给 Y^* 不变,要使均衡恢复,总需求的其他部分必定会减少。先看消费,消费是可支配收入 Y^*-T_1 的函数,可支配的收入没有减少,所以消费不会减少。既然消费不会减少,要使均衡恢复,投资必定要减少,并且投资的减少量,必须等于政府购买的

增加量,而投资是利率的函数,这意味着利率一定会上升。利率是由金融市场决定的,在图 13-5(b)中,政府购买增加使得国民储蓄减少,国民储蓄曲线由 S_1 向左移动到 S_2,资金供给减少,导致均衡的利率由 r_1 上升到 r_2,利率上升,投资水平下降,图 13-5(a)中的总需求曲线由 AD_2 移回到 AD_1,均衡恢复,$Y^* = C(Y^* - T_1) + I_2(r_2) + G_2$。政府购买增加挤出了投资,投资的减少量($\Delta I = I_2 - I_1$)等于政府购买的增加量($\Delta G = G_2 - G_1$),即 $\Delta I = \Delta G$,在这里挤出是完全的,总产量不变。减少税收的效果也是同样的,减少税收,政府储蓄减少,家庭可支配的收入增加,家庭消费和储蓄都会因之而增加,由于政府储蓄的减少量大于家庭储蓄的增加量,所以国民储蓄一定是减少的,接下来的分析留给读者,恕不赘言。

总之,就长期看,一国的总产量和就业水平是由总供给决定的,作用于总需求的财政政策不能改变总产量和就业,改变的只是总需求的构成,犹如倾其所有做一个蛋糕,不管怎么分割都不会改变蛋糕的大小。

四、货币政策的影响

货币政策是指央行利用货币政策工具(如公开市场业务、准备金率和再贴现率),通过改变货币供给量影响市场利率,最终影响总需求的政策。**凡是能够增加货币供给量从而刺激总需求的货币政策,称为扩张性货币政策;反过来,凡是能够减少货币供给量从而抑制总需求的政策,称为紧缩性货币政策。**货币政策对总需求的影响比较间接,它是通过改变货币供给量影响利率水平,进而影响投资来改变总需求的,对此我们将在第十六章进行详细讨论。当央行采取增加货币供应量的货币政策时,利率水平会下降从而导致投资需求增加,总需求曲线向右移动;而减少货币供应量的政策将使总需求曲线向左移动。

在图 13-6 中,长期总供给曲线 LAS 与总需求曲线 AD_1 相交于点 E_1,均衡的价格为 P_1,均衡的总产量为 Y^*。假如央行采取扩张的货币政策,货币供给量增加,如果价格水平不变,将会使实际利率水平降低投资增加,总需求曲线由 AD_1 向右移动到 AD_2,这样价格为 P_1 时的总需求量大于实际总产量 Y^*。根据货币数量方程,我们知道总产量不变,货币供给增加,将导致价格水平上升,价格由 P_1 上升到 P_2,出现通货膨胀。费雪方程式告诉我们,这时名义利率随着通货膨胀同幅度上升,实际利率不变,所以,投资最终仍保持在原来的水平上,产量仍然是 Y^*。从长期看,在价格机制充分发挥作用时,一国的产量是由总供给决定的,货币扩张,价格水平上升,导致通货膨胀,改变的只是衡量实际变量价值的货币单位,实际变量本身并不会因此发生变动,所以,货币政策没有实际效应。仍以做蛋糕为例,做出蛋糕的大小、轻重只和投入的各种原料的多少有关,和用来量度它大小、轻重的工具无关。

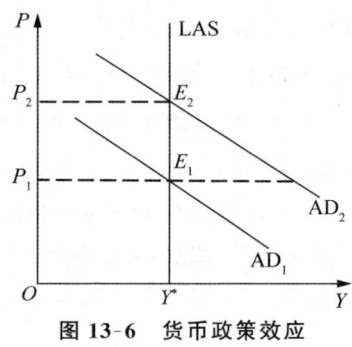

图 13-6　货币政策效应

第二节　国际收支账户和汇率

之前的分析都是在封闭经济的假定下进行的,而在现实世界中,随着全球经济一体化的发展,各国经济通过产品贸易和资本的流动日益紧密地联系在一起,经济的开放程度越来越高。一国经济开放的程度,可以用进出口总额占 GDP 的比重,即外贸依存度来衡量。中国改革开放以来,进出口总额一直处于持续增长态势,1980 年,中国的进出口总额仅为 570 亿元人民币,外贸依存度为 12.5%,2013 年进出口总额高达 258168.89 亿元人民币,外贸依存度为 44.1%,2006 年外贸依存度甚至高达 64.9%,当今中国的外贸依存度远远高于美国和日本。1982 年,中国资本流出为 529200 万美元,资本流入为 355600 万美元;2013 年,中国资本流入为 172709961.52 万美元,资本流出为 140089642.65 万美元。可见,中国已经成为经济高度开放的和世界各国经济紧密联系在一起的国家。接下来,我们把国际产品贸易和资本流动纳入分析的视野,首先介绍国际收支账户,然后讨论汇率的决定。

一、国际收支账户的构成

一个国家在一定时期内与其他国家所进行的经济往来可以通过国际收支账户(balance of payments accounts)来反映。顾名思义,国际收支账户是记录一定时期内一个国家在和其他国家进行的经济交往中所发生的收入和支出情况的会计账户,它由经常项目、资本项目、储备资产三大项构成。

经常项目中包括货物和服务、收益及经常性转移三个明细项目。货物和服务项目记录货物和服务的进出口贸易;收益项目记录一国和他国因相互提供生产要素而产生的收入和支出,包括劳动者报酬和投资收益,其中投资收益包括直接投资、证券投资和其他投资的收益和支出,以及直接投资收益的再投资;经常转移项目记录一国和他国之间免费馈赠货物、服务或资产。

表 13-1　国际收支账户(中国 2013 年)　　　　　　(单位:10 亿美元)

项目	借方	贷方	余额＝贷方－借方
一、经常项目	2481	2664	183
1. 货物和服务贸易	2190	2425	235
2. 要素收益	229	186	－43
3. 经常转移	62	53	－9
二、资本项目	1401	1727	326
三、储备资产	431		－431
误差与遗漏	78		－78
合计	4391	4391	0

资料来源:中国国家统计局官网。

资本项目包括直接投资、证券投资和其他投资等。其他投资指除直接投资和证券投资以外的所有对外金融资产与负债交易项目,包括贸易信贷、贷款、货币和存款以及其他资产。

储备资产指中央银行拥有的对外资产,包括外汇、货币黄金、特别提款权、在基金组织的储备头寸。

二、国际收支账户各项目的关系

按照会计复式计账的原则,凡是从国外获得的收入都会记在账户的贷方(＋),凡是对国外进行的支出都会记在账户的借方(－),中央银行储备资产增加记在借方(－),中央银行储备资产减少记在贷方(＋)。在经常项目中,出口货物和服务的收入、为外国提供要素的所得收益和从外国所得经常转移记入经常项目的贷方,进口货物和服务的支出、支付给外国提供要素的收益和为外国提供的经常转移记入经常项目的借方。净出口＝出口－进口,如果净出口＞0,就是贸易盈余(顺差);反之,就是贸易逆差(赤字)。如果经常项目的贷方(收入)大于借方(支出),则有贷方余额,称之为经常项目盈余(顺差);反之,则有借方余额,称之为经常项目赤字(逆差)。在资本项目中,从外国借入资金和向外国出售资产、证券所得等是资本流入,也就是外国投资,记入资本项目的贷方;反之,是资本流出,也就是对外投资,记入资本项目的借方。净资本流入＝资本流入－资本流出＝外国投资－对外投资＝－(对外投资－外国投资)＝－净对外投资,所以,净资本流入≡－净对外投资。如果资本项目有贷方余额,资本净流入＞0，称之为资本项目盈余（顺差）；反之，则有借方余额，称之为资本项目赤字（逆差）。"有借必有贷，借贷必相等"，国际收支账户也叫国际收支平衡表，当国际收支出现盈余（＋），就一定会有其储备资产的等额增加（－），就如一个人收入大于支出，其持有的现金或银行存款会增加一样，国际收支盈余（Balance of payment surplus）BP＝经常项目盈余＋资本项目盈余（－净对外投资）＝储备资产增加额，这是一个会计恒等式。当 BP＞0，国际收支有盈余，储备资产增加；BP＜0，国际收支出现赤字（逆差），储备资产减少；当 BP＝0，国际收支平衡，储备资产不变。如果不考虑经常项目中的要素收益和经常转移，那么，经常项目盈余就是净出口，BP＝净出口－净对外投资，实现国际收支平衡的条件则为：

$$NFI = NX \tag{13.9}$$

NX 为净出口，NFI 为净对外投资。

在表 13-1 中，经常项目的贷方（收入）为：货物和服务出口＋为外国提供要素的收益＋接受国外馈赠＝2425＋186＋53＝2664，经常项目的借方（支出）为：货物和服务贸易进口＋支付给国外要素的报酬＋给予国外馈赠＝2190＋229＋62＝2481，经常项目盈余＝经常项目贷方－经常项目借方＝2664－2481＝183。资本项目的贷方（收入）为：1727，资本项目的借方（支出）为：1401，资本项目盈余＝资本项目贷方－资本项目借方＝1727－1401＝326。国际收支盈余＝经常项目盈余＋资本项盈余＝183＋326＝509＝储备资产增加额＋误差与遗漏＝431＋78＝509。

三、汇率的表示方法

无论是国际的产品贸易，还是资本流动都需要把一国的货币兑换成另一国的货币，兑换各国货币的市场就是外汇市场。汇率就是在外汇市场上各国货币的兑换比例，或者说是用一国货币标出的另一国货币的价格，就像在产品市场上用货币标出商品的价格一样。汇率有两种标价方式，一种是用本国货币标出外国货币的价格，即：本币/外币，称为直接标价法；另一种是用外国货币标出本国货币的价格，即：外币/本币，称为间接标价法。这两种方法是等价的，例如，6.25 元/美元，表示 6.25 元兑换 1 美元，是美元的人民币价格，对中国来说是直接标价，对美国来说就是间接标价，它等价于 0.16 美元/元。0.16 美元/元，是用美元标出人民币的价格，这对中国是间接标价，对美国则是直接标价。为了方便，我们采用间接标价法表示汇率，这样汇率的升降就和本币的升值贬值保持一致了，用 e 表示汇率：

$$e = 外币／本币 \tag{13.10}$$

四、市场汇率的决定

市场汇率是怎样决定的呢？对此,我们仍然可以利用商品交易的供求模型进行分析,这里交易的商品不过是不同国家的货币而已。让我们考察这样一个世界:有两个国家子虚国和乌有国,他们各自的货币分别叫虚元和乌元。子虚国的人想得到乌有国的货币主要有三个原因:(1) 想买乌有国的商品;(2) 想到乌有国投资;(3) 想通过外汇投机赚取资本利得。这样在外汇市场上就产生了对乌有国货币的需求,同时也就产生了对子虚国货币的供给。乌有国的人出于同样的原因产生了对子虚国的货币需求,同时也产生了乌有国货币的供给。现在两国既有相互的货币需求,同时还产生了相互的货币供给,于是就出现了外汇市场,汇率是虚元与乌元之间的相对价格——比价,在一个自由竞争的市场里,价格是由供给和需求共同决定的。我们可以从虚元的供给和需求的角度考察汇率的决定问题,也可以从乌元的供给和需求的角度考察汇率的决定问题,这两个角度是等价的,因为对乌元的需求也就是虚元的供给,对虚元的需求也就是乌元的供给。汇率 $e=$ 乌元/虚元,图 13-7(a)是用虚元的供给和需求表示的外汇市场,图 13-7(b)是用乌元的供给和需求表示的外汇市场,这两个图是一回事。

下面,我们利用图 13-7(a)分析汇率的决定。国际的经济往来最早是从产品贸易开始的,假定子虚国和乌有国的市场是紧密联系在一起的,既不存在天然的贸易障碍也不存在任何人为的贸易障碍。如果子虚国的大米虚元价格为 p_r,乌有国的大米乌元价格为 p_r^*,当汇率为 e_1 时,如果 $e_1 < p_r^* / p_r$,即 $e_1 p_r < p_r^*$,用同一种货币乌元衡量的两国市场的大米价格,乌有国市场高于子虚国市场,把大米从子虚国出口到乌有国就是有利可图,由此产生了对虚元的需求和乌元的供给。随着大米由子虚国出口到乌有国的数量增加,子虚国内市场上大米的价格 p_r 会上升,乌有国内市场上大米的价格 p_r^* 会下跌,当 $e_1 = p_r^* / p_r$(即 $e_1 p_r = p_r^*$)时,子虚国的大米出口就不再增加了。如果虚元贬值由 e_1 降到 e_2,则会出现 $e_2 < p_r^* / p_r$,即 $e_2 p_r < p_r^*$,向乌有国出口大米的"套利"活动又会活跃起来。汇率 e 下降虚元贬值,不仅使子虚国的大米出口增加,还会使子虚国更多的商品价格低于乌有国,这样就会使子虚国有更多品种和数量的产品出口,因此,对虚元的需求量和乌元的供给量也随之增加。由此可见,乌有国对子虚国物品的需求产生了外汇市场的虚元需求和乌元供给。外汇市场虚元的需求量随着汇率 e 的下降(虚元贬值,乌元的升值)而增加,随着汇率 e 的上升(虚元升值,乌元的贬值)而下降。

如果仅仅由于乌有国的人喜欢便宜的子虚国大米以及其他产品,产生了对虚元的需求和乌元的供给,上述故事并不会真的发生,除非人们能找到需要乌元并提供虚元的人。好在子虚国的人也喜欢乌有国产的小麦,如果给定汇率为 e_2 时,有 $e_2 > p_w^*/p_w$,套利活动会使子虚国从乌有国进口小麦,随着小麦进口量的增加会使子虚国内的小麦价格 p_w 下降,乌有国内的小麦价格 p_w^* 上升,直至出现 $e_2 = p_w^*/p_w$ 时,子虚国的小麦进口量便不再增加。如果汇率由 e_2 上升到 e_1,子虚国的小麦进口的套利活动又会活跃起来,直到 $e_1 = p_w^*/p_w$。汇率 e 上升不仅会使子虚国从乌有国进口更多的小麦,还会进口更多的相对价格较国内便宜的乌有国的产品,因此,对乌元的需求量和虚元的供给量也随之增加。由此可见,子虚国对乌有国物品的需求产生了外汇市场的虚元供给和乌元需求。外汇市场虚元的供给量随着汇率 e 的上升(虚元升值,乌元贬值)而增加,随着汇率 e 的下降(虚元贬值,乌元升值)而下降。在虚元表示的外汇市场图 13-7(a) 中,E 为均衡点,e^* 是均衡的汇率。在只有产品贸易的开放经济中,一个国家出口所得到的外汇等于进口所支出的外汇,出口等于进口,净出口 NX=0,既不会有贸易赤字,也不会有贸易盈余。**如果没有任何贸易障碍和交易费用,套利活动最终会使任何可贸易产品,在两国市场上用同一种货币衡量的价格相同**,这就是所谓的一价定律。

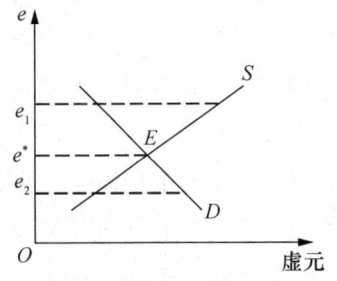

图 13-7(a) 用乌元表示虚元价格的外汇市场

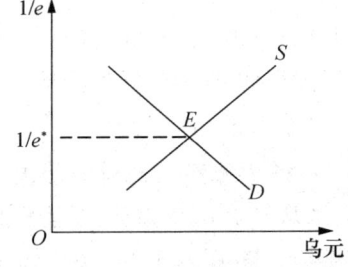

图 13-7(b) 用虚元表示乌元价格的外汇市场

五、市场汇率的变动

汇率不仅受各国间产品贸易的影响,还受资本流动、外汇投机等因素的影响。当一国利率上升或国外利率下降,逐利行为使流出该国的资本减少,流入的资本增加,即资本净流入增加,在外汇市场上就会出现对该国货币的供给减少和需求增加,导致该国货币升值,汇率上升;反之则相反。外汇投机是利用汇率波动进行套利的行为,当人们预期一国的货币将升值,就会在外汇市场购入该国货币,待升值后再将其抛出,当人们预期一国的货币将贬值,就会在外汇市场抛出该国货币,待其贬值后再购入。这种投机行为将使得该国货币升值或贬值的预期实现,这就是所谓的预期自证效应。

六、名义汇率和实际汇率

外汇市场上两国货币的兑换率称为名义汇率,名义汇率仅表明用一单位某国的货币能买到多少另一国的货币,但并不能让我们了解能买到另一国的多少东西,所以,为了表明各国货币的购买力,经济学家把用一国产品表示的另一国产品的价格叫作实际汇率。假定子虚国只生产大米且乌有国只生产小麦,子虚国的大米价格每吨 50000 虚元,乌有国的小麦价格是每吨 20000 乌元,名义汇率 $e=2$ 乌元/虚元,那么,实际汇率 $\varepsilon = e \cdot$ 50000 虚元/20000 乌元 $=$ (2 乌元/虚元) $\cdot$ 50000 虚元/20000 乌元 $=5$,实际汇率 $\varepsilon = 5$,表明一吨大米可换取 5 吨小麦。在现实世界中各国生产的产品种类繁多,一国的所有产品的价格是用该国的价格水平(价格指数)来表示的,那么,实际汇率可表示为:

$$\varepsilon = \frac{eP}{P^*} \tag{13.11}$$

P 为本国的价格水平,P^* 外国的价格水平,名义汇率 $e=$ 外币/本币。实际汇率也称为贸易条件,实际汇率值的大小本身并无意义,不代表什么,重要的是实际汇率的变动,实际汇率上升意味着本国产品相对于外国产品变得更昂贵,本国产品的国际竞争力就会下降;反之则相反。

第三节 开放经济的长期模型

一、开放经济的总需求

我们知道,总需求是指在一定时期内,人们愿意购买的产品和服务的总量,在一个开放经济中,人们购买的产品和服务既有国内生产的,也有国外生产的,同时国外也购买本国生产的产品和服务,所以,对本国产品和服务的需求可以表示为:

$$AD = (C - C_f) + (I - I_f) + (G - G_f) + X$$

在上式中,C_f 是家庭购买的从国外进口的消费品,I_f 是企业购买的从国外进口的投资品,G_f 是政府购买的从国外进口的产品,X 是出口到国外的产品。上式可以写成:

$$AD = C + I + G + X - (C_f + I_f + G_f)$$

式中 $(C_f+I_f+G_f)$ 是进口总额，$X-(C_f+I_f+G_f)$ 就是净出口 NX，则：

$$AD = C + I + G + NX \tag{13.12}$$

二、影响净出口的主要因素

我们已经知道在总需求中，消费是可支配收入的函数，投资是利率的函数，政府购买由政府的财政政策所决定，那么，净出口是如何被决定的呢？影响一国净出口的因素有很多，其中最主要的是实际汇率和实际收入。

（一）实际汇率对净出口的影响

前面已经说过，实际汇率也叫贸易条件，如果实际汇率下降，意味着本国产品相对于外国产品变得更便宜了，外国商品变得更昂贵了，本国产品的国际竞争力提高，本国对外国的出口会增加，从外国的进口就会减少，所以，净出口 NX 随着实际汇率的下降而增加；反之则相反。净出口是实际汇率的减函数。

（二）实际收入对净出口的影响

一国的实际收入较低时，不仅对本国产品的需求较低，对外国产品的需求也较低，当一国的实际收入水平提高时，不仅会增加对本国产品的需求，也会增加对外国产品的需求。以我国为例，经过三十多年的改革开放，实际收入和进口都实现了奇迹般的增长，1982 年 GDP 仅为 3650.2 亿元，进口额 357.50 亿元，2013 年 GDP 已高达 585336.8 亿元，进口总额高达 121037.50 亿元，所以，实际收入增加，进口增加，净出口会减少，净出口是实际收入的减函数。净出口函数可以表示为：

$$NX = NX(\varepsilon, Y) \tag{13.13}$$

三、开放经济的长期均衡

我们知道在长期经济处于均衡状态，总供给等于总需求，即：

$$LAS = AD \quad 或 \quad LAS = C + I + G + NX$$

根据式(13.6)：LAS=Y^*；消费函数为：$C=C(Y-T)$；投资函数：$I=I(r)$；净出口函数为：$NX=NX(\varepsilon, Y)$。所以，开放经济的长期均衡条件可由产品市场的均衡表示为：

$$Y^* = C(Y^* - T) + I(r) + G + NX(\varepsilon, Y^*) \tag{13.14}$$

如图 13-8 所示。

对式(13.14)移项整理得：

$$[Y^* - C(Y^* - T) - G] - I(r) = NX(\varepsilon, Y^*)$$

上式中 $[Y^* - C(Y^* - T) - G]$ 为国民储蓄，仍用 S 表示，则：

$$S - I(r) = NX(\varepsilon, Y^*) \tag{13.15}$$

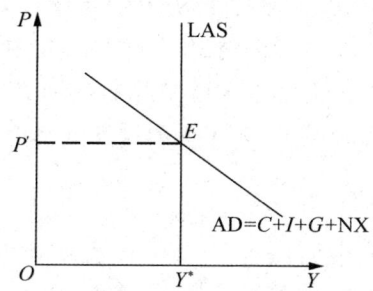

图 13-8　开放经济产品市场的长期均衡

$S-I(r)$ 是本国对国外的资金净供给,称为净对外投资,也叫净资本流出。在开放经济中,资金可在国际流动,一国的资金既可以被用于国内投资,也可以被用于对外投资,而国内投资中利用的不仅有本国资金,也会有国外的资金,本国给国外提供的资金减去国外给本国提供的资金就是净对外投资 NFI,则:

$$\mathrm{NFI} = S - I(r) \tag{13.16}$$

NFI 和国内的利率 r 负相关,国内的利率降低就会有更多的资金流向国外,流入国内的资金会减少,净对外投资因之会增加。那么,(13.16)式代入(13.15)式,得:

$$\mathrm{NFI}(r) = \mathrm{NX}(\varepsilon, Y^*) \tag{13.17}$$

净出口 NX 是国外对本国资金的净需求,是一国从国外获得的净收入,净对外投资 NFI 是一国对外的净支出,(13.17)式表明开放经济实现均衡时,国际收支和外汇市场也一定是均衡的,如图 13-9 所示:

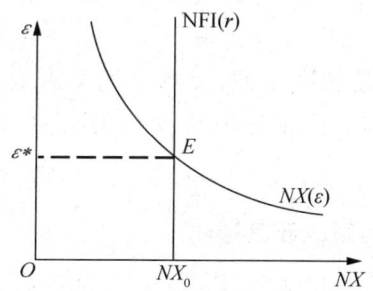

图 13-9　国际收支平衡

我们可以把(13.16)式改写成:

$$S = I(r) + \mathrm{NFI}(r) \tag{13.18}$$

(13.18)式代表了开放经济实现均衡时,金融市场的均衡,等式的左边国民储蓄 S 是一国的资金供给,等式的右边是对一国资金的需求,国内私人投资

$I(r)$ 是国内对资金的需求,净对外投资 $NFI(r)$ 是国外对本国资金的净需求,如图 13-10 所示。在资本完全流动的情况下,国内外的利率出现任何差异都会被资金迅速的流动所抹平,正像底部连通的容器液面在静止时总是保持相平一样,资金在国际的流动,保证了 $r=r^*$ (r^* 为世界资金市场的利率)。

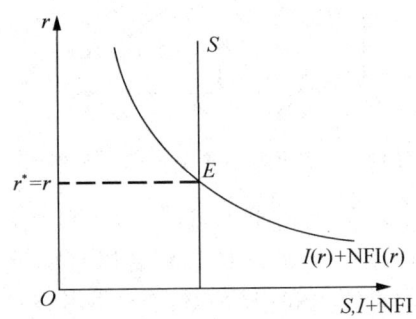

图 13-10 开放经济金融市场的均衡

第四节 开放经济的政策分析

本节我们利用开放经济的市场长期均衡模型,分析各种经济政策的影响。在本章第一节中,我们分析了封闭经济的市场长期均衡的确立和经济政策的影响,在一个封闭经济中要实现这一均衡,关键在于国民储蓄要与私人部门的意愿投资相等,即:$S=I(r)$,这是通过金融市场的均衡实现的。金融市场上对资金的需求反映了私人部门的意愿投资,对资金的供给反映了国民储蓄,在长期通过实际利率的变动,使均衡得以实现。在开放经济条件下,一国的产品市场和金融市场与世界市场是相联系的,市场的均衡由实际利率和实际汇率所决定,任何能使实际利率和实际汇率发生变动的力量,都会影响到均衡的实现状态。

一、小型开放经济的财政政策影响

所谓的小型开放经济,是指其经济规模在世界经济中微不足道,在世界金融市场中的资金供给和需求也都微乎其微。所以,其资金供求的变动对世界市场上的利率几乎没有影响力,在资金可以完全流动的情况下,它只能是世界资金市场均衡利率的接受者,即:$r=r^*$,它在这个由世界金融市场决定的利率水平上可以贷出和借入任意多的资金,其净对外投资曲线 $NFI(r^*)$ 在图 13-11 中是一条水平的直线。这就类似于在完全竞争市场上,对任何一个厂商来说,其

产品的需求曲线是水平的,在给定的价格上厂商可以出售任意多的产品一样,所以,小型开放经济的长期均衡可以表示为:

产品市场的均衡:
$$Y^* = C(Y^* - T) + I(r^*) + G + NX(\varepsilon, Y^*) \quad (13.19)$$

金融市场的均衡:
$$S = I(r^*) + NFI(r^*) \quad (13.20)$$

国际收支的平衡:
$$NFI(r^*) = NX(\varepsilon, Y^*) \quad (13.21)$$

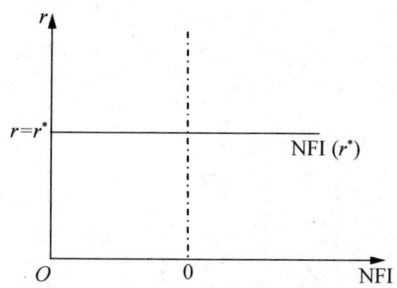

图 13-11 小型开放经济的净对外投资与利率

小型开放经济长期均衡时各市场间的联系和财政政策的影响可以用图 13-12 来表示。假定小型开放经济长期均衡时,在产品市场上,如图 13-12(a)所示,总供给曲线为 LAS=Y^*,总需求曲线为:

$$AD_1 = C(Y^* - T_1) + I(r^*) + G_1 + NX(\varepsilon_1, Y^*) \quad LAS = AD_1$$

均衡点为 E_1;在金融市场上(如图 13-12(b)所示),储蓄曲线为 $S_1 = Y^* - C(Y^* - T_1) - G_1$,对该国的资金需求曲线为 $I(r^*) + NFI(r^*)$,$I(r^*)$ 是世界金融市场利率为 r^* 时所确定的国内私人投资对资金的需求量。由于小型经济的净对外投资 $NFI(r^*)$ 是一条水平的直线,所以,对该国的资金需求曲线 $I(r^*) + NFI(r^*)$ 也是一条水平的直线,$S_1 = I(r^*) + NFI(r^*)$,均衡点为 E_1。这时的净对外投资量如图 13-12(c)所示为 NFI_1,$NFI_1 > 0$ 说明该国是资本输出国,国际收支平衡,$NFI_1(r^*) = NX(\varepsilon_1, Y^*)$,均衡点为 E_1,均衡的实际汇率是 ε_1,净出口为 NX_1,$NX_1 > 0$ 说明贸易有顺差。当政府实行扩张的财政政策时,政府支出增加到 G_2(或税收减少,或者二者同时发生),会导致总需求增加和储蓄下降。总需求增加,图 13-12(a)中的总需求曲线由 AD_1 向右移动到 AD_2,总供给 LAS 不变,所以:

$$Y^* < C(Y^* - T_1) + I(r^*) + G_2 + NX(\varepsilon_1, Y^*)$$

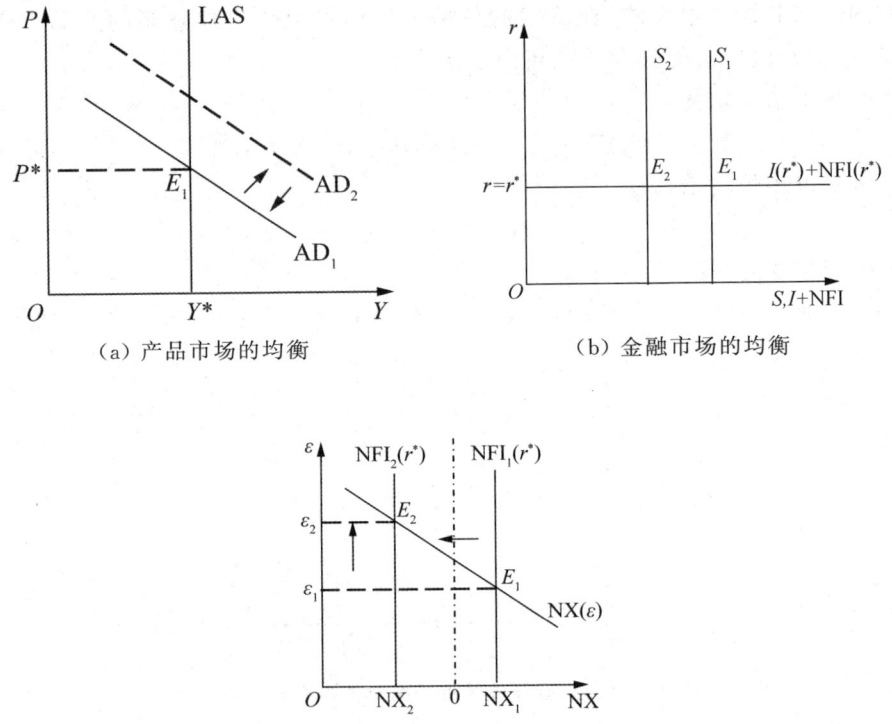

图 13-12 小型开放经济的长期均衡和财政政策效应

  经济失衡,要恢复均衡状态,总需求的其他部分就必须相应地同等数额地减少。由于世界资金市场的利率 r^* 没有变动,意愿的私人国内投资不变仍为 I^*,那么,只能是净出口 NX 减少。净出口 NX 是实际汇率 ε 和收入 Y 的减函数,由于收入 $Y=Y^*$ 不变,所以,实际汇率 ε 一定上升了。实际汇率之所以会上升,是因为财政扩张国民储蓄减少,图 13-12(b)中的储蓄曲线由 S_1 向左移到 S_2,均衡点变为 E_2,资金的流出减少,资金的流入增加,净对外投资减少了。在图 13-12(c)中,净对外投资由 NFI_1 减少到 NFI_2,$NFI_2<0$,该国由资本输出国变为输入国。外汇市场上,资金的流出减少使外汇的需求减少(本国货币供给减少),资金的流入增加使外汇供给增加(本国货币需求增加),净对外投资曲线由 NFI_1 向左移动到 NFI_2,外汇贬值,本币升值,汇率由 ε_1 上升到 ε_2,净出口由 NX_1 下降到 NX_2,$NX_2<0$,该国出现贸易逆差。在图 13-12(a)中,因财政扩张右移到 AD_2 的总需求曲线,又因净出口下降回到了 AD_1,经济均衡恢复,但总需求的结构变了。结论:财政扩张,实际汇率上升,净出口下降,总产量不变。与封闭经济不同的是,在这里财政扩张挤出的是净出口,由于总需求曲线回到

了原来的位置,所以挤出同样是完全的。

二、大型开放经济的财政政策影响

所谓大型开放经济,是指其经济规模在世界经济中占有举足轻重的地位,其资金供求的任何变化不仅会影响国内的利率水平,通过资金的国际间流动还会给世界金融市场的均衡利率带来影响。在资本完全流动的条件下,$r^* = r$,世界市场的利率 r^* 随着其国内利率 r 变动,世界市场的利率 r^* 的变动也会使国内利率 r 发生同方向的变动,因此,大型开放经济和小型开放经济的一个关键区别在于净对外投资和利率的关系。在小型开放经济模型中,资金可以按照世界金融市场的均衡利率自由流入和流出,而在大型开放经济模型中,净对外投资是国内实际利率的减函数:NFI(r),随着国内实际利率 r 的降低,净对外投资增加,这是由资金提供者的逐利行为所决定的,如图13-13所示。大型开放经济的长期均衡条件可以表示为:

产品市场的均衡:
$$Y^* = C(Y^* - T) + I(r) + G + NX(\varepsilon, Y^*) \tag{13.22}$$

金融市场的均衡:
$$S = I(r) + \text{NFI}(r) \tag{13.23}$$

国际收支的平衡:
$$\text{NFI}(r) = NX(\varepsilon, Y^*) \tag{13.24}$$

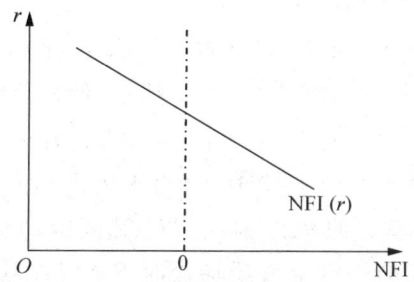

图 13-13 大型开放经济的净对外投资与利率

大型开放经济长期均衡时各市场间的联系和财政政策的影响可以用图13-14表示:

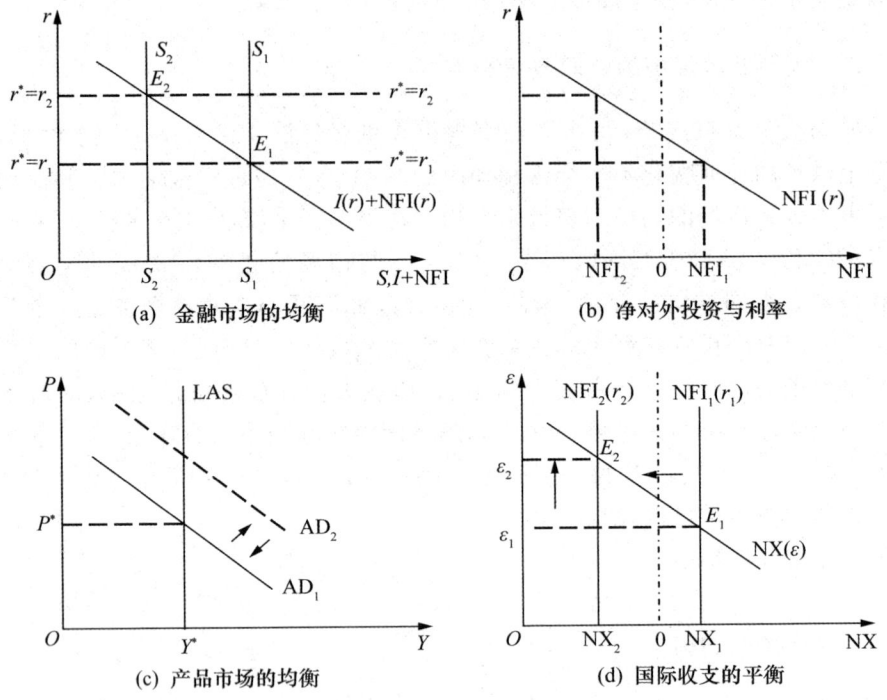

图 13-14 大型开放经济的长期均衡和财政政策效应

假定大型开放经济长期均衡时,在产品市场上,如图 13-14(c)所示,总供给曲线为 $LAS=Y^*$,总需求曲线为:

$$AD_1 = C(Y^* - T_1) + I(r_1) + G_1 + NX(\varepsilon_1, Y^*) \quad LAS = AD_1$$

均衡点为 E_1;在金融市场上,如图 13-14(a)所示,储蓄曲线为:

$$S_1 = Y^* - C(Y^* - T_1) - G_1$$

对该国的资金需求曲线为 $I(r)+NFI(r)$,由于国内私人投资 $I(r)$ 和净对外投资 $NFI(r)$ 都是本国利率 r 的减函数,所以,对该国的资金需求曲线 $I(r)+NFI(r)$ 是向右下方倾斜的。资金市场均衡时 $S_1 = I(r_1) + NFI(r_1)$,均衡点为 E_1,均衡的利率为 r_1,资金的完全流动保证了 $r^* = r_1$;净对外投资曲线 $NFI(r)$,如图 13-14(b)所示,当利率为 r_1 时,净对外投资为 NFI_1,$NFI_1 > 0$ 说明该国是资本输出国;国际收支的平衡,如图 13-14(d)所示,$NFI_1(r_1) = NX(\varepsilon_1, Y^*)$,均衡点为 E_1,均衡的实际汇率是 ε_1,净出口为 NX_1,$NX_1 > 0$ 说明贸易有顺差。当政府实行扩张的财政政策时,政府支出增加到 G_2(或税收减少,或者二者同时发生),导致总需求增加和储蓄下降。总需求增加,图 13-14(c)中的总需求曲线由 AD_1 向右移动到 AD_2,总供给 $LAS=Y^*$ 不变,所以:

$$Y^* < C(Y^* - T) + I^*(r^*) + G_2 + NX(\varepsilon, Y^*)$$

经济失衡,要恢复均衡状态,总需求的其他部分就必须相应地同等数额地减少。由于储蓄下降,图 13-14(a)中的储蓄曲线由 S_1 向左移到 S_2,均衡点变为 E_2,利率由 r_1 上升到 r_2,利率上升,导致国内私人投资 I 下降。国内利率上升不仅会使更多的资金留在国内,还会吸引更多的国外资金流入国内,资金输出减少,资金输入增加,净对外投资下降。在图 13-14(b)中,净对外投资由 NFI_1 下降到 NFI_2,资金的流动还使世界金融市场的利率上升到 r_2。外汇市场上,资金的流出减少使外汇的需求减少(本国货币供给减少),资金的流入增加使外汇供给增加(本国货币需求增加)。在图 13-14(d)中的净对外投资曲线由 NFI_1 向左移动到 NFI_2,外汇贬值,本币升值,汇率由 ε_1 上升到 ε_2,净出口由 NX_1 下降到 NX_2,$NX_2 < 0$,该国出现贸易逆差。在图 13-14(c)中,因财政扩张右移到 AD_2 的总需求曲线,又因投资 I 和净出口 NX 的双重下降回到了 AD_1,经济均衡恢复,但总需求的结构变了。结论:大国财政扩张,会导致实际利率和实际汇率的上升,国内私人投资和净出口下降,总产量不变。与封闭经济和小型开放经济不同的是,大型开放经济的财政扩张挤出的是国内私人投资和净出口,由于总需求曲线回到了原来的位置,所以挤出同样是完全的。

三、货币政策的影响

在长期开放经济中的货币政策的影响,诚如我们在第五章古典两分法中所言,货币政策的变动仅对名义变量有影响,对实际变量没有影响,和封闭经济有所不同的是改变的还有名义汇率。我们把(13.11)式改写成:

$$e = \frac{\varepsilon P^*}{P} \qquad (13.25)$$

对(13.25)式两边取对数得:

$$\ln e = \ln \varepsilon + \ln P^* - \ln P$$

对上式两边求时间 t 的微分得:

$$\frac{\Delta e}{e} = \frac{\Delta \varepsilon}{\varepsilon} + \frac{\Delta P^*}{P^*} - \frac{\Delta P}{P}$$

$\Delta P^*/P$ 为国外的通货膨胀率,$\Delta P/P$ 为国内的通货膨胀率,可分别表示为 π^* 和 π,则有:

$$\frac{\Delta e}{e} = \frac{\Delta \varepsilon}{\varepsilon} + (\pi^* - \pi) \qquad (13.26)$$

(13.26)式表明,名义汇率的变动受实际汇率变动和国内外通货膨胀率变动的影响。扩张的货币政策使国内价格水平上升,货币贬值,发生通货膨胀,国内的通货膨胀还会引起名义汇率下降,本国货币对外贬值。这是因为,通货膨胀使国内产品的价格上涨,在原市场汇率下,本国产品相对昂贵,外国产品变得相对便宜,出口需求会减少,进口需求会增加,外汇市场上本币的需求减少,供给增加。在图 13-15 中,本币的需求曲线由 D_1 向左移动到 D_2,供给曲线由 S_1 向右移动到 S_2,名义汇率由 e_1 下降到 e_2,本币贬值。由于实际汇率不变,净出口不变。

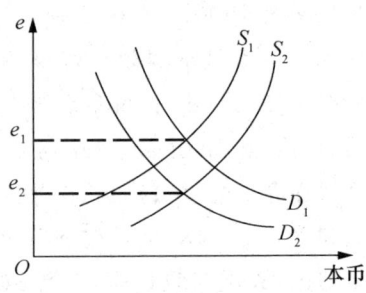

图 13-15 货币扩张,名义汇率下降

四、贸易保护政策的影响

贸易保护政策是指为保护缺乏竞争力的本国弱势产业免受外国产品竞争的限制进口政策,常用的贸易保护政策有提高关税壁垒和进口配额等。贸易保护政策使进口下降,净出口增加,图 13-16 中净出口曲线由 NX_1 向右移动到 NX_2。在外汇市场上,进口的减少使得对外汇的需求减少(本币供给减少),实际汇率由 ε_1 上升到 ε_2,实际汇率上升又导致出口减少,出口的减少量=进口的减少量,净出口不变,但贸易总额下降了。由于经济处于充分就业的均衡状态,总产量(总收入)不变,致使购买力转移到购买更多的质次价高的本国的产品,从而激励了落后的产业部门消耗更多的资源扩大生产。另一方面,本具国际竞

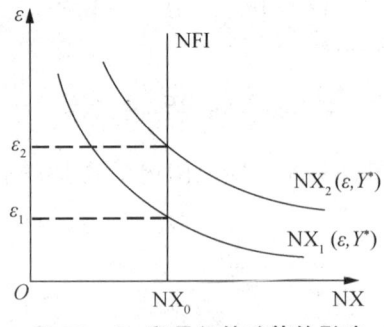

图 13-16 贸易保护政策的影响

争力的本国出口行业,因汇率上升而失去竞争力,不得不压缩生产规模,更多的资源向落后的产业部门转移,产业结构发生不利调整。任何自愿的交易都是互惠互利的,故贸易总额下降,会使各国国民的净福利降低。

复习思考题

1. 在什么情况下一国的实际产量是由总供给决定的,在这种情况下财政政策和货币政策能够影响实际产量吗？为什么？

2. 假设一个三部门经济的宏观数据如下(单位:亿美元)
   GDP = 5000, 政府支出 $G = 1000$, 投资 $I = 1000$,
   消费 $C = 250 + 0.75(Y - T)$, 投资 $I = 1000 - 50r$。

(1) 试计算公共储蓄、私人储蓄、国民储蓄。

(2) 假设政府支出增加到1250,公共储蓄、私人储蓄、国民储蓄会是多少？

(3) 试求新的均衡利率水平。

3. 试析在一个长期均衡的三部门经济中,政府购买增加对经济的影响。

4. 试析在一个长期均衡的三部门经济中,增加税收对经济的影响。

5. 试析在一个长期均衡的三部门经济中,扩张的货币政策对经济的影响。

6. 实现国际收支平衡的条件是什么？

7. 影响净出口的主要因素是什么？

8. 试析在一个长期均衡的小型开放经济中,财政扩张会带来的影响。

9. 试析在一个长期均衡的大型开放经济中,财政扩张会带来的影响。

10. 试析在一个长期均衡的开放经济中,货币扩张会带来的影响。

11. 试析在一个长期均衡的开放经济中,贸易保护政策会带来的影响。

12. 考虑以下方程所描述的一个经济:
$$Y = C + I + G + NX$$
其中, $Y=5000, G=1000, T=1000, C=250+0.75(Y-T), I=1000-5000r$, $NX=500-500\varepsilon, r=r^*=5\%$。试求:

(1) 这个经济中的国民储蓄、投资、贸易余额、均衡汇率各为多少？

(2) 假如政府支出增加250,则国民储蓄、投资、贸易余额、均衡汇率又分别为多少？并解释这些变量为什么会发生变化。

(3) 假如世界市场上的利率从5%上升到10%,结果又会怎样？解释你的答案。

第十四章　封闭经济总需求分析

从这一章开始,我们分析短期经济波动、经济是怎样由短期均衡调整到长期均衡的和宏观经济政策对稳定经济的作用。在这一章中,我们分析在一个三部门封闭经济中,总需求冲击对实际产量的影响。为了搞清楚总需求的变动对实际产量的影响,我们假定价格不变,有需求就有供给,那么实际产量就是由该价格水平下的总需求的大小所决定的,总需求增加,实际产量就会增加,总需求减少,实际产量就会减少,这意味着有一条水平的短期总供给曲线,或者说我们暂且对短期总供给问题存而不论。如图 14-1 所示,总需求曲线 AD_0 与水平的短期总供给曲线 SAS 和垂直的长期总供给曲线 LAS 相交于 E_0,价格水平为 P^*,所决定的实际总产量为 Y^*,而 Y^* 也是潜在的总产量,所以经济不仅实现了短期均衡,也实现了长期均衡。如果经济受到总需求减少的冲击,总需求曲线由 AD_0 向左移动到 AD_1,AD_1 与 SAS 相交于 E_1,价格水平不变仍为 P^*,短期均衡的产量为 Y_1,小于潜在的产量 Y^*,经济出现衰退,失业率上升。如果经济受到总需求增加的冲击,总需求曲线由 AD_0 向右移动到 AD_2,AD_2 与 SAS 相交于 E_2,价格水平不变仍为 P^*,短期均衡的产量为 Y_2,大于潜在的产量 Y^*,经济呈现繁荣,失业率低于自然率。

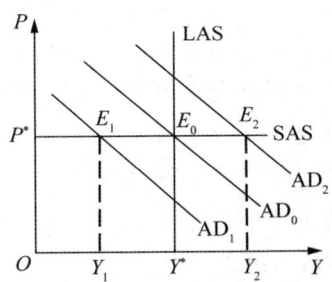

图 14-1　总需求冲击和产量决定

假定价格水平不变,短期总供给曲线是水平的,不仅有利于我们集中注意力弄清楚总需求受哪些因素的影响而变动,这些变动又是怎样影响实际产量的,而且该假定也具有现实性的基础。当经济衰退而处于萧条时期,企业开工不足,大量的资本闲置,失业率居高不下,在既定的价格水平上,只要有订单,只要人们愿意买,企业就愿意生产,也有能力生产,人们愿意买多少,企业就会生产多少,需求量有多大,供给量就有多大。对总需求的分析我们从最简单的"收入—支出"模型开始。

第一节 简单国民收入决定模型
——收入—支出模型

一、总收入(总产量)和意愿的总支出的关系

在给定价格时,人们愿意购买的产品和服务总量即总需求量,又叫意愿的总支出,用 AE 来表示。 我们知道,在一个三部门经济中意愿的总支出 AE 由意愿的消费支出 C、意愿的投资支出 I 和意愿的政府购买支出 G 组成,即:$AE=C+I+G$。其中,消费由消费函数 $C=C_0+b(Y-T)$ 所决定,假定税收是只对收入征收的,税率为 t,则 $T=tY$,那么,消费函数可写成:

$$C = C_0 + b(1-t)Y$$

其中,$b(1-t)$ 为收入 Y 的边际消费倾向(MPC),$0<b(1-t)<1$,$MPC=dC/dY=b(1-t)$,表示收入增加一单位,消费增加 $b(1-t)$,也就是消费函数曲线的斜率,令:$b(1-t)=e$,消费函数化简为:$C=C_0+eY$。

在上一章分析利率对投资的影响时,给出的投资函数为 $I=I(r)=I_0-dr$。现在为专注于考察实际总产量(收入)和意愿的总支出的关系,暂不考虑利率对投资的影响,假定 $I=I_0$,也就是说所有的投资都是自生投资。于是:

$$\begin{aligned}AE &= C_0 + eY + I_0 + G \\ &= (C_0 + I_0 + G) + eY\end{aligned}$$

其中,C_0、I_0、G 和 e 属于自生变量,也就是其大小是由模型以外的因素决定的,不受收入 Y 的变动影响的支出。令:$E_0=C_0+I_0+G$,则意愿的总支出函数为:

$$AE = E_0 + eY \tag{14.1}$$

意愿的总支出 AE 是收入 Y 的函数,意愿的总支出函数由自生支出 E_0 和引致支出 eY 两部分构成。总支出曲线如图 14-2 所示。自生支出 E_0 是总支出曲线 AE 在纵轴上的截距,总支出曲线 AE 的斜率为 e。

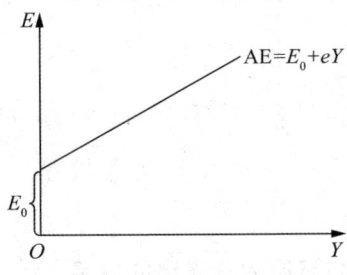

图 14-2 意愿的总支出曲线

二、均衡的国民收入的决定

经济均衡的条件是实际总产量（总收入）等于意愿的总支出，即：

$$Y = AE$$

所谓均衡的国民收入就是 $Y=AE$ 时的总产量（总收入）。把总支出函数代入得：

$$Y = E_0 + eY$$

经移项整理上式可写为：

$$(1-e)Y = E_0$$

则均衡的总产量：

$$Y = \frac{1}{1-e}E_0 \qquad (14.2)$$

生产多少是由企业决定的，由于价格不变，在价格机制不能发挥作用的情况下，企业是根据什么信息来决定产量，使其正好等于人们的需求的呢？在这里存在着一个存货调整机制：

$$IU = Y - AE \qquad (14.3)$$

其中，IU 为非意愿的存货。如果 $Y>AE$，则 $IU>0$，企业会发现实际存货超过正常水平，产品积压，企业就会减产。如果 $Y<AE$，则 $IU<0$，企业会发现实际存货低于正常水平，库存不足，企业就会增产。企业根据库存调整产量，直到 $IU=0$，使库存处在正常水平上，如图14-3所示。在图14-3中，有一条45°的射线，这条射线上的任何一点到两个坐标轴的距离都是相等的，也就是 $Y=AE$。意愿的总支出曲线和45°的射线相交于点 E，均衡的总产量为 Y^*。如果实际产量为 Y_1，大于均衡的产量 Y^*，非意愿的存货 $IU>0$，企业就会降低产量，随着产量（收入）的降低，意愿的总支出 AE 减少，直到 $Y=Y^*$，实际产量等于均衡的产量，非意愿的存货 $IU=0$，$Y=AE$。如果实际产量为 Y_2，小于均衡的产量

Y^*,非意愿的存货 IU<0,企业就会提高产量,随着产量(收入)的提高,意愿的总支出 AE 增加,直到 $Y=Y^*$,实际产量等于均衡的产量,非意愿的存货 IU=0,Y=AE。

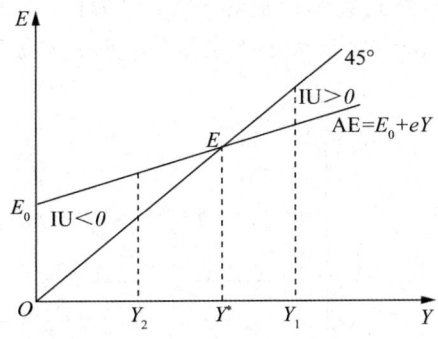

图 14-3 均衡国民收入的决定

在均衡的产量(收入)水平上一定有 $I=S$。这是因为:
$$S = S_P + S_G$$
把 $S_P=Y-T-C, S_G=T-G$ 代入上式得:
$$S = Y - C - G$$
把消费函数 $C=C_0+eY$ 代入上式得:
$$S = Y - (C_0 + eY) - G$$
整理上式我们得到储蓄函数:
$$S = -(C_0 + G) + (1-e)Y \tag{14.4}$$

储蓄是收入的函数,储蓄 S 随着收入 Y 的增加而增加,当收入 $Y=0$ 时,$S=-(C_0+G)$,只能动用以前的积累用于(C_0+G)支出的需要,储蓄函数的斜率$(1-e)$叫作收入的边际储蓄倾向(MPS),$MPS=dS/dY=(1-e), 0<(1-e)<1$,含义是收入 Y 每增加一单位,储蓄将增加$(1-e)$。

我们把 $AE=C+I+G$ 代入均衡的条件 $Y=AE$,有:
$$Y = C + I + G$$
移项得:
$$I = Y - C - G$$
由于 $S=Y-C-G$,代入上式得:
$$I = S(Y) \tag{14.5}$$
其中,$I=I_0, S=-(C_0+G)+(1-e)Y$。

实现均衡产量时 $I=S(Y)$,如图 14-4 所示。横坐标是实际产量(收入),纵坐标是投资和储蓄。投资在模型中是自生的,与收入 Y 无关,$I=I_0$ 是一条水平的直线。储蓄是收入的函数,随收入增加而增加,储蓄曲线向右上方倾斜,与纵轴相交于$-(C_0+G)$,其斜率为$1-e$。当实际产量(收入)为Y^*时,$I=S$,产品市场实现了均衡,如果产量(收入)小于Y^*,$I>S$,这时产品的需求量大于供给量,企业就会增加产量,直到实际产量等于Y^*时为止;反之,如果产量(收入)大于Y^*,$I<S$,这时产品的供给量大于需求量,企业就会减少产量,直到实际产量等于Y^*,均衡恢复。

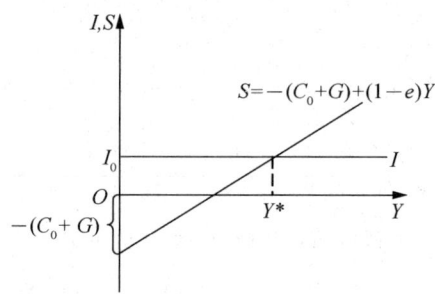

图 14-4　均衡国民收入的决定——$I=S$

三、均衡的产量(收入)的变动

在收入—支出模型中,意愿的总支出 AE 是实际总产量(收入)Y 的函数,如果意愿的总支出函数 AE 中实际产量(收入)Y 以外的其他因素(外生变量)发生了变动,意愿的总支出函数也就变了,从而均衡的产量水平也就变了。造成意愿的总支出函数和均衡产量(收入)发生变动的原因,可以分为自生支出的变动和边际消费倾向的变动。

（一）自生支出的变动

意愿的总支出函数中的自生支出由自生消费(C_0)、投资(I_0)和政府购买(G)构成,这些因素的变动都会导致自生支出的变动。在图 14-5 中,意愿的总支出曲线 $AE_0=E_0+e_0Y$,AE_0 与 45°射线相交于点 A,均衡的产量(收入)为 Y_0。当自生支出由 E_0 增加到 E_1 时,意愿的总支出曲线变为 $AE_1=E_1+e_0Y$,意愿的总支出曲线向上平行移动,移动的距离为 $\Delta E=E_1-E_0$,AE_1 与 45°射线相交于点 B,均衡的产量(收入)为 Y_1,均衡的产量增加了 $\Delta Y=Y_1-Y_0$。

（二）收入的边际消费倾向的变动

意愿的总支出函数的斜率是收入的边际消费倾向 e,$e=b(1-t)$,其中可支配收入的边际消费倾向 b 通常是稳定的,而税率 t 由政府决定,税收政策是重要的宏观经济政策工具。税率降低,收入的边际消费倾向变大,意愿的总支出曲线的斜率上升。在图 14-6 中,意愿的总支出曲线 $AE_0=E_0+e_0Y$,$e_0=b(1-$

t_0),AE_0 与 45°射线相交于点 A,均衡的产量(收入)为 Y_0。当税率由 t_0 降低到 t_1 时,税率的变动量 $\Delta t = t_1 - t_0 < 0$,收入的边际消费倾向 e_0 提高到 e_1,意愿的总支出曲线变为 $AE_1 = E_0 + e_1 Y$,意愿的总支出曲线的斜率变大了,AE_1 与 45°射线相交于点 B,均衡的产量(收入)为 Y_1,均衡的产量增加了 $\Delta Y = Y_1 - Y_0$。

四、乘数效应

(一) 自生支出乘数

在图 14-5 中可以看到,均衡产量(收入)的变动量 ΔY 明显大于自生支出的变动量 ΔE,也就是说,自生支出较小的变动会使均衡的产量(收入)产生一个较大的变动。这是因为,自生支出增加后引起了产量(收入)的增加,而增加的产量(收入)又增加了派生支出。因此,均衡产量(收入)的增量等于自生支出的增量加上派生支出的增量,所以大于自生支出的增量。由此可见,**自生支出的增加对于总收入的扩张具有成倍的放大效应,我们把这种放大效应叫作自生支出乘数**(autonomous expenditure multiplier),用 k 来表示,即:

$$k_E = \Delta Y / \Delta E \tag{14.6}$$

自生支出乘数是总产量(收入)的增量和自生支出的增量之比。如果自生支出的增加只是由于政府购买增加,自生支出乘数也就表现为政府购买乘数,即:

$$k_G = \Delta Y / \Delta G \tag{14.7}$$

政府购买乘数是总收入的增量和政府购买的增量之比,而我们把这种政府购买增加对于国民收入的放大效应称为"政府购买的乘数效应"。这里 k 为政府购买乘数,可写为 k_G。

如果自生支出的增加只是由于投资增加,自生支出乘数也就表现为投资乘数,即:

$$k_I = \Delta Y / \Delta I \tag{14.8}$$

这种乘数成倍放大收入的效应有多大呢?在图 14-5 中,当自生支出为 E_0 时,均衡的国民收入为 $Y_0 = \frac{1}{1-e} E_0$;当自生支出为 E_1 时,均衡的国民收入为 $Y_1 = \frac{1}{1-e} E_1$,则:

$$\Delta Y = Y_1 - Y_0 = \frac{1}{1-e} E_1 - \frac{1}{1-e} E_0 = \frac{1}{1-e}(E_1 - E_0) = \frac{1}{1-e} \Delta E,$$

上式两边除以 ΔE 得:$\frac{\Delta Y}{\Delta E} = \frac{1}{1-e}$。

所以,自生支出乘数为:

$$k_E = \frac{1}{1-e} \qquad (14.9)$$

自生支出乘数的大小取决于边际消费倾向 e,边际消费倾向越大,乘数越大。

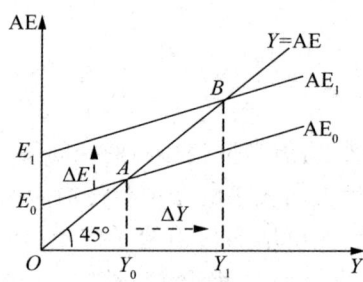

图 14-5 自生支出的变动

(二) 税收乘数

在我们的模型中,税收 $T=tY$,税率 t 变动时,可支配的收入 $(1-t)Y$ 变动,从而使消费支出 $b(1-t)Y$ 变动,也会通过乘数效应改变均衡的总产量(收入)。下面我们来推导税收乘数 $k_t = \Delta Y/\Delta t$。在图 14-6 中,税率为 t_0 时的总支出函数为 $AE_0 = E_0 + b(1-t_0)Y$,均衡的总产量(收入)为 $Y_0 = \frac{1}{1-b(1-t_0)}E_0$。税率为 t_1 时的总支出函数为 $AE_1 = E_0 + b(1-t_1)Y$,均衡的总产量(收入)为 $Y_1 = \frac{1}{1-b(1-t_1)}E_0$。

$$\Delta Y = Y_1 - Y_0 = \left[\frac{1}{1-b(1-t_1)} - \frac{1}{1-b(1-t_0)}\right]E_0$$

$$\Delta Y = \frac{-b(t_1-t_0)}{[1-b(1-t_1)][1-b(1-t_0)]}E_0 = \frac{-b\Delta t}{1-b(1-t_1)}Y_0$$

$$\frac{\Delta Y}{\Delta t} = \frac{-bY_0}{1-b(1-t_1)}$$

税收乘数:

$$k_t = \frac{-bY_0}{1-b(1-t_1)} \qquad (14.10)$$

等式右边的负号表明,收入的变动方向和税率变动方向是相反的。

(三) 乘数效应产生的过程

乘数效应是总支出函数中自生变量的变动,引起收入和消费持续不断地变化而累积起来的,让我们举一个生活中乘数现象的例子。某著名风景区,清明节假期大量的外地游客在当地消费了 100 亿元,自生消费支出增加 $\Delta E = 100$ 亿

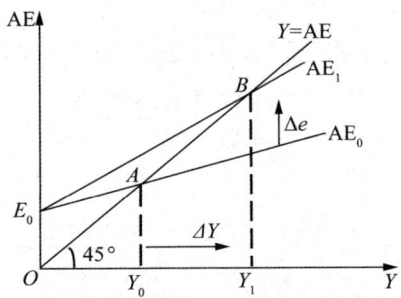

图 14-6 边际消费倾向的变动

元，亦即当地增加的收入；假定收入边际消费倾向 $e=0.8$，那么，增加的 100 亿元收入派生消费 $\Delta Ee = 100 \times 0.8 = 80$（亿元）；这 80 亿元的派生消费又带来了 80 亿元的收入，且又派生消费：

$$(\Delta Ee)e = \Delta Ee^2 = 100 \times 0.8^2 = 64（亿元）$$

64 亿元的消费又带来了 64 亿元的收入，并派生消费：

$$(\Delta Ee^2)e = \Delta Ee^3 = 100 \times 0.8^3 = 51.2（亿元）$$

……

最终累计增加的收入为：

$$\Delta Y = \Delta E + \Delta Ee + \Delta Ee^2 + \Delta Ee^3 + \cdots$$
$$= (1 + e + e^2 + e^3 + \cdots)\Delta E = (1/1 - e)\Delta E$$
$$= (1/1 - 0.8)100 = 5 \times 100 = 500（亿元）$$

乘数为：

$$k_E = \Delta Y / \Delta E = 1/(1-e) = 5。$$

（四）理解乘数效应需要注意的问题

经济中的乘数效应为政府利用财政政策调控经济提供了有力的武器，政府支出或税收的较小的变动，就能使总产量（收入）产生较大的变动，使财政政策发挥出"四两拨千斤"的作用。但这并不意味着乘数越大就越好，因为乘数越大也意味着经济一旦受到冲击，譬如自生投资发生变动，就会导致经济出现更剧烈的波动，乘数是一把双刃剑。另外，利用乘数效应增加总产量只能是在经济中存在闲置资源的情况下才有可能，这时需求增加才能带动总产量（收入）的增加，如果资源已得到充分的利用，任何一种需求的增加只会造成其他需求的减少，而不能改变总产量（收入），这正是我们在第十三章所看到的。

第二节 产品市场和金融市场的一般均衡模型
——IS—LM 模型

一、IS 曲线

(一) IS 曲线的推导

在简单国民收入决定模型——Y—AE 模型中,意愿的总支出 AE 是实际收入 Y 的函数,为了专注于考察实际总产量(收入)和意愿的总支出的关系,我们把投资作为自生支出变量来处理,而未把影响投资的重要因素利率纳入模型中。现在把利率 r 引入 Y—AE 模型,我们知道投资和利率负相关,在图 14-7(a) 中,投资曲线为 $I(r)$,当利率为 r_1 时投资为 I_1,与此相应,在图 14-7(b) 中,意愿的总支出曲线为 $AE_1(I_1)$,AE_1 和 45°射线相交于 A 点,均衡的总产量为 Y_1,由此,在图 14-7(c) 中可得到点 $A(Y_1,r_1)$。在图 14-7(a) 中,如果利率降低到 r_2,投资会增加到 I_2,与此相应,在图 14-7(b) 中,意愿的总支出曲线向上移动到 $AE_2(I_2)$,向上移动的距离为 $\Delta I = I_2 - I_1$,AE_2 和 45°射线相交于 B 点,均衡的总产量为 Y_2,由此,可得到图 14-7(c) 中的点 $B(Y_2,r_2)$。利率下降,均衡的总产量增加,我们在图 14-7(c) 中把和每一利率水平所对应的均衡的产量的点连接起来就得到了 IS 曲线,之所以把它称为 IS 曲线是因为当产品市场均衡时 $I=S$,**IS** 曲线表示在价格不变的条件下,产品市场达到均衡时,均衡的产量和利率之间的函数关系。

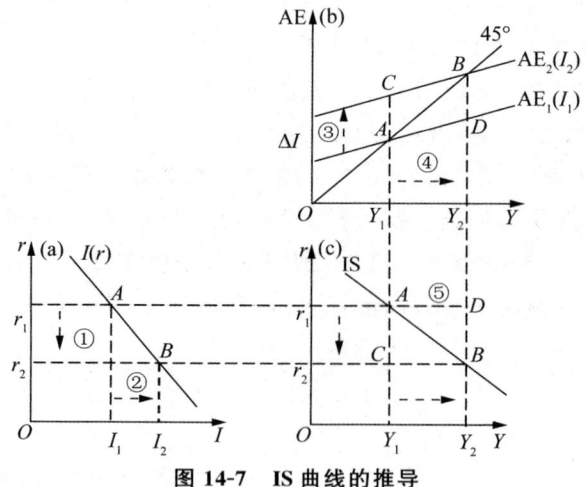

图 14-7 IS 曲线的推导

(二) IS 曲线以外的点

在 IS 曲线上的每一点都代表着一个在既定利率下的产品市场均衡,IS 曲线以外的点的产品市场都是非均衡的。图 14-7(c)中的点 C 位于 IS 曲线的左下方,该点的利率为 r_2,产量为 Y_1,与其对应的点是在图 14-7(b)中位于意愿的总支出曲线 AE_2 上的点 C,这时非意愿的存货 $IU<0$,$Y<AE$,或者说 $S<I$,由此可知,IS 曲线左下方的点意味着 $Y<AE$,或者说 $S<I$;图 14-7(c)中的点 D 位于 IS 曲线的右上方,该点的利率为 r_1,产量为 Y_2,与其对应的点是在图 14-7(b)中位于意愿的总支出曲线 AE_1 上的点 D,这时非意愿的存货 $IU>0$,$Y>AE$,或者说 $S>I$,由此可知,IS 曲线右上方的点意味着 $Y>AE$,或者说 $S>I$。

(三) IS 曲线的函数表达式

设:消费为 $C=C_0+eY$,投资为 $I=I_0-dr$,政府购买为 G,则 $AE=E_0-dr+eY$(其中自生支出 $E_0=C_0+I_0+G$),产品市场均衡时 $Y=AE$,代入总支出函数 $AE=E_0-dr+eY$,可求得 IS 曲线:

$$Y=\frac{1}{1-e}E_0-\frac{d}{1-e}r \tag{14.11}$$

根据 $k_E=\frac{1}{1-e}$,我们把(14.11)化简为:

$$Y=k_EE_0-k_Edr \tag{14.12}$$

由(14.12)式可见,均衡的产量 Y 是利率 r 的函数,随着利率 r 的下降,均衡的产量 Y 增加,IS 曲线是向右下方倾斜的,其斜率为 $-\frac{1}{k_Ed}$。

(四) 财政政策对 IS 曲线的影响

当利率以外的因素自生投资、政府购买和政府税收等发生变动时,将会导致 IS 曲线位置的移动。以政府购买增加为例,在图 14-8(a)中利率水平为 r^*,政府购买为 G_1 时的意愿总支出曲线为 AE_1,AE_1 与 45°射线相交于点 A,均衡的产量为 Y_1;利率为 r^*,均衡的产量为 Y_1 的点位于图 14-8(b)中的 IS_1 上的 A 点。当政府购买由 G_1 增加到 G_2,在图 14-8(a)中意愿总支出曲线将由 AE_1 向上移动到 AE_2,AE_2 与 45°射线相交于点 B,均衡的产量为 Y_2;利率为 r^*,均衡的产量为 Y_2 的点位于图 14-8(b)中的 IS_2 上的 B 点。由此可见,财政扩张将使 IS 曲线向右移动;反之,财政紧缩将使 IS 曲线向左移动。

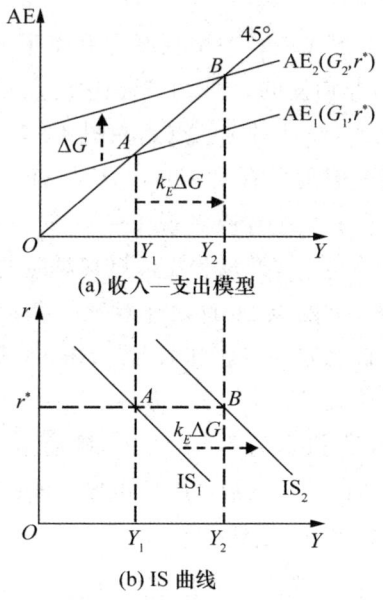

图 14-8　IS 曲线的移动

二、利率的决定

利率变动,投资变动,均衡的总产量也变动。那么,市场的利率又是怎样形成的,是什么力量使其发生了变动呢？为了回答这个问题,让我们回顾一下第十二章中的一些内容。一个经济体中货币的数量叫作货币供给量,用 M 表示,P 表示一般价格水平,那么,M/P 就是实际货币供给量,叫作实际货币余额,表示一定量的 M 在价格水平为 P 时,可以买到多少物品和劳务,也就是货币存量 M 的购买力。货币需求是指一个经济体中人们愿意持有的货币的数量,而人们愿意持有的实际货币数量叫作实际货币余额需求。人们之所以愿意持有货币是因为货币作为被普遍接受的交易媒介可以随时转换为任何其他的物品和资产形态,是具有完全流动性的资产,凯恩斯称之为流动性偏好。人们持有一定量的货币是为了交易的便利,实际产量越大,实际收入越高,需要进行的交易量就越大,对实际货币余额的需求也就越大,但是持有货币是有成本的,持有货币就意味着放弃了持有债券所能得到的利息收入,利率是持有货币的机会成本,利率越高,人们愿意持有的货币量就越少,用 L 表示对实际货币余额的需求,货币需求函数可以写成:

$$L = hY - fr \tag{14.13}$$

h 是货币需求的收入敏感性系数,也称为货币需求的收入弹性,表示收入 Y 每增加一个单位对货币的需求量会增加 h。f 是货币需求的利率敏感性系数,也称为货币需求的利率弹性,表示利率 r 每上升一个单位,对货币的需求量会减少 $-f$,h,$f>0$。在图 14-9 中,横坐标是实际货币余额 M/P,纵坐标是实际利率 r,给定价格水平为 P^*、名义货币量为 M^*,则实际货币余额(实际货币供给量)为 M^*/P^*,实际货币余额与利率无关,是一个外生变量,所以,M^*/P^* 是一条垂直的直线,中央银行可以利用货币政策工具通过改变名义货币量 M 来调节实际余额。货币需求量和利率负相关,随着利率的降低,货币需求量增加,当收入 Y 给定时,我们可以得到一条向右下方倾斜的货币需求曲线 L。货币需求曲线与货币供给曲线在 A 点相交,表明在 A 点货币的需求量正好等于货币的供给量,人们愿意持有的货币数量恰好等于社会上能够得到的货币数量,货币市场达到了均衡,均衡的利率为 r^*。如果利率高于 r^*,货币供给量大于货币需求量,那么利率就会下降,人们愿意持有的货币数量也就随之增加,一直到货币需求量正好等于货币供给量。如果利率低于 r^*,货币的需求量大于货币供给量,那么利率就会上升。只有在 A 点,利率水平不再变动,从而达到均衡,r^* 也就是均衡的利率水平。

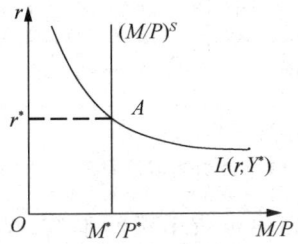

图 14-9 货币市场的均衡

三、利率的变动和 LM 曲线

(一)货币供给变动对利率的影响

在货币需求不变的情况下,货币供给量的变动会影响到利率水平。假定中央银行在公开市场上买进政府债券,市场上的债券减少,货币会相应地增多,在利率水平不变的情况下,货币的供给量就会大于货币的需求量,因此利率水平必然下降,使两者趋于一致。这样,货币供给量的增加会导致利率水平下降,反之则相反。在图 14-10 中,当中央银行把名义货币供给量由 M_1 增加到 M_2 时,价格水平仍为 P^*,实际货币余额由 M_1/P^* 增加到 M_2/P^*,货币供给曲线由 $(M/P)_1^S$ 向右移动到 $(M/P)_2^S$,利率水平由 r_1 下降到 r_2。

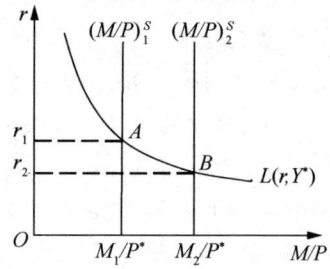

图 14-10　货币供给变动对利率的影响

（二）货币需求变动对利率的影响

在货币供给不变的情况下，货币需求的变动也会影响到利率水平，如果收入增加对货币的需求增加，利率会因此上升，反之则相反。在图 14-11 中，当收入由 Y_1 增加到 Y_2 时，货币需求曲线由 L_1 向右移动到 L_2，利率水平由 r_1 上升到 r_2。

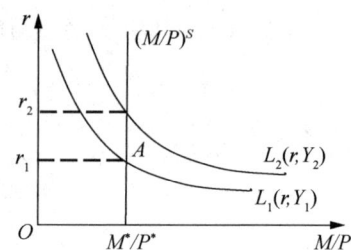

图 14-11　货币需求变动对利率的影响

在图 14-11 中，我们看到给定货币供给不变，收入变动将导致均衡的利率变动。

（三）LM 曲线推导过程

货币市场均衡时，利率和收入的这种关系可以用 LM 曲线来表示。下面我们利用图形来推导 LM 曲线，在图 14-12(a) 中，货币供给曲线为 $(M/P)^S$，收入为 Y_1 时的货币需求曲线是 L_1，L_1 与货币供给曲线 $(M/P)^S$ 相交于 A 点，均衡的利率为 r_1，我们可以把收入为 Y_1，均衡的利率为 r_1 标注在图 14-12(b) 中的 A 点；当收入由 Y_1 增加到 Y_2 时，在图 14-12(a) 中货币需求曲线向右移动到 L_2，与货币供给曲线相交于 B 点，均衡的利率上升到 r_2，我们把收入为 Y_2，均衡的利率为 r_2 标注在图 14-12(b) 中的 B 点；类似地，我们可以把每一收入水平所对应的均衡利率的点都标注出来，这些点的连线叫作 LM 曲线，所以 **LM 曲线是反映货币市场均衡时，利率和收入关系的点的轨迹。**

在 LM 曲线上的每一点都代表着货币市场的一个均衡,而 LM 曲线以外的点则意味着货币市场是非均衡的。在图 14-12(b)中,位于 LM 曲线左上方的 C 点收入为 Y_1,利率为 r_2,这一点在图 14-12(a)中位于货币需求曲线 L_1 上的 C 点,货币需求量小于货币供给量,即 $L<M$,所以 LM 曲线左上方的点都有 $L<M$;在图 14-12(b)中位于 LM 曲线右下方的 D 点收入为 Y_2,利率为 r_1,这一点在图 14-12(a)中位于货币需求曲线 L_2 上的 D 点,货币需求量大于货币供给量,即 $L>M$,所以 LM 曲线右下方的点都有 $L>M$。

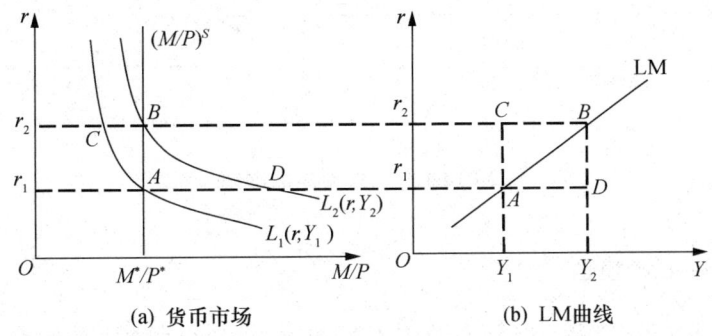

(a) 货币市场　　　　　(b) LM 曲线

图 14-12　LM 曲线的推导

(四) LM 曲线的函数表达式

设名义货币余额为 M,价格水平为 P,则实际货币余额为 M/P,实际货币余额需求函数为 $L=hY-fr$,当货币市场均衡时 $M/P=L$,代入货币需求函数得: $M/P=hY-fr$,移项整理得到 LM 曲线的函数表达式:

$$r = \frac{-1}{f}\frac{M}{P} + \frac{h}{f}Y \tag{14.14}$$

由(14.14)式可知,均衡的利率 r 是收入 Y 的函数,随着收入的增加,均衡的利率 r 上升,LM 曲线是向右上方倾斜的,其斜率为 h/f。

(五) 货币政策对 LM 曲线的影响

LM 曲线反映的是实际货币余额保持不变,收入变动时均衡的利率的变动情况。如果实际货币余额发生了变动,对 LM 曲线会产生什么样的影响呢?在图 14-13(a)中,实际货币余额为 M_1/P^* 时的货币供给曲线为 $(M/P)_1^S$,$(M/P)_1^S$ 与货币需求曲线 $L_1(r,Y_1)$、$L_2(r,Y_2)$ 分别相交于点 A、点 B,与其相应的 LM 曲线是图 4-13(b)中的 LM_1,当中央银行增加名义货币供给量,名义货币余额由 M_1 增加到 M_2 时,价格水平不变仍为 P^*,则实际货币余额增加到 M_2/P^*,货币供给曲线为 $(M/P)_2^S$,$(M/P)_2^S$ 与货币需求曲线 $L_1(r,Y_1)$、$L_2(r,Y_2)$ 分别相交于点 A'、点 B',每一收入水平的均衡利率都降低了,与其相应的 LM 曲线是图

4-13(b)中的 LM_2。由此可知,扩张的货币政策使 LM 曲线向右移动;反之,紧缩的货币政策使 LM 曲线向左移动。

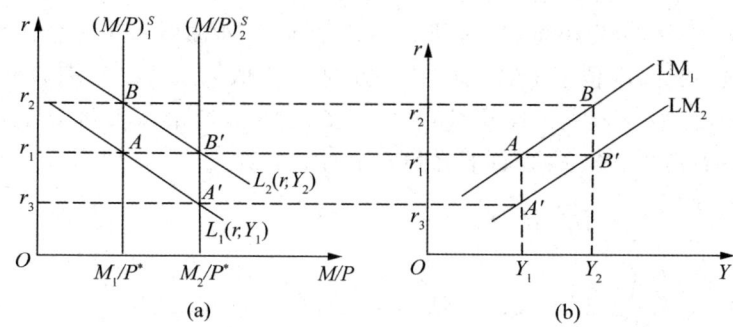

图 14-13　LM 曲线的移动

四、IS—LM 模型

IS 曲线表明,产品市场均衡的收入 Y 的大小,受利率水平的影响,而利率的高低是由货币市场决定的。LM 曲线表明,货币市场均衡的利率的高低,受收入水平的影响,而收入的多少是由产品市场决定的。由此可见,在一个价格水平不变,有需求就会有供给的经济体中,产品市场和货币市场通过收入和利率相互联系、相互影响,现在我们把 IS 曲线和 LM 曲线结合在一起,组成了一个 IS—LM 模型。只有两个市场同时达到均衡状态时,经济才能稳定地运行,当经济受到扰动和冲击偏离均衡时,利率和收入就会发生变动,通过利率和收入的变动调节,可以使经济自动地恢复到均衡状态。在图 14-14 中,IS 曲线和 LM 曲线相交于点 E,在点 E 产品市场和货币市场都达到了均衡状,均衡的收入为 Y^*,均衡的利率为 r^*。

公式(14.12)是表示产品市场均衡的 IS 方程,公式(14.14)是表示货币市场均衡的 LM 方程,将两式联立得到方程组:

$$Y = k_E E_0 - k_E d r \tag{1}$$

$$r = \frac{-1}{f}\frac{M}{P} + \frac{h}{f}Y \tag{2}$$

把方程(2)代入方程(1)可求得均衡的产量:

$$Y^* = \alpha E_0 + \beta \frac{M}{P} \tag{14.15}$$

其中 $\qquad \alpha = \dfrac{1}{1/k_E + dh/f}, \quad \beta = \dfrac{1}{f/k_E d + h}$

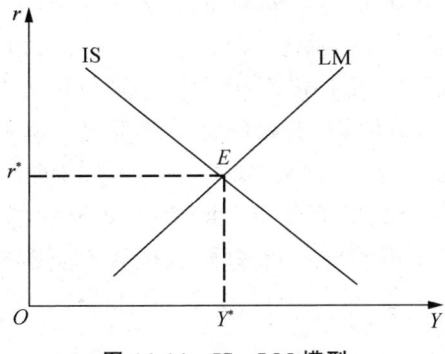

图 14-14 IS—LM 模型

把(14.15)式代入方程(2)可求得均衡的利率：

$$r^* = \frac{h}{f}\alpha E_0 + (h\beta - 1)\frac{1}{f}\frac{M}{P} \tag{14.16}$$

第三节 基于 IS—LM 模型的宏观经济政策分析

在 IS—LM 模型中，经济的内在调节机制会使其自动达到一种均衡状态，但这种均衡并不一定是理想的均衡，如果经济处在非理想的均衡状态，政府能否通过宏观经济政策对其进行调节呢，经济政策是如何作用于经济而发挥其作用的呢？下面我们对此作一些基本分析。

一、货币政策的影响

在图 14-15 中，原均衡点为 E，均衡的收入为 Y^*，均衡的利率为 r^*，中央银行实施扩张的货币政策，名义货币余额增加量为 ΔM，价格水平不变，因此实际货币余额增加量为 $\Delta M/P$，LM 曲线向右移动到 LM'，移动的距离为 $\frac{1}{h}\left(\frac{\Delta M}{P}\right)$，新的均衡点为 E'，均衡的收入为 Y'，均衡的利率为 r'，扩张的货币政策使利率下降，收入增加。

（一）LM 曲线的斜率对货币政策效果的影响

比较图 14-15(a)和 14-15(b)，LM 曲线向右移动的距离 $\frac{1}{h}\left(\frac{\Delta M}{P}\right)$ 是相同的，这意味着两幅图中的货币需求的收入敏感性系数 h 的大小是一样的。但图 14-15(a)中 LM 曲线较为陡峭，而图 14-15(b)中 LM 曲线较为平缓，LM 曲线的斜率是 h/f，所以图 14-15(a)的货币需求的利率敏感性系数 f 小于图 14-15(b)。在图 14-15(a)中，扩张的货币政策使利率下降的幅度较大，引致投资增加较多,所以收入增加较多。极端而言,如果 $f \to 0$,LM 曲线就是垂直的,货币需求对利率的变动不会产生任何反应,人们持有货币只是为了满足进行交易的需要,货币需求仅和收入 Y 相关,所以这种情形称为古典状态,这时货币政策效果最大。在图 14-15(b)中,扩张的货币政策使利率下降的幅度较小,引致投资增加较少,所以收入增加较少。如果 $f \to \infty$,LM 曲线就是水平的,这意味着人们在既定的利率下愿意持有任意多的货币,这种状态被凯恩斯称为流动性陷阱,扩张的货币政策不可能导致利率降低,也就不能影响收入,因此该货币政策无效。

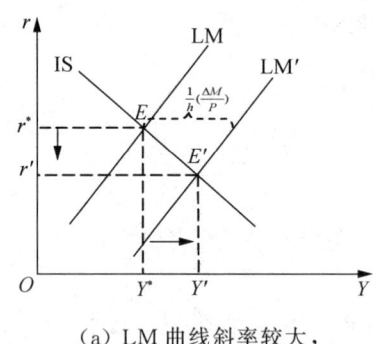
(a) LM 曲线斜率较大,
货币政策效果较显著

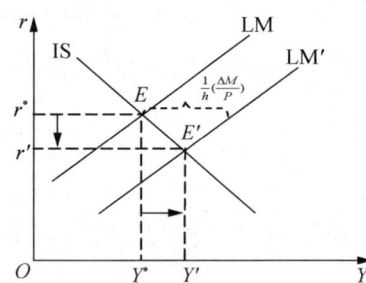
(b) LM 曲线斜率较小,
货币政策效果较不显著

图 14-15 LM 曲线的斜率对货币政策效果的影响

(二) IS 曲线的斜率对货币政策效果的影响

图 14-16(a)和图 14-16(b)的区别是 IS 曲线的斜率 $-\frac{1}{k_E d}$ 不同,图 14-16(a)中 IS 曲线更为陡峭,货币扩张尽管使利率有显著的下降,但收入增加并不明显;图 14-16(b)中 IS 曲线更为平缓,货币扩张尽管没有使利率大幅下降,但收入却大幅度增加了。这是因为,投资需求的利率敏感性系数 d 越大,当货币政策使实际货币余额变动引起利率变动时,投资就会有较大的变动,而 k_E 越大则意味着当引致投资变动所带来的引致消费的变动就越大,所以 IS 曲线越平缓,货币政策的效果就越大,反之则相反。如果 $d=0$,IS 曲线是垂直的,投资对利率的变动没有反应,称为投资呆滞,货币政策无效。

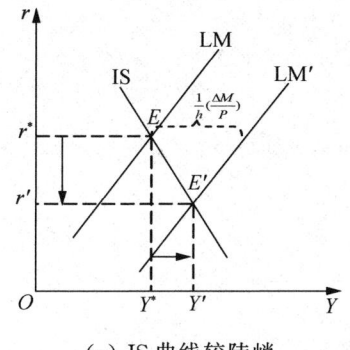 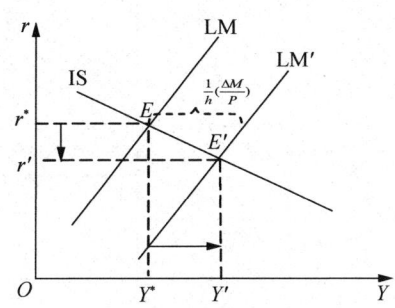

(a) IS 曲线较陡峭　　　　　　　　(b) IS 曲线较平缓
货币政策效果较不显著　　　　　　货币政策效果较显著

图 14-16　LM 曲线的斜率对货币政策效果的影响

通过上述分析可以得出如下结论:LM 曲线越陡峭,IS 曲线越平缓,货币政策就越有效,反之则相反;如果 LM 曲线是垂直的古典状态,货币政策的效果最大;如果 LM 曲线是水平的流动性陷阱(凯恩斯陷阱)状态,货币政策无效;如果 IS 曲线是垂直的投资呆滞状态,货币政策无效。

我们利用(14.15)式对上述货币政策效果的结论进行更规范、更深入的分析。对(14.15)式中的 Y 求 (M/P) 的导数得:

$$\mathrm{d}Y/\mathrm{d}(M/P) = \beta \tag{14.17}$$

β 就是货币政策乘数, $\beta = \dfrac{1}{f/k_E d + h}$。$f$、$h$ 越小,d、k_E 越大,货币政策乘数 β 就越大,货币政策的效果就越显著。货币需求的利率敏感性系数 f 越小,货币需求对利率的变动越不敏感,实际货币余额变动带来的利率变动就越大,利率变动越大引致的投资变动就越大,进而均衡的收入变动就越大;货币需求的收入敏感性系数 h 越小,货币需求对收入的变动就越不敏感,收入变动对利率的影响就越小,实际货币余额变动带来的利率变动就越大,均衡的收入变动就越大;投资需求的利率敏感性系数 d 越大,利率变动所引致的投资变动就越大,从而均衡的收入变动就越大;k_E 越大。收入引致的消费变动就越大,从而均衡收入变动就越大。

二、财政政策的影响

在图 14-17 中,原均衡点为 E,均衡的收入为 Y_1,均衡的利率为 r_1,政府实施扩张的财政政策,政府购买量增加了 ΔG,IS 曲线向右移动到 IS′,新的均衡点为 E',均衡的收入为 Y_2,均衡的利率为 r_2,扩张的财政政策使均衡的利率上

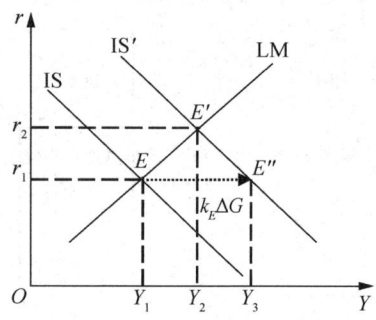

图 14-17 财政政策的影响

升,均衡的收入增加。财政扩张使 IS 曲线向右移动的距离为 $k_E \Delta G$,如果利率仍保持在 r_1 不变,收入将会由 Y_1 增加到 Y_3,但是由于实际货币余额没有变动,收入 Y 增加使均衡的利率上升到 r_2,利率上升引起投资下降,从而使收入由 Y_3 下降到 Y_2。此时产生了政府购买增加使投资减少的挤出效应。

财政政策的效果受挤出效应大小的影响,在 IS—LM 模型中挤出效应的大小和 LM 曲线、IS 曲线的斜率有关。

(一) LM 曲线斜率对财政政策的影响

比较图 14-18(a)和 14-18(b),财政扩张使 IS 曲线向右移动至 IS′,图 14-18(a)中 LM 曲线较为平缓,利率上升的较少,挤出效应就较小,收入增加的就较多,财政政策效果较显著;图 14-18(b)中 LM 曲线较为陡峭,利率上升的较多,挤出效应就较大,收入增加的就较少,财政政策效果就不显著。

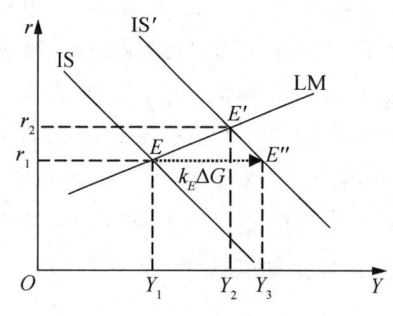

(a) LM 曲线平缓,挤出效应小

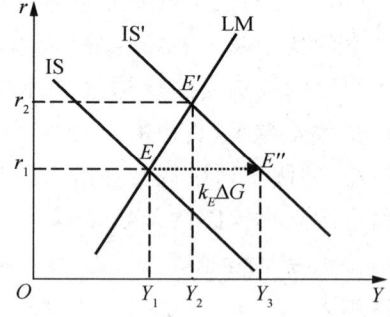

(b) LM 曲线陡峭,挤出效应大

图 14-18 LM 曲线的斜率与财政政策的效果

(二) IS 曲线斜率对财政政策的影响

比较图 14-19(a)和 14-19(b),财政扩张使 IS 曲线向右移动至 IS′,图 14-19(a)中 IS 曲线较为平缓,虽然利率上升较少,但挤出效应却较大,收入增加较少,财政政策效果较不显著;图 14-19(b)中 IS 曲线较为陡峭,虽然利率上升较多,但挤出效应却较小,收入增加较多,财政政策效果较显著。

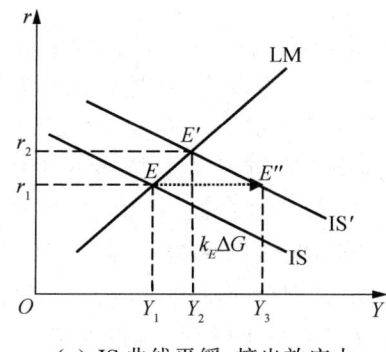
(a) IS 曲线平缓,挤出效应大

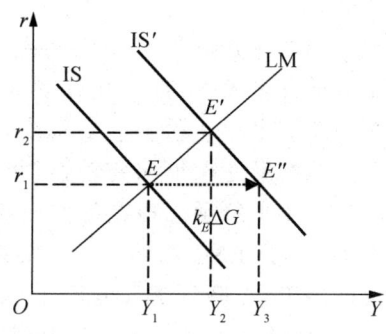
(b) IS 曲线陡峭,挤出效应小

图 14-19　IS 曲线的斜率与财政政策的效果

我们利用(14.15)式对上述财政政策效果的结论进行更规范、更深入的分析。式中,$E_0=C_0+I_0+G$,对 Y 求 G 的导数得:

$$dY/dG = \alpha \qquad (14.18)$$

α 就是政府购买乘数,$\alpha = \dfrac{1}{1/k_E + dh/f}$。$d$、$h$ 越小,f、k_E 越大,政府购买乘数 α 就越大,财政政策的效果就越显著。把 IS—LM 模型中的政府购买乘数 α 与简单国民收入模型中的政府购买乘数 k_E 进行比较,我们可以发现如果 $\alpha < k_E$,一定是因为 $dh/f > 0$,挤出效应的大小由 dh/f 决定。投资需求的利率敏感性系数 d 越小,投资对利率的变动就越不敏感,IS 曲线就越陡峭,当财政扩张使收入增加而引起利率上升时,就不至于使投资有显著的减少,挤出效应就越小。如果投资呆滞 $d=0$,IS 曲线是垂直的,$dh/f=0$,$\alpha=k_E$,没有挤出效应。h/f 是 LM 曲线的斜率,货币需求的收入敏感性系数 h 越小,货币需求的利率敏感性系数 f 越大,LM 曲线就越平缓,当财政扩张使收入增加而引起利率上升的幅度就越小,挤出效应就越小。如果 $f \to \infty$,LM 曲线就是水平的,经济处于流动性陷阱状态,扩张的财政政策不会带来利率的变动,$dh/f=0$,$\alpha=k_E$,也就没有挤出效应。如果 $f \to 0$,LM 曲线就是垂直的,经济处于古典状态,$dh/f \to \infty$,$\alpha=0$,挤出是完全的,财政政策无效。

财政政策和货币政策可以配合应用。在实际操控过程中,政府可以根据需要和可能,分别实施各种政策,也可以将不同的政策搭配起来运用。在流动性陷阱状态或投资呆滞状态可实施财政政策,在古典状态可实施货币政策;当担心挤出效应影响财政扩张的效果时,可配合以扩张的货币政策来保持利率不变;当担心减少财政赤字,实施紧缩的财政政策会带来经济衰退时,可同时实施扩张的货币政策,降低利率,刺激投资拉动总需求等。

三、IS—LM 模型与总需求曲线

本章的上述分析是建立在给定价格不变,有需求就有供给的假设基础上的。需求量有多大,供给量就有多大,一国的总产量(总收入)就是由该价格下的意愿的总支出——总需求量所决定的。意愿总支出的大小和变动决定了该价格下的总产量的大小和变动,可见,所谓的均衡产量就是给定价格下的总需求量,如图 14-1 所示。现在我们放松价格不变的假定,在图 14-20(a)中,价格水平为 P_1 时的 LM_1 曲线与 IS 曲线相交于点 E_1,此时利率为 r_1,产量为 Y_1。如果价格由 P_1 下降到 P_2,实际货币余额增加 $\Delta(M/P)=M/P_2-M/P_1$,LM 曲线由 LM_1 移动到 LM_2,LM_2 与 IS 曲线相交于 E_2,利率下降到 r_2,投资增加,使总产量增加到 Y_2。根据价格 P 和产量 Y 的这种关系,我们在图 14-20(b) 中就可以画出一条向右下方倾斜的总需求曲线 AD。

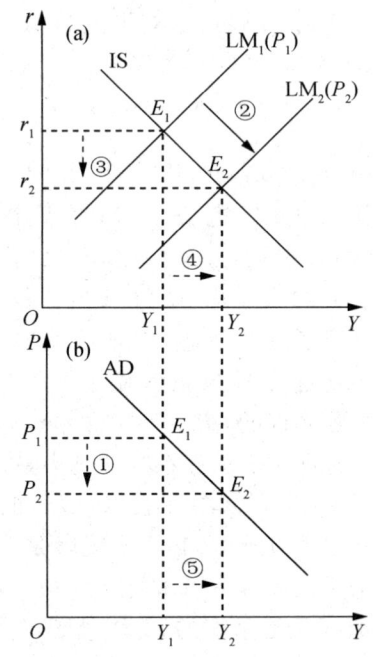

图 14-20　IS—LM 模型与总需求曲线

把公式(14.15)中的 Y 作为 P 的函数,那么,此公式 $Y=\alpha E_0+\beta \dfrac{M}{P}$ 就成了总需求函数。

总需求曲线 AD 反映的是在价格水平和人们愿意购买的实际总产品量之间的关系。如果影响总需求的价格以外的因素变动了,那么,每一价格水平上

的总需求量也就变了,也就是需求曲线发生了位移。图 14-21 反映了扩张的财政政策对总需求曲线的影响。在图 14-21(a)中,给定价格为 P_1,IS_1 曲线和 $LM(P_1)$ 曲线相交于点 $E_1(Y_1, r_1)$,在图 14-21(b)中,与其对应的点是总需求曲线 AD_1 上的 $E_1(Y_1, P_1)$;财政扩张使图 14-22(a)中的 IS 曲线由 IS_1 向右移动到 IS_2,与 $LM(P_1)$ 曲线相交于 $E_2(Y_2, r_2)$,在图 14-21(b)中与其对应的点是总需求曲线 AD_2 上的 $E_2(Y_2, P_1)$,财政扩张使总需求曲线由 AD_1 向右移动到 AD_2。图 14-22 反映了扩张的货币政策对总需求曲线的影响,在图 14-22(a)中,给定价格为 P_1,$LM_1(M_1/P_1)$ 曲线和 IS 曲线相交于点 $E_1(Y_1, r_1)$,在图 14-22(b)中与其对应的点是总需求曲线 AD_1 上的 $E_1(Y_1, P_1)$;货币扩张使图 14-22(a)中的 $LM_1(M_1/P_1)$ 曲线向右移动到 $LM_2(M_2/P_1)$,与 IS 曲线相交于 $E_2(Y_2, r_2)$,在图 14-22(b)中与其对应的点是总需求曲线 AD_2 上的 $E_2(Y_2, P_1)$,货币扩张使总需求曲线由 AD_1 向右移动到 AD_2。概言之,扩张的经济政策使总需求曲线 AD 向右移动,紧缩的经济政策使总需求曲线 AD 向左移动。

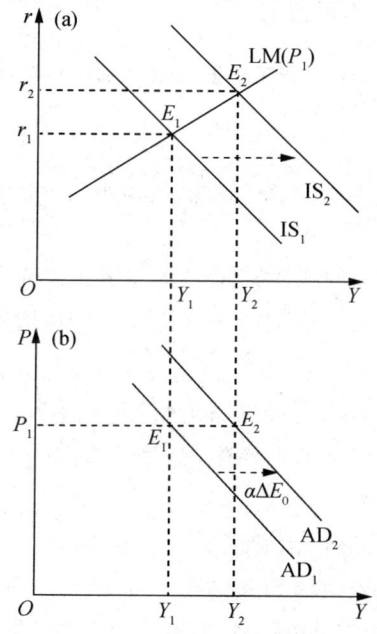

图 14-21 财政扩张,总需求曲线向右移动

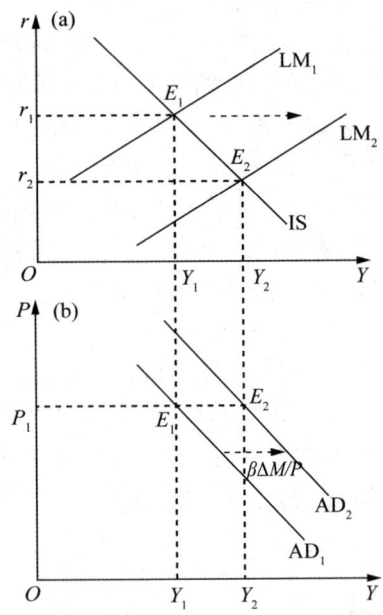

图 14-22 货币扩张,总需求曲线向右移动

复习思考题

1. 在什么情况下一国的实际产量是由总需求决定的?
2. 在简单国民收入决定模型(Y—AE 模型)中,均衡产量是怎样决定的,是什么机制在发挥调节作用?
3. 为什么产品市场的均衡可以用 $I=S$ 来表示?
4. 经济中的乘数效应是如何产生的,为什么 IS—LM 模型中的乘数通常小于简单国民收入决定模型?
5. 假设一个两部门经济,消费函数为:$C=100+0.8Y$,投资为:$I=50$。

(1) 求均衡产量(收入)、消费和储蓄。

(2) 如果实际产量为 $Y=800$,企业的非意愿存货积累为多少?

(3) 若投资增加至 100,试求增加的产量。

(4) 若消费函数变为:$C=100+0.9Y$,投资仍为 50,收入和储蓄各为多少?投资增加到 100 时,收入增加多少?

(5) 消费函数变化后,乘数有何变化?

6. 假设一个三部门经济的 Y—AE 模型,总收入 $Y=C+I+G$,消费 $C=80+0.75(Y-T)$,税收 $T=-20+0.2Y$,投资 $I=50+0.1Y$,政府购买 $G=200$。求均衡时的收入 Y^*、消费 C^*、投资 I^*、税收 T^* 和投资乘数。

7. 一个封闭经济的消费函数、投资函数和政府支出如下:
$$C=400-400r+0.2Y, \quad I=240-400r, \quad G=200$$
(1) 构造 IS 曲线,并进行解释。
(2) $Y=1000$ 时,利率水平为多少?Y 上升到 1020 时,利率又为多少?
(3) 政府支出提高到 240,IS 曲线将如何移动?

8. 设货币需求函数:
$$L=kY+v/(r-z)-0.1v \quad (k,z,v>0; z<r\leqslant z+10)$$
货币供给(M/P)由央行决定,不受利率和收入的影响。试确定:
(1) LM 曲线;(2) LM 曲线的特点;(3) LM 曲线的移动规律。

9. 考虑一个封闭经济的情况:

消费函数 $C=200+0.75(Y-T)$ 投资函数 $I=200-25r$

政府购买和税收均为 100   货币需求函数为 $L=Y-100r$

货币供给量为 1000   价格水平为 2

求:

(1) IS 曲线和 LM 曲线,以及均衡的利率和收入水平。

(2) 当政府购买从 100 增加到 150 时,IS 曲线如何移动,移动的距离是多少,并求出此时的均衡利率和收入水平。

(3) 当货币供给从 1000 增加到 1200 时,LM 曲线将如何移动,移动的距离是多少,并求出此时的均衡利率和收入水平。

(4) 假设价格水平可以变动,试推导出总需求曲线。

10. 考虑下列某封闭经济:消费函数 $C=300+0.5(Y-T)-500r$,投资函数 $I=200-500r$,货币需求函数 $(M/P)^d=0.5Y-1000r$,货币供给量 M 为 900,充分就业产出 $Y^*=1000$,政府购买支出 G 和税收 T 都为 100。

(1) 求出 IS 曲线、LM 曲线和总需求曲线。

(2) 当该经济达到一般均衡时,求总产出、实际利率、价格水平、消费和投资的均衡值。

(3) 当 $P=3$,总产出、实际利率、价格水平、消费和投资的均衡值是多少?

(4) 假设经济开始处于(2)中的一般均衡,当名义货币供给 M 增加到 1000 时,主要宏观经济变量的短期均衡值是多少?长期均衡值是多少?

(5) 假设经济开始处于(2)中的一般均衡,由于投资者对未来的乐观预期,投资函数变为 $I=300-500r$,主要宏观经济变量的短期均衡值是多少?长期均衡值是多少?

11. 在 IS—LM 中哪些因素影响货币政策的效果?

12. 在 IS—LM 中哪些因素影响财政政策的效果?

第十五章 开放经济总需求分析
——蒙代尔—弗莱明模型

上一章讨论了封闭经济中总需求的情况。总需求分析的关键假定是:在短期内,价格水平是固定的,经济中的实际总产量由总需求水平决定。本章将把这样一种基于短期的分析扩展到开放经济环境下。第十三章对开放经济及其经济政策作过分析,但那是从长期的角度进行分析,特别需要注意其与本章在假设条件、模型构造及结论等方面的区别。

本章首先着重介绍蒙代尔—弗莱明模型(Mundell—Fleming model),然后利用该模型分析财政政策和货币政策如何在短期内影响一个开放经济的总产量水平。

第一节 蒙代尔—弗莱明模型

一、蒙代尔—弗莱明模型建立的背景和条件

蒙代尔—弗莱明模型(简称"M—F模型")创立于20世纪60年代初,由罗伯特·蒙代尔(Robert A. Mundell)和马修斯·弗莱明(Marcus Fleming)提出。M—F模型是传统的IS—LM模型在开放经济条件下的扩展。与IS—LM模型一样,M—F模型假定:价格在短期内是不变的,经济中的实际总产量完全由总需求决定;货币是非中性的,货币需求不仅与收入相关,而且与实际利率负相关;另外,该模型假定商品和资本可以在国际完全自由流动。资本的自由流动将消除任何国内市场和世界市场上的利率差别,因此,国内的利率 r 与世界市场上的利率 r^* 是一致的,$r=r^*$。

二、蒙代尔—弗莱明模型

在开放的经济环境中,各国的市场是紧密地联系在一起的,一国经济均衡不仅要求实现内部均衡,即产品市场和货币市场的均衡(IS—LM),还要求对外也是均衡的,即国际收支的平衡(BP=0)。因为,如果国际收支出现赤字,储备资产减少,意味着中央银行在外汇市场抛出外汇,购入本币,导致货币紧缩;如果国际收支出现盈余,储备资产增加,意味着中央银行在外汇市场购入外汇,抛

出本币,导致货币扩张,所以,没有对外均衡,也就不可能保持内部均衡。M—F模型由以下三个方程构成方程组:

IS 方程:
$$Y = C(Y-T) + I(r) + G + NX(e, Y)$$

LM 方程:
$$M/P = L(r, Y) \tag{15.1}$$

BP 方程:
$$NFI(r) = NX(e, Y)$$

其中,BP 方程表示国际收支平衡,因为如果不考虑经常项目中的要素收益和经常转移,国际收支平衡 BP=0 可用公式(13.9)表示:NFI=NX。在第十三章的第三节讨论开放经济的长期模型时,通过分析我们已知道,净对外投资 NFI 是实际利率 r 的函数 NFI(r),利率 r 下降,净对外投资 NFI 增加,净出口 NX 是实际汇率 ε 和实际收入 Y 的函数 NX(ε,Y),实际汇率下降,收入 Y 减少,净出口 NX 增加。而 $\varepsilon = \dfrac{eP}{P^*}$,如果价格水平不变,当名义汇率 e 变动时,实际汇率就会发生同方向的变动,所以,净出口 NX 可以表示成名义汇率 e 和实际收入 Y 的函数,这样我们就得到表示国际收支平衡的 BP 方程。

如果给定汇率 e 不变,收入 Y 增加,将使净出口 NX 下降,要保持国际收支平衡 BP=0,净对外投资 NFI 也必须等额地减少,净对外投资 NFI 是利率 r 的函数,在资本完全流动的情况下 $r=r^*$,那么,在($Y-r$)坐标系中 BP 方程是一条具有什么样特征的曲线呢?

三、BP 曲线

BP 曲线是国际收支保持平衡时的收入 Y 和利率 r 对应关系的曲线。

(一) 小型开放经济的 BP 曲线

在图 15-1(a)中,净出口曲线 NX 反映的是在给定汇率时,收入 Y 变动对净出口 NX 的影响,收入增加,进口增加,净出口减少,净出口曲线 NX 向右下方倾斜。图 15-1(b)中的净对外投资曲线 NFI 是水平的直线,这是因为在资本完全流动的情况下,一个小型经济是国际资金市场利率的接受者,在给定国际市场利率 r^* 时,它可以借入或贷出任意多的资金。当收入为 Y_1 时,净出口为 NX_1,保持国际收支平衡 BP=0 的净对外投资为 NFI_1,当收入增加到 Y_2 时,净出口下降到 NX_2,要保持国际收支平衡 BP=0,净对外投资就必须下降到 NFI_2,这样我们就可以在图 15-1(c)中,画出一条小型开放经济的反映其国际收支平衡时收入和利率对应关系的 BP 曲线,它是一条水平的直线。

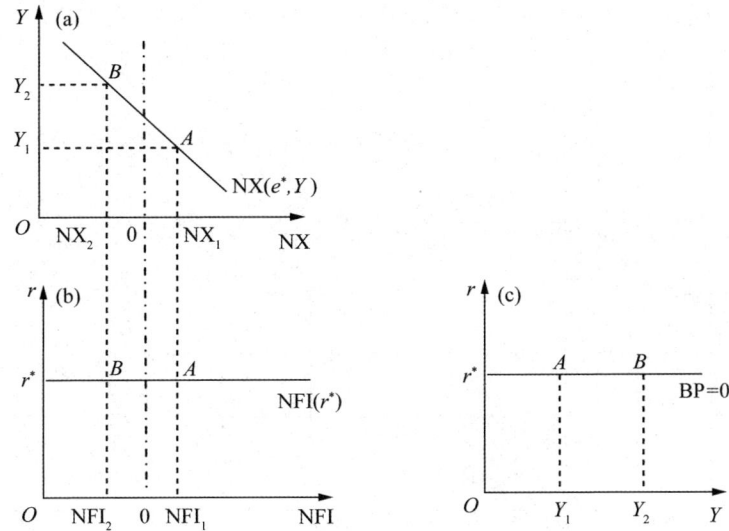

图 15-1　小型开放经济的 BP 曲线推导

（二）大型开放经济的 BP 曲线

在图 15-2(a) 中，净出口曲线 NX 反映的是在给定汇率时，收入 Y 变动对净出口 NX 的影响，收入增加，进口增加，净出口减少，净出口曲线 NX 向右下方倾斜。图 15-2(b) 中的净对外投资曲线 NFI 是向右下方倾斜的，这是因为在资本完全流动的情况下，一个大型开放经济的利率如果下降，会有更多的资金流向国外，净对外投资增加。当收入为 Y_1 时，净出口为 NX_1，保持国际收支平衡 $BP=0$ 的净对外投资为 $NFI_1(r_1)$，当收入增加到 Y_2 时净出口下降到 NX_2，要保持国际收支平衡 $BP=0$，净对外投资下降到 $NFI_2(r_2)$，这样我们就可以在图 15-2(c) 画出一条向右上方倾斜的、大型开放经济的反映其国际收支平衡时收入和利率对应关系的 BP 曲线。

（三）国际收支失衡

BP 曲线上的每一点都是一个国际收支平衡时收入 Y 与利率 r 的组合，BP 曲线以外的点都表示国际收支是失衡的，BP 曲线上方的点意味着国际收支有盈余，BP 曲线下方的点意味着国际收支有赤字。在图 15-2(c) 中 BP 曲线上方的 C 点，收入为 Y_1，利率为 r_2，当收入为 Y_1 时净出口为 NX_1，利率为 r_2 时净对外投资为 NFI_2，$NX_1 > NFI_2$，$BP > 0$，国际收支出现盈余。在 BP 曲线下方的 D 点，收入为 Y_2，利率为 r_1，当收入为 Y_2 时净出口为 NX_2，利率为 r_1 时净对外投资为 NFI_1，$NX_2 < NFI_1$，$BP < 0$，国际收支出现赤字。

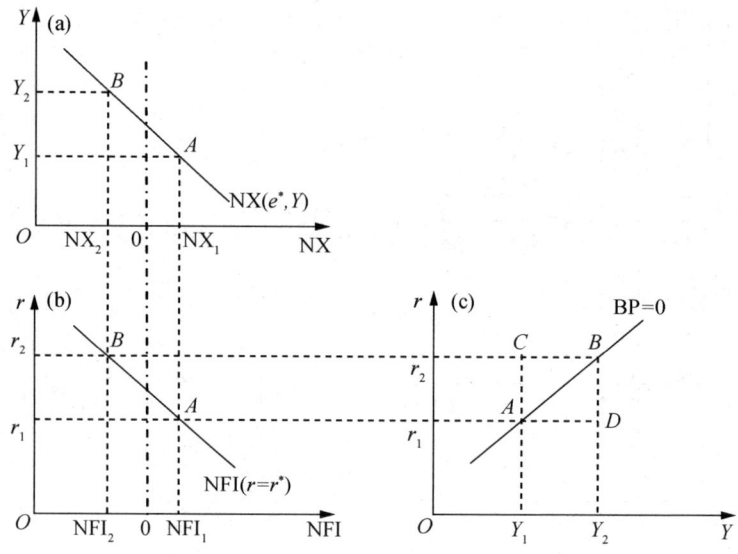

图15-2 大型开放经济的BP曲线推导

四、汇率变动对国际收支平衡的影响

当影响净出口或净对外投资的收入和利率以外的因素发生变动时,对BP曲线会产生什么影响呢?

(一)汇率变动对小型经济国际收支平衡的影响

汇率 e 是影响净出口的重要因素,在图15-3中,汇率为 e_1 时图(a)中的净出口曲线为 $NX_1(e_1,Y)$,国际收支平衡线为图(c)中的 BP。当货币对外贬值,汇率由 e_1 下降到 e_2,净出口增加,图(a)中的净出口曲线由 $NX_1(e_1,Y)$ 向右移动到 $NX_2(e_2,Y)$,每一收入水平的净出口都增加了,要保持国际收支平衡,净对外投资应等额增加,但一个小型经济的净对外投资变动对国际资金市场的利率没有影响,所以图(c)中的BP曲线位置不变。

(二)汇率变动对大型经济国际收支平衡的影响

在图15-4(a)中,$NX_1(e_1,Y)$ 是汇率为 e_1 时的净出口曲线;当汇率为 e_1,收入为 Y_1 时,净出口为 NX_1,保持国际平衡 $NX_1 = NFI_1$ 的利率为 r_1;当汇率为 e_1,收入为 Y_2 时,净出口为 NX_2,保持国际平衡 $NX_2 = NFI_2$ 的利率为 r_2,所以国际收支平衡线为图(c)中的 BP_1。当货币对外贬值,汇率由 e_1 下降到 e_2,净出口增加,净出口曲线由 $NX_1(e_1,Y)$ 向右移动到 $NX_2(e_2,Y)$,每一收入水平的净出口都增加了;汇率为 e_2,收入为 Y_1 的净出口为 NX_3,保持国际收支平衡

第十五章 开放经济总需求分析

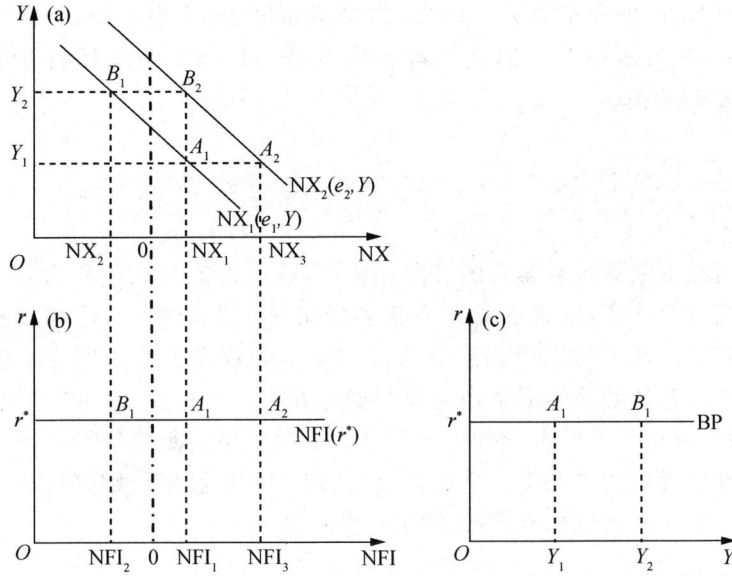

图 15-3 汇率变动对小型开放经济的 BP 曲线的影响

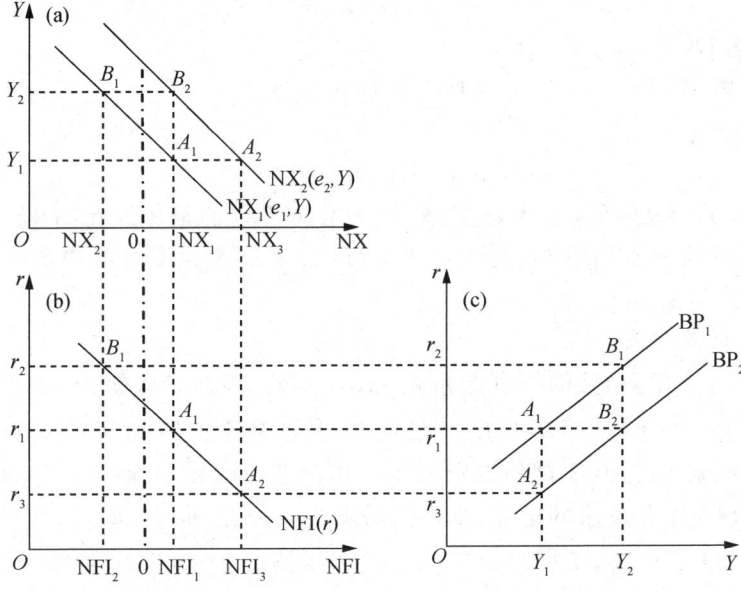

图 15-4 汇率变动对大型开放经济国际收支平衡的影响

$NX_3 = NFI_3$ 的利率为 r_3；汇率为 e_2，收入为 Y_2 的净出口为 NX_1，保持国际收支平衡 $NX_1 = NFI_1$ 的利率为 r_1。所以，本国货币贬值，汇率下降，要保持国际收支平衡，每一收入水平对应的利率都相应下降，图(c)中的国际收支平衡线由 BP_1 向右移动到 BP_2。

第二节 开放经济的宏观经济政策

在各国经济联系日益紧密的开放经济中，政府的宏观调控更为复杂。不同的政策目标时有冲突，政策的效果不仅和经济体的大小相关，还和其所实行的汇率制度有关。基本的汇率制度分为固定汇率和浮动汇率。固定汇率就是官方把其货币与其他经济体的货币兑换率确定在某一水平上，并通过对外汇市场的干预，抛出或购入外汇来维持这一汇率。浮动汇率就是由外汇市场供求决定其货币与其他货币的兑换率。下面，我们利用 $M-F$ 模型分别分析小型开放经济和大型开放经济的各种经济政策的效果。

一、固定汇率制度下的小型开放经济

(一) 固定汇率制度的 $M-F$ 模型

IS 方程：
$$Y = C(Y-T) + I(r^*) + G + NX(e^*, Y)$$

LM 方程：
$$M/P = L(r^*, Y) \qquad (15.2)$$

BP 方程：
$$NFI(r^*) = NX(e^*, Y)$$

其中，r^* 为国际资金市场利率，e^* 为官方确定的汇率。在图 15-5 中，IS 曲线、LM 曲线和 BP 曲线相交于点 E，在点 E 不仅实现了内部均衡，也实现了外部均衡。

(二) 财政政策

在图 15-6 中，初始的均衡点为 E_0，收入为 Y_0，财政扩张使 IS 曲线由 IS_0 向右移动到 IS_1，与 LM_0 相交于 E_1。在点 E_1 利率高于世界资金市场的利率 r^*，导致净资本流入增加(净对外投资减少)，国际收支出现盈余，$BP>0$。在外汇市场上出现对本币需求的增加，本币的需求曲线由 D_0 向 D_1 移动，D_1 与本币供给曲线 S_0 相交于 E_1，汇率将上升到 e_1。为维持汇率 e^* 不变，货币当局会在外汇市场抛出本币，购入外汇，使外汇市场的本币供给曲线由 S_0 移动到 S_1。S_1 与 D_1 相交于 E_2，汇率得到稳定。在外汇市场抛出本币，增加了货币供给，LM

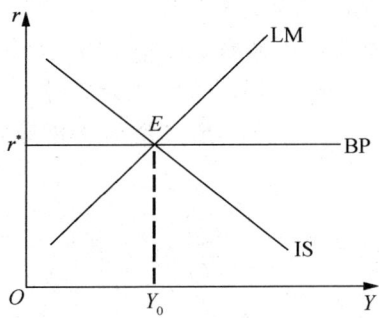

图 15-5　小型开放经济的 $M—F$ 模型

曲线由 LM_0 移动到 LM_1，LM_1 与 IS_1 相交于 E_2，经济在 E_2 达到新的均衡点，利率、汇率都没有变，收入增加到 Y_1。扩张的财政政策在固定汇率下可以有效地增加收入，利率没有上升，故不会挤出国内投资，汇率没有变，因此不存在汇率上升而挤出净出口，但收入增加而引致进口增加，会带来净出口减少的挤出效应。紧缩财政政策的效果留给读者自己分析。

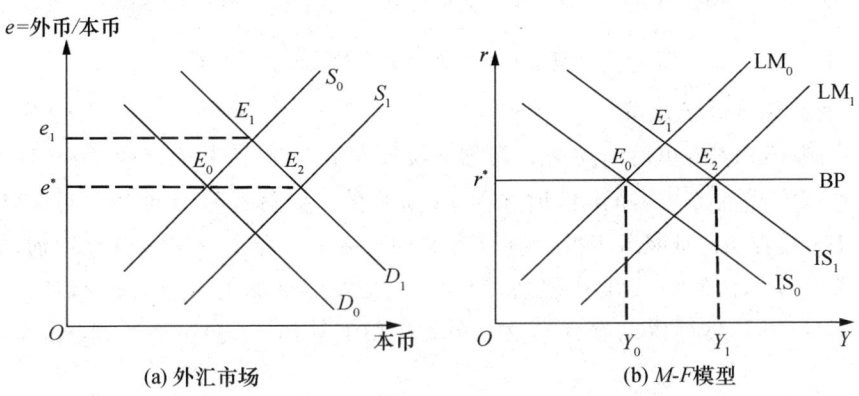

(a) 外汇市场　　　　　　　(b) M-F 模型

图 15-6　固定汇率制度下小型经济的财政扩张

（三）货币政策

在图 15-7 中，初始的均衡点为 E_0，收入为 Y_0，货币扩张使 LM 曲线由 LM_0 向右移动到 LM_1，与 IS_0 相交于 E_1，在点 E_1 利率低于世界资金市场的利率 r^*，导致净资本流入减少（净对外投资增加），国际收支出现逆差，BP<0。在外汇市场上出现对本币供给的增加，本币的供给曲线由 S_0 向 S_1 移动，S_1 与 D_0 相交于 E_1，汇率将下降到 e_1。为维持汇率 e^* 不变，货币当局会在外汇市场抛出外汇购入本币，使外汇市场的本币需求曲线由 D_0 移动到 D_1。D_1 与 S_1 相交于 E_2，汇率得到稳定。结果，货币当局在国内市场投放的货币又通过外汇市场回笼了，

LM 曲线又由 LM_1 移回到 LM_0,经济仍处在原来的均衡点 E_0,货币政策无效。在固定汇率制度下货币政策被用来稳定汇率,所以货币当局就不得不放弃对货币供给的控制,二者不可得兼。另外,实行固定汇率要求货币当局拥有足够的外汇储备,以便必要时对汇市进行干预。紧缩货币政策的效果留给读者自己分析。

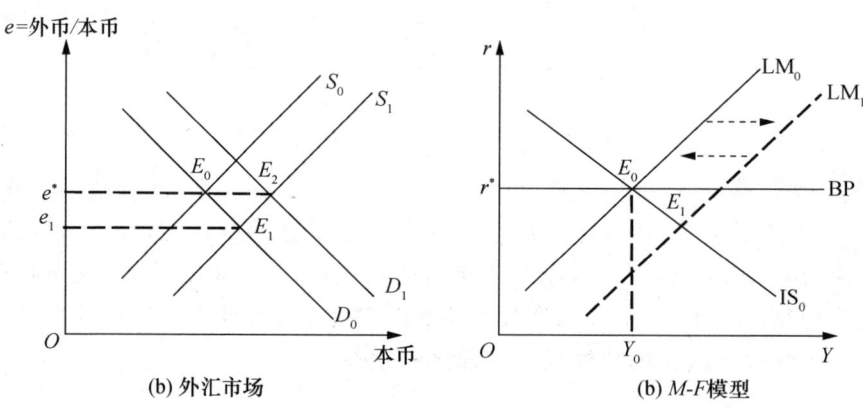

图 15-7 固定汇率制度下小型经济的货币扩张

(四) 贸易保护政策

在图 15-8 中,初始的均衡点为 E_0,收入为 Y_0。贸易保护减少了进口,增加了对本国产品的需求,净出口增加使 IS 曲线由 IS_0 向右移动到 IS_1,与 LM_0 相交于 E_1,在点 E_1 利率高于世界资金市场的利率 r^*,导致净资本流入增加(净对外投资减少),国际收支出现盈余,BP>0。在外汇市场上,进口减少,对外汇的需求减少(本国货币供给减少),使本币的供给曲线由 S_0 向左移动到 S_1,净资本

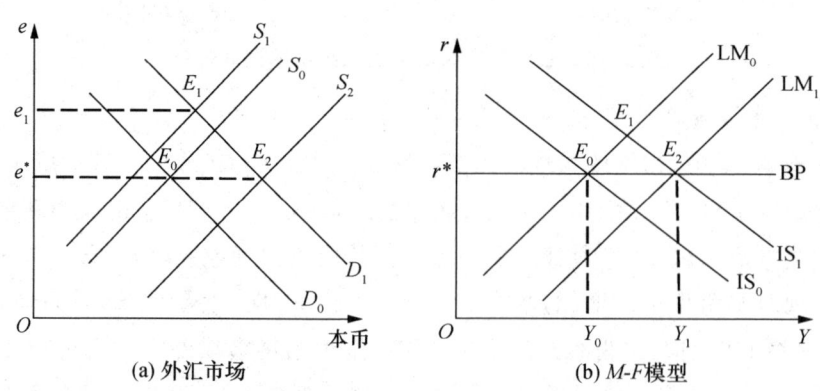

图 15-8 固定汇率制度下小型经济的贸易保护政策

流入增加,对本币需求增加,使本币的需求曲线由 D_0 向 D_1 移动,D_1 与 S_1 相交于 E_1,汇率将上升到 e_1。为维持汇率 e^* 不变,货币当局会在外汇市场抛出本币,购入外汇,使外汇市场的本币供给曲线由 S_1 移动到 S_2。S_2 与 D_1 相交于 E_2,汇率得到稳定。在外汇市场抛出本币,增加了货币供给,LM 曲线由 LM_0 移动到 LM_1,LM_1 与 IS_1 相交于 E_2,经济在 E_2 达到新的均衡点,收入增加到 Y_1。贸易保护政策在固定汇率下可以有效地增加收入。

二、浮动汇率制度下的小型开放经济

(一)浮动汇率制度的 M—F 模型

IS 方程:
$$Y = C(Y-T) + I(r^*) + G + NX(e, Y)$$

LM 方程:
$$M/P = L(r^*, Y) \tag{15.3}$$

BP 方程:
$$NFI(r^*) = NX(e, Y)$$

其中,r^* 为世界资金市场利率,e 为自由浮动的市场汇率。

(二)财政政策

在图 15-9 中,初始的均衡点为 E_0,收入为 Y_0,汇率为 e_0。财政扩张使 IS 曲线由 IS_0 向右移动到 IS_1,与 LM 相交于 E_1,在点 E_1 利率高于世界资金市场的利率 r^*,导致净资本流入增加(净对外投资减少),国际收支出现盈余,BP>0。在外汇市场上出现对本币需求的增加,本币的需求曲线由 D_0 向 D_1 移动,D_1 与 S 相交于 E_1,汇率将上升到 e_1。汇率上升,净出口减少,IS 曲线由 IS_1 向左移动,直至回到 IS_0,IS 曲线只有回到原来的位置,使内利率 $r=r^*$,汇率才会停止上升。在浮动汇率下,扩张的财政政策增加的需求,因汇率上升、净出口减少而被完全抵消,在这里财政扩张对净出口的挤出是完全的,收入不变,仍为 Y_0。紧缩财政政策的效果留给读者自己分析。

(三)货币政策

在图 15-10 中,初始的均衡点为 E_0,收入为 Y_0,汇率为 e_0。货币扩张使 LM 曲线由 LM_0 向右移动到 LM_1,与 IS_0 相交于 E_1,在点 E_1 利率低于世界资金市场的利率 r^*,导致净资本流入减少(净对外投资增加),国际收支出现逆差,BP<0。在外汇市场上出现本币供给增加,本币的供给曲线由 S_0 向 S_1 移动,S_1 与 D_0 相交于 E_1,汇率将下降到 e_1。汇率下降,净出口增加,IS 曲线由 IS_0 向右移动到 IS_1,与 LM_1 相交于 E_2,收入由 Y_0 增加到 Y_1,货币政策有效。在浮动汇率

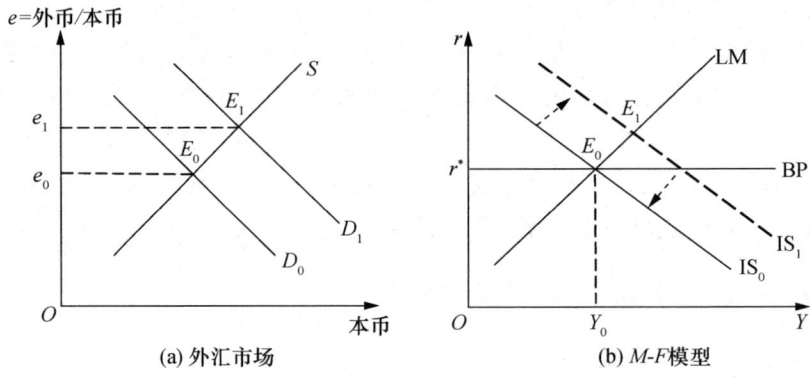

图 15-9 浮动汇率制度下小型经济的财政扩张

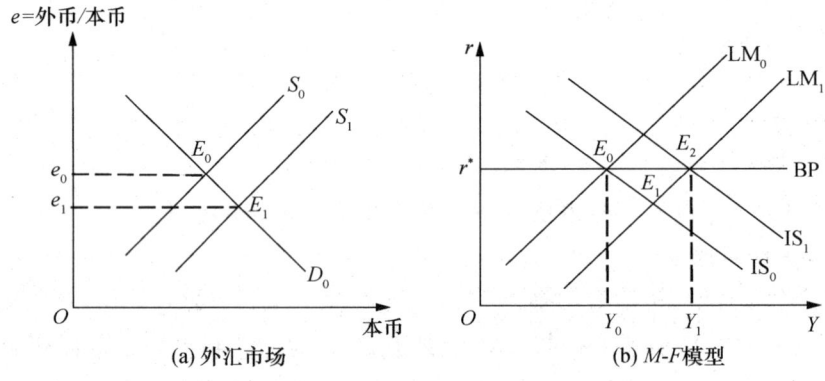

图 15-10 浮动汇率制度下小型经济的货币扩张

下,货币扩张通过降低汇率、增加净出口额使收入增加了。紧缩货币政策的效果留给读者自己分析。

(四)贸易保护政策

在图 15-11 中,初始的均衡点为 E_0,收入为 Y_0,汇率为 e_0。贸易保护减少了进口,增加了对本国产品的需求,净出口增加使 IS 曲线由 IS_0 向右移动到 IS_1,与 LM_0 相交于 E_1,在点 E_1 利率高于世界资金市场的利率 r^*,导致净资本流入增加(净对外投资减少),国际收支出现盈余,BP>0。在外汇市场上,进口减少,对外汇的需求减少(本国货币供给减少),使本币的供给曲线由 S_0 向左移动到 S_1;净资本流入增加,对本币需求增加,使本币的需求曲线由 D_0 向 D_1 移动,D_1 与 S_1 相交于 E_1,汇率将上升到 e_1。汇率上升,净出口下降,IS 曲线由 IS_1 向左移动,直至回到 IS_0,IS 曲线只有回到原来的位置,使国内利率 $r=r^*$,汇率才会停止上升。在浮动汇率制度下,贸易保护政策不能增加收入,限制进口保护了国内的落后产业部门,使其产量增加了,而汇率上升将打击本具有国际竞争优势的产业部门的出口,导致其产量下降,净出口没有变化。

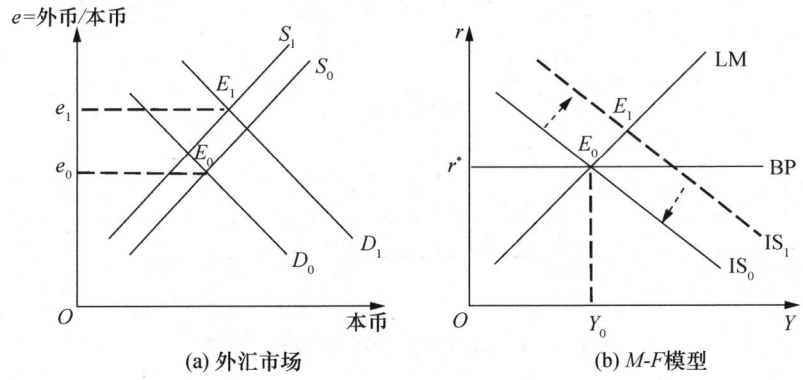

(a) 外汇市场　　　　　(b) M-F模型

图 15-11　浮动汇率制度下小型经济贸易保护政策

三、固定汇率制度的大型开放经济

(一) 固定汇率制度的 M—F 模型

IS 方程:
$$Y = C(Y-T) + I(r) + G + NX(e^*, Y)$$

LM 方程:
$$M/P = L(r, Y) \tag{15.4}$$

BP 方程:
$$NFI(r) = NX(e^*, Y)$$

其中,e^* 为官方确定的汇率。在图 15-12 中,IS 曲线、LM 曲线和 BP 曲线相交于点 E,在点 E 收入为 Y_0,利率为 r_0,不仅实现了内部均衡,也实现了外部均衡。

(二) 财政政策

在图 15-13 中,初始的均衡点为 E_0,收入为 Y_0,财政扩张使 IS 曲线由 IS_0 向右移动到 IS_1,与 LM_0 相交于 E_1,利率上升,导致净资本流入增加(净对外投资减少),国际收支出现盈余,BP>0。在外汇市场上出现对本币需求的增加,本币的需求曲线由 D_0 向 D_1 移动,D_1 与 S_0 相交于 E_1,汇率将上升到 e_1。为维持汇率 e^* 不变,货币当局会在外汇市场抛出本币,购入外汇,使外汇市场的本币供给曲线由 S_0 移动到 S_1。S_1 与 D_1 相交于 E_2,汇率得到稳定。货币当局在外汇市场稳定汇率的操作增加了货币供给,LM 曲线由 LM_0 移动到 LM_1,LM_1 与 IS_1、BP 相交于 E_2,经济在 E_2 达到新的均衡点,汇率没有变,利率上升至 r_1,收入增加到 Y_1。扩张的财政政策在固定汇率下可以增加收入,但利率上升,对国

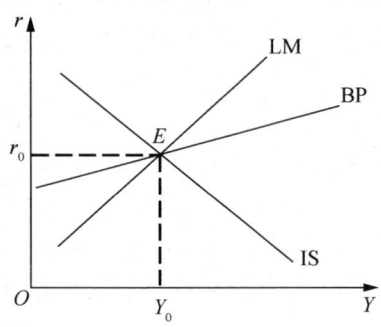

图 15-12 大型开放经济的 M—F 模型

内投资有挤出,汇率没有变,故不存在汇率上升而挤出净出口,但收入增加而引致进口增加,会带来净出口减少的挤出效应。紧缩财政政策的效果留给读者自己分析。

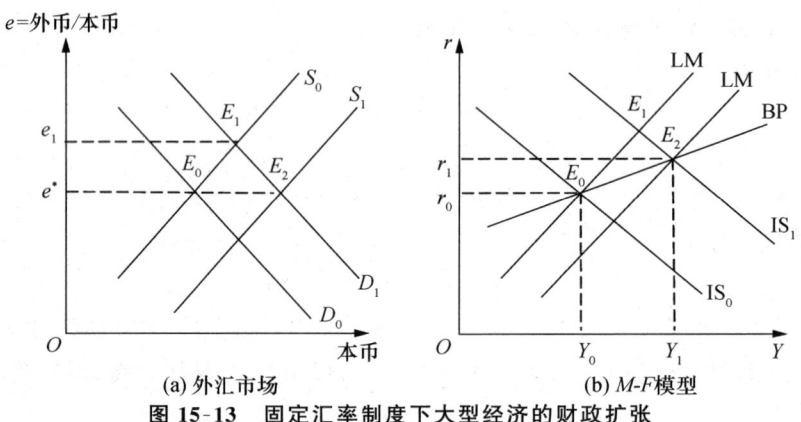

(a) 外汇市场　　　　　　　(b) M-F模型

图 15-13　固定汇率制度下大型经济的财政扩张

(三) 货币政策

在图 15-14 中,初始的均衡点为 E_0,收入为 Y_0,货币扩张使 LM 曲线由 LM_0 向右移动到 LM_1,与 IS_0 相交于 E_1,利率下降,导致净资本流入减少(净对外投资增加),国际收支出现逆差,BP<0。在外汇市场上出现对本币供给的增加,本币的供给曲线由 S_0 向 S_1 移动,S_1 与 D_0 相交于 E_1,汇率将下降到 e_1。为维持汇率 e^* 不变,货币当局会在外汇市场抛出外汇,购入本币,使外汇市场的本币需求曲线由 D_0 移动到 D_1。D_1 与 S_1 相交于 E_2,汇率得到稳定。结果,货币当局在国内市场投放的货币又通过外汇市场回笼了,LM 曲线又由 LM_1 移回到 LM_0,经济仍处在原来的均衡点 E_0,所以,对大型经济来说,在固定汇率制度下,货币政策也是无效的。紧缩货币政策的效果留给读者自己分析。

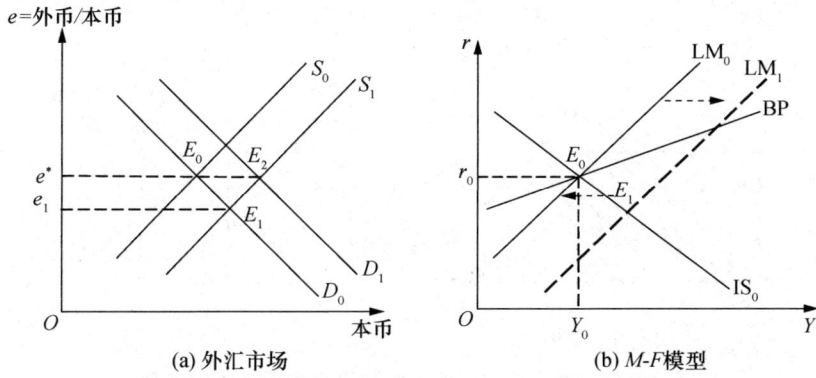

图 15-14　固定汇率制度下大型经济的货币扩张

（四）贸易保护政策

在图 15-15 中，初始的均衡点为 E_0，收入为 Y_0。贸易保护减少了进口，增加了对本国产品的需求，净出口增加使 IS 曲线由 IS_0 向右移动到 IS_1，与 LM_0 相交于 E_1，利率上升，导致净资本流入增加（净对外投资减少），国际收支出现盈余，BP>0。在外汇市场上，进口减少，对外汇的需求减少（本国货币供给减少），使本币的供给曲线由 S_0 向左移动到 S_1。净资本流入增加，对本币需求增加，使本币的需求曲线由 D_0 向 D_1 移动，D_1 与 S_1 相交于 E_1，汇率将上升到 e_1。为维持汇率 e^* 不变，货币当局会在外汇市场抛出本币，购入外汇，使外汇市场的本币供给曲线由 S_1 移动到 S_2。S_2 与 D_1 相交于 E_2，汇率得到稳定。在外汇市场抛出本币，增加了货币供给，LM 曲线由 LM_0 移动到 LM_1，LM_1 与 IS_1 相交于 E_2，经济在点 E_2 达到新的均衡，利率升至 r_1，收入增加到了 Y_1。和小型经济一样，大型经济贸易保护政策在固定汇率制度下可以增加收入，不同的是利率上升会对国内投资产生挤出效应。

四、浮动汇率制度的大型开放经济

（一）浮动汇率制度的 M—F 模型
IS 方程：
$$Y = C(Y-T) + I(r) + G + NX(e,Y)$$

LM 方程：
$$M/P = L(r,Y) \tag{15.5}$$

BP 方程：
$$NFI(r) = NX(e,Y)$$

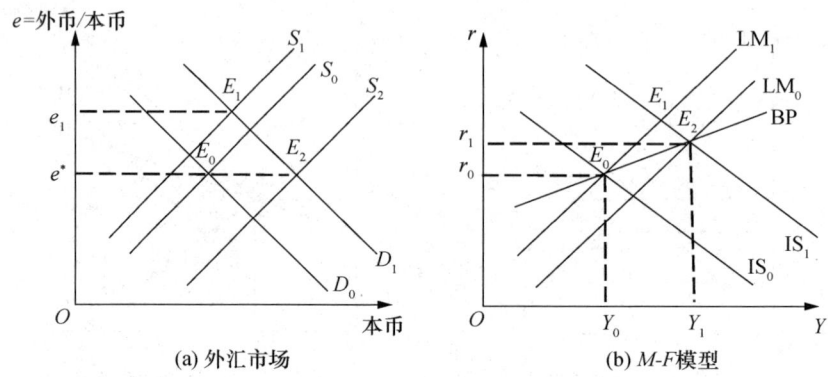

图 15-15 固定汇率制度下大型经济的贸易保护政策

(二) 财政政策

在图 15-16 中,初始的均衡点为 E_0,利率为 r_0,收入为 Y_0,外汇市场的汇率为 e_0。财政扩张使 IS 曲线由 IS_0 向右移动到 IS_1,与 LM 相交于 E_1,利率上升,导致净资本流入增加(净对外投资减少),国际收支出现盈余 BP>0。在外汇市场上出现对本币需求的增加,本币的需求曲线由 D_0 向 D_1 移动,D_1 与本币供给曲线 S 相交于 E_1,汇率将上升到 e_1。汇率上升,净出口减少,IS 曲线由 IS_1 向左移动到 IS_2,汇率上升使 BP 曲线由 BP_0 向上移动到 BP_1。IS_2、BP_1 与 LM 曲线相交于新的均衡点 E_2,利率为 r_1,收入为 Y_1,汇率为 e_1。在浮动汇率下,大型经济的财政扩张能够增加收入,但存在着双重的挤出效应,利率上升会挤出国内投资,汇率上升会挤出净出口。紧缩财政政策的效果留给读者自己分析。

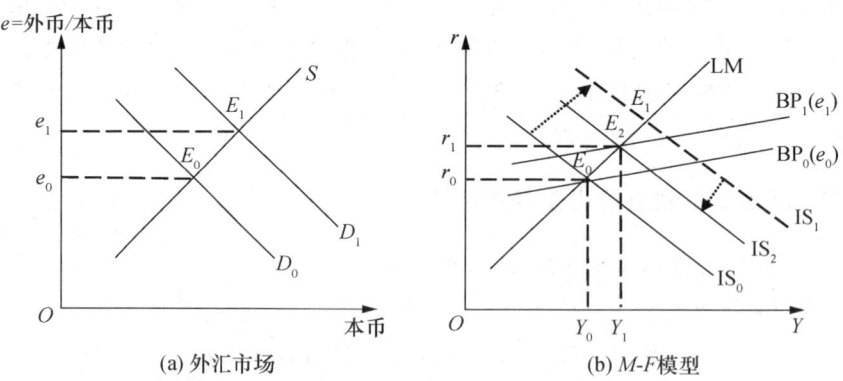

图 15-16 浮动汇率制度下大型经济的财政扩张

(三) 货币政策

在图 15-17 中,初始的均衡点为 E_0,利率为 r_0,收入为 Y_0,汇率为 e_0。货币扩张使LM曲线由LM_0向右移动到LM_1,与IS_0相交于E_1,利率下降,导致净资本流入减少(净对外投资增加),国际收支出现逆差,BP<0。在外汇市场上出现本币供给增加,本币的供给曲线由S_0向S_1移动,S_1与D_0相交于E_1,汇率将下降到e_1。汇率下降,使BP曲线由BP_0向下移动到BP_1,净出口增加,使IS曲线由IS_0向右移动到IS_1,BP_1、IS_1与LM_1相交于新的均衡点E_2,利率为r_1,汇率为e_1,收入为Y_1,货币政策有效。在浮动汇率制度下,大型经济的货币扩张通过降低利率增加了国内投资,通过降低汇率增加了净出口从而使收入增加了。紧缩货币政策的效果留给读者自己分析。

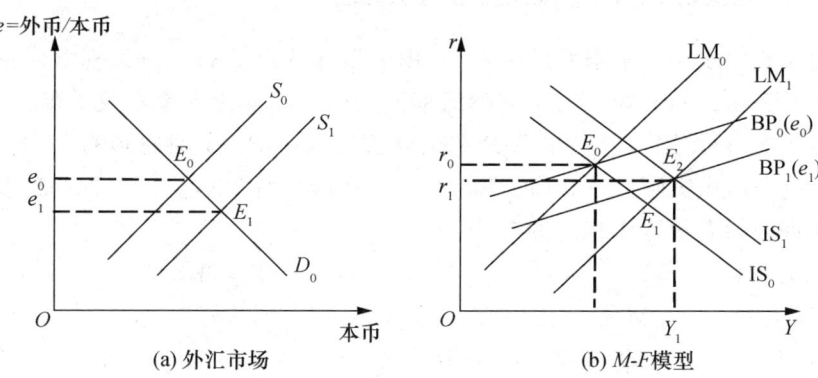

图15-17 浮动汇率制度下大型经济的货币扩张

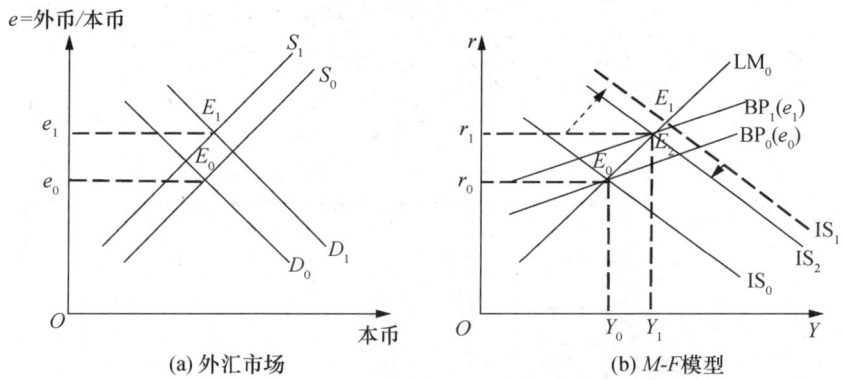

图15-18 浮动汇率制度下大型经济的贸易保护政策

(四)贸易保护政策

在图15-18中,初始的均衡点为E_0,收入为Y_0,汇率为e_0。贸易保护减少了进口,增加了对本国产品的需求,净出口增加,使IS曲线由IS_0向右移动到IS_1,与LM_0相交于E_1,利率上升,导致净资本流入增加(净对外投资减少),国际收支出现盈余,BP>0。在外汇市场上,进口减少,对外汇的需求减少(本国货币供给减少），使本币的供给曲线由 S_0 向左移动到 S_1，净资本流入增加，对本币需求增加，使本币的需求曲线由 D_0 向 D_1 移动，D_1 与 S_1 相交于 E_1，汇率将上升到 e_1。汇率上升使 BP 曲线由 BP_0 向上移动至 BP_1，而净出口下降，IS 曲线由 IS_1 向左移动到 IS_2。BP_1、IS_2 与 LM_0 相交于新的均衡点 E_2，利率为 r_1，汇率为 e_1，收入为 Y_1。在浮动汇率制度下，大型经济的贸易保护政策增加了收入，但利率上升抑制了国内投资，而汇率上升抑制了本具有国际竞争优势的产业部门的出口。

五、价格变动的 M—F 模型与总需求曲线

现在我们放松价格不变的假定，利用大型开放经济的 M—F 模型讨论价格变动对经济运行的影响。由于实际汇率 $\varepsilon = eP/P^*$，实际汇率不仅受名义汇率 e 变动的影响，还受国内价格水平 P 和国外价格水平 P^* 变动的影响，因此，净出口 NX 应表示成实际汇率 ε 和实际收入 Y 的函数，即 $NX(\varepsilon, Y)$。M—F 模型的三个方程中的变量也作相应的改变：

$$\text{IS 方程：} \quad Y = C(Y-T) + I(r) + G + NX(\varepsilon, Y)$$
$$\text{LM 方程：} \quad M/P = L(r, Y) \qquad\qquad (15.6)$$
$$\text{BP 方程：} \quad NX(\varepsilon, Y) = NFI(r)$$

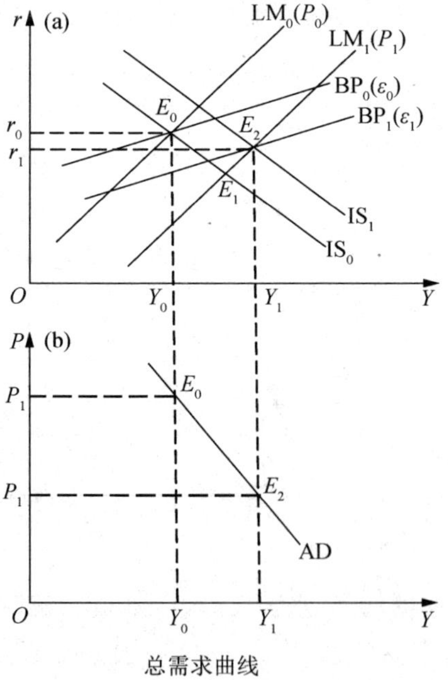

图 15-19 价格变动的 M—F 模型与总需求曲线

下面,我们利用图 15-19 分析价格变动对经济运行的影响并推导总需求曲线。假定初始均衡时,利率为 r_0,产量为 Y_0,价格为 P_0,名义汇率为 e_0,实际汇率为 $\varepsilon_0 = \dfrac{e_0 P_0}{P^*}$,在图中,对应的曲线为 IS_0、$LM_0(P_0)$ 和 $BP_0(\varepsilon_0)$,均衡点为 E_0。如果价格由 P_0 下降到 P_1,LM 曲线由 LM_0 向右移到 LM_1,与 IS 曲线相交于 E_1,利率下降,出现资本外流,净对外投资 NFI 增加,在外汇市场本币供给增加,名义汇率下降到 e_1。价格 P 和名义汇率 e 下降,使实际汇率由 ε_0 降低到 ε_1,国际收支平衡线由 BP_0 向下移动到 BP_1。实际汇率降低,净出口增加,使 IS 曲线由 IS_0 向右移动到 IS_1。IS_1、LM_1 和 BP_1 三条曲线相交于新的均衡点 E_1,利率为 r_1,产量为 Y_1,价格为 P_1。比较均衡点 E_0 和 E_1,价格由 P_0 下降到 P_1,使利率下降,国内投资增加,使汇率下降净出口增加,所以产量由 Y_0 增加到 Y_1,这样我们就可以在 (P, Y) 坐标系中得到一条向右下方倾斜的曲线——总需求曲线 AD。

复习思考题

1. BP 曲线反映的是怎样的经济关系,大型开放经济和小型开放经济的 BP 曲线有什么不同的特征,为什么,BP 曲线以外的点意味着什么?

2. 设某国的经济中,消费 $C = 28 + 0.8(Y - T)$;投资 $I = 20$;政府购买 $G = 26$;税收 $T = 25 + 0.2Y$;出口 $X = 20$;进口 $M = 2 + 0.1Y$。试求该国的均衡产出和贸易余额。

3. 设一国的经济中,$Y = C + I + G + NX$,其中消费 $C = 80 + 0.63Y$;投资 $I = 350 - 200r + 0.1Y$;$G = 750$,$NX = 500 - 0.1Y - 100(eP/P^*)$;实际汇率 $eP/P^* = 0.75 + 5r$;外国的价格水平 $P^* = 1$。$M/P = L$,其中 $M = 600$;货币需求 $L = 0.1625Y - 1000r$。

(1) 推导总需求曲线的数学表达式。

(2) 若本国的价格水平 $P = 1$,求均衡时的 Y, r, C, I 和 NX 的值。

4. 假定资本是完全流动的,运用 M—F 模型画图分析,在浮动汇率制度下的一个小型开放经济,增加税收和减少货币供给分别会对汇率、利率、净出口、投资和总收入产生什么影响?

5. 假定资本是完全流动的,运用 M—F 模型画图分析,在固定汇率制度下的一个小型开放经济,增加政府购买和增加货币供给分别会对汇率、利率、净出口、投资和总收入产生什么影响?

6. 假定资本是完全流动的,运用 M—F 模型画图分析,在浮动汇率制度下的一个小型开放经济,贸易保护政策会对汇率、利率、净出口、投资和总收入产生什么影响?如果是固定汇率,情况又会如何?

7. 假定资本是完全流动的,运用 M—F 模型画图分析,在浮动汇率制度下的一个大型开放经济,增加税收和减少货币供给分别会对汇率、利率、净出口、投资和总收入产生什么影响?

8. 假定资本是完全流动的,运用 M—F 模型画图分析,在固定汇率制度下的一个大型开放经济,增加政府购买和增加货币供给分别会对汇率、利率、净出口、投资和总收入产生什么影响?

9. 假定资本是完全流动的,运用 M—F 模型画图分析,在浮动汇率制度下的一个大型开放经济,贸易保护政策会对汇率、利率、净出口、投资和总收入产生什么影响?如果是固定汇率,情况又会如何?

10. 比较浮动汇率制度下,一个大型开放经济的财政扩张在 M—F 模型中的效果和长期模型中有何不同?

11. 比较浮动汇率制度下,一个大型开放经济的财政扩张在 M—F 模型中的效果和 IS—LM 模型中有何不同?

第十六章　总供给理论

第九章第五节简要介绍了宏观经济分析的基本模型——AS—AD 模型,并以此为基础,在第十章至第十三章对宏观经济长期运行中的问题和经济政策进行了分析;在第十四章和第十五章,分别介绍了三部门经济(封闭经济)和四部门经济(开放经济)的总需求理论;本章将介绍总供给理论,并利用 AS—AD 模型分析经济是怎样由短期均衡过渡到长期均衡的,以及宏观经济政策实施中的问题。

第一节　总供给模型

宏观经济的均衡是指人们愿意购买的最终产品和服务的总量(总需求量)等于企业愿意提供的最终产品和服务的总量(总供给量),即:AD＝AS。在第十四章和第十五章讨论总需求问题时,我们使用均衡的概念是基于以下假设:在给定的价格水平上有需求就有供给,企业愿意提供有购买意愿的任意数量的产品。所以,一国的总产量是由总需求决定的,这意味着总供给曲线是水平的或者说对总供给问题存而不论。我们在第九章第五节已经给出了总供给的定义,总供给曲线描述了在每个给定的价格水平上企业愿愿提供的产品和服务总量,并且指出了长期总供给曲线与短期总供给曲线存在的区别。长期总供给曲线是垂直的,表明无论价格水平如何变化,总产量总是保持在与劳动力充分就业相对应的潜在水平上;而短期总供给曲线是向右上方倾斜的,表明随着价格水平的提高,企业愿意提供的产品总量随之增加,因此,总产量会偏离充分就业的潜在水平。现在我们对此详加讨论。

总供给理论是宏观经济学中最富有争议的领域之一,尽管几乎所有的宏观经济学家都同意,长期总供给曲线是垂直的,而短期总供给曲线是向右上方倾斜的,但对短期总供给曲线向右上方倾斜的原因也就是其微观基础的解释往往不同。下面介绍具有代表性的四种不同的总供给模型。

一、名义工资粘性模型

在一个理想化的古典经济里,价格、工资完全能自由调整,因此,产量能够保持在充分就业的水平上。但是,实际上市场机制的调节需要时间,会遇到各种障碍,例如:短期内工资、价格的变动是缓慢的。工资、价格在短期内变动的缓慢性称为工资、价格粘性。由于工资、价格粘性的存在,短期总供给曲线会向上倾斜,这样,当总需求变动时总产量会发生变动,使得失业率并不能始终保持在自然率的水平上。

很多经济学家利用名义工资粘性解释总供给曲线向上倾斜的原因。名义工资粘性产生的原因之一就是长期劳动合同的存在。在很多部门,尤其是工会力量比较强的部门,工资不是当期决定的,而是倾向于事先就未来一定时期的工资用明确或隐含的合同的形式予以确定。劳动合同有多种形式,在美国,劳动合同的期限一般为2~3年,除规定基本工资外,合同往往还带有某些附加条件,如工资的增长幅度、可调整的范围等。

建立长期劳动合同对企业和工人双方都会带来好处。不管对企业还是工人来说,工资谈判都要花费大量的时间和精力,为了获得所需的信息也需要花费一定成本,而双方如果签订长期合同,就可以减少谈判次数,节约谈判成本。此外,在劳资谈判中,谈判破裂的可能性总是存在的,一旦发生罢工,企业和工人都要付出巨大的代价。因此,为了减少工资谈判的交易成本和避免谈判破裂的风险,劳资双方都倾向于签订较长时期的工资合同。而工资合同一旦签订,货币工资就会在合同所规定的期限内保持相对稳定,也就产生了名义工资粘性。

下面,我们讨论存在名义工资粘性的情况下,价格水平上升对总供给的作用机制。为了简化分析,假定合同有效期内名义工资保持不变。价格水平上升使实际工资下降,使用劳动的成本降低,促使企业雇用更多工人,劳动力投入增加,提高了产量水平。因此,可以推导出价格水平的上升将导致产量的提高,即在名义工资无法调整的情况下,总供给曲线是向上倾斜的。

企业和工人在通过谈判签订工资合同以确定未来的名义工资时,双方都不知道合同生效后的价格水平 P,只是对未来价格有一个预期值 P_e。谈判双方确定的名义工资 W 取决于他们的目标实际工资 w 和预期价格 P_e:

$$W = w \times P_e \tag{16.1}$$

即: 名义工资 = 目标实际工资 × 预期价格水平

其中,目标实际工资 w 可能是使劳动力市场供需平衡的实际工资水平,也可能由于诸多因素的影响,如工会力量、效率工资、内部人控制等,使得实际工资高于劳动力市场均衡水平。

名义工资确定后,企业将根据名义工资 W 和价格水平 P 确定的实际工资 W/P 决定雇佣工人的数量。(16.1)等式两边同时除以 P,实际工资可表示为:

$$W/P = w \times (P_e/P) \tag{16.2}$$

即：　　实际工资 = 目标实际工资 × (预期价格水平 / 实际价格水平)

这一等式表明，当实际价格水平 P 与预期价格水平 P_e 不一致时，实际工资 W/P 就偏离企业和工人签订合同时的目标实际工资 w。当 $P>P_e$ 时，$W/P<w$；当 $P<P_e$ 时，$W/P>w$。

企业的劳动投入量由劳动的需求函数决定：

$$L_d = L_d(W/P) \tag{16.3}$$

实际工资越高，劳动成本越高，企业对劳动的雇佣量就越少，而实际工资越低，劳动成本越低，企业对劳动的雇佣量越多。短期内，不考虑企业的资本存量变化，企业的产量随着劳动投入的增加而增加。

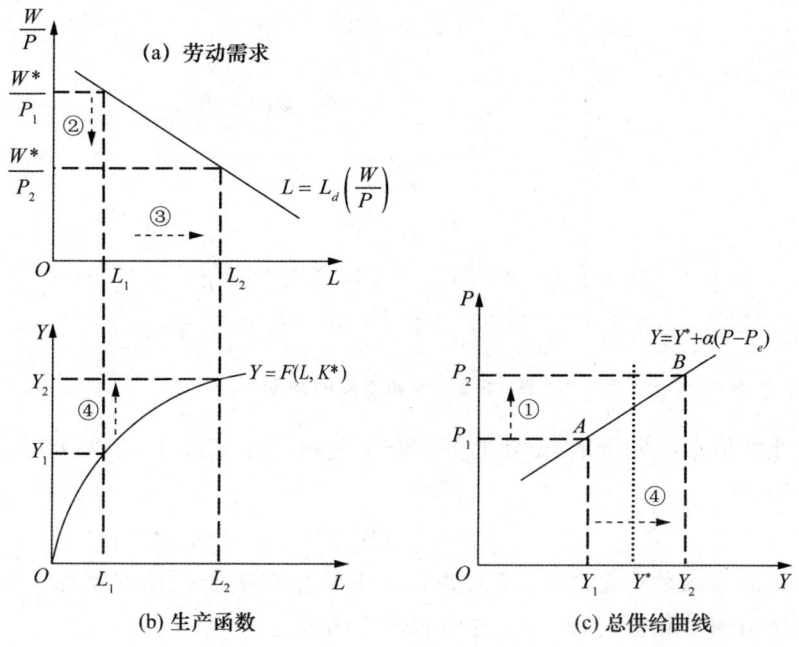

图 16-1　工资粘性模型

我们可以通过图 16-1 推导出总供给曲线 $Y=Y^*+\alpha(P-P_e)$。根据预期的价格水平 P_e，工资合同确定的名义工资为 W^*，当价格水平由 P_1 上升到 P_2 时，实际工资由 W^*/P_1 降低到 W^*/P_2，就业量由 L_1 增加到 L_2，总产量由 Y_1 增加到 Y_2。也就是说，价格水平 P 上升，总产量 Y 增加，总供给曲线向右上方倾斜。如果实际价格水平等于预期价格水平($P=P_e$)，实际工资就等于目标实际工资($W/P=w$)，这时实际总产量等于潜在的总产量($Y=Y^*$)，如果实际价格不等于预期价格($P\neq P_e$)，实际总产量就会偏离潜在总产量(Y^*)。也就是说，被预期到的价格水平变动对产量和就业没有影响，只有未被预期到的价格变动才会影响产量和就业。

二、工人错觉模型

工人错觉模型是从劳动力市场出清角度来解释总供给,它的出发点是工人的信息不完全。该模型同样是关注劳动力市场的运作,但不同于工资粘性模型,在工人错觉模型中工资可自由变动使劳动市场供求平衡——市场出清。模型的关键假设是:未预期到的物价水平变动之所以会影响劳动供给,是因为由于信息不完全使工人暂时混淆了实际工资和名义工资,把因物价水平变动所引起的名义工资的变动错认为实际工资的变动。

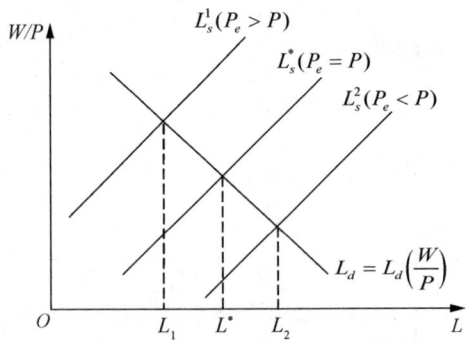

图 16-2 劳动市场的均衡

企业的信息是完全的,企业的劳动需求量取决于实际工资 W/P,劳动的需求函数为:

$$L_d = L_d(W/P)$$

工人的信息是不完全的,工人的劳动供给量取决于预期的实际工资(即工人主观认为的实际工资)W/P_e,劳动的供给函数为:

$$L_s = L_s(W/P_e) \tag{16.4}$$

预期的实际工资可表示为:

$$W/P_e = \frac{W}{P} \cdot \frac{P}{P_e} \tag{16.5}$$

$\frac{W}{P}$ 为实际工资,而 $\frac{P}{P_e}$ 则是衡量工人对物价水平是否存在错觉,如果对物价水平存在错误认识,$P_e \neq P$,则 $\frac{P}{P_e} \neq 1$;如果工人预期的物价水平(主观认为的物价水平)低于现实的物价水平,$P_e < P$,则 $\frac{P}{P_e} > 1$;如果工人预期的物价水平高于现实的物价水平，$P_e > P$，则 $\frac{P}{P_e} < 1$。所以，工人的劳动供给量决定于实际工资和工人错觉两个因素，劳动的供给函数可进一步表示成：

$$L_s = L_s\left(\frac{W}{P} \cdot \frac{P}{P_e}\right) \tag{16.6}$$

给定 $\frac{P}{P_e}$ 不变，实际工资 $\frac{W}{P}$ 越高，劳动供给量就越大，劳动的供给曲线向右上方倾斜。$\frac{P}{P_e}$ 的变动将导致劳动的供给曲线位置移动，如图 16-2 所示。

如果工人预期价格水平等于现实价格水平，$P_e = P$，$\frac{P}{P_e} = 1$，则预期的实际工资等于实际工资，$W/P_e = W/P$，劳动的供给曲线为 $L_s^*(P_e = P)$，劳动市场出清的就业量等于充分就业的水平 L^*，这时实际总产量等于潜在的总产量，即 $Y = Y^*$。

如果工人预期价格水平低于现实价格水平，$P_e < P$，$\frac{P}{P_e} > 1$，则预期的实际工资大于实际工资，$W/P_e > W/P$，劳动的供给曲线为 $L_s^2(P_e < P)$，劳动市场出清的就业量为 L_2，大于充分就业的水平 L^*，工人的错觉导致了劳动力市场的均衡就业量大于充分就业水平，这时实际总产量大于潜在的总产量，即 $Y > Y^*$。

如果工人预期价格水平高于现实价格水平，$P_e > P$，则预期的实际工资小于实际工资，$W/P_e < W/P$，劳动的供给曲线为 $L_s^1(P_e > P)$，劳动市场出清的就业量为 L_1，小于充分就业的水平 L^*，工人的错觉导致了劳动力市场的均衡就业量小于充分就业水平，这时实际总产量小于潜在的总产量，即 $Y < Y^*$。

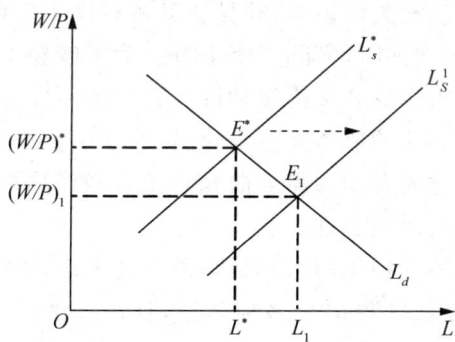

图 16-3　未预期到的价格水平上升

在图 16-3 中，L_s^* 为预期正确的劳动供给曲线，与劳动需求曲线 L_d 相交于 E^*，实际工资为 $(W/P)^*$，就业水平为 L^*，这时的实际总产量等于潜在的总产量，$Y=Y^*$。假定价格水平上涨导致了名义工资的提高，如果工人有正确的预期，$P_e=P$，工人就不会把名义工资上涨错误地理解为实际工资上升，劳动的供给曲线不变，均衡的就业水平不变，实际产出不变。如果工人出现预期错误，$P_e<P$，工人就会认为实际工资提高了，所以愿意提供更多的劳动，劳动的供给曲线因此移动到 L_s^1，L_s^1 与劳动需求曲线相交于 E_1，实际工资下降到 $(W/P)_1$，就业水平增加到 L_1，这时 $Y>Y^*$。

工人错觉模型的关键假设是企业与工人之间拥有的信息不同。当价格水平突然上升时，工人不能及时预期到这种变化，因此预期的实际工资和真实的实际工资之间发生了误差，而企业看到了这种变化，两者始终保持一致。因此，工人在实际工资水平降低的情况下还愿意提供更多劳动，从而导致就业和产量的增加。如果这种变动都能被预期到，那么价格的变化只能带来名义工资的同比例的变化，实际工资会保持不变，就业和产量也会维持在充分就业的水平上。把价格变动与产量变动的关系用数学表达式表达出来，我们可以再次得到同样的总供给曲线：

$$Y = Y^* + \alpha(P - P_e)$$

这样，我们就从工人错觉出发，为没有预期到的价格变动会引起产出波动的短期总供给曲线找到了另一种微观解释。

三、价格粘性模型

根据名义工资粘性模型和工人错觉模型，实际工资应该是逆周期变化的，它的变动方向与就业量和产量波动方向相反，也就是说，当实际工资下降时，产出增加。然而，经济周期的事实未能为此提供强有力的支持。有研究表明，实际工资变动与产出变动相关性极弱，并且在某种程度上实际工资似乎表现出温和的顺周期性，当产出增加时，实际工资上升。为了解释上述现象，一些经济学家将注意力转向商品市场的名义价格粘性。在一个不完全竞争的经济中，当经济波动使产品需求和企业的成本发生变化时，由于一些企业产品价格不能迅速调整，而是调整产量，这时劳动力需求曲线将随着经济周期而移动，从而使实际工资变动能表现出某种顺周期性。

一些企业之所以不是根据需求和成本的变化及时调整产品价格，原因可能是多方面的，经济学家们曾提出十多种理论，且每一种理论都得到了一些价格粘性企业某种程度的认同，比如：

（1）存在菜单成本。菜单成本泛指因调整价格行为本身产生的各种成本，像餐馆印刷新的菜单、商店更换商品的价格标签、修改收款机的程序等。

（2）存在长期合同。为降低交易成本和不确定性，许多企业往往会和其确定的主顾就产品价格达成长期协议,比如,报纸、杂志的长期订户。

(3) 协调问题。协调问题是指相关企业在价格调整中存在的博弈问题。在寡头垄断的行业中,企业是否调整价格、何时调整价格不仅要考虑市场需求和成本的变动,还会考虑相关企业是否调整价格、何时调整价格,相关企业对其调整价格会有什么反应,如第五章第四节斯威齐模型。

为了分析价格粘性对总供给的影响,首先必须考虑单个企业的定价决策过程,然后通过对所有企业加总,得到总供给曲线。我们考察的产品市场是一个不完全竞争市场。在不完全竞争市场上,企业是价格制定者,企业利润最大化的产量决定了市场价格水平。假定一个垄断企业依据产品的成本来制定价格,产品成本主要取决于两个宏观经济变量,一个是包括了投入品价格的一般物价水平 P,二是收入水平 Y。物价水平越高,企业的生产成本就越大,因此企业产品的价格随着价格水平的提高而提高。收入水平的提高会扩大对产品的需求,由于边际成本随着产量的增加而提高,对产品的需求增加使利润最大化的价格提高。所以,企业的产品价格可表示为:

$$p = P + \beta(Y - Y^*) \tag{16.7}$$

上式表示企业的产品定价取决于一般物价水平 P 和实际国民收入与潜在国民收入之间的差额 $(Y - Y^*)$,β 是大于零的参数,反映实际国民收入变动对企业产品定价的影响程度。

现在假定市场上存在另一类企业,它们的产品价格具有粘性,它们是依据对经济环境的预期,事先确定价格的,其价格确定的方式可表示为:

$$p = P_e + \beta(Y_e - Y_e^*), \quad \beta > 0 \tag{16.8}$$

下标"e"代表相应变量的预期值。为简化分析假设 $Y_e = Y_e^*$,则有:

$$p = P_e \tag{16.9}$$

这就是说,价格有粘性的企业是根据它预期的价格水平来确定其产品价格的。

把上述两类企业的产品价格进行加权平均,可以得到一般价格水平,设产品价格粘性的企业在经济中的比重为 λ,产品价格灵活变动的企业在经济中的比重为 $(1-\lambda)$,则总体物价水平为:

$$P = \lambda P_e + (1-\lambda)[P + \beta(Y - Y^*)] \tag{16.10}$$

两边同时减去 $(1-\lambda)P$,得:

$$\lambda P = \lambda P_e + (1-\lambda)\beta(Y - Y^*)$$

两边同除以 λ 得到价格水平表达式:

$$P = P_e + \left[(1-\lambda) \cdot \frac{\beta}{\lambda}\right](Y - Y^*) \tag{16.11}$$

可见,价格水平取决于预期的价格水平 P_e 和实际总产量 Y。结论:价格水平随着预期价格的提高而提高,随着国民收入的增加而提高。

对(16.11)式进行简单变换得:

$$Y = Y^* + \frac{\lambda}{\beta(1-\lambda)} \cdot (P - P_e) \tag{16.12}$$

令 $\frac{\lambda}{\beta(1-\lambda)} = \alpha$,得到总供给曲线: $Y = Y^* + \alpha(P - P_e)$。

由此,可以得出与粘性工资模型相同的结论:产量的波动,即产量偏离它的潜在水平与未预期到的价格水平波动相关。

价格粘性对劳动力市场的影响,能为经济周期中实际工资变动的实证结果找到一些理论依据。根据价格粘性模型,短期内产品价格可以是固定的,如果经济处于衰退期,总需求减少,使产品的销量减少,企业不得不削减产量和劳动投入量,劳动需求的降低使实际工资水平下降。不同于工资粘性模型的是,在这里总产量(收入)波动使劳动力需求曲线发生移动,从而使得就业量、总产量和实际工资沿着相同的方向变动,因此,实际工资就有可能是顺周期的,表现为随着产出的减少,实际工资降低。

四、不完全信息模型

关于产量波动的一种重要的现代观点是,波动是由于人们对经济中正在发生的事不具有完全信息所引起的。在这类模型里,假定价格和工资能灵活变动,市场是出清的。工人错觉模型认为,企业拥有比工人更充分的信息,而这一模型假定经济行为人掌握的信息是不完全的,他们对自己产品的价格信息了解得很清楚,但各种暂时的信息障碍,使他们对于除自己所处的市场外其他市场的情况的了解相对较慢。下面,我们分析单个企业的供给决策问题。

根据微观经济学理论,竞争性企业将进行生产,直到价格等于边际成本。边际成本取决于企业生产投入品的价格。如果企业的产品价格相对于经济中的其他产品(包括企业投入品)价格来说上升了,那么企业就会增加产量。但是,如果其他产品的价格(尤其是投入品的价格)和企业自己产品的价格上升相同幅度,企业就不会有增加生产的积极性。也就是说,只有当企业的产品价格对其他产品的相对价格上升时,企业才会增加生产。我们用 i 下标表示代表性企业,下式给出了该企业的供给曲线:

$$Y_i = \gamma(p_i - P) + Y_i^* \tag{16.13}$$

上式中 Y_i 是代表性企业的产量,p_i 是代表性企业产品的价格,Y_i^* 是代表性企业的潜在产量,P 是作为其他所有市场价格指标的物价总水平,$\gamma > 0$ 是参数。该式说明，代表性企业的产量 Y_i 取决于它本身的潜在产量和相对于物价总水平 P 的本企业产品的价格 (p_i-P)。因为潜在产量 Y_i^* 是既定量，所以，代表性企业产品的相对价格 (p_i-P) 越高，其产量也就越大。如果企业的产品价格和物价总水平上升相同的幅度，企业的产量不会变动，因为相对价格 (p_i-P) 没有变。

但当信息不完全时，企业作出供给决策时不了解其他市场正在发生的情况，不知道物价总水平，它只能对此进行猜测。据此，我们把上述公式(16.13)改写为：

$$Y_i = \gamma(p_i - P_{ie}) + Y_i^* \qquad (16.14)$$

这里 P_{ie} 是企业对价格总水平的预期。

当经济中所有价格都上升相同幅度时，每个企业都只会观察到它自己的产品价格 p_i 的上升，而对于由物价总水平 P 概括的所有其他企业的价格只能进行估计即 P_{ie}。如果企业正确预计到了物价总水平的这种变动 $P_{ie}=P$，那么其产品的相对价格 (p_i-P) 未发生变化，因此也就不会增加生产。如果企业没有正确预计到物价总水平也上升了相同的幅度，$P_{ie}<P$，它会认为自己产品的相对价格 (p_i-P_{ie}) 有了上升，因此会增加劳动需求，扩大产量。如果其他企业的行为也是如此的话，它们也会把价格水平的上升错误地当成自己产品的价格上升，从而增加生产。当所有企业的生产超过它的潜在水平时，整个经济的产量当然也就高于潜在总产量了。

整个经济的总供给曲线可通过对所有企业的供给曲线加总得到：

$$Y = n\gamma(P - P_e) + Y^* \qquad (16.15)$$

其中 n 为企业的个数，总产量 $Y = \sum Y_i$，物价总水平 $P = \dfrac{\sum p_i}{n}$，预期的价格总水平 $P_e = \dfrac{\sum P_{ie}}{n}$，潜在的总产量 $Y^* = \sum Y_i^*$。

可以看到，经济的实际总产量只有当预期价格等于实际价格时，才会正好等于潜在产出量。一般情况下，由于信息是不完全的，预期价格与实际价格之间总会有一些差距。只要存在这种差距，实际总产量就可能大于其潜在生产能力水平，经济就处于过热状态；或者实际总产量小于其潜在生产能力水平，经济处于衰退期。对这种以不完全信息为基础的总供给模型的最初研究，是由美国芝加哥大学的经济学家卢卡斯进行的，所得到的价格和产量之间正相关的关系式(16.15)通常被称为卢卡斯总供给曲线(Lucas aggregate supply equation)。

对式(16.15)作一简单的变换，令 $n\gamma=\alpha$，我们将再一次得到已经非常熟悉的总供给曲线：

$$Y = Y^* + \alpha(P - P_e)$$

卢卡斯通过分析各国的数据进一步指出，总供给曲线的斜率与总需求的波动有关。一国的总需求如果波动很大的话，价格水平波动也会很大，这个国家价格水平的变动就不是主要由相对价格变动引起的，企业对未预期到的价格变化的反应就比较小（参数 α 较小），总供给曲线就比较陡；反之，在需求和价格比较平稳的国家里，企业有理由相信，价格水平的变化主要来自于相对价格的变动，因此，企业对未预期到的价格变动比较敏感（α 较大），总供给曲线也显得较为平缓。

五、附加预期的总供给曲线

我们已经运用四种不同的模型分析了短期总供给曲线向右上方倾斜的微观基础。由于各种总供给模型出发点不同，对总供给曲线向上倾斜的原因解释也不尽相同，但最终得到的总供给曲线形式是一样的。

现实经济中，上述各种模型中讨论的机制会对短期总供给曲线的形成共同发挥作用，这些机制发生作用的程度会随着条件的变化而有所不同，但它们作用的方向是一致的，都是引起短期总供给曲线向右上方倾斜。比较第九章中的总供给曲线，本章的总供给曲线增加了预期的因素，因此我们称之为附加预期的总供给曲线（expectation augmented aggregate supply，简称 EAS）。

图 16-4 描述了附加预期的总供给曲线。图中每条附加预期的总供给曲线 EAS，都是在给定预期的价格水平 P_e 值的情况下画出的，EAS 曲线向右上方倾斜，表明总产量与现实价格水平同方向变化，当预期的价格水平 P_e 发生变动时，EAS 曲线的位置移动。假定人们预期的价格水平为 P_1，也就是 $P_e = P_1$，相应的附加预期的总供给曲线为 EAS_1，现实价格和预期价格水平在 A 点相等，此时实际总产量正好等于潜在产量水平，在 A 点的左边，而当现实价格低于预期价格时，实际产量就低于潜在产量，在 A 点的右边，当现实价格高于预期价格时，实际产量就高于潜在产量。因此，实际产量变动的原因是由于现实价格水平偏离了人们的预期水平。

现在，我们假定人们修改了对价格的预期，预期价格水平上升为 P_2。这时，企业和工人会按照这个预期的价格水平重新确定工资水平和成本，因此，企业的成本会上升，短期总供给曲线向左上方移动，新的总供给曲线为 EAS_2。在 B 点现实价格水平为 P_2，正好等于人们的预期水平。我们把 A、B 两点连接起来，就是一条垂直的长期总供给曲线，长期总供给曲线可以看成人们没有犯预期错误的总供给曲线——完全预期的总供给曲线。在长期总供给曲线上，人们

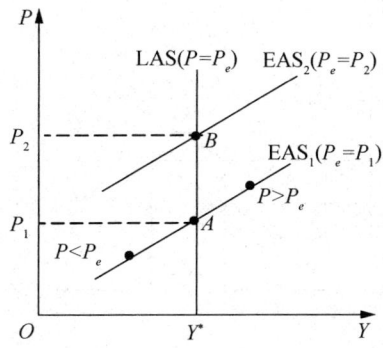

图 16-4 附加预期的总供给曲线

的预期价格水平总是和现实价格水平一致,因此,价格的变动不会对就业和产量造成影响。

现在我们把总供给曲线和总需求曲线结合在一起,对宏观经济的短期波动进行分析。

首先,分析总需求冲击的影响。在图 16-5 中,假定初始时经济处于充分就业的均衡状态,均衡点为 E_0,实际产量为 Y^*,价格水平为 P_0,总需求曲线 AD_0 与总供给曲线 EAS_0、LAS 相交于点 E_0。当意外的总需求冲击使总需求曲线由 AD_0 向右移动到 AD_1,由于人们对价格的预期未变,仍为 P_0,所以,在 E_1 形成一个新的均衡点,价格上升到 P_1,实际产量超过潜在的产量增加到 Y_1。但是,经济在点 E_1 不会一直保持下去,因为当人们发现预期有误就会修正预期。如果人们以现在的价格 P_1 作为新的预期价格,总供给曲线就会由 EAS_0 向上移动到 EAS_1,EAS_1 与 AD_1 相交于点 E_2,在 E_2 现实价格仍高于预期价格,产量也会仍大于潜在的产量,所以人们还会继续对预期进行修正,短期总供给曲线将随着预期的变动不断向上移动,直到 EAS^*,预期价格等于现实价格,这时实际产量又回落到 Y^*。

其次,分析总供给冲击的影响。在图 16-6 中,假定经济处于长期均衡状态,初始的均衡点为 A,当企业成本因工资、原材料等投入品价格上涨而上升时,经济遭受不利的总供给冲击,人们对价格的预期也随之调整,总供给曲线由 EAS_0 向上移动到 EAS_1。如果总需求不变,新的均衡点为 B,现实价格为 P_2,低于预期价格 P_1,产量为 Y_2,小于潜在的产量 Y^*。不同于总需求冲击,不利的逆向总供给冲击,不仅使价格上升,还带来产量下降,失业增加,这种经济现象叫作滞胀。在点 B 由于价格低于预期,产量小于潜在的产量水平,失业率高于自然率,长期来看,随着预期等因素的调整,在市场机制的作用下,总供给曲线

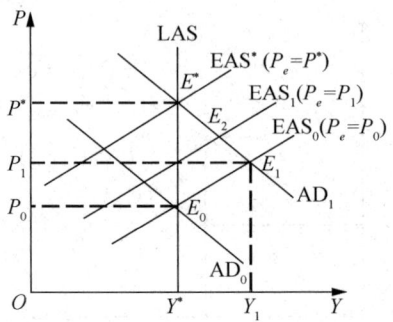

图 16-5 总需求冲击对均衡的影响

将渐渐地由 EAS_1 移回至 EAS_0,但这个过程可能是漫长的,在此过程中人们不得不忍受高失业和高通货膨胀的双重痛苦,就像西方经济在上世纪 70 年代所经历的。

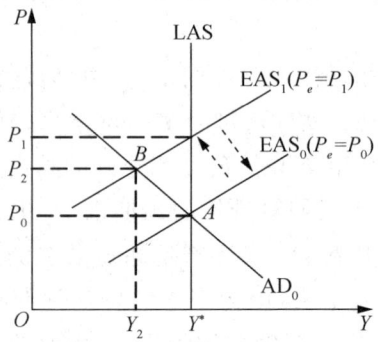

图 16-6 总供给冲击的市场调节

最后,分析在经济遭受逆向总供给冲击时,政府通过扩张的经济政策及时进行干预的情况。在图 16-7 中,当不利的总供给冲击使总供给曲线由 EAS_0 向上移动至 EAS_1 时,如果政府通过采取扩张的经济政策让总需求曲线由 AD_0 向右移动到 AD_1,和 EAS_1 相交于点 C,就可避免产量下降、失业增加所带来的损失和痛苦,但这是以更高的通货膨胀率为代价的。

总之,经济运行过程中会受到来自各方面的冲击,当人们对此不能作出正确预期时,实际价格偏离了人们的预期价格,就会产生经济波动,使产量和就业偏离自然率水平。在短期内,由于工资、价格具有粘性,由于工人错觉、不完全信息等原因,人们对实际价格的预期会出现偏差,而企业根据预期价格进行决策,因此造成了短期内价格、工资缺乏弹性,导致实际产量偏离充分就业的产量。但是,在长期人们会修正自己的预期,使预期和现实趋于一致,这样工资和

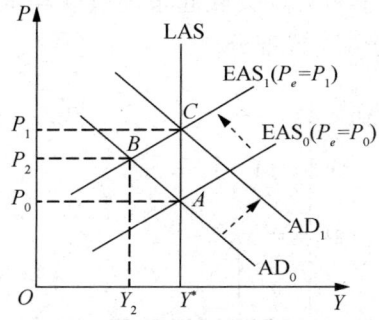

图 16-7 总供给冲击的政府调节

价格就具有充分的伸缩性,实际产量和潜在产量就会达到一致。

第二节 菲利浦斯曲线

稳定物价和实现充分就业是宏观经济政策的重要目标,但是正如上一节最后的分析显示,在短期内通货膨胀和失业之间存在此消彼长的关系,这种关系通常用菲利普斯曲线来表示。

一、菲利浦斯曲线的由来

1958年,伦敦经济学院的经济学家菲利普斯(A. W. Philips)对英国1861—1957年间失业率与货币工资变化率之间的关系进行了分析研究,他发现名义工资变动率是失业率水平的递减函数,如图16-8所示。u为失业率,$\Delta W/W$为货币工资变化率。在大约5.5%的失业水平(自然率)上,货币工资的变化率为零,而在大约2.5%的失业水平上,货币工资的变化率为2.0%。1960年萨缪尔森和索洛用大萧条之后25年间美国的数据重复了菲利普斯的经验研究工作,得到了类似于菲利普斯发现的稳定的负斜率曲线,并把这条曲线称为菲利普斯曲线(Philips curve)。由于货币工资变化率与通货膨胀率密切相关,所以通常把菲利普斯曲线表示成通货膨胀率和失业率之间的替代关系,可用公式表示为:

$$\pi = -\beta(u - u_n) \qquad (16.16)$$

π为通货膨胀率,u为实际失业率,u_n为自然率,$(u-u_n)$就是周期性失业率,β为参数,衡量通货膨胀对周期性失业率变化的反映程度,$\beta>0$,等式左边的负号意味着周期性失业率$(u-u_n)$与通货膨胀率π负相关。如果实际失业率大于自然率,周期性失业率$(u-u_n)>0$,会出现通货紧缩,如果实际失业率小于自然率,$(u-u_n)<0$,会出现通货膨胀。菲利普斯曲线只是一种经验性关系的发

现,但它提供了把通货膨胀和失业关联起来的宏观经济政策选择模式,从而迅速成为宏观经济模型的重要组成部分。

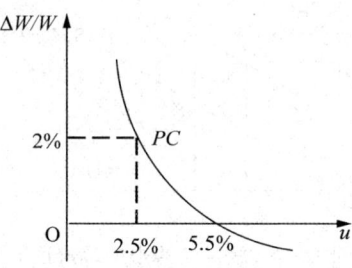

图 16-8 原始的菲利普斯曲线

后来,宏观经济学家对菲利普斯曲线进行了修正和完善,添加了通货膨胀预期 π_e 和外生总供给冲击 ν,现代菲利普斯曲线被称为附加预期的菲利普斯曲线,可用以下公式表示:

$$\pi = \pi_e - \beta(u - u_n) + \nu \tag{16.17}$$

图 16-9 中的菲利普斯曲线展示了通货膨胀和失业之间的这种短期替代关系。菲利普斯曲线的斜率为 β,在给定 π_e 和 ν 的值后,我们可以确定一条反映失业率 u 和通货膨胀率 π 之间替代关系的菲利普斯曲线。注意,如果通膨胀预期值 π_e 或总供给冲击值 ν 发生了变动,菲利普斯曲线的位置就会平行移动,当预期通货膨胀率由 π_e^1 提高至 π_e^2 时,菲利普斯曲线由 SPC_1 向上移动至 SPC_2。

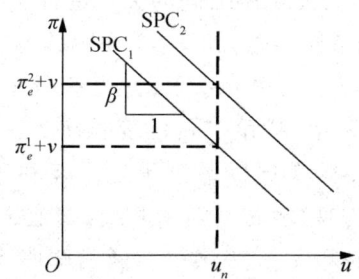

图 16-9 短期菲利普斯曲线及其变动

二、通货膨胀的原因

正如在第十二章我们所提到的弗里德曼的观点,从本质上来说,"通货膨胀无论在哪里都是一种货币现象"。通过公式(16.16)可以看到影响货膨胀率的三种力量——直接原因。

(一) 通货膨胀预期 π_e

预期的通货膨胀越高,实际通货膨胀就越高。关于预期的形成有不同的假说,如果人们根据既往的通货膨胀的经验推测未来的通货膨胀,那么,预期就是适应性的。在适应性预期下通货膨胀具有惯性,也就是说,通货膨胀一旦发生,就会一直持续下去,直到某种事件发生,例如,衰退或外生的冲击,将其改变。这种惯性的产生是因为过去的通货膨胀影响未来通货膨胀的预期,而预期影响人们确定工资与价格,正像罗伯特·索洛在解释20世纪70年代美国的高通货膨胀时所说的:"为什么我们的货币越来越不值钱呢?也许就仅仅在于我们有通货膨胀是因为我们预期了通货膨胀,而且,我们预期通货膨胀是因为我们有通货膨胀。"

(二) 周期性失业率 $(u-u_n)$

周期性失业是用实际失业率偏离自然失业率的程度大小来表示的,它是由社会总需求的不足造成的。当社会总需求膨胀时,周期性失业降低,这时通货膨胀率会上升,这种通货膨胀被称为需求拉动的通货膨胀(demand-pull inflation)。反之,当失业率上升时,通货膨胀率就比较低。

(三) 供给冲击 ν

不利的供给冲击,诸如石油危机引发的原材料和能源价格上涨过快以及由于工会力量存在使工人工资上涨过快等都意味着 ν 值大于零,推动通货膨胀率上升,这种通货膨胀称为成本推动的通货膨胀(cost-push inflation),因为不利的总供给冲击是引起生产成本上升的典型事件,如果供给冲击是有利的,如投入品价格下跌,生产成本下降,ν 值就是负值,通货膨胀就会下降。

三、菲利普斯曲线的政策含义

菲利普斯曲线所揭示的通货膨胀率与失业率之间的替代关系,为能够利用货币政策和财政政策影响总需求的决策者提供了选择。决策者无法直接控制通货膨胀预期和总供给冲击,但是可以通过改变总需求而改变总产量、失业和通货膨胀,可以扩大总需求来提高通货膨胀而使失业率降低,或压低总需求、提高失业率来降低通货膨胀率。给定通货膨胀预期,决策者可以通过调节总需求来选择通货膨胀率和失业率的结合。

短期菲利普斯曲线显示,当不存在有利的供给冲击和无法改变人们的预期时,为了降低通货膨胀率,经济必然会经历衰退和失业率的上升。为了决定是否实行降低通货膨胀的政策,决策者必须了解这一过程中产量下降的水平,以权衡降低通货膨胀的成本,经济学家通常用牺牲率(sacrifice ratio)来衡量之,牺牲率是通货膨胀每下降一个百分点所必须放弃的年实际GDP的增长率。尽管经验研究估算的牺牲率差别很大,但一般的估算是5%左右:通货膨胀每下降1%,一年的GDP必须牺牲5%。利用奥肯定律可以得到牺牲率的另一种表达形式,根据奥肯定律,失业每上升1%,对应GDP下降2%。因此,降低1%的通货膨胀,就必须提高2.5%的周期性失业。根据这一关系,我们可以估计反通货膨胀政策对失业的影响。例如,如果使通货膨胀降低2%,GDP就必须降低10%,最终也就要求周期性失业上升5%。当然,抑制通货膨胀的损失也许可以不必如此之大,如果决策者是有信誉的,能使人们相信他要控制通货膨胀的决心和措施,从而使人们预期的通货膨胀率下降。在极端的情况下,甚至成本为零,也就是不引起任何衰退。这种无害的反通货膨胀必须满足两个条件:一是降低通货膨胀的计划必须在工人和企业形成对工资和价格的预期之前宣布;二是这种计划必须是可信的,否则工人和企业不会调整他们的预期。一旦这两个条件满足,菲利普斯曲线就会向下移动,通货膨胀率就能在失业率不变的情况下下降。在这里,宏观经济政策的可信性是反通货膨胀成本高低的关键。

四、长期菲利普斯曲线

在每条短期菲利普斯曲线上,预期通货膨胀率都是固定的,通货膨胀预期的变化会造成短期菲利普斯曲线的移动。从图16-10中可以观察到,在短期菲利普斯曲线SPC_1上的点E,预期通货膨胀率等于现实通货膨胀率($\pi_e=\pi$),实际失业率等于自然率($u=u_n$),点E的左边,如点A,实际的通货膨胀率要高于预期的通货膨胀率,因此失业率低于自然率的水平;而在点E的右边,如点B,实际的通货膨胀率要低于预期的通货膨胀率,因此失业率高于自然失业率。因此,除了点E以外,实际通货膨胀率与预期通货膨胀率都不相等。不管人们的预期形成的机制是怎样的,在短期内人们可能犯预期的错误,但人们一旦发现犯了错误,都会尽可能纠正错误,在长期内企业和工人会不断调整自己的预期,最终使预期通货膨胀率与现实通货膨胀率相等,这时,我们就能得到长期的菲利普斯曲线LPC。长期菲利普斯曲线LPC描述了实际通货膨胀率与预期通货膨胀率相等时通货膨胀与失业之间的关系,不管经济受到来自哪方面的冲击,只要人们没有犯预期错误,通货膨胀和失业之间就不再有替代关系。在长期内,古典两分法是适用的,失业率保持在自然失业率水平,失业和产出水平不受通货膨胀(价格变动)的影响。

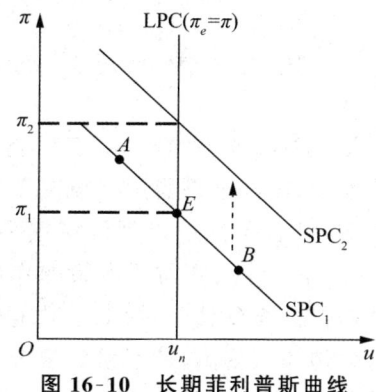

图 16-10 长期菲利普斯曲线

五、菲利普斯曲线与总供给曲线

菲利普斯曲线实际上是总供给曲线的另一种表达形式。短期总供给曲线指出,产出和价格水平是正向变动的。由于通货膨胀就是价格的变化率,而失业率随着产出的上升而下降,因此,总供给曲线隐含着通货膨胀和失业之间的反向变动关系,菲利普斯曲线恰恰就反映了这种关系。我们可以用总供给曲线直接导出菲利普斯曲线。把总供给曲线 $Y=Y^*+\alpha(P-P_e)$ 改写成:

$$P = P_e + 1/\alpha(Y - Y^*)$$

在等式两边同时减去上期的价格 P_{-1} 得:

$$P - P_{-1} = P_e - P_{-1} + 1/\alpha(Y - Y^*)$$

两边在同时除以 P_{-1} 得:

$$\frac{P - P_{-1}}{P_{-1}} = \frac{P_e - P_{-1}}{P_{-1}} + 1/\alpha P_{-1}(Y - Y^*)$$

令:$\pi = \dfrac{P - P_{-1}}{P_{-1}}$,$\pi_e = \dfrac{P_e - P_{-1}}{P_{-1}}$,$-\beta = 1/\alpha P_{-1}$ 得:

$$\pi = \pi_e - \beta(Y - Y^*)$$

实际总产量 Y 对应着实际失业率 u,潜在的总产量 Y^* 对应着自然率 u_n,所以有:

$$\pi = \pi_e - \beta(u - u_n)$$

当实际总产量偏离潜在产量水平时,失业率就反向偏离自然失业率,即:当实际总产量高于潜在产量水平时,失业率低于自然失业率,$\beta>0$,故 β 前面是负号。

最后,加上外生的总供给冲击因素 ν,就得到了现代菲利普斯曲线:

$$\pi = \pi_e - \beta(u - u_n) + \nu$$

第三节 稳定政策实施中的问题

由于总需求和总供给受到各种冲击的影响,宏观经济的实际运行始终处在不断的波动中。熨平经济波动,使经济平稳运行就成了政府的重要宏观经济政策目标。在前面多个章节中,结合不同的宏观经济模型,我们也对稳定宏观经济运行的主要经济政策——货币政策和财政政策的作用及效果作了简要的介绍和分析。当经济受到冲击偏离充分就业时,似乎政府也可以及时地运用逆经济风向行事的政策工具有效地纠正偏离,使经济恢复充分就业的稳定状态。然而实际情况远非如此简单明了,宏观经济政策常常是经济学家争论异常激烈的问题。

对于宏观经济运行的特性以及政府应当通过其政策在经济活动中扮演的角色,从来都是众说纷纭。在本节中,我们把关于宏观经济政策的主要争论归结为两个方面的问题进行讨论:第一,宏观经济政策是应该采取积极主动姿态,还是消极被动姿态,即是否需要干预的问题;第二,政策制定者是自由地根据经济运行的状况相机行事,还是应当遵循某些既定的规则,也就是怎样进行干预的问题。最后,谈谈怎样看待经济学中的争论。

一、宏观经济政策应该是积极主动的,还是消极被动的

(一)主张积极主动政策的主要观点

所谓积极主动性政策就是政府运用财政与货币等政策工具,逆经济风向行事,熨平经济波动以使经济平稳发展。其主要观点是:

第一,由于不完全竞争、不完全市场、异质劳动以及不对称信息,而且当事人常常关心公平等原因,造成工资和价格刚性、市场摩擦和缺陷,当经济受到源自总需求或总供给的冲击时,其内在的不稳定性将放大这些冲击,导致真实产量和就业反复无常地波动,不会迅速回复到市场出清的充分就业的均衡状态。

第二,即使工资和价格是充分灵活的,产量和就业仍然可能极不稳定。由不对称信息所造成的金融市场缺陷使得风险回避的贷款人以使其资产组合更安全的方式对衰退作出反应,常常会采取信贷配给的办法。许多受权益融资约束的企业发现信贷过于昂贵或难以获得,将更倾向于削减产量,并将由此而来的以风险为基础的总供给曲线向左移动,其结果是,需求引致的衰退很可能导致总供给曲线向左移动。这些事件的结合很可能使得价格水平保持不变,尽管没有阻止价格调整的任何摩擦。金融中介的真实成本提高放大了经济冲击的影响,由此而来的信贷挤出可能将衰退转化为萧条,的确,价格灵活通过产生更

大的不确定性,将很可能使情况变得更坏。

第三,如果出现了导致持久效应的巨大冲击,由于存在市场失灵,若听任其自由发展,因市场经济中调整过程过于缓慢,经济就会陷入深度衰退。因此,政策干预就是必要的。政府可以通过干预经济来影响总需求水平,以确保较为迅速地恢复充分就业。

(二) 主张消极被动政策的主要观点

主张消极被动性政策的经济学家则认为,宏观经济运行具有内在的本质上的稳定性,政府的干预常常会造成和加剧经济波动,所以应尽可能地无为而治。其理由是:

第一,价格可以自由地迅速调整以出清市场。在每一个时点上,所有观察到的结果都被看作是"市场出清的",而且是经济当事人按照他们所观察到的价格作出的最优供求反应的结果。经济处于一种持续均衡状态(短期和长期),任何想工作的人都会以市场的均衡工资找到就业机会,失业完全是一个自愿现象。

第二,经济波动是对技术进步率的不确定性作出的最优反应。总产量和就业的波动是由生产技术的随机变化引起的,技术变迁引起的对生产率增长的冲击是经常性的并且是随机的,那么随机游走的产量轨迹将表现出类似经济周期的特征。就业波动反映了人们工作时间的自愿变化,工作和闲暇在时间上是可高度替代的。由于不稳定是理性经济当事人对经济环境变化作出的最优反应的结果,是帕累托最优的,因此政府努力减小这些波动的政策几乎肯定会降低福利。

第三,稳定经济的政策效果具有时间上的滞后性。政府在试图稳定宏观经济运行时,所采取行动的时机以及政策行动的最终生效,往往滞后于实际经济运行,因此政策常常带来适得其反的效果。

政策时滞可分为:识别时滞、行动时滞和生效时滞。识别时滞和行动时滞加在一起,合称内部时滞,它是一国政府机构内部形成一项经济政策所需的时间。就财政政策而言,在西方国家行动时滞尤其漫长,长达一两年以上是常有的事。生效时滞又称外部时滞,是指一项政策从形成之后到对经济活动产生影响所用的时间。生效时滞更显著地揭示出货币政策的弱点,普遍认为货币政策的生效时滞至少六个月以上。

由于时滞的存在,这就要求经济政策的制定者能够精准地预测未来的经济运行情况。不幸的是,由于宏观经济的不确定性,尽管经济学家为提高对经济活动的预测能力,想尽了办法,运用一系列的领先指标和大型计量经济模型等,但经济运行的趋势依然难以准确地预测。因此,人们试图通过经济预测以消除政策时滞的努力是徒劳的,主动性政策的弊端无从避免。经济稳定政策几乎是不可能成功的。实际上,稳定经济的努力经常成为一种不稳定的因素,有时是火上浇油,有时是落井下石,而财政收入和支出的各种制度规定(如累进收入税、失业救济金)本身可以自动对经济产生稳定作用,被称为"自动稳定器"。

第四,对稳定性经济政策的卢卡斯批评(Lucas critique)。1976年,罗伯特·卢卡斯发表《关于使用计量经济方法进行政策评估的批评》的论文,提出理性预期理论,对稳定性经济政策进行了批评。卢卡斯认为,经济当事人会随着经济环境的变化而调整他们的行为,而用于制定和评价政策所依据的传统的大规模的宏观计量经济模型并没有考虑预期的变化对政策效果的影响,所以存在着致命的缺陷。面对政策的变化,通过理性预期,当事人将迅速对公布的政策变化作出反应,尽管由于信息不充分,人们会犯预期错误,但理性的经济当事人一旦发现错误就会迅速地纠正,从而避免犯系统性错误,所以政策一旦被预期到,就不可能产生任何实际效果。

积极主动宏观经济政策的倡导者和批评者双方都有各自的立论依据,所以难以从理论上判断此是而彼非。那么,是否可以根据经济的既往历史纪录对之作出公断呢?如果经济经历了许多大的总供给和总需求冲击,而经济政策成功地化解了这些冲击的伤害,那么积极主动的宏观经济政策就应该得到支持。如果经济经历的大的冲击很少,而所观察到的波动主要是不适当的政策造成的,那么消极被动的经济政策主张就是正确的。然而历史经验不仅没有平息争论,反而却成了争论的问题。对历史经验产生分歧是因为不容易确定波动的根源,以致对同样的历史纪录会有不同的解读。

二、宏观经济政策是相机抉择的,还是应当遵循既定的规则

在经济政策方面引起广泛争论的另一个问题是,经济政策应该是相机抉择地运用,还是按照既定规则实施。相机抉择是指,决策者可以根据经济宏观经济运行的即时状况自由地选择其认为最合适的政策。按规则实施是指,政策按照事先根据某种经济原则制定的有约束力的规则来实施。

(一)倡导相机抉择的观点

赞同相机抉择的经济学家认为,经济波动是市场不完全性的标志,在理论上和在实践中通常很难分清经济波动的来源和焦点,内生因素常常放大外生冲击的扰动性影响,波动是不规则的,也是不可预测的。变动着的经济环境要求经济政策的改变,而且在事前无法确知什么政策是合适的,面对迅速变化的经济形势,实际上不可能事先设计出合适的政策规则。

相机选择的方法包含三个关键的步骤。首先,政策制定者应当确定经济政策的目标或目的(例如,低通货膨胀与低失业)。其次,政策制定者努力使之最大化的社会福利函数确定后,选择用于达到这些目标的一套工具(货币和财政)。最后,政策制定者必须利用一个经济模型以使各工具变量处于它们的最优值上。

(二) 主张遵循规则的观点

1. 政府失灵

弗里德曼曾说过:"我认为真正把经济学家区分开的不是他们是否承认市场失灵,而是他们是否重视政府失灵,特别是当政府设法补救所谓市场失灵的时候。"西方国家政治家的目的是极大化他们重新当选的可能性,意识形态方面(党派)的考虑也会引导政策。如果决策者拥有相机抉择的权利,他们就会利用它来达到个人目的,而非社会目标的最大化,因此需要用规则对其进行有效的约束。研究结果证实,竞选期间经济的表现对于政治事件的影响尤为重要和关键,在战后时期,选举的结果在许多情况下都受到了由三个主要的宏观经济指标——通货膨胀、失业和经济增长——衡量的经济状况的影响,繁荣往往出现于选举前的时期。

2. "时间不一致性"问题

即使决策者以社会利益最大化为目标,相机抉择的政策还存在着"时间不一致性"问题。**所谓"时间不一致性"是指决策者根据经济运行情况相机选择的最优政策是前后不相同的政策,也就说决策者会食言而肥**。我们以货币政策为例对此予以说明。假设决策者制定了降低通货膨胀的最优政策并向社会宣布,如果人们相信了该政策,就会降低对通货膨胀的预期,实际通货膨胀就会因人们对通货膨胀预期的降低而下降;这时决策者发现增加货币供给来增加产量和就业的政策才是现在的最优政策,于是它就有了改变原来的政策的激励,这种事先和事后最优之间的差异就是所谓的时间不一致性。但是,理性的经济当事人是具有前瞻性的,这样就形成了政策的制定者和经济当事人之间的一个动态博弈。2004年诺贝尔经济学奖获得者基德兰德和普雷斯科特证明,相机选择政策不能达到最优均衡,因为具有相机抉择权利的政策制定者事前宣布的政策是不可信的,理性的经济当事人不会降低他们对通货膨胀的预期,所以一个由于时间不一致而缺乏信誉的最优政策既不是最优的也不是可行的。要使政策具有可信性就必须放弃相机抉择而遵循有约束力的规则。

但是,基德兰德和普雷斯科特有关宏观经济政策评价的基本见解,并不能说服相机抉择政策的主张者。许多经济学家仍然对规则优于相机抉择这一点表示怀疑,因为造成政策制定者背信弃义的信誉问题,是由于假定博弈是完全信息的一次性非合作博弈。在制定经济政策时,这是不真实的,因为博弈会不断地重复,在重复博弈情况下,政策的制定者被迫将眼光放得更长远一些。因为,当前政策的未来后果会影响政策制定者的声誉。在这种情况下,政策的制定者的欺骗激励就减弱了,因为他们必须在食言的现期收益与必然带来的未来成本之间进行跨时期的权衡。

三、怎样看待经济学中的争论

什么是对的,什么是错的,人们总是希望得到确定性的结论。但经济学,尤其是宏观经济学,特别是涉及经济政策问题时却让人们感到绝望以至愤怒,因为对某个经济问题,N 个知名经济学家会提供至少 N+1 种不同的观点,凯恩斯就常常被人们指责同时持有截然对立的两种意见。那么应该怎样看待经济学中的争论呢?

在一个充满不确定性的世界中,经济运行受到多种因素的影响,是异常复杂多变的。在探索真理的道路上,回首既往,尽管经济学家在许多问题上达成一致意见,但仍有许多问题没有达成共识,面对未来,尚有很多难题等待着他们。有人把经济学家比喻为登山者,满怀着"会当凌绝顶,一览众山小"的雄心和气概,组成了多个登山队。但是,没有一个人看到过山顶,它一直笼罩在云雾中。从大本营出发,每个队都十分自信地选择了各自认为的最佳路线。在攀登的过程中,各队常常不期而遇,相互问候交流之后又分道扬镳。每当风雨过后看到彩虹时,各队还有可能偶然发现有先驱者留下的遗迹。有时还会发生有队员走失,再也找不到踪迹,或者加入另一支队伍的情况。虽然有些路线后来被证明是死路,但这也是有益的探索,它使后来者知晓不必再去尝试。有时一个队宣称已经登顶,但在云雾散开之后,看到还有更高更险峻的山头需要攀登。所有的登山队都一直受到雪崩的威胁,担心被冲下山去。

"在科学上没有平坦的大道,只有不畏劳苦沿着陡峭山路攀登的人,才有希望达到光辉的顶点"是我们熟悉的马克思的名言。不畏劳苦沿着陡峭山路攀登的人未必能到达光辉的顶点,因为山外有山,美丽的风景被继续攀登的人留在了身后。1995 年诺贝尔经济学奖获得者卢卡斯说:"我们的责任在于把研究推向新的,因而肯定很有争议的领域来创造新知识。在特定问题上可以达到一致,但在研究的全部领域里达成一致就等于停滞、麻木和死亡。"对此,所有的经济学家应该不存在分歧。

复习思考题

1. 实际产量为什么会偏离潜在的产量？对此，名义工资粘性模型、工人错觉模型、价格粘性模型和不完全信息模型分别给出了怎样的解释？
2. 菲利普斯曲线和总供给曲线具有怎样的关系？
3. 运用菲利普斯曲线分析影响通货膨胀率的因素有哪些？
4. 为什么通货膨胀会有惯性？
5. 解释需求拉动的通货膨胀和供给推动的通货膨胀之间的区别。
6. 解释在什么情况下，降低通货膨胀不会引起衰退。
7. 总供给曲线为：

$$Y = Y^* + \alpha(P - P_e),$$

其中 $\alpha = 20000, Y^* = 4000$；总需求曲线为：

$$Y = 1101 + 1.288G + 3.221M/P$$

(1) 假设在某一时期，经济处于产量为潜在水平的状态，并预期近期内政策不会发生变化。货币供给 $M=600$，政府支出 $G=750$，价格水平为多少？

(2) 如果货币供给从 600 增加到 620，新的产量水平和价格水平是多少？

8. 假设菲利普斯曲线为：$\pi = \pi_1 - 0.5(u - 0.06)$。

(1) 自然失业率是多少？

(2) 请画出短期菲利普斯曲线和长期菲利普斯曲线的图形。

(3) 为使通货膨胀率降低五个百分点，周期性失业率会提高几个百分点？利用奥肯定律计算牺牲率。

(4) 为使通货膨胀率降低五个百分点，政府可以采取哪些宏观经济政策？

9. 主张宏观经济政策应该是积极主动的经济学家的主要观点是什么？其反对者的理由又是什么？

10. 什么是内部时滞与外部时滞，哪一种政策的内部时滞更长——货币政策还是财政政策？哪一种政策的外部时滞更长？为什么？

11. 什么是"自动稳定器"，它是如何发挥作用的？

12. 一些经济学家为什么主张相机抉择地实施宏观经济政策？

13. 主张宏观经济政策的实施必须遵循既定规则的理由是什么？

14. 什么是政策的时间不一致性问题？你可以举出几个现实社会生活中的例子吗？

参考文献

1. 〔美〕A.艾伦·斯密德:《财产、权力和公共选择——对法和经济学的进一步思考》,黄祖辉等译,上海人民出版社1999年版。
2. 〔美〕阿林·J.霍格、约翰·H.霍格:《经济学导论》(第4版),陈默、魏怡译,电子工业出版社2014年版。
3. 〔美〕埃里克·弗鲁博顿、〔德〕鲁道夫·芮切特:《新制度经济学——一个交易费用分析范式》,上海人民出版社2006年版。
4. 〔美〕奥利维尔·布兰查德:《宏观经济学》(第5版),楼永、孔爱国译,机械工业出版社2013年版。
5. 〔美〕奥利弗·E.威廉姆森:《反托拉斯经济学——兼并、协约和策略行为》,张群群、黄涛译,经济科学出版社1999年版。
6. 〔美〕奥利弗·E.威廉姆森:《治理机制》,王健、方世建译,中国社会科学出版社2001年版。
7. 〔美〕奥利弗·E.威廉姆森:《资本主义经济制度——论企业签约与市场签约》,段毅才、王伟译,商务印书馆2002年版。
8. 〔美〕保罗·魏里希:《均衡与理性——决策规则修订的博弈理论》,黄涛译,经济科学出版社2000年版。
9. 〔美〕保罗·A.萨缪尔森、威廉·D.诺德豪斯:《经济学》(第19版),萧琛主译,商务印书馆2013年版。
10. 〔美〕保罗·海恩:《经济学的思维方式》(修订第12版),史晨等译,世界图书出版公司2012年版。
11. 〔英〕布莱恩·斯诺登、霍华德·R.文:《现代宏观经济学:起源、发展和现状》,佘江涛等译,江苏人民出版社2009年版。
12. 〔美〕道格拉斯·C.诺斯:《经济史中的结构与变迁》,陈郁等译,上海三联书店、上海人民出版社1994年版。
13. 〔美〕丹尼尔·F.史普博:《管制与市场》,余晖等译,上海三联书店、上海人民出版社1999年版。
14. 〔美〕丹尼斯·C.缪勒:《公共选择理论》,杨春学等译,中国社会科学出版社1999年版。
15. 〔美〕多恩布什、费希尔、斯塔兹:《宏观经济学》(第10版),王志伟译,中国人民大学出版社2010年版。
16. 〔美〕道格拉斯·诺斯、罗伯特·托马斯:《西方世界的兴起》,厉平、蔡磊译,华夏出版社 2009 年版。

17. 〔美〕蒂莫西·泰勒:《斯坦福极简经济学》,林隆全译,湖南人民出版社 2015 年版。

18. 〔英〕冯·哈耶克:《哈耶克论文集》,邓正来选编译,首都经济贸易大学出版社 2001 年版。

19. 高鸿业:《西方经济学》(第 6 版),中国人民大学出版社 2014 年版。

20. 〔英〕冯·哈耶克:《自由秩序原理》,邓正来译,三联书店 1997 年版。

21. 〔美〕G. J. 施蒂格勒:《产业组织和政府管制》,潘振民译,上海三联出版社 1996 年版。

22. 高希均、林祖嘉:《经济学的世界》,三联书店 2000 年版。

23. 郭庆藩:《庄子集释》,中华书局 1961 年版。

24. 〔美〕哈罗德·德姆塞茨:《竞争的经济、法律和政治维度》,陈郁译,上海三联出版社 1992 年版。

25. 〔美〕哈罗德·德姆塞茨:《企业经济学》,梁小民译,中国社会科学出版社 1999 年版。

26. 〔美〕哈罗德·W. 库恩:《博弈论经典》,韩松等译,中国人民大学出版社 2004 年版。

27. 〔美〕]哈罗德·德姆塞茨:《所有权、控制与企业——论经济活动的组织(第一卷)》,段毅才等译,经济科学出版社 1999 年版。

28. 黄有光:《社会福祉与经济政策》,北京大学出版社 2005 年版。

29. 〔美〕杰弗里·萨克斯、费利普·拉雷恩:《全球视角的宏观经济学》,费方域等译,格致出版社 2012 年版。

30. 〔美〕加里·S. 贝克尔:《人类行为的经济分析》,王业宇、陈琪译,格致出版社 2015 年版。

31. 〔美〕加里·S. 贝克尔:《口味的经济学分析》,李杰、王晓刚译,首都经济贸易出版社 2000 年版。

32. 〔美〕卡尔·夏皮罗、哈尔·瓦里安,《信息规则——网络经济的策略指导》,张帆译,中国人民大学出版社 2000 年版。

33. 〔美〕肯尼斯·约瑟夫·阿罗:《社会选择:个性与多准则》,钱晓敏、孟岳良译,首都经济贸易大学出版社 2000 年版。

34. 孔凡礼:《苏轼文集》,中华书局出版 1986 年版。

35. 〔美〕劳伦斯·A. 博兰,《批判经济的经济学方法论》,王铁生等译,经济科学出版社 2000 年版。

36. 〔德〕莱茵哈德·泽尔滕:《策略理性模型》,黄涛译,首都经济贸易大学出版社 2000 年版。

37. 〔美〕理查德·布隆克:《质疑自由市场经济》,林季红译,江苏人民出版社 2000 年版。

38. 〔美〕罗斯·M. 斯塔尔:《一般均衡理论》,鲁昌、许永国译,上海财经大学出版社 2003 年版。

39. 〔美〕罗伯特·霍尔、约翰·泰勒:《宏观经济学》(第 5 版),张帆译,中国人民大学出版社 2000 年版。

40. 〔美〕罗伯特·J. 巴罗:《现代经济周期理论》,方松英译,商务印书馆 1997 年版。

41. 〔美〕罗伯特·M.索洛:《经济增长理论:一种解说》,胡汝银译,上海三联出版社、上海人民出版社 1994 年版。

42. 〔美〕罗伯特·J.巴罗、哈维尔·萨拉伊马丁:《经济增长》,何晖、刘明兴译,中国社会科学出版社 2000 年版。

43. 〔英〕罗纳德·哈里·科斯、王宁,《变革中国——市场经济的中国之路》,徐尧、李哲民译,中信出版社 2013 年版。

44. 卢锋:《经济学原理》(中国版),北京大学出版社 2002 年版。

45. 〔英〕马尔科姆·卢瑟福:《经济学中的制度——老制度主义和新制度主义》,陈剑波、郁仲莉译,中国社会科学出版社 1999 年版。

46. 〔美〕马克·斯考森:《现代经济学的历程——大思想家的生平和思想》,马春文等译,长春出版社 2006 年版。

47. 〔美〕迈克尔·迪屈奇:《交易成本经济学——关于公司的新的经济意义》,王铁生、葛立成译,经济科学出版社 1999 年版。

48. 〔美〕米尔顿·弗里德曼:《价格理论》,鲁晓龙等译,商务印书馆 1994 年版。

49. 〔美〕米尔顿·弗里德曼、罗斯·弗里德曼:《自由选择》,张琦译,机械工业出版社 2013 年版。

50. 〔德〕米歇尔·鲍曼:《道德的市场》,肖君、黄承业译,中国社会科学出版社 2003 年。

51. 茅于轼:《生活中的经济学——对美国市场的考察》(第 3 版),暨南大学出版社 2008 年版。

52. 茅于轼:《经济学和它的数理基础:择优分配原理》,暨南大学出版社,2008 年版。

53. 〔美〕N.格里高利·曼昆:《经济学原理》(第 6 版),梁小民、梁砾译,北京大学出版社 2013 年版。

54. 〔美〕N.格里高利·曼昆:《宏观经济学》(第 7 版),卢远瞩译,中国人民大学出版社 2011 年版。

55. 〔意〕尼古拉·阿克塞拉:《经济政策原理——价值与技术》,郭庆旺、刘茜译,中国人民大学出版社 2001 年版。

56. 〔美〕平狄克、鲁宾费尔德:《微观经济学》(第 8 版),李彬等译,中国人民大学出版社 2013 年版。

57. 〔法〕萨伊:《政治经济学概论》,陈福生、陈振骅译,商务印书馆 1963 年版。

58. 〔德〕威廉·冯·洪堡:《论国家的作用》,林荣远、冯兴元译,中国社会科学出版社 1998 年版。

59. 司马迁:《史记》,中华书局 2013 年版。

60. 孙诒让:《墨子闲诂》,中华书局 2001 年版。

61. 〔美〕W.阿瑟·刘易斯:《经济增长理论》,梁小民译,上海人民出版社 1994 年版。

62. 《诗经》,王秀梅译注,中华书局 2009 年版。

63. 〔澳〕休·史卓顿、莱昂内尔·澳查德:《公共物品、公共企业和公共选择——对政府功能的批评和反批评的理论纷争》,费昭辉等译,经济科学出版社 2008 年版。

64. 许维遹:《吕氏春秋集释》,中华书局 2009 年版。

65. 〔美〕Y. 巴泽尔:《产权的经济分析》,费方域、段毅才译,上海三联书店、上海人民出版社 1997 年版。

66. 〔英〕亚当·斯密:《国民财富的性质和原因的研究》,郭大力、王亚南译,商务印书馆 1974 年版。

67. 〔英〕约翰·梅纳德·凯恩斯:《就业利息和货币通论》,徐毓枬译,商务印书馆 1983 年版。

68. 〔美〕约瑟夫·E. 斯蒂格利茨、卡尔·E. 沃尔什:《经济学》(第 4 版),黄险峰、张帆译,中国人民大学出版社 2003 年版。

69. 〔美〕约瑟夫·E. 斯蒂格利茨:《公共部门经济学》,郭庆旺等译,中国人民大学出版社 2013 年版。

70. 张维迎:《产权、政府与信誉》,三联书店 2001 年版。

71. 张维迎:《博弈论与信息经济学》,格致出版社 2012 年版。

72. 张维迎:《经济学原理》,西北大学出版社 2015 年版。

73. 张五常:《卖桔者言》,信报有限公司,1985 年。

74. 张五常:《经济解释》(2014 年增订本),中信出版社 2015 年版。

75. 周其仁:《产权与制度变迁——中国改革的经验研究》,社会科学文献出版社 2002 年版。

76. 朱熹:《四书章句集注》,中华书局 1983 年版。

77. Akerlof, George A. , The Market for "Lemons": Quality Uncertainty and the Market Mechanism. Quarterly Journal of Economics 84, No. 3 (August 1970): 488—500.

78. Altman, Daniel, David M. Cutler, and Richard J. Zeckhauser, Adverse Selection and Adverse Retention. American Economic Review 88, No. 2 (1998): 122—26.

79. Aghion, P. , and P. Howitt, A Model of Growth Through Creative Destruction. Econometrica 60 (1992): 323—351.

80. Arrow, K. J. , The Role of Securities in the Optimal Allocation of Risk-Bearing, Review of Economic Studies 31(1964): 91—96.

81. Baron, D. and R. Myerson, Regulating a Monopolist with Unknown Costs, Econometrica(1982).

82. Barro, Robert J. , Are Government Bonds Net Wealth? Journal of Political Economy 82 (November/December 1974): 1095—1117.

83. Blanchard, Olivier J. , and Stanley Fischer, Lectures on Macroeconomics. MIT Press, 1989, Chapter 2.3.

84. Blanchard, O. , Why Does Money Affect Output? A Survey. In Handbook of Monetary Economics. Edited by B. Friedman and F. Hahn. North Holland(1990):779—835.

85. Bernanke, B. , and M. Gertler, Agency Costs, Collateral, and Business Fluctuations. American Economic Review 79 (1989): 87—114.

86. Blinder, Alan, and Louis J. Maccini, Taking Stock: A Critical Assessment of Recent Research on Inventories. A Journal of Economic Perspectives, 5 (1991): 73—96.

87. Brown, D and R. Jennings , On Technical Analysis, Review of Financial studies (1989): 527—51.

88. Cass, D. , G. Chichilnisky and H. Wu, Individual Risk and Mutual Insurance, Econometrica(1996).

89. Chang, Yongsung, Joao Gomes, and Frank Schorfheide, Learning by Doing as a Propagation Mechanism. American Economic Review 92, 5 (2002): 1498—1521.

90. Chirinko, Robert S. , and Huntley Schaller, Business Fixed Investment and "'Bubbles": The Japanese Case. The American Economic Review 91, 3 (2001): 663—680.

91. Cho, I. and D. Kreps, Signaling Games and Stable Equilibria, Quarterly Journal of Economics(1987).

92. Dorfman, Robert, An Economic Interpretation of Optimal Control Theory. American Economic Review (December 1969): 817—31.

93. Fischer, Stanley, and Jacob Frankel, Investment, the Two-Sector Model, and Trade In Debt and Capital Goods. Journal of International Economics 2 (August 1972): 211—233.

94. Freeman, Comment: Review Symposium on Myth and Measurement: The New Economics of the Minimum Wage.

95. Greenwood, J. , and B. Jovanovic, Financial Development, Growth, and the Distribution of Income. Journal of Political Economy 98 (1990): 219—240.

96. Grossman, S. and O. Hart, The Costs and Benefits of Ownership, Journal of Political Economics(1986).

97. Hart, O. ,On the Optimality of Equilibrium When the Market Structure is Incomplete, Journal of Economic Theory 11 (1975): 418—43.

98. Harsanyi, J. , Games with Incomplete Information Played by Bayesian Players, Management Science:1967—68.

99. Holmstrom, B. , Moral Hazard and Observability, Bell Journal of Economics (1979).

100. Holmstrom, B. , Moral Hazard in Teams, Bell Journal of Economics (1982).

101. Grossman, G. and O. Hart, An Analysis of the Principal-Agent Problem, Econometrica(1983).

102. Hall, R. E. ,Stochastic Implications of the Life Cycle-Permanent Income Hypothesis: Theory and Evidence. Journal of Political Economy 86 (1978): 971—987.

103. Holmstrom, B. and J. Tirole, Transfer Pricing and Organization Form, Journal of Law, Economics and Organization(1991).

104. Holmstrom, B. and P. Milgrom, Multitask Principal-Agent Analysis, Journal of Law, Economics and Organizations (1991).

105. Kreps, D. and J. Scheinkman , Quantity Precommitment and Bertrand Competition Yield Cournot Outcome, Bell Journal of Economics(1983): 326—37.

106. Lazear, E and S. Rosen, Rank-Order Tournaments as Optimum Labor Contracts, Journal of Political Economy (1981): 841—64.

107. Laffont, J-J and E. Maskin, The Efficient Market Hypothesis and Insider Trading on the Stock Market, Journal of Political Economy (1990):70—93.

108. Lucas, R. E. , Jr. , On the Mechanics of Economic Development. Journal of Monetary Economics 22 (1988): 3—42.

109. Lucas, R. E. , Jr. ,Making a Miracle. Econometrica 61 (1993): 251—272.

110. Lucas, R. E. , Jr. ,An Equilibrium Model of the Business Cycle. Journal of Political Economy 81 (1975): 1113—1144.

111. Mankiw, N. Gregory, David Romer, and David N. Weil, A Contribution to the Empirics of Economic Growth. Quarterly Journal of Economics 107 (May 1992): 407—437.

112. Mankiw, N. G. ,Small Menu Costs and Large Business Cycles: A Macroeconomic Model of Monopoly. Quarterly Journal of Economics 100 (1985): 529—539.

113. Malinvaud, E. , Markets for and Exchange Economy with Individual Risk, Econometrica(1973).

114. Milgrom, P. and J. Roberts , Limit Pricing and Entry under Incomplete Information: An Equilibrium Analysis, Econometrica(1982):443—459.

115. Milgrom, P. , An Axiomatic Characterization of Common Knowledge, Econometrica(1981):219—22.

116. Rothchild, M. and J. Stiglitz,Equilibrium in Competitive Insurance Markets. Quarterly Journal of Economics (1976).

117. Rabin, M. , Incorporating Fairness into Game Theory and Economics, American Economic Review 83(1993): 1281—1302.

118. Ramsey, F. P. ,A Mathematical Theory of Saving. Economic Journal 38 (December 1928): 543—559.

119. Ramey, Valerie A. , and Kenneth D. West,Inventories. Chap. 13 in Handbook of Macroeconomics. Vol. 1B. Edited by John B. Taylor, Micheal Woodford, and Elsevier. 1999.

120. Romer, Paul M. , Endogenous Technological Change. Journal of Political Economy 98 (1990 October, Part 2): S71—S102.

121. Sah, R. and J. Stiglitz, The Architecture of Economic System: Hierarchies and Polyarchies,American Economic Review(1986).

122. Shapiro, C. and J. Stiglitz,Equilibrium Unemployment as a Worker Discipline Device. American Economic Review 74 (1984): 433—444.

123. Solow, R. M. ,A Contribution to the Theory of Economic Growth. Quarterly Journal of Economics 70 (1956): 65—94.